传媒蓝皮书

中国传媒融合创新研究报告

RESEARCH REPORT ON THE INTEGRATION AND INNOVATION OF CHINESE MEDIA INDUSTRY

（2023—2024）

主　编／黄晓新　　刘建华　　卢剑锋

中国书籍出版社
China Book Press

图书在版编目（CIP）数据

中国传媒融合创新研究报告. 2023—2024 / 黄晓新, 刘建华, 卢剑锋主编. -- 北京：中国书籍出版社, 2024.6
ISBN 978-7-5068-9842-3

Ⅰ.①中… Ⅱ.①黄… ②刘… ③卢… Ⅲ.①传播媒介—研究报告—中国—2023-2024 Ⅳ.①G206.2

中国国家版本馆CIP数据核字（2024）第079945号

中国传媒融合创新研究报告（2023—2024）

黄晓新　刘建华　卢剑锋　主编

责任编辑	庞　元
责任印制	孙马飞　马　芝
封面设计	东方美迪
出版发行	中国书籍出版社
地　　址	北京市丰台区三路居路97号（邮编：100073）
电　　话	（010）52257143（总编室）　（010）52257140（发行部）
电子邮箱	eo@chinabp.com.cn
经　　销	全国新华书店
印　　厂	河北鑫玉鸿程印刷有限公司
开　　本	787毫米×1092毫米　1/16
印　　张	30.75
字　　数	562千字
版　　次	2024年7月第1版
印　　次	2024年7月第1次印刷
书　　号	ISBN 978-7-5068-9842-3
定　　价	178.00元

版权所有　翻印必究

中国传媒融合创新研究报告（2023—2024）
出品方

中国新闻出版研究院传媒研究所
江西省吉安市吉州区融媒体中心
江西省鹰潭市贵溪市融媒体中心

中国传媒融合创新研究报告（2023—2024）
课题组

课题组组长	刘建华	卢剑锋			
课题组副组长	杨晓芳	郑芝丹	刘向鸿		
课题组成员	刘　盼	郝天韵	杨雨晴	谭庆茂	韩国梁
	徐红梅	王卉莲	黄逸秋	韦英平	苏唯玮
	李文竹	鲁艳敏	遆　薇	邹　波	胡沈明
	黄欣钰	秦宗财	闫伟华	张欣然	樊雅茹

中国传媒融合创新研究报告（2023—2024）编委会

编委会主任　黄晓新　中国新闻出版研究院原党委书记、副院长
编　　　委（以姓氏笔画为序）
　　　　　　马彦峰　新疆阿克苏市融媒体中心书记
　　　　　　邓国超　贵州日报报刊社社长
　　　　　　方立新　新华每日电讯总编辑、高级编辑
　　　　　　王军波　浙江省温岭市融媒体中心记者
　　　　　　王晓伟　长兴县融媒体中心总编辑
　　　　　　王雯雯　西南大学新闻传媒学院博士研究生
　　　　　　王鹏辉　西南大学新闻传媒学院博士研究生
　　　　　　边振虎　甘肃省敦煌市融媒体中心高级编辑
　　　　　　付芃瑞　甘肃省兰州市城关区融媒体中心主任
　　　　　　卢剑锋　中国新闻出版研究院传媒研究所副研究员
　　　　　　田　越　四川省仪陇县融媒体中心主任
　　　　　　吕建生　北京师范大学出版集团党委书记、董事长、编审
　　　　　　刘建华　中国新闻出版研究院传媒研究所执行所长、
　　　　　　　　　　研究员、博士后
　　　　　　闫伊默　华南师范大学新闻传播系副教授、博士
　　　　　　朱松林　安徽财经大学文学院教授、硕士生导师、博士
　　　　　　朱怡婷　安徽财经大学文学院研究生

陈公放	云南财经大学新闻与传播学硕士研究生
陈旭管	中国传媒科技杂志社编辑部副主任
陈锡初	无锡日报报业集团（无锡日报社）党委书记、总裁（社长）
李　炜	西藏民族大学新闻传播学院教授、博士
李国辉	甘肃省敦煌市融媒体中心主任
芮　浩	北京广播电视台信息网络管理中心副主任兼融媒体中心副主任、北京云有限公司总经理、正高级工程师
苏雨恒	高等教育出版社原社长、党委书记
吴晓亮	无锡日报报业集团党委委员、无锡观察融媒中心总编辑
肖　莹	环球人物新媒体文化传媒公司总经理、主任编辑
杨　谷	光明网总裁、总编辑，兼任中国网络社会组织联合会副会长
杨青山	云南财经大学传媒与设计艺术学院党委副书记、副教授
杨雨晴	河北传媒学院新闻传播专业硕士研究生
张　玮	中国食品安全报副总编辑，河北传媒学院媒介融合与经营管理研究所所长、硕士生导师、博士
张　勉	环球人物杂志社副总编辑、主任编辑
张米扬	新华每日电讯融媒中心主任、高级编辑
张志军	江西省鹰潭市贵溪市融媒体中心主任
张博令	新华每日电讯抖音号主持人、编辑
邹吉宏	青岛日报观海新闻副总编辑
罗家源	江西省吉安市吉州区融媒体中心主任

孟凡谨	河北传媒学院硕士研究生
周　玮	深圳市龙岗区融媒集团总经理
周梦阳	北京交通大学语言与传播学院新闻与传播硕士研究生
段艳文	民进中央出版和传媒委员会秘书长、中国新闻技术工作者联合会副秘书长
姜　钰	北京师范大学出版集团总编辑助理、副编审
俞　凡	山东大学新闻传播学院"杰出中青年学者"、特聘教授、博导
赵　强	环球人物杂志社总编辑、高级编辑
郭　锐	机械工业信息研究院党委书记，机械工业出版社社长、总编辑、编审
秦　宇	无锡日报报业集团经营管理部副主任
唐　亮	中科数字出版传媒有限公司总经理、副编审、博士
徐勇兵	浙江省温岭市融媒体中心主任
崔维莉	山东广播电视台融媒体资讯中心副主任
黄小刚	贵州民族大学副研究员、博士
黄延红	中国科技出版传媒股份有限公司（科学出版社）期刊发展中心主任、编审、博士
黄欣钰	河北传媒学院新闻传播专业硕士研究生
梅元富	新疆察布查尔县融媒体中心书记
董小玉	西南大学新闻传媒学院教授、博士生导师
董媛媛	北京交通大学语言与传播学院副教授、硕士生导师、博士
韩瑞芳	华中师范大学新闻传播学院硕士研究生
彭　斌	中国科技出版传媒股份有限公司（科学出版社）总编辑、编审

鲍丹禾 《教育科学研究》杂志副主编、高级编辑、博士
樊泽顺 青岛日报社（集团）党委委员、副总编辑、
 高级记者
薛　创 中国新闻出版研究院助理研究员

主编简介

黄晓新

　　男，湖北洪湖人。中国新闻出版研究院原党委书记、副院长，中国编辑学会副会长。武汉大学图书情报学院硕士研究生毕业，曾在福建师范大学历史系任教。历任国家新闻出版总署印刷复制管理司副司长、反非法和违禁出版物司副司长，中国音像协会光盘工作委员会副理事长，挂职任新疆维吾尔自治区新闻出版广电（版权）局党组成员、副局长（正厅长级）。参与组织实施并主编大型历史文献丛书《新疆文库》出版重点工程，策划、主编《白话全本史记》《漫画传统蒙学丛书》《文化市场实务全书》《新疆历史古籍提要》《最新国别传媒产业研究报告译丛》和《中国传媒融合创新研究报告》《中国传媒社会责任报告》《中国印刷业研究报告》系列蓝皮书等。著有《阅读社会学》（人民出版社2019年版）。主持中央文资办重大项目"中国新闻出版多语种语料库研究"等多项国家、省部级课题，在有关专业期刊发表论文60余篇，多篇论文被《新华文摘》和人大复印报刊资料全文转载，主要从事新闻出版管理与阅读社会学研究。

刘建华

　　男，江西莲花人。中国新闻出版研究院传媒研究所执行所长、研究员，河北传媒学院教授，全国县级融媒体中心能力建设年会负责人，中国社科院哲学所文化研究博士后，中国人民大学新闻学院传媒经济学博士。中国作家协会会员，中央国家机关书法家协会会员，中华诗词学会会员，北京文艺评论家协会会员。中国新闻文化促进会常务理事，高校毕业生就业协会宣传与全媒体人才培养工委会副理事长，中国记协新媒体专业委员会委员，中国人文社科期刊评价推荐专家，教育部学位中心评审专家，国家社科基金评审专家。主持和参与国家及省部级课题90余项，出版著作《生命的辨识度》《对外文化贸易研究》等40余部，"一本书学会新闻采写"（7卷本）丛书主编，"国际传媒前沿研究报告译丛"（8卷本）主编，"中国传媒融合创新研究报告"与"中国传媒社会责任研究报告"系列蓝皮书主编。在《光明日报》等核心媒体发表文章160余篇。论文被《新华文摘》、人大复印报刊资料等多次全文转载，主要从事新闻传播理论、媒体融合、传媒经济与文化产业研究。

卢剑锋

女，山西大同人，中国新闻出版研究院传媒研究所副研究员。担任"中国传媒融合创新研究报告"系列蓝皮书主编之一，《中国传媒社会责任研究报告（2015—2016）》副主编。主要从事传媒管理、新媒体应用研究。

前 言

"中国传媒融合创新研究"课题是中央级公益性科研院所基本科研业务费专项资金资助项目,是中国新闻出版研究院的重要研究课题,《中国传媒融合创新研究报告(2023—2024)》是该课题的研究成果,是传媒研究所连续第八次发布的年度蓝皮书。2017—2023年,中国新闻出版研究院已先后推出《中国传媒融合创新研究(2015—2016)》《中国报业融合创新研究报告(2016—2017)》《中国传媒融合创新研究报告(2018—2019)》《中国传媒融合创新研究报告(2019—2020)》《中国传媒融合创新研究报告(2020—2021)》《中国传媒融合创新研究报告(2021—2022)》《中国传媒融合创新研究报告(2022—2023)》系列蓝皮书,得到政府、业界与学界的一致肯定与好评。今年继续推出的《中国传媒融合创新研究报告(2023—2024)》,是全面反映最新中国传媒融合创新理论和实践的传媒蓝皮书。本书第一部分包括两个主报告。主报告一是《全国媒体融合发展的当前情况与未来方略》,概述了媒体融合发展的现状、特点与突出问题,深入剖析影响媒体融合发展的新技术新应用及其发展趋势,并明确提出了媒体深度融合发展的未来方略,在主要思路、重点任务、重大举措、配套政策等方面作出科学谋划;主报告二是《我国媒体十年融合发展的十大突破》,十年奋力前行,我国媒体融合发展取得十大突破:党的新闻舆论工作理论创新成果斐然,成为指导媒体融合发展当下与未来的主要理论支撑;习近平总书记媒体融合发展论述不断逻辑化与系统化,成为传媒业健康发展的实践抓手;媒体融合发展政策不断完善,成为传媒业勇于创新的强大保障;党端、短视频成为宣传报道第一抓手,丰富了舆论引导的传播平台与手段;中央和省级党媒初步建成新型主流全媒体,是确保意识形态安全的中流砥柱；市级媒体朝融媒体中心目标快速迈进，成为媒体融合发展新的增长极；县级融媒体中心全面挺进互联网主阵地，极大拓展了新型主力军阵容；媒体技术不断革新，引领中国传媒弯道超车，走在国际传媒前沿队列；全媒体人才队伍不断扩大，有力夯实了传媒全行业核心竞争力；国际传播能力不断加强，有效传播了我国良好的国际形象。第二部分分报告按传播媒介进行案例分类，分为报业融合创新案例、广电业融合创新案例、期刊业融合创新案例、出版业融合创新案例、互联网新媒体业融合创新案例五个部分；每部分选择自2023年1月以来，在融合创新上表现突出的媒体进行案例解剖，分析问题，总结经验，旨在为我国传媒业融合实践的深入创新和发展提供借鉴。第三部分分报告是关于当前热点县级融媒体中心的专门研究和案例报告。特别值得一提的是，为了贯彻落实习近平文化思想，本蓝皮书聚焦县级融媒体中心与区域文化体系构建主题，为读者奉献了4篇较有特色的文化研究文章，期望为区域融媒体的文化传播提供一些理论参考与实践路径。

  本书的研究对象主要是2023年的传媒业融合创新，所说的融合创新是指因追求传统媒体和新兴媒体融合发展而形成的创新，与其他原因所形成的创新有着根本不同，这是本报告研究的立足点和出发点，也是本报告差异化研究的价值所在。

  我们一直希望能以这个年度系列蓝皮书为平台，与业界精英和专家学者建立广泛而深入的合作，推动中国传媒的融合创新与历史转型，为行业发展提供智库服务。

  在此，对参与本书撰写的各位专家所付出的辛勤劳动和大力支持表示诚挚的谢意。

"中国传媒融合创新研究"课题组

2024年1月

目 录

总报告

主报告一：全国媒体融合发展的当前情况与未来方略 …………………（3）

    第一节　引　言 ……………………………………………………………（3）

    第二节　媒体融合发展的现状、特点与突出问题 ………………………（5）

    第三节　影响媒体融合发展的新技术新应用及其发展趋势 …………（11）

    第四节　媒体深度融合发展的未来方略 ………………………………（14）

主报告二：我国媒体十年融合发展的十大突破 ………………………（17）

    第一节　党的新闻舆论工作理论创新成果斐然 ………………………（17）

    第二节　习近平总书记媒体融合发展论述逻辑化系统化 ……………（19）

    第三节　媒体融合发展政策不断完善 …………………………………（21）

    第四节　党端、短视频成为宣传报道第一抓手 ………………………（23）

    第五节　中央和省级党媒初步建成新型主流全媒体 …………………（26）

    第六节　市级媒体朝融媒体中心目标快速迈进 ………………………（28）

    第七节　县级融媒体中心全面挺进互联网主阵地 ……………………（30）

    第八节　媒体技术不断革新 ……………………………………………（33）

    第九节　全媒体人才队伍不断扩大 ……………………………………（35）

    第十节　国际传播能力不断加强 ………………………………………（37）

报业融合创新案例

第一章 "新华每日电讯"抖音号：主流媒体借势短视频深度转型……（42）
- 第一节 "万物"皆可短视频……（43）
- 第二节 短视频如何为主流媒体所用……（46）
- 第三节 主流媒体布局短视频——创新为要……（50）

第二章 《重庆日报》内容融合创新实践……（54）
- 第一节 强化思想站位：打造时代精品党报……（55）
- 第二节 回答时代课题：创新内容生产……（58）
- 第三节 推动媒介融合：深化资源平台整合力……（60）
- 第四节 变革运营方式：提升综合服务能力……（62）

第三章 青岛日报社（集团）：推进"五智"架构建设生态型平台……（65）
- 第一节 布局"五智"新媒体架构……（66）
- 第二节 "五智"新生态的支撑体系……（69）
- 第三节 "五智"生态的未来路径……（74）

第四章 《春城晚报》融合创新发展研究……（77）
- 第一节 《春城晚报》概况……（77）
- 第二节 《春城晚报》融合创新实践……（78）
- 第三节 《春城晚报》融合创新的特点和存在问题……（84）
- 第四节 《春城晚报》融合创新发展的路径与方法……（87）

第五章 无锡日报报业集团：从"融媒矩阵"到"融媒强阵"……（91）
- 第一节 以互联网思维重构组织生态和运行机制……（91）
- 第二节 以内容创新提升传播效果……（94）
- 第三节 以"新闻+"探索建立融合经营新模式……（96）

广电业融合创新案例

第六章　河南广播电视台媒体融合创新实践研究…………………（102）
　　第一节　媒体融合实施策略 ……………………………………（102）
　　第二节　媒体融合实战分析 ……………………………………（107）
　　第三节　媒体融合优化策略 ……………………………………（111）

第七章　广东广播电视台融合发展路径与前瞻……………………（113）
　　第一节　广东广播电视台媒体融合现状 ………………………（113）
　　第二节　广东广播电视台媒体融合路径 ………………………（116）
　　第三节　广东广播电视台媒体融合存在不足 …………………（119）
　　第四节　广东广播电视台媒体融合前瞻 ………………………（121）

第八章　北京广播电视台媒体融合创新实践………………………（125）
　　第一节　机制驱动：媒体融合促进放大一体效能 ……………（125）
　　第二节　内容驱动：强化主流媒体履行使命能力 ……………（127）
　　第三节　技术驱动：新技术应用能力不断加强 ………………（129）
　　第四节　融合驱动：实现传播体系的协同发展 ………………（132）

第九章　闪电新闻：广电融合创新发展的"山东模式"……………（135）
　　第一节　闪电新闻简介 …………………………………………（135）
　　第二节　闪电新闻融合发展的三个阶段 ………………………（136）
　　第三节　闪电新闻的融合实践探索 ……………………………（137）
　　第四节　闪电新闻融合创新的发展策略 ………………………（144）

期刊业融合创新案例

第十章 读者杂志社：品牌助力融合创新 (148)
- 第一节 读者杂志社概述 (148)
- 第二节 《读者》的发展理念、品牌优势及特色 (149)
- 第三节 《读者》融合路径研究 (152)
- 第四节 目前期刊转型过程中普遍存在的问题及对策建议 (154)

第十一章 《环球人物》：构建人物报道全媒体生态 (157)
- 第一节 紧随媒体融合大势 (157)
- 第二节 融合效果初显 (159)
- 第三节 对于媒体融合发展的思考 (165)

第十二章 《中华医学杂志》全媒体知识生产与服务体系建设实践与启示 (168)
- 第一节 全媒体知识生产与服务体系 (169)
- 第二节 全媒体知识生成与服务体系建设的主要特征 (172)
- 第三节 全媒体知识生成与服务体系建设的启示 (173)

第十三章 《质量与认证》：行业期刊融合经营的实践与探索 (176)
- 第一节 构建"一体两翼"打造媒体深度融合新格局 (177)
- 第二节 聚焦"三大引擎"拓展多元产业发展新空间 (179)
- 第三节 把握发展趋势探索杂志融合经营新模式 (181)
- 第四节 强化制度管理开创人才队伍建设新局面 (183)
- 第五节 开展深度融合重绘媒体生态建设新蓝图 (185)

出版业融合创新案例

第十四章 北京师范大学出版集团融合创新实践……（188）
  第一节 北师大出版集团的主要业务 ……（188）
  第二节 推动融合发展的主要举措 ……（189）
  第三节 融合发展的主要模式 ……（192）
  第四节 融合出版典型产品 ……（194）

第十五章 科学出版社融合创新探索与实践……（200）
  第一节 融合创新的必要性 ……（200）
  第二节 融合创新的目标 ……（202）
  第三节 融合创新的实践 ……（203）

第十六章 机工社全方位数字化转型的实践与思考……（210）
  第一节 全方位数字化转型实践的亮点 ……（210）
  第二节 全方位数字化转型实践的做法 ……（212）
  第三节 全方位数字化转型实践的思考 ……（217）

第十七章 高等教育出版社融合发展与产业升级创新实践……（219）
  第一节 融合发展取得的积极进展与成效 ……（219）
  第二节 融合发展和产业升级的做法 ……（223）
  第三节 对融合发展和产业升级的思考 ……（226）

互联网新媒体业融合创新案例

第十八章　光明网的媒体深度融合探索 （230）
第一节　核心价值观宣讲火力全开 （230）
第二节　与青年共情讲活党的创新理论 （233）
第三节　开展丰富活动推动文化传承发展 （236）
第四节　探索前沿技术，不断带来新的视听体验 （239）

第十九章　天眼新闻：从融媒走向智媒 （242）
第一节　打造"一云一端一网"新媒体核心平台圈 让生产更"智能" （243）
第二节　云上共建借船出海　助力圈层传播更"开阔" （245）
第三节　重塑流程深耕策划聚焦内容　让产品更"出圈" （248）

第二十章　大众网：守正创新，向"融"而生 （252）
第一节　继往开来——大众网融合发展历程 （252）
第二节　全面发力——大众网融合创新特点 （253）
第三节　别具匠心——大众网融媒体报道精品分析 （257）
第四节　他山之石——大众网融合创新启示 （259）

第二十一章　《极目新闻》融合创新的实践与发展 （262）
第一节　《极目新闻》融合创新的进程 （262）
第二节　《极目新闻》推进媒介融合的背景 （265）
第三节　《极目新闻》的融合创新呈现 （266）
第四节　加快推进《极目新闻》深度融合的进一步探索 （269）

第二十二章　抖音新媒体平台融合创新研究 （272）
第一节　抖音的融合创新实践 （272）
第二节　抖音的融合创新特点 （276）
第三节　抖音的融合路径探索 （279）

第二十三章 "耳朵经济"时代喜马拉雅FM的创新发展研究……（283）
    第一节 喜马拉雅FM的发展历程……………………………（283）
    第二节 喜马拉雅FM的"出圈"之路…………………………（285）
    第三节 喜马拉雅FM存在的问题……………………………（288）
    第四节 喜马拉雅FM打造耳朵经济新"声"态的举措…………（290）

县级融媒体中心专论

第二十四章 浙江省温岭市融媒体中心舆论引导能力建设研究报告…（296）
    第一节 温岭市融媒体中心基本情况…………………………（296）
    第二节 融媒体中心发展亮点…………………………………（297）
    第三节 温岭市融媒体中心舆论引导实证研究………………（300）
    第四节 融媒体中心舆论引导的问题与不足…………………（305）
    第五节 提高融媒体中心舆论引导能力的路径与方法………（305）

第二十五章 江西省吉安市吉州区融媒体中心舆论引导能力建设研究报告……………………………………（307）
    第一节 吉安市吉州区融媒体中心的前世今生………………（307）
    第二节 吉安市吉州区融媒体中心发展亮点…………………（308）
    第三节 吉安市吉州区融媒体中心舆论引导实证研究………（313）
    第四节 融媒体中心可持续发展面临的问题与困境…………（317）
    第五节 提高融媒体中心可持续发展能力的路径与方法……（318）

第二十六章 浙江省长兴县融媒体中心舆论引导能力建设研究报告…（320）
    第一节 融媒体中心基本情况…………………………………（320）
    第二节 融媒体中心发展亮点…………………………………（321）
    第三节 融媒体中心舆论引导实证研究………………………（327）
    第四节 融媒体中心舆论引导面临的问题与困境……………（329）
    第五节 提高融媒体中心舆论引导能力的路径与方法………（329）

第二十七章　深圳市龙岗区融媒集团舆论引导能力建设研究报告……（331）
　　第一节　深圳市龙岗区融媒集团基本情况　…………………（332）
　　第二节　深圳市龙岗区融媒集团发展亮点　…………………（333）
　　第三节　深圳市龙岗区融媒集团舆论引导实证研究　………（338）
　　第四节　深圳市龙岗区融媒集团舆论引导面临的问题与困境　…（343）
　　第五节　提高融媒体中心舆论引导能力的路径与方法　……（344）

第二十八章　四川省仪陇县融媒体中心舆论引导能力建设研究报告……（347）
　　第一节　仪陇县融媒体中心基本情况　………………………（348）
　　第二节　仪陇县融媒体中心发展亮点　………………………（349）
　　第三节　仪陇县融媒体中心舆论引导实证研究　……………（355）
　　第四节　融媒体中心舆论引导面临的问题与困境　…………（358）
　　第五节　提高融媒体中心舆论引导能力的路径与方法　……（358）

第二十九章　甘肃省兰州市城关区融媒体中心舆论引导能力建设研究报告……（362）
　　第一节　兰州市城关区融媒体中心基本情况　………………（362）
　　第二节　兰州市城关区融媒体中心发展亮点　………………（364）
　　第三节　兰州市城关区融媒体中心舆论引导实证研究　……（368）
　　第四节　兰州市城关区融媒体中心舆论引导面临的问题与困境　…（370）
　　第五节　提高融媒体中心舆论引导能力的路径与方法　……（371）

第三十章　甘肃省敦煌市融媒体中心舆论引导能力建设研究报告……（373）
　　第一节　敦煌市融媒体中心基本情况　………………………（373）
　　第二节　敦煌市融媒体中心发展亮点　………………………（375）
　　第三节　敦煌市融媒体中心舆论引导实证研究　……………（378）
　　第四节　敦煌市融媒体中心舆论引导面临的问题与困境　…（381）
　　第五节　提高融媒体中心舆论引导能力的路径与方法　……（382）

第三十一章　新疆阿克苏市融媒体中心舆论引导能力建设研究报告……（385）
　　第一节　发展亮点　……………………………………………（385）

- 第二节　舆论引导实证研究 …………………………………（388）
- 第三节　提高舆论引导能力的路径与方法 …………………（391）

第三十二章　新疆察布查尔县融媒体中心舆论引导能力建设研究报告 ……………………………………（393）

- 第一节　融媒体中心基本情况 ………………………………（393）
- 第二节　融媒体中心发展亮点 ………………………………（394）
- 第三节　融媒体中心舆论引导实证研究 ……………………（396）
- 第四节　提高融媒体中心舆论引导能力的路径与方法 ……（398）

第三十三章　县级融媒体中心符号传播价值与路径研究 ……（400）

- 第一节　县域符号的概念和内涵 ……………………………（400）
- 第二节　县级融媒体中心符号传播的价值和特征 …………（402）
- 第三节　县级融媒体中心符号传播能力建设路径 …………（413）

第三十四章　县级融媒体传播地方文化符号的一些思考 ……（429）

- 第一节　县级融媒体的当下困境 ……………………………（429）
- 第二节　符号学视域下的地方文化品牌 ……………………（431）
- 第三节　县级融媒体有利于传播地方文化符号 ……………（432）
- 第四节　县级融媒体塑造地方文化强符号的一些做法 ……（433）

第三十五章　江西省鹰潭市贵溪市融媒体中心文化传播的实践与方向 ……………………………………（437）

- 第一节　贵溪市融媒体中心能力建设亮点 …………………（437）
- 第二节　贵溪市融媒体中心文化传播实践 …………………（441）
- 第三节　贵溪市文化体系建构传播的未来设想 ……………（443）

第三十六章　融媒体在区域文化传播中的历史责任与时代实践 …（446）

- 第一节　夷陵融媒体中心基本情况 …………………………（447）
- 第二节　夷陵融媒体中心能力建设亮点 ……………………（448）
- 第三节　夷陵融媒体中心文化传播实践 ……………………（451）
- 第四节　夷陵文化传播的未来方略 …………………………（455）

参考文献 …………………………………………………………（460）

总 报 告

主报告一：全国媒体融合发展的当前情况与未来方略

黄晓新　刘建华　卢剑锋　杨雨晴[①]

十年来，我国媒体融合发展取得了长足进步，实现了十大突破，四级媒体融合发展成绩各具张力各具特色，同时也存在资金不足、矩阵不均衡、全媒体人才欠缺、精品内容缺乏等突出问题；大数据、云计算、人工智能、5G、区块链等是当下媒体融合创新的重要驱动力，未来，AI+大数据+云计算，AI+区块链，AR、VR及数字人，数据驱动，AIGC等将是媒体新技术新应用的发展趋势。为此，我们要明确媒体深度融合发展的下一步行动方案，在主要思路、重点任务、重大举措、配套政策等方面作出科学谋划和系统决策。

第一节　引　言

党的二十大提出的中心任务是全面建成社会主义现代化强国，中国式现代化是中华民族伟大复兴中国梦的实现手段。中国式现代化具有五大特点，即：巨大人口数量的现代化，全体人民共同富裕的现代化，物质文明和精神文明协调发展的现代化，人与自然和谐共生的现代化，走和平发展道路的现代化。作为社会主义现代化国家的一个重要组成部分的文化力量，它的根本要求就

[①] 黄晓新，中国新闻出版研究院原党委书记、副院长；刘建华，中国新闻出版研究院传媒研究所执行所长、研究员；卢剑锋，中国新闻出版研究院传媒研究所副研究员；杨雨晴，河北传媒学院新闻传播专业硕士研究生。

是要在社会主义意识形态中建立起一种有很强的凝聚力和导向性的力量，在社会上广泛践行社会主义核心价值观，提高整个社会的文明水平，繁荣发展文化事业，提高文化产业，提高中华文明的传播能力和影响力。习近平总书记在6月2日文化传承座谈会讲话与6月7日文化强国建设高峰论坛贺信中指出，"在新的起点上继续推动文化繁荣、建设文化强国、建设中华民族现代文明，是我们在新时代新的文化使命"。对于我国传媒文化行业而言，实现文化强国的重要实践抓手就是中国式现代化，战略路径是推进传媒生产环节和流通环节的现代化，涵括传媒社会生产总过程所有的人事物生产要素，如土地、劳动力、资本、技术、数据等。为此，传媒产业发展模式和组织模式只有一个，即媒体融合发展。

2013年被称为媒体融合元年。十年来，习近平总书记关于推动传统媒体与新兴媒体融合发展的论述，展示出一条清晰的演进轨迹，从你是你我是我，到你中有我我中有你，到你就是我我就是你，到"四全"媒体，最后到全媒体传播体系。2014年和2020年，中央分别印发的《关于推动传统媒体和新兴媒体融合发展的指导意见》《关于加快推进媒体深度融合发展的意见》，是对总书记融合发展思想的具体贯彻落实，推动了我国媒体融合发展的巨大飞跃。经过各方努力，我国媒体十年融合发展的十大突破表现为：党的新闻舆论工作理论创新成果斐然，习近平总书记媒体融合发展论述逻辑化系统化，媒体融合发展政策不断完善，党端、短视频成为宣传报道第一抓手，中央和省级党媒初步建成新型主流全媒体，市级媒体朝融媒体中心目标快速迈进，县级融媒体中心全面挺进互联网主阵地，媒体技术不断革新，全媒体人才队伍不断扩大，国际传播能力不断加强。为适应媒体格局的深刻变化、巩固宣传思想文化阵地、强化主流思想舆论，媒体融合发展是一种必然选择，也是更好地传播党和政府声音、更好地满足人民群众信息需要的一种重要方式。从中央级、省级媒体率先发展，到县级融媒体中心在全国范围内几乎全部覆盖，从理论研究、政策完善到实践结果，我国的媒体融合发展已经进入了一个全新的阶段。

第二节 媒体融合发展的现状、特点与突出问题

在建设全媒体传播体系的发展目标引领下，中央媒体、省级媒体、地市级媒体和县级融媒体中心四级媒体在融合发展上都展现出了各自不同的特色，取得了一定成绩，但也存在一些亟须解决的问题。

一、现状与特点

2022年中国新媒体大会上，对于我国四级融媒的未来发展路径进行了简要阐述：中央媒体和省级媒体要在深入深化上取得新进展，地市级媒体要在整合融合上迈出新步伐，县级融媒体要在增值增效上进行新探索。媒体深度融合是建设全媒体传播体系的重要阶段，是重塑行业体制机制的重要抓手，也是再造生产流程的重要环节。对四级融媒发展现状进行探索、分析与梳理，从中找寻到有参考性、可实施性、价值性的经验、教训与未来路径。

1. 中央级

近年来，中央级媒体加快融合转型发展，取得了重要突破，推动了全媒体传播体系的基本形成。

一是构建全媒体传播矩阵。中央级主流媒体不仅打造客户端、微博、微信等移动平台，还入驻头条、抖音、B站等视频平台，扩展优质内容传播阵地。《人民日报》《光明日报》《经济日报》及中央电视总台等整合传统媒体与新兴媒体资源优势，积极入驻各重要头部商业平台，一体策划、一次采集、多种生成、多端发布的生产流程得以重构，降低了生产成本，增加了社会福利，大大提高了全媒体传播矩阵的生产力和传播力。

二是技术创新优化内容服务。中央级媒体作为头部媒体，在技术创新与资源配置等方面都处于媒体前列。以互联网、云计算、大数据为三大基础性技术支持，以5G与人工智能技术作为新兴技术应用层面，以数据中心作为媒体融合发展的底层逻辑支持。主流媒体通过提升科技创新能力来优化内容形式表达

与服务，各大媒体进行"5G+AI+8K"的发展战略布局，以用户为核心，积极运用AR、VR、H5、移动直播、动新闻、短视频、Vlog等内容科技手段，生产出形式多样、易于接受、独特新颖的爆款融媒新闻作品。2020年《人民日报》自主研发的"创作大脑"正式发布，实现了视频直播关键人物、全网热点数据自定义检测预警、文件多维AI分析等多种智能化技术。

三是整合优势资源拓展融合渠道。中央级媒体寻求技术和渠道等资源，与影视、金融、游戏、网络技术公司等进行跨界合作，拓展融合传播渠道。如人民日报社与中国电信集团公司、百度等的战略合作，中央广播电视总台与中国移动、华为、阿里、腾讯、百度、新浪、京东等新媒体平台和互联网公司在大数据、云计算、AI技术、全媒体联合运营等多方面深度合作，推动了生产要素和优势资源的重组和优化配置，有效开拓和充分利用了媒体资源，为媒体融合提供了广阔的发展空间。

2. 省　级

2023年6月1日，人民网党委书记叶蓁蓁在《2022—2023报业融合发展观察报告》中指出，在所考察的1330家报纸中，32家省级党报均已实现传统报纸和新媒体的采编部门一体化，65.6%的省级党报建立了跨部门的融媒体工作室，各家报纸通过建设融媒体工作室，打造媒体融合体制机制改革的"试验田"，省级融媒体平台在传播力、公信力、影响力和导向力上得到更大的提高。

一是省级党报融合发展。目前，全国32省级党报在融合发展上都已进入较为成熟的阶段，东部经济发达地区的省级党报集团是领头羊，如浙江日报集团、上海报业集团、四川日报报业集团、南方日报报业集团等。报纸是最早面临新媒体生死存亡挑战的媒体，融合改革转型较早，大多建成了融媒体中心，具备全媒体生产与传播能力，强力挺进互联网主战场，初步建成新型主流媒体。有些党报旗下的新媒体业务利润在逐年增加，已成为报团的重要经营收入来源，党端和短视频已成为融合发展的重要抓手。如上海报业的澎湃新闻，浙江日报的浙江新闻、天目新闻，四川日报的封面新闻，重庆日报的上游新闻，湖北日报的极目新闻，贵州日报的天眼新闻，已成为传播力影响力巨大的新型党端。根据《2021全国党报融合传播指数报告》，"党报网站"仍然是"非传统媒体"的"龙头"，开通率达95.9%，78.7%的党报拥有自己的新闻客户端。譬如南方报业传媒集团，构建起由5家报纸、5种期刊、9家网站、6个客户端、超 400 个境内外社交平台机构账号、1 家出版社以及 3000 块互动触控屏、10000 平方米户外 LED 大屏组成的报、刊、网、端、微、屏全媒体传播矩阵，覆盖用户超 4.57 亿。

二是省级广播电视台融合发展。省级广播电视台融合转型发展稍晚一些，加上电视行业生产播出设备的特殊要求，历史包袱较重，转型难度稍高些，整体来看见效要慢一些；但大多数省级广播电视也已挺进互联网主阵地，利用优势资源生产出适应新媒体需求的融媒体产品，打造自己的客户端，产生了较大的传播力和影响力。四川广播电视台的四川观察客户端，已成为四川省内外用户了解新闻资讯的重要党端，截至 2023 年 7 月 30 日，四川观察获赞 37 亿、粉丝近 5000 万。北京广播电视台在 2021 年发布了全台三年的媒体融合发展规划，实施了"内容提升""技术赋能""服务拓展""体制改革""人才保障"等五项重点工作。"北京时间"大力探索"新闻+"发展模式，打造了满足用户差异化需求的 12 个台网联动垂类频道，培育了"首博食间"等系列文创 IP，客户端累计下载量达 4650 万，较三年前增长了 6.2 倍。在转型发展的实践过程中，各省级广播电视台持续地对自身的新媒体矩阵进行强化和优化，不同媒体平台和端口可以相互补充，新媒体平台与广播频率、电视频道形成了联动融合的新局面，从而提升了省级广播电视台的品牌影响力。

3. 地市级

我国地市级媒体融合发展也表现出了多元融合、跨界融合、管理融合的趋势，初步形成了集创新性、多元性、协同性等特点于一体的地市级融媒体中心发展格局。中宣部、财政部、广电总局在 2022 年 4 月发布了《关于推进地市级媒体加快深度融合发展实施方案的通知》，明确了 60 家地市级"融媒体中心"作为试点，并提出了"围绕着深化改革，严格落实好试点工作"的要求。

一是因地制宜，多地成立地市级融媒体中心。2022 年，全国各省市区启动地市级融媒体中心建设，浙江、江西、内蒙古、甘肃、黑龙江等步伐较快。浙江的湖州市融媒体中心、绍兴融媒体中心发展迅速，成为全国地市级融媒体中心的领头羊，湖北宜昌市的三峡融媒体中心，江西的赣州市融媒体中心、南昌市融媒体中心、宁夏银川市融媒体中心也表现不俗。目前，江西、内蒙古、黑龙江等省区的所有地市级融媒体中心已挂牌成立，其他各省市区的地市级融媒体中心的成立也是紧锣密鼓。整体而言，除极少数地市级党报电视台由于各自实力较强，可以分别成立所属的融媒体中心之外，绝大多数地市级的党报和电视台应该加快融合力度，整合为统一的融媒体中心，实现"一体策划、一次采集、多种生成、多端发布"的生产流程改造，降低人力、资金、资源等方面的成本，提高生产能力和传播能力，增加社会福利，占领网络传播制高点，尽快建成承上启下的新型主力军，成为地市党委政府"治市理政"的抓手与平台。

二是体制创新，优化人员配置。体制机制创新是地市级融媒体中心推进媒体深度融合发展的关键因素。从地市级媒体所处的媒介环境与社会环境出发，结合本媒体制度管理，只有从制度上做好顶层设计，才能为媒体长期发展奠定坚实的基础。一方面，精细化布局媒体内部的组织架构。目前我国地市级媒体融合多采用"报业＋广电"的模式，组织架构、流程再造、人员配置等是地市级媒体运营和生产的根本，建立好组织结构，优化生产流程，合理安排媒体工作人员，是进行体制和机制创新的关键。另一方面，人才是媒体竞争的核心。当下各地市级媒体聚焦于人才引进与培养，不断拓新人才引进机制、加大人员配置，进行全媒体人才队伍培训、多元化考核激励、多层次人才梯队建设，以此转变思维，创新改革，加速打造一支全能型的全媒体人才队伍。

4. 县区级

县级融媒体中心建设是习近平总书记亲自主抓的一项国家战略工程，旨在打通传播"最后一公里"，2018年启动建设工作，2020年要求全部挂牌成立，目前已有近2600家县级融媒体中心建成运行。经过5年的融合发展，县级融媒体中心已成为全国媒体新型主力军的一支重要力量。

一是模式多样，各具特色。2018年8月21日，习近平总书记在全国宣传思想工作会上指出，"要扎实抓好县级融媒体中心建设，更好地引导群众、服务群众"。自此，县级融媒体中心建设上升为国家战略。我国县级融媒体中心建设的典型模式主要分为三种，分别是平台共享型、财政扶持型和企业运作型。平台共享型，以江西省分宜县融媒体中心为例，依托江西日报"赣鄱云"省级技术平台，构建"中央厨房"，通过互联互通、信息共享、协同互动，深度融合省、市两级优质媒体资源，在全省范围内实现各县市融合媒体的联合报道与信息交流。财政扶持型，玉门市被国家确定为2018年度"全国57个县级综合媒体中心"试点城市，并得到了中宣部的大力支持。企业运作型，2011年，长兴传媒集团成立，由长兴电台、长兴宣传中心、县委宣传部、"中国长兴"门户网站（新闻栏目）等单位共同组建，成为全省第一家以县域为主体的综合性媒体集团。

二是功能齐全，建设综合服务平台。县级融媒体打造自己的移动客户端和新媒体矩阵，以大数据为核心，通过数据汇集、数据挖掘、用户画像和精准推送，以"一张网整合"的方式打破组织界限和数据壁垒，为市民提供一体化便民应用、一站式指尖服务，正在进行县域生态级互联网平台建设，统筹县域资源，开发综合服务功能，为地方群众干部提供政务服务、生活服务、传播服务、培训服务、社交服务等。

三是信息丰富，构建社区信息枢纽。县级融媒体积极尝试基于地缘关系的智慧社区、智慧城镇的构建途径，多数县级融媒体客户端开设了"报料""互助"等本地化信息沟通功能模块，并有一部分以跟帖方式优化了网民与政府机构互动交流的功能，有利于及时发现问题，了解民情民意。县级融媒体中心积极参与社会治理和新时代文明建设，积极整合外部资源，打造新型智慧融媒体中心、新时代文明实践中心、网络应急中心，推动"三中心"一体化建设。

四是商务服务，实现双效目标。县级融媒体中心充分发挥品牌营销作用，助力地方经济发展，实现社会效益与经济效益双丰收。"新闻+电子商务"的运营模式以用户为中心，用户在享受内容服务的同时也满足了"购物欲"。由广东高州市融媒体中心主办的"果乡广东高州荔枝大厨王大赛"，通过直播和短视频等方式，在高州涌现出一大批"网红餐馆""网红厨师"和"网红菜式"，在一定程度上解决了该地区的"滞销"问题，并推动了该地区荔枝经济的发展。江西省分宜县融媒体中心所属的融美文化传媒公司，以"新闻+商业"为核心，通过经济服务为自身发展造血，如龙舟旅游节、夏布文化节等；还利用对市场的评估，展开长期的投资，向农业行业迈进，已将投资入股到了农业基地开发中。

二、突出问题

1. 缺乏资金投入

就县级融媒体中心建设的整个投入资金来讲，需要一个大的资金支持，后期的维护、运行和服务成本也是非常高的。目前大多数融媒体中心主要依靠财政收入，部分县区受到市场规模和资金实力的限制，经费保障不够充足。一方面，传统媒体相较于互联网公司，具有一定的特殊性，尤其是在资金的申请、审批、使用方面，流程过于烦琐，且往往申请不到合适的经费，资金申请的滞后性使传统媒体在一些新闻信息采集方面力度欠缺；另一方面，媒体融合进入深水区，最大限度开发5G、大数据、人工智能等技术应用于新闻生产流程之中，"媒体＋技术"成为融合新生态。那么如何让技术更"精细化、适用化"于媒体行业，如何通过技术程序迭代更满足于媒体行业的多样化、多场景的任务需求，都需要投入大量的资金进行探索；而这笔资金无论对于互联网公司还是传统媒体都是一笔很大的开销。

2. 矩阵建设不够均衡

各级融媒体中心坚持移动优先策略，大力建设推广本地移动客户端，推动移动传播矩阵的覆盖面和影响力有效提升，但个别融媒体中心在平台建设仍呈现出"重微信、抖音，轻App"的情况，仍将"融合"理解为"叠加"，在内容生产上存在优质产能不足、原创产品不多等问题。从目前情况来看，许多主流媒体的"传播矩阵建设"只是单纯内容与形态的"叠加"，将相同的新闻内容分别发布于不同的媒体平台之上，内容同质化现象严重，用户不可避免地多次阅读到重复的新闻内容，审美疲劳与阅读疲劳也就出现了。另外，有些媒体在生产新闻产品的过程中，将内容生产与传播相互割裂开来，缺乏相互连接与融合，题不对文，内容与传播形态不符等问题逐渐出现。

3. 全媒体人才短缺

全媒体人才的培养是媒体融合发展的重要内在推动力，但在当下的媒体融合大背景之下，技术被放在融合过程的首位，而全媒体人才的培养却被忽略。技术更新迭代所引发的传播效果是最为直观的，因此许多传统媒体或新媒体过度强调技术的更新与参与，过度依赖技术或设备的更新和使用，寄希望于让技术弥补新媒体与传统媒体在媒体平台发展过程中的差距。媒体工作者中真正精通融媒体业务特别是全媒体采编、运营、维护、5G技术等方面的复合型人才较少；再者，无编制、待遇低、发展空间有限等问题，导致不易招聘到优秀的专业人才，且容易流失，严重制约媒体融合转型；在传统媒体之中存在着个别编制内员工"躺平"心态严重的现象，同时缺乏自身造血功能，不能实现社会效益和经济效益双丰收。

4. 缺少融媒体精品内容

在媒体融合实践过程中，虽开辟的传播渠道众多，但运营能力有限，部分平台沦为"僵尸号"；另外，各平台之上的内容依旧是照搬报纸内容，在下沉上还需有所进展。不同层次的媒体客户端在用户运营上出现两种极端：一种是高装机量，另一种是低活跃人群，活跃用户规模小，黏性低。无论是县级融媒体还是地市级融媒体中心，大多建设于近几年，总体在内容生产方面缺乏经验，缺乏融媒体精品内容的输出，都没有十分精准地抓住地域资源优势和特色打造品牌，或产品同质化，或忽视用户需求和体验，传播渠道弱化、平台影响力弱化，缺乏具有核心竞争力的新闻品牌和爆款产品，传播力和影响力有待提升。

第三节　影响媒体融合发展的新技术新应用及其发展趋势

一、当前的媒体新技术新应用基本情况

1. 数字技术：5G 提升媒体内容生产能力

在 5G 技术广泛应用、"云—网—端"深度融合的背景下，超高清内容实现了直接上云的"直通通道"，视频新闻制作从传统的"远距离"到"云上"的"移动化"，从"固定点"走向"移动端"，从"重设施"走向"轻应用"，以满足"全媒体"下的新闻制作与内容传播需求。新华社发布了世界上第一个 5G 虚拟多地点、跨屏幕的深度采访，并于 2021 年"两会"新闻发布会上发布。以新立方为主要拍摄地点的智能工作室，通过 5G 技术、CAVE 技术、磁共振技术、LED 屏幕立体拼接技术，将工作室内的一切都进行了等规模的还原，在工作室内创造出了一个无限广阔、丰富多彩的沉浸式场景，让两个工作室之间虚拟交互，让整个工作室与周围的环境达到了最好的结合。2019 年，浙江新闻客户端、天目新闻客户端联合中国电信，通过 5G+AR 直播，实现"打卡西湖十景，足不出户看杭州"，将演播室搬到西湖边。

2. 人工智能：实现全媒体生产的生态智能

近几年，传媒产业对技术的赋能，已经从对创意的辅助表现，转变成了将其嵌入到融合的生产体系中，要想实现智能化，就必须在最短的时间内，将融合技术体系的全数据应用和全业态覆盖。目前，人民日报、央视、新华社、浙

报集团、南方报业等主流媒体先后建设了媒体智能中台或数据中台。浙报集团自 2020 年起，提出了"面向全省业务的智慧中台"，并以"三大终端"和"媒立方""天目云""天枢"等为中心，进行新一代"智慧中台"的技术支持系统的研究与开发，建立了"1＋6＋39＋X"中台的"1 个基本数据能力系统、6 个智能系统"，形成了 39 项"智慧服务"功能和 X 项"个性化拓展功能"。与互联网公司的智能中台有所区别，媒体类智能中台、数据中台的技术发展方向在于，形成支撑智能采编与智能传播并重的全媒体传播体系。基于人工智能、大数据、云计算等技术，实现内容、管理、运营等方面的高效联动，可同时服务于智能传播、内容服务和智慧服务等应用场景。

3. 功能服务：构建数字化智慧城市

媒体的功能逐渐从"新闻＋宣传"到"新闻＋宣传＋服务"，其功能价值于政务、商业、民生等各方面不断进行扩展。各级媒体借助数字化与智能化技术将政务与生活进行最大程度上的链接，紧贴政府与群众需求，提供智能化、精准化的政务服务。例如，《湖南日报》建立了"新闻＋政府＋服务＋其他"的"新闻＋政务＋服务＋其他"的模式，使自己的服务触角遍布湖南的每一个角落；《宁波日报》"甬派"客户端，探索了"新闻＋服务＋福利"的传播方式；河南济源传媒集团，以"新闻＋党建＋政务＋服务＋商业"的方式，把"文明实践""志愿服务"和"智慧城市"三大板块融为一体。"新闻＋服务"的功能不应只停留在表面，而是应当以此作为基底，不断进行领域扩展。对接政务数据与民生数据，借助大数据的分析、挖掘与整理功能在检测、预测与应急等各方面的优势，及时掌握社情民意、引导社会舆论，让"新闻＋服务"功能辅助政府的政策制定与实施，以及为创建智慧型城市打下数字化、数据化基础。

二、媒体新技术新应用的发展趋势

1. AR、VR 技术创新媒体传播形态

2021 年被认为是"元宇宙元年"。有"媒介军师"之称的喻国明教授提出，元宇宙是集成与融合现在与未来全部数字技术于一体的终极数字媒介，它将实现现实世界和虚拟世界连接革命，进而成为超越现实世界的、更高维度的新型世界。在 2022 年，东方卫视与中兴通信携手，将 5G 云端 XR 技术应用于考古现场的现场直播，并在中兴 XR 资源管理平台上，通过空间计算、实时渲染等技术，实现对古建筑与生活的沉浸式展示。在2021年的两会上，央视新一届虚拟主持人小C以与全国人大"云端连线"的形式"出道"，参加了《两会C+真探》。目前众多学者持续跟踪研究元宇宙、AR、VR、XR等数字化技术，研究其对于新闻传播形态与社会形态的影响，这也启发我们要持续关注数字人、数智化等创新型技术为媒介带来的更加多样化的传播形态。

2.AI+区块链技术重构内容管理体系

利用人工智能、区块链等技术，重新界定"媒体3.0"，对其进行全方位的挖掘，构筑"媒体3.0"的"护城河"，并有效地赋能"媒体3.0"的二次创造。

在央视频率联合华为云上线的"数字雪花"互动活动，以人工智能技术为基础，利用人工智能图像识别技术，对相片中的人脸进行毫秒级的识别，从而产生出个性化的数字雪花。同时，它还整合了中国国粹——京剧脸谱，可根据使用者的面部特征，产生一个独特的京剧脸谱图像。另外，在"我的东奥数码雪花"凭证中，还包含了雪花ID编号、存证时间、交付凭证编号、数据散列值等独一无二的信息，构成了一笔宝贵的数字财富，并且可以将其永久保存，不会被篡改和盗号。区块链技术不断被应用于新闻生成流程之中，建构全新的内容管理体系，对于用户知识产权的保护被人们提上日程，受到广大关注。

3.AIGC技术重塑媒体生产

以Chat GPT为代表的AIGC技术或将重塑媒体生产和运营模式。Chat GPT是由人工智能研究实验室OpenAI于2022年11月推出开发的人工智能聊天机器人程序，该程序基于其主导的GPT-3.5架构的大型语言模型建构，通过基于人类反馈的强化学习进行训练，从而获得比以往更为逼真的结果。给Chat GPT一个话题，它便可以据此写出一篇新闻资讯框架，也可以给出完善意见。从媒体生产角度来看，第一，AIGC技术可以在很大程度上提升新闻生产的效率，不仅可以从大量新闻资料数据中快速提炼有用信息并速成一篇文字稿件，也可以通过语言文字学习新媒体时代的稿件特点来进行新闻产品的生成；第二，可以明显降低文字稿在文字和语法上的低级错误率，帮助编稿人员把大部分精力放在文字内容上；第三，利用机器学习生成模型，还可以让模型学到不同文字风格的特征，如政治报道、文化报道等，实现同一事件的不同角度、不同风格的报道，更好地提升新闻产出效率。由Chat GPT带来的交互界面的演变、互动内涵的变化，有望进一步重塑媒体生产模式和运营模式。

第四节　媒体深度融合发展的未来方略

未来，媒体融合要强化顶层设计，更好地处理好传统与新兴、中央与地方、主流与商业、大众化与专业化等方面媒体的关系，做到分类施策、分类管理、分类发展，使力量拧成"一股绳""一盘棋"、织成"一张网"，构建起协调有效的全媒体传播生态圈。一方面，要培育更多新型主流全媒体集团，提升国内国际传播力影响力；另一方面，要形成良性竞合机制，合纵连横增强自我造血功能。为此，要在主要思路、重点任务、重大举措和配套政策等方面做好科学谋划，要对深化组织、人事、财务、工资等方面的改革给予明确的指引，使各层级的媒体都能得到更好的发展。

一、主要思路

以加快构建新型主流媒体为媒体深度融合发展的主要思路。新型主流媒体作为塑造、引导主流舆论的主力军，新闻舆论的传播力、导向力、影响力和可信度都要进一步增强，要强化全媒体的传播系统，形成新的主流舆论格局。一是加强网上网下一体的新型主流媒体建设，在思想政治工作中牢牢把握住主战场和网络这个思想政治工作的主战场；二是新型主流媒体需要以思想先进性打造内容核心竞争力，以技术先进性提升传播力、影响力、控制力；三是善于将掌握的社会思想文化公共资源、社会治理大数据、政策制定权的制度优势转化为巩固壮大主流思想舆论的综合优势，在全媒体传播体系和社会舆论格局中发挥主导作用。

二、重点任务

一是加强全媒体传播体系建设。遵循资源集约、结构合理、差异发展、协同高效的原则，对中央媒体、省级媒体、市级媒体和县级融媒体中心四级融合发展布局进行纵向优化，横向构建主流媒体与政务媒体、自媒体相协调、内宣与外宣一起统筹的社会传播体系，塑造主流舆论新格局。二是建设好自主可控的开放平台。组织动员群众在主流媒体开放平台及互联网商业平台参与内容生产传播，用丰富生动的实践呈现全面真实的社会图景，通过广泛深入的交流对话，激发社会正能量。三是增强主流媒体内容核心竞争力。主流媒体内部不断完善不同媒介形态、传播渠道有机协同的传播格局和相适应的机制流程，真正实现融为一体、合而为一，提升专业化、智能化内容生产能力，广覆盖、精准化信息传播能力，及时高效反馈评估能力，形成强大的内容竞争力和舆论引导力。

三、重大举措

以先进技术为支撑是确保意识形态安全、提高国家治理能力的重要路径。建议发挥新型举国体制优势，加强网络空间信息生产传播治理的关键核心技术攻关，着眼于打赢舆论战、认知战，加强人工智能、虚拟现实、社会计算等新技术前瞻性研究应用，占领信息传播制高点，掌握虚拟空间意识形态主动权和主导权。

四、配套政策

一是加强网络空间内容治理，实行内容审核人员持证上岗，审核机构执照（牌照）执业。二是给予主流媒体资金政策支持。建议给予主流媒体类似非营利机构的资金投入支持，给予免税等优惠政策。三是优化人才政策，持续建强主流队伍。四是设立孵化基金，打造主力军挺进主战场的新力量。五是加大财政投入，激发创新活动，支持技术更新。

在我国的媒体融合发展进程中，无论是政府管理者、从业者、研究者还是各个市场因素，都在通过自身的思维和实践，推动着媒体的转型，媒体融合发展已经取得了显著成果。经过十年的融合发展，一个又一个的融媒体机构已经形成，已经具备了全媒体传播能力，全媒体内容生产在持续地提质增效，新型主力军挺进网络主战场也逐渐站稳脚跟，充分发挥了强大的意识形态塑造和主流价值观传播作用，巩固了主流舆论阵地。当然，还存在着一些问题，比如：思想观念还没彻底转变，体制机制不够灵活，全媒体人才队伍还没成熟，融媒体发展资金还存在着很大的缺口，国有媒体还没有形成自己的核心竞争力等。贯彻二十大、奋进新征程已吹响了时代号角，媒体深度整合发展正处在十分关键的思想、理想、理念、实践、问题及未来等各个层面的正反交锋中，我们一定要充满信心、坚定不移地推进媒体融合发展建设，要全面系统深刻地认识到融媒体深度发展的纵向理论逻辑、政策遵循和横向社会作用、实践架构，要更加努力地加厚加实加固发挥基础性作用的"四梁八柱"。如此，我们一定能在新媒体技术不断革新的浪潮中行稳致远，一定能在国际传播竞争中彰显不可取代的独特作用与世界地位。在国内外各种经济、政治、文化力量的交锋中，媒体融合的历史性任务必将胜利完成，中国式现代化进程中也必然有融媒体的重要贡献和关键力量。

主报告二：我国媒体十年融合发展的十大突破

刘建华　杨雨晴[①]

经过十年的融合发展，我国传媒业取得了较大成功，基本实现了融合发展目标。一个个融媒体机构已然成型，全媒体传播能力已然具备，全媒体内容生产也在不断地提质增效，新型主力军挺进网络主战场脚跟渐稳，发挥了强大的意识形态塑造和主流价值观传播作用，主流舆论阵地得到稳固。在众多成绩中，核心突破主要表现在以下十个方面。

第一节　党的新闻舆论工作理论创新成果斐然

2023年10月召开的全国宣传思想文化工作会议正式提出了习近平文化思想。党的十八大以来，习近平总书记在全国宣传思想工作会议的不同场合的讲话中，提出了一系列新思想新观点新论断。这些新思想新观点新论断，是党的新闻舆论工作重要创新成果，形成了自己的理论体系，明晰了自身的坐标定位、核心本质、根本要求、根本目的、关键保障、工作理念和工作方法。这个新闻舆论工作理论体系是习近平文化思想的重要内容和有机组成，是指导我国宣传思想文化事业建设发展的强大理论武器。新闻舆论工作的理论创新成果主要内容包括：新闻舆论工作本体论：以人民为中心的工作导向；新闻舆论工作原则论：

[①] 刘建华，中国新闻出版研究院传媒研究所执行所长、研究员，河北传媒学院教授；杨雨晴，河北传媒学院新闻传播专业硕士研究生。

党性与人民性的统一；新闻舆论工作功能论：新闻舆论"48"字方针；新闻舆论工作效益论：社会效益为首位的两个效益相统一；新闻舆论工作宣传论：舆论监督与正面宣传的统一；新闻舆论工作方法论：舆论引导的时度效；新闻舆论工作发展论：全媒体的融合发展；新闻舆论工作场域论：网络空间命运共同体；新闻舆论工作对外传播论："讲故事"的国际传播；新闻舆论工作教育论："部校共建"新闻学院。

"以人民为中心的工作导向"是中国特色社会主义新闻出版业存在发展的定海针与压舱石，规定了我国新闻出版的根本属性，解决了新闻出版的本体问题。在2013年8月19日全国宣传思想工作会议上，习近平总书记强调，"要树立以人民为中心的工作导向，把服务群众同教育引导群众结合起来，把满足需求与提高素养结合起来"。以人民为中心的导向包括新闻舆论工作本体论理论、根本属性、生产、功能、意义等内容。党性与人民性的统一包括新闻舆论工作原则理论及其基本内涵、根本要求和意义等内容。新闻舆论"48"字方针明确了新闻舆论工作的政治功能、经济功能、统战功能、文化功能、教育功能与外交功能，具体包括新闻舆论工作功能论的形成背景、理论溯源、基本内容、实现的基本条件和意义等内容。社会效益为首位的两个效益相统一包括新闻舆论工作效益论的理论根基、历史渊源和现实逻辑、基本内涵、实现路径等内容。舆论监督与正面宣传的统一包括其理论溯源、必然性、体系构建、实现路径等内容。新闻舆论工作的时度效包括其理论溯源、基本内涵、方法论意义、要求与原则、实践应用等内容。全媒体融合发展的目标是在全国范围内建立强大有效的全媒体传播体系，发挥主力军在新时代"治国理政"中的作用，包括媒体融合发展的社会背景、重大意义、基本内涵、发展路径等内容。习近平总书记指出，"讲故事是国际传播的最佳方式。""讲故事"的国际传播包括我国对外传播事业的历史进阶、当前对外传播研究的主要着力点、党的对外传播理论的主要内涵与时代要求、对外传播的文化差异机理等内容。"部校共建"新闻学院包括党的新闻舆论工作人才观、教育观及其实践运用等内容。

十八大以来，党的宣传思想文化工作理论创新成果有其内在规定性，形成了内涵丰富的逻辑体系。在这个逻辑体系中，以人民为中心的工作导向、党性与人民性的统一、新闻舆论"48"字方针、社会效益为首位的两个效益相统一、舆论监督与正面宣传的统一、新闻舆论工作的时度效、全媒体的融合发展、网络空间命运共同体、"讲故事"的国际传播、"部校共建"新闻学院十个方面全面阐释了新闻舆论工作是什么、为谁服务、如何服务等理论问题，对新闻舆论工作的本体属性、传播功能、传播对象、传播机制、传播方法手段、传播效果、国际传播及人才教育等维系新闻舆论生态链有序健康运行的具体理论问题，都作了专门性的解释，形成一个具有强大理论解释性与科学未来预测性的系统理论架构。"以人民为中心的工作导向"是灵魂所在，是贯穿其他重大新思想新判断的主线。其他重大新思想新判断是"以人民为中心的工作导向"在新闻舆论工作各个领域各个方面的生动展开与具体体现。第一，作为新闻舆论工作功能的"48"字方针，是"以人民为中心的工作导向"的内在要求；第二，党性与人民性的统一、舆论监督与正面宣传的统一，是"以人民为中心的工作导向"的根本任务与根本原则；第三，全媒体的融合发展、新闻舆论工作的时度效、网络空间命运共同体、社会效益为首位的两个效益相统一、"部校共建"新闻学院是"以人民为中心的工作导向"的根本保障；第四，"讲故事"的国际传播是"以人民为中心的工作导向"的新闻舆论工作营造良好外部环境的迫切需要。

第二节 习近平总书记媒体融合发展论述逻辑化系统化

十年来，习近平总书记关于推动传统媒体与新兴媒体融合发展的论述，展示出一条清晰的演进轨迹，不断逻辑化与系统化，从"你是你、我是我"，到"你中有我、我中有你"，到"你就是我、我就是你"，到"四全"媒体，最后在全媒体传播体系建成的基础上，不断扩大传播力、引导力、影响力、公信力，为推动构建人类命运共同体贡献智慧和力量。

2013年8月，习近平总书记在全国宣传思想工作会议上强调，"要适应社会信息化持续推进的新情况，加快传统媒体和新兴媒体融合发展"。2014年8月，习近平总书记在中央全面深化改革领导小组第四次会议上强调，"要坚持先进技术为支撑、内容建设为根本，推动传统媒体和新兴媒体在内容、渠道、平台、经营、管理等方面的深度融合"。2015年12月，习近平总书记在视察解放军报社时指出，"'互联网+'就是'互联网+各个传统行业'"。2015年12月，习近平总书记在第二届世界互联网大会开幕式上的讲话中提出了构建网络空间命运共同体的五点主张。2016年2月，习近平总书记在党的新闻舆论工作座谈会上指出，"融合发展关键在融为一体、合而为一""要尽快从相'加'阶段迈向相'融'阶段，从'你是你、我是我'变成'你中有我、我中有你'，进而变成'你就是我、我就是你'，着力打造一批新型主流媒体"。2017年10月，习近平总书记在党的十九大报告中指出，加强互联网内容建设，建立网络综合治理体系，营造清朗的网络空间。2017年12月，习近平总书记在给第四届世界互联网大会的致信中指出要携手构建网络空间命运共同体。2018年4月，习近平总书记在网络安全和信息化工作座谈会上指出，"把握好时度效，构建网上网下同心圆"。2018年8月，习近平总书记在全国宣传思想工作会议上指出，要使互联网这个最大变量变成事业发展的最大增量；要扎实抓好县级融媒体中心建设，更好引导群众、服务群众。2019年1月，习近平总书记在中共中央政治局第十二次集体学习时强调，推动媒体融合发展、建设全媒体成为我们面临的一项紧迫课题。2020年6月，中央全面深化改革委员会第十四次会议审议通过了《关于加快推进媒体深度融合发展的指导意见》，习近平总书记强调，"推动媒体融合向纵深发展，建立以内容建设为根本、先进技术为支撑、创新管理为保障的全媒体传播体系"。2021年11月，习近平总书记致信祝贺新华社建社90周年时指出，"加快融合发展，加强对外传播，努力建成国际一流新型全媒体机构"。2022年10月，习近平总书记在党的二十大报告中指出，"巩固壮大奋进新时代的主流思想舆论""加强全媒体传播体系建设，塑造主流舆论新格局"。

　　媒体深度融合发展成功与否的根本前提是能否把握好习近平总书记媒体融合发展论述的基本逻辑及行业社会生产总过程的关键节点。三个基本逻辑分别是：从媒体角色与功能逻辑来看，媒体融合发展的根本宗旨是巩固马克思主义在意识形态领域的指导地位，巩固全党全国人民团结奋斗的共同思想基础，为实现中华民族伟大复兴的中国梦提供强大精神力量和舆论支持；从媒体传播主体地位逻辑来看，媒体融合发展的根本目的是占领舆论引导、思想引领、文化传承、服务人民的传播制高点，要实现巩固共同思想基础、提供强大精神动力和舆论支持的根本宗旨，需要融合发展后的新型主流媒体能够占领信息传播的制高点；从媒体社会生产总过程逻辑来看，媒体融合的根本任务是建立以内容建设为根本、先进技术为支撑、创新管理为保障的全媒体传播体系。融媒体社会生产总过程八个节点分别是：从融合技术上来看，主流媒体要以先进技术为支撑；从融合主体来看，要深化体制机制改革，推动媒体市场主体深度融合，打造一批具有强大影响力竞争力的新型主流媒体；从融合生产来看，要推动内容与技术深度契合，必须以内容建设为根本；从融合创新来看，要实现内容、渠道、平台、经营和管理等方面的持续创新；从融合政策来看，各级党委和政府要加大对媒体融合发展的支持力度；从融合人才来看，要加大力度培养全媒体人才；从融合消费场域来看，要融通线上线下，构建网络空间命运共同体；从融合对外传播来看，把握国际传播领域移动化、社交化、可视化的趋势，构建对外传播话语体系。

第三节　媒体融合发展政策不断完善

2014年8月18日中央全面深化改革委员会发布《关于推进传统媒体和新兴媒体融合发展的指导意见》，标志着我国媒体融合已经从媒体行业的发展措施上升到顶层设计，并作为国家战略开始实施。媒体融合发展政策是我国传媒业过去十年行业政策的重要组成部分，是我国传媒业发展过程中的核心议题，是党和国家对技术驱动的媒体融合所做出的回应与关切。在中国式媒体融合演进过程中，传媒业与政治权力的相融从探索阶段到融合初级阶段，到融合升级阶段，再到目前的深度融合阶段，政治逻辑一直嵌于媒体逻辑之中，意在对技术驱动所引发的社会结构变革起到调节与规范作用，意在让主流意识形态在不断革新的媒体格局之中占领舆论高地、发挥主流引导作用。基于我国传媒业过往十年发展的语境判析，媒体融合政策具有以下特征。

一、数量聚集性增长

2014年至2023年，我国中央级政府管理机构出台媒体融合相关政策将近 40 条。从每年发布政策数量来看，2014 年与 2016 年国家发布政策最少，均为一条，分别为《关于推动传统媒体和新兴媒体融合发展的指导意见》与《关于进一步加快广播电视媒体与新兴媒体融合发展的意见》。随后，2019 年迎来高峰期，国家层面发布政策高达 14 条，这一年也是全媒体传播体系建设提出的一年，也是县级融媒体中心建设提出后全力发展的一年，由此正式形成中央、省级、市级、县级媒体为架构的现代融媒体系。2019 年的政策无论是数量还是覆盖范围都远超任何时期，《县级融媒体中心建设规范》《县级融媒体中心省级技术平台规范要求》等相关政策，让媒体融合不再是简单"相加"，而是形成了从上到下、从下到上融合互助的稳定结构。制度化的政策为县级融媒体中心建设提供要求与规范，鼓励县级政府部门积极与县级融媒体中心进行对接，加快实现政务新媒体建设，且为广播电视媒体的融合发展指明方向。

二、技术要素被持续关注

从政策关注的技术要素重点来看，十年政策发展之路可大致划分为三个阶段：第一阶段（2014—2018）以"互联网+"为技术要素；第二阶段（2018—2022）以"大数据+政务/服务/商务"为技术要素；第三阶段（2022—2023）以"数字化"为技术要素。第一阶段政策以互联网健康发展、服务用户为主。2015 年 3 月，国家发改委、工信部等多部门联合制定了"互联网+"行动计划。同年，我国第一家专注于媒体融合的研究院——"CTR 媒体融合研究院"正式成立。第二阶段政策文本以大数据技术应用服务为主。自 2018 年开始，县级融媒体中心成为关键词，如何更快推进县级融媒体中心建设、如何提升媒体的信息传播、政府治理、公共服务、商业服务是这一阶段的热点话题。数据同源、服务同振，加快建设 5G 信息服务中心。第三阶段政策文本以数字化建设为主。2023 年《数字中国建设整体布局规划》指出，按照"2522"的整体框架进行布局，即夯实数字基础设施和数据资源体系"两大基础"，推进数字技术与经济、政治、文化、社会、生态文明建设"五位一体"深度融合，强化数字技术创新体系和数字安全屏障"两大能力"，优化数字化发展国内国际"两个环境"。

三、规范主体范围广泛

从政策关注主体对象来看，可分为对四级媒体、政务新媒体、商业平台等各主体内容的规范与要求。以四级媒体为主体的政策，2018年11月《关于加强县级融媒体中心建设的意见》打通信息传播"最后一公里"；地市级媒体深度融合发展相关政策自2022年推出，将一直处于边缘地带的地市级融媒体中心建设摆到政策层面上，成为研究发展的重点对象。以信息安全治理为主体的政策，从《关于促进移动互联网健康有序发展的意见》到《网络安全审查办法》《关于工业大数据发展的指导意见》等政策，这些政策既提出了媒体加快布局移动互联网阵地，也注重从基础设施入手杜绝网络信息安全隐患；2020年3月发布《网络信息内容生态治理规定》推动了网络舆情检测平台向不同政府部门延伸。

第四节 党端、短视频成为宣传报道第一抓手

2021年10月20日，国家网信办公布的最新版《互联网新闻信息稿源单位名单》，首次将公众账号和应用程序纳入其中，标志客户端成为正式新闻媒体。这里的客户端实际上是指以手机为载体的移动客户端，作为一种信息平台，可以容纳不同功能的媒介形态，报刊图书、广播电视、新兴媒体等所有媒介都可以在客户端呈现，同时，客户端还可以提供新闻信息之外的服务。通过客户端这个入口，人们可以进行社交互动、办理政务、生活缴费，甚至可以利用它解决所有的生存方式问题。

客户端是继报刊、广播电视、网站之后的又一党的重要喉舌，并且将会作为新型主力军的主要力量发挥信息传播和舆论引导作用。党端已经成为党媒的重要家庭成员，作为一种新的媒介业态，拥有跟报纸、期刊、广播电视、网站等相同的新闻传播发展历史地位，是承继这些媒介业态的最新一代媒介，具有自己特有的本质属性与功能特点，发挥不可替代的信息传播与社会服务作用。

2023（第七届）全国党媒网站高峰论坛发布的《2022—2023 报业融合发展观察报告》显示：考察的 1330 家报纸中，自建客户端达 570 个，开通率达 42.9%，还有 13 家报纸的客户端新增下载量超过千万。党媒客户端建设具有全局性、战略性意义，是党媒的重要组成部分。坚持移动优先原则，将人力、资源、资金等汇集于移动客户端建设中，成为媒体转型、深度融合发展、建设全媒体传播体系的重要举措。

根据 CTR 监测数据，截至 2022 年底，8 家央媒共有 18 款新增下载量过百万的自有 App 产品，38 家省级以上广电机构共有 64 款累计下载量过百万的自有 App 产品；2022 年主流媒体机构累计下载量达 500 万以上的自有 App 共计 23 款，相较于年初增长 15%，共有 22 款自有产品下载量增幅超过均值水平。我国中央级、省级、地市级、县级各级媒体已全面推进新闻客户端建设。中央级新闻客户端以人民日报客户端、新华社客户端、央视新闻客户端等为主，三家旗下又有"人民智云""人民视频""央视频"等各类客户端，各客户端所提供的信息服务有所不同，内容丰富、形式多样。省级新闻客户端建设成果卓著，有些党报集团把党端作为主要方阵来建设，如重庆日报集团的党端集群，其他省媒党端如津云新闻、北京时间、动静新闻、大象新闻、极光新闻、触电新闻、川观新闻、七彩云端、荔枝新闻、中国蓝新闻、闪电新闻、腾格里新闻、长江云、芒果云、今视频、视听海南、冀时等，全面关注社会民生热点，成为省内信息发布的第一大渠道平台。同样，地市级媒体也加速将资源配置的重心向移动端倾斜，占领舆论高地，发挥社会治理作用，如湖州市新闻传媒中心客户端"南太湖号"、无锡市广播电视集团客户端"无锡博报"、长沙市广播电视集团客户端"我的长沙"、绍兴市新闻传媒中心客户端"越牛新闻"、齐齐哈尔市融媒体中心客户端"看齐通"、梅州市广播电视台客户端"无线梅州"等。县级移动客户端的建设不仅将政务与社会功能连为一体，也为本地提供了综合信息服务，如掌心长兴、爱安吉、智慧尤溪、最江阴、冀云香河、画屏分宜、邳州银杏甲天下、藏源发布、项城云等客户端。

整合客户端资源提供创新的优质服务，实现传播矩阵的精简化，是党媒客户端今后发展的新方向。如浙江日报传媒集团旗下"浙江新闻""天目新闻""小时新闻"三端合一为潮新闻客户端，早已正式上线，全网用户超 1 亿、端内用户突破 4000 万，最高日活超过 50 万。潮新闻客户端的定位一直以来都十分清晰——深耕浙江、解读中国、影响世界，凸显"三味特色"——新时代味、人文味、浙江味。用户是客户端存在的根本，留住用户，增强用户黏性，思考客户端与用户间的关系是提高自身影响力的重要问题。如澎湃新闻客户端打造用户交互社区"澎友圈"，让用户在客户端内便可进行沟通交流，增强了用户间的互动连接，并且从用户视角出发，对客户端各频道的置顶推荐区、客户端弹窗新闻等仍坚持人工精选，从用户出发，抓住用户兴趣爱好。

新媒体时代，相比文字内容，短视频因其直观化、个性化、娱乐性，广受人们欢迎，实现了很好的传播效果。第 52 次《中国互联网络发展状况统计报告》显示，截至 2023 年 6 月，我国网民规模达 10.79 亿人，短视频用户规模达 10.26 亿人，用户使用率为 95.2%。一方面，以"内容—传播—技术"为逻辑起点，短视频表现出的时间跨度、空间重构和情感共鸣维度，成为媒体宣传报道内容的重要基点；另一方面，党端以短视频破圈入局，形成央地同频、多方互动的利好发展样态，对短视频的内容、价值观、表现手法等方面均可发挥引领作用。譬如川观新闻，在继续做强"C 视频"账号矩阵的基础上，川观新闻 10.0 版将创新推出"双端"一体运行的 App，视频端为用户提供沉浸式体验和年轻态交互。基于对全球传播生态、舆论环境与行业发展现状的判析，短视频是各主流媒体建设全媒体传播体系、抢占舆论阵地、重塑主流舆论格局、宣传重大主题、传递主流声音、实现党心民意协调同步发展的"第一抓手"。

就党端宣传报道而言，短视频又有特别的意义：一是短视频叙述媒介事件，弘扬主旋律。以二十大召开为例，人民网与人民日报"一本政经"工作室出品的报网融合产品——《你问我答·二十大》短视频栏目，采用"记者讲述 +MG 动画"相结合的方式，播放量超 4 亿。以国庆 70 周年为例，中国新闻网制作了百余条相关短视频，形成了包括《干了这杯解暑药，斗志昂扬向前进！》《全场高唱中华人民共和国国歌》《女兵方队，英姿飒爽！》《阅兵没看够？看小数细数国庆 70 周年阅兵中的那些"首次"》等各主题短视频的全平台、全账号、全矩阵、全时段、全流程投放传播矩阵。近十年来，党媒聚焦重大媒体事件，精心策划、守正创新，以立体化传播矩阵，打造沉浸式视听盛宴，传达共通性细腻情感，推出一系列高站位的主题宣传报道。二是短视频内容青春化，引领社会价值观。年轻一代逐渐成为新闻产品的主消费群体，主流媒体也作出相应回应，所生产的短视频内容逐渐趋于年轻化的语言表达、技术呈现、选题策划，更符合年轻人消费习惯。以"亿万年轻人的生活方式"为口号的封面新闻，树立面对年轻人的传播理念，其新闻产品在语言表达、叙事逻辑、用户体验等方面均趋于年轻化。比如其短视频《你绝对没见过的史诗级 cosplay》《帕梅拉也在疯狂安利的养生操——八段锦》《更适合中国宝宝体质的常识课》等年轻化的标题，贴近当代年轻人的表达方式，看似"奇葩"，实则都在科普相关知识。财经新闻《财经 Rap 说两会》视频从说唱的角度切入，用新颖、颇具趣味的语言解读二十大内容，让年轻群体通过自己所喜欢的方式感悟社会价值观与二十大精神。三是短视频思维技术化，优化视听生态。技术迭代为媒介与媒介产品赋予全新的活力，树立技术思维，关系着短视频内容呈现方式的革新。党端在发展短视频的过程中积极利用新兴技术满足受众视听需求，对呈现方式和内容进行不断调整。2022 年北京冬奥会期间，央视频引入"AI 智能剪辑"系统，短时间内将整场比赛内容剪辑为几分钟的赛事视频，并及时在各大平台发布。此外，短视频平台还积极开拓社交功能，践行"强社交、高互动"的运行模式，进一步增强短视频内容的市场占有率。央视网推出"4K+VR"微纪录片《幸福坐标》，通过平行时空镜头、AR 特效等技术的运用，将我国脱贫攻坚的奋斗历程以互动的方式呈现给用户。

第五节　中央和省级党媒初步建成新型主流全媒体

中央和省级党媒始终代表着执政党的立场，体现着社会主流意识形态和主流价值观。十年来，我国主流媒体在顶层设计、模式改革、平台构建、队伍建设、技术应用、体制机制改革等方面均取得了全面进展，加速构建新型主流媒体是媒体转型和深度融合的抓手和关键，是主流媒体适应分众化、个性化传播趋势，尊重新闻传播规律，承担社会责任的必然选择，是国家和政府把握主要舆论阵地的方式与手段。纵观中央与省级党媒十年发展历程中的现实与实践，媒体融合的道路逐渐清晰化，目标逐渐明确化，要求也逐渐精细化。

一、道路选择阶段

《关于推动传统媒体和新兴媒体融合发展的指导意见》制定从"新型主流媒体"到"新兴媒体集团"再到"现代传播体系"的融合目标。一是新闻生产模式探索时期。2015年3月人民日报在全国两会时积极探索"中央厨房"模式，建构起具备整体融合形态的新技术平台和组织架构，在当时形成了全新的全体系生产模式。从中央到地方的诸多主流媒体依照"中央厨房"进行媒体流程再造，形成常态化运行的实践模式，为今后的内容建设提供保障。二是集团化建设时期。2014年中央首次提出"新型主流媒体集团"的概念，此后，传媒界响应政策，各级党媒率先组建为新型主流媒体集团，建设新型主流媒体集团成为主流媒体转型发展的有效路径。2013年10月，上海报业集团成立；2018年3月，中央三台组建为中央广播电视总台。三是从"传播格局"到"传播体系"。2018年6月15日，习近平总书记致信祝贺人民日报创刊70周年时提出要构建全媒体传播格局。2020年9月《关于加快推进媒体深度融合发展的意见》提出要"建立以内容建设为根本、先进技术为支撑、创新管理为保障的全媒体传播体系"。我国媒体融合发展由此开启了以建设全媒体体系为目标的阶段。党的二十大报告更是指出"加强全媒体传播体系建设，塑造主流舆论新格局"。

二、目标初步完成

我国媒体融合发展的十年出台了一系列相关政策，形成了涵盖方向、思路、措施、理念等内容的较为系统化的顶层设计，为建设新型主流媒体提供了全面的指导。各级媒体积极树立互联网思维、加强社会信息服务能力、推进深化体制机制改革和培养全媒体人才，发挥着引导社会舆论、传播主流声音、占领信息制高点、助力国家治理现代化的作用。一是全媒体矩阵基本建成。人民日报已初步构建起全媒体传播方阵，发展成为拥有报、刊、网、端、微、屏等10多种载体的新型主流媒体。二是搭建服务平台。江西省以"市县全覆盖、上下能对接、数据可互通"为目标，遵循"先联网、后建设，能联则联、尽量多联"的原则，搭建省级城市综合管理服务平台。三是体制机制创新。河北日报报业集团重构新型采编发网络，2021年推进采编机构设置改革，新设新媒体中心，新设事业发展和项目部；加强考核引导和人才队伍建设，将全媒体人才向移动端、互联网平台上倾斜，努力打造一支办报、办网、办新媒体的全能型人才队伍。

三、着手未来发展

在第四次科技革命和第三次全球传播浪潮的大环境之下，媒体融合早已进入了"下半场"与"深水区"。我国主流媒体经过三网融合、报网互动、数字化转型、移动端建设等过程，已然迈入了智媒体阶段，这也是主流媒体发展转型的重要阶段。大数据时代背景之下，传统媒体转型为新型主流媒体必须看重技术创新与数据价值并贯彻数据化理念。如新华社建立媒体融合生产领域第一个国家重点实验室"5G融媒体应用生态联盟"。同时，新华社等头部媒体一直以来坚持党媒管党，加快融合步伐，努力建成国际一流新型全媒体机构，更好地履行党中央喉舌、耳目、智库职责。

第六节 市级媒体朝融媒体中心目标快速迈进

地市级媒体在央、省、市、县级融媒体体系中发挥着承上启下作用，是四级媒体融合发展布局中的重要环节，是加强全媒体体系建设的题中应有之义，承担着中间地带功能与社会治理职能。我国地市级媒体融合发展表现出了多元融合、跨界融合、管理融合的趋势，初步形成了集创新性、多元性、协同性等特点于一体的地市级融媒体中心发展格局。中宣部、财政部、广电总局在2022年4月发布了《关于推进地市级媒体加快深度融合发展实施方案的通知》，明确了60家地市级"融媒体中心"作为试点并提出了"围绕着深化改革，严格落实好试点工作"的要求。

一、融媒建设+运营模式

据不完全统计，截至2022年底，全国60个市级融媒体中心试点中，已完成机构整合接近90%。动作较快的如甘肃省，除省会城市以外的13个市州融媒体中心已全部完成机构整合并挂牌成立；浙江省至2023年6月底，除杭州、宁波外，其余各市都完成报纸、广电资源整合，建成市级融媒体中心；江西省在2023年6月底前全面完成市级融媒体中心改革，实现全省各设区市级融媒体中心挂牌全覆盖。锡林郭勒盟融媒体中心、大理州融媒体中心、黔南州融媒体中心、克孜勒苏融媒体中心、巴彦淖尔市融媒体中心、克拉玛依市融媒体中心、通辽市融媒体中心、包头市融媒体中心、丽江市融媒体中心等各市级融媒体中心也均在2023年下半年挂牌成立。地市级媒体在转型发展过程中，不断打破传统媒体框架藩篱，彻底改变依靠财政投入的传统思维，立足当地市场结构，深耕区域产业布局，部分地市级媒体积极实现事业属性与企业运营的互动。三明市融媒体中心以"事业+产业"双轮驱动，实现"新闻事业+融媒产业"的双向互动与互补；内蒙古鄂尔多斯市确立了"中心+公司"的改革模式，鄂尔多斯市广播电视传媒集团有限责任公司以国有企业性质，全权代理鄂尔多斯市融媒体中心的广告业务。

二、智慧城市+城市文化

地市级媒体的发展目标逐渐从建立全覆盖的传播矩阵走向惠及市域用户的智慧全媒体传播体系，致力于实现信息内容的全面、全域抵达。当前我国各地市级媒体正通过治理与服务，不断打造惠及用户社群、创新城市治理的综合平台，使其成为城市智慧化、数字化、综合化的枢纽。慈溪市融媒体中心成立智慧项目专班，充分发挥中心数字化建设的经验和资源优势，为智慧城市建设贡献融媒力量；《南京日报》"听语+"平台以"新闻+政务+智库"的服务模式走好网络群众路线，创新了城市治理中的"政府—公众"的互动新模式。另外，媒体有培育城市精神、锻造城市性格、弘扬城市文化的作用，地市级媒体是城市文化的建构者，在塑造城市软实力方面起着举足轻重的作用。如嘉兴市新闻传媒中心把"高质量打造红船旁的新型主流媒体"作为发展定位，弘扬"红船精神"成为新集团建构城市文化的重中之重；景德镇市融媒体中心因地制宜，致力于传播陶瓷文化，建设并传播千年瓷都文化体系，成为瓷文化对外交流的重要平台；温州台开发包括"温州人"在内的四大IP；荆州日报传媒集团与当地政府联合打造楚文化数字产业园。

三、数据规范＋接口规范

2023 年 2 月 1 日，中央宣传部和国家广播电视总局组织编制的《市级融媒体中心数据规范》规定了市级融媒体中心基础数据、媒体数据、媒体元数据、生产业务数据、发布运营数据及系统数据等要求，对于数据的名称、类型、结构和描述提出规范要求。地市级媒体积极运用科技助力于内容生产、提高分发效率，是当下各地市媒体满足受众个性化需求的主要手段，也是构建市级融媒体中心的必经之路。如徐州报业集团一直致力于产品研发和技术创新，推出全国首个地市级新闻数字藏品、首份透视版报纸"风雨同舟"、首个连续剧新闻 H5 等多项创新产品；淄博市广播电视台利用人工智能等技术推出 AI 主播、3D 裸眼视频、动漫 IP 和短视频等优质新闻产品；嘉兴市新闻传媒中心推动智慧融媒体数据平台建设，利用人工智能、大数据等技术赋能内容生产与传播。

第七节　县级融媒体中心全面挺进互联网主阵地

县级融媒体中心是传播的"最后一公里"，在媒体融合、治理体系和治理能力现代化的大背景下，县级融媒体中心的功能与作用进一步拓展。按照主流舆论阵地、综合服务平台和社会信息枢纽的功能定位，坚持"新闻＋政务服务商务"的发展路径，县级融媒体中心在基层治理、引导舆论、乡村振兴、平台建设、服务功能拓展等多方面都取得了阶段性成效，进入了从数量增长向质量提升的新阶段。2021 年 7 月，人社部办公厅印发《人力资源社会保障部国家新闻出版署关于深化新闻专业技术人员职称制度改革的指导意见》，正式把县级融媒体中心列入新闻机构。2021 年 10 月，国家网信办公布的《互联网新闻信息稿源单位名单》中，列入了 10 家县融媒体中心（江苏江阴市、浙江长兴县、福建尤溪县、江西分宜县、河南项城市、湖北赤壁市、湖南浏阳市、四川成都高新区、陕西陈仓区、甘肃玉门市），说明了县级融媒体中心的生产实力优势。

截至 2022 年 8 月，全国已有 2585 个县级融媒体中心建成运行，并全面挺进互联网主阵地。有了全国两千多家融媒体中心这支生力军的加入，党的新型主力军翻倍增长，极大扩充了新闻生产队伍，我国媒体融合创新迎来了巨大的生产机遇，主流舆论引导能力得以大大增强。

一、改革新能量：激发媒体新活力

基于党和国家一系列战略部署与规划，各县级融媒体中心因地制宜积极改革，不断革新体制机制，优化融媒体运营方式，努力建设全媒体人才队伍。一是实行事企分离。县级融媒体中心如何运营决定着其能否持续发展。"事业单位企业化管理"，这是县级融媒体中心提升"造血功能"的有效途径。大兴区融媒体中心坚持"开门办报"之风，创新"融媒中心＋国有公司"运行模式，开启融媒 2.0 时代；长兴县融媒体中心自 2011 年就率先进行改革，是探索"事业单位企业化运作"的先行者，所打造的"长兴模式"是全国融媒体中心的学习模板；安吉县融媒体中心确立事业单位企业化管理的运营模式，由融媒体中心负责新闻主业，新闻集团负责经营管理，2023 年经营收入达 6 亿元。二是优化人才队伍。一直以来，县级融媒体中心坚持对外引才选优、对内培强育强，打破传统媒体编制身份与考核机制，多劳多得，竞争上岗，彻底改变过往"吃大锅饭"的状态。项城市融媒体中心实行单位聘用制，中层领导大多为编外人员，"95 后"占中层的 60%，团队平均年龄 26 岁；项城市融媒体中心坚持薪酬向一线倾斜，一线员工薪酬高于后勤的 10%，业务带头人、业务骨干、项目负责人薪酬高于一般员工的 30%。三是搭建传播矩阵。为进一步壮大主流舆论声音，县级融媒体中心实行多种生成、多端发布、立体传播，将各端媒体互融互通。长兴县、尤溪县、安吉县、邳州市、江阴市、秦安县等县级融媒体中心均在整合客户端、微信、微博等媒体资源的基础上，坚持移动优先战略，着力打造 App，构建渠道丰富的"两微一端多平台"移动传播矩阵，如长兴县融媒体中心客户端"掌心长兴"、安吉县融媒体中心客户端"爱安吉"、尤溪县融媒体中心"智慧尤溪"、江阴市融媒体中心客户端"最江阴"等。

二、服务新场景：深耕本土服务群众

县级融媒体中心是群众触碰国家与政府最有效的渠道，也是国家与政府接收社情民意最佳的渠道，对服务群众、服务国家、服务社会起着重要作用。一是"新闻+政务"。分宜县融媒体中心所打造的"画屏分宜"App 开通了问政服务板块，并在微信等平台开展 24 小时值班制度，随时满足群众诉求需求；长兴县融媒体中心自主研发"掌心长兴"客户端，目前已完成客户端 5.0 版本升级，累计接入各类政务服务、民生服务超 2000 项。二是"新闻+服务"。近年来，各县级融媒体中心以智能化技术为依托，为群众提供了丰富多样的信息服务和高效畅通的社交平台，进一步缩小不同部门、不同社区间的信息隔阂，以便服务好人民。寿光市融媒体中心"以菜为媒"打造了全国最大的农业融媒服务平台，创建了全国最大的"蔬菜视频云校"，服务全国 200 多万菜农，且自主研发了"蔬菜云"App、"棚管家""棚师傅"小程序，全国 40 多名蔬菜专家和 310 名技术员组成为农服务队全天坐镇，每年为菜农解决问题 20 多万个，24 小时畅通菜农权益保护专线"蔬菜 110"。三是"新闻+商务"。一些县级融媒体中心积极地将用户引向商务平台，带动当地产品销售，打造具有地标性的商务品牌。安吉县融媒体中心于 2022 年 7 月 9 日在上海启动了区域公用品牌"安吉优品汇"全国配送，让农产品直达消费者手中，到 2022 年底创收超过 6000 万元，带动当地劳动力就业的同时，也丰富了城市农产品的供应。

三、交互新空间：赋能乡村经济发展

加速推进县级融媒体中心建设是助力乡村经济的强大支撑，是推进中国式现代化的重大举措。一是数字乡村。尤溪县融媒体中心推出的"尤溪县数字乡村公共服务平台"，能够提供民生诉求、农事咨询、便民服务、新闻资讯等多元化服务，构建了"县—乡镇—村（社区）—党支部—微网格"的分级管理体系，居民可直接对接所在区域的微网格长、家庭医生和民警等，有效地为基层群众提供了生活服务。二是乡村直播。分宜县融媒体中心尝试建立"村主播"平台，打造直播团队，常态化开展"村主播"直播工作，推介当地优势产业、风土人情、特色产业、民俗文化等，推动分宜县经济发展；

镇原县融媒体中心利用自身优势进行电商直播助农，运用人力、设备和平台优势积极助农扶农，通过直播向外界介绍当地特色产品。三是基层社会治理。县级融媒体中心是深入基层生活的"第一窗口"，在收集社情民意、预警舆情动态方面有着天然优势。长兴传媒集团研发"基层治理四平台"，集"多通融合""事件处置""研判分析""综合指挥"为一体，全面提高办结效率，被列为全省基层治理平台7个试点之一。

第八节 媒体技术不断革新

媒体融合因技术创新而兴，也必将因技术创新而盛。技术创新是媒体融合发展的根本驱动力，是媒体行业变革的底层逻辑，其本质在于数字技术日益成为整个社会的基础设施、社会结构结构重塑的推动力。数字化发展浪潮不断向前，智能互联网时代加速到来，大数据成为媒体融合发展新动力，云计算推动媒体深度融合发展，区块链打造全内容版权生态，物联网成为媒体融合发展底层逻辑，人工智能革新新闻生产全流程，各项媒体技术正逐步深入到媒体融合发展过程之中，引发媒体更深层次变革、加快推动社会治理现代化。

一、智慧内容

媒体技术实现了新闻采集的数据智能汇聚，新闻生产的内容智能创作，新闻分发的内容智能推荐，新闻接收的智能场景化，媒体内容的智慧化、高效化、高质量化。一是数字藏品。数字藏品作为塑造元宇宙的元素，具有数字化、透明化、稀缺性、真实性等特点，自2022年后逐渐进入大众视野。川观新闻上线2023年全国两会限量数字藏品"蜀与你"，将"带劲"豆花、永丰稻米、东坡文化等"一川风物"永久保存在元宇宙里。二是AIGC。写作机器人、AIGC等技术应用，能实现新闻内容自动化，为新闻工作中提供更多的知识辅助并降低工作难度。新华社推出全国首个AIGC驱动的"元卯"元宇宙系统，包括数字人、元魔方、积木 AIGC 视频生产系统等；浙报集团等共同发起成立的"传播大脑"公司积极布局大模型领域，与阿里、百度、拓尔思达成战略合作协议，联合开展大模型研发，多款媒体内容生产类 AIGC 应用已供采编部门试用，赋能新闻内容创作。

二、智慧治理

智能媒体的出现为政府与公众搭建起一个即时互动交流的信息平台，不仅提高了公众的政治参与热情与政府的办事效率，也推动了社会治理现代化。各媒体中心以智能化为依托，完善社会治理机制，建立智能化服务一体化信息平台。一是"技术＋服务"。随着技术能力的不断提升，政务服务、社会服务、社会治理等内容融入媒体平台建设之中。长沙广电建设运营的"我的长沙"平台，牢牢抓住城市大数据资源，以数据和智能驱动，为城市治理提供触达民众、引导民众服务民众的综合入口。二是"技术＋跨部门"。技术嵌入社会化治理中化解各政府部门间的信息壁垒，增进部门间的交流、沟通与联动，促进政府组织模式变革，为实现跨部门协作的联合治理体系提供基础逻辑。青岛广播电视台构建社会综合治理与服务平台，以重点栏目、节目为载体，构建链接媒体、政府、企业等机构，深度参与社会综合治理的媒体赋能服务平台，重塑传播生态。

三、智慧运营

所谓智慧运营，即借助于大数据平台能力，提高机构的管理效率。媒体通过媒介技术能力，构建面向经营、管理、运营等多方面的数据库，为不同部门、不同内容、不同群体提供高效、准确、多样化的数据智能分析服务。一是机制运营。华龙网基于"内容＋技术＋运营"的战略实施路径和"News+VIP"全链条服务生态图谱，创新媒体深度融合管理机制，在组织架构、人力资源、文化建设等六方面实施落地；《新疆日报》融媒体技术平台"石榴云"，运用大数据分析的算力，制定以发稿量、点击量、创新方式等指标的绩效考核制度，用数据实现用人体制机制创新。二是平台运营。一方面，平台基于智能算法，提供个性化内容推荐，提高平台运营的效率与转化率；另一方面，平台基于大数据，通过数据整合分析，提供社会服务，增量平台运营的社会价值。浙报集团以数据联通为基础,构建全省统一的技术引擎和中台支撑,形成统一媒体用户中心、统一媒体数据公共平台、统一媒体素材共享体系等平台,实现静态数据呈现到动态运用的转变;青岛市广播电视台以数字化为驱动,以大数据、人工智能等技术为手段,构建全媒体宣传调度与运营指挥平台、舆情管控与舆论引导服务平台,持续推进智慧云平台系统建设。

第九节 全媒体人才队伍不断扩大

习近平总书记在党的新闻舆论工作座谈会上强调:"媒体竞争关键是人才竞争,媒体优势核心是人才优势。"《关于加快推进媒体深度融合发展的指导意见》强调了人才队伍在建设全媒体传播体系中的重要性,强调要加大全媒体人才培养的力度。媒体融合发展的融点,在体制机制、在内容生产、在传播方式、在技术应用,归根到底在人才。媒体融合十年来,各级媒体积极创新内外部运营机制,积极探索合适的人才结构、管理机制与组织架构,形成适应外部市场竞争、满足融合需求、充满内部活力的良性运行机制,通过系统化的引人、育人、励人机制,培养高素质、高能力、高效率的全媒体人才,解放和发展专业化生产力,为新闻事业发展提供不竭动力。当前全媒体人才培养已然上升到系统工程层面,走向全面落实阶段。

一、引人:制定人才引进机制

媒体融合发展,人才成为重中之重。突破传统用人机制的藩篱,实行积极、开放的人才引进机制,提高媒体自身人才吸引力,成为媒体融合发展的关键环节。媒体需把更多熟悉新媒体的青年人才放到合适岗位上,充分释放人才活力,真正做到把专业青年人才向互联网阵地汇集、向移动端倾斜。江西报业传媒集团积极与中国传媒大学等著名院校进行联络和沟通,树立品牌形象,弘扬人才优势;齐鲁报系和山东省互联网传媒集团推行人才试点工程,通过设立"伯乐奖"、重点岗位人才"一事一议""首席员工待遇"等措施向全国招聘技术人才、深度记者和视频记者；尤溪县融媒体中心提供"保障型"政策，提供保障人才用房、高层次人才生活补助等政策，引进中国传媒大学播音硕士研究生等省外媒体人才13人。

二、育人：培育全媒体技术人才

在全媒体人才"培育"上，要大力倡导业务成长和专业成长，不断完善优秀人才培养机制，且要进一步优化"蹲苗"制度，加大历练力度，加强对新入职人才的培养，完善导师帮带制，通过组建智媒体培训部门，以订单式、项目式培养方式让"老人""新人"尽快掌握技术。四川广播电视台下属两家公司四川观察和星空购物联合四川传媒学院，共同成立新媒体运营产业学院，积极创新探索"理论＋项目"联动教学模式，在媒体融合改革实践中拓展了大量"媒体＋"项目，尤其是把重人力、重运营的项目放在产业学院进行孵化；青岛广播电视台"青骑兵"团队模式，人单合一自驱动，构建生态广电体系，荣获2022年度全国广播电视媒体融合典型案例。

三、励人：活跃体制机制

在人才激励管理上，要不断完善考核评价机制，加大人才交流力度，提升激励保障机制，探索在内设机构之间或与派出机构开展干部挂职交流，激发内生活力，培养复合型人才。四川观察在四川广播电视台人才晋升和薪酬激励体系框架下，从建立OKR考核机制、三通道双向晋升序列、薪酬激励机制、企业文化建设四个方面搭建人才晋升激励体系；江西报业传媒集团逐步实现由川台的"身份管理"向"岗位管理"转变，初步形成了人员能进能出、岗位能上能下、待遇能增能减的竞争性晋升机制；三明市融媒体中心创造性提出"事业绩效＋产业绩效"的双重激励机制，通过科学的评价体系和激励机制，既保证了社会效益，又提高了自身造血功能；江苏邳州广电探索事企并轨，以"企业化"薪酬招聘全媒体人才，打破编内外身份界限，用"一把尺子"量人才、评业绩，为融媒体中心发展提供人才支撑；湖州市新闻传媒中心打破编内编外身份差异，采用统一薪酬体系，做到客观公平公正。

第十节　国际传播能力不断加强

习近平总书记在党的二十大报告中指出："加强国际传播能力建设，全面提升国际传播效能，形成同我国综合国力和国际地位相匹配的国际话语权。"在推进中国式现代化建设的道路上，国际传播是一项重要内容。这就要求我们加快构建中国话语体系和中国叙事方式，向海外受众讲述中国故事、中国智慧、中国方案、中国理论、中国道路、中华文化等内容，综合用好各级政府、各类媒体、各方资源、各种力量进行国际传播，讲好中国故事、传递好中国声音，全面提高国际传播能力，为人类命运共同体建设作出贡献。

一、换位与共情

国际传播要善于换位，了解海内外受众在解读新闻作品上的差异化，既要正视差异，又要善于共情，努力找寻国内外共同的"舒适区"，着力在对方的语境下用中国叙事表达自己。一是情感共鸣。情感共鸣是人类的一种天性，他人所经历的情感，自己也会感同身受。国际传播主体通过语言符号或非语言符号传递特殊情感，以影响海内外受众情感、态度与行为，是我国国际传播实践中最为常见且传播效果较佳的方式。中新社二十大报道团队以"乡情"为出发点，策划推出"吾乡拾年"系列专题片，邀请世界各地的华商、华人科学家、华媒从业者、新侨代表等，与故乡的亲人、朋友通过视频连线的方式线上对话，引发海内外受众对于"乡愁"的情感共鸣。二是文化交流。媒体是文化传播与交流的主阵地，有责任传播中华优秀传统文化，有责任在差异文化中消解文化鸿沟，向海内外受众倡导文化平等与人类文明的要旨。北京冬奥会作为一场盛大的媒介事件，吸引全球目光的不仅是来自各国的奥运健儿，更有其中蕴含的中国文化元素及中华文化的独特魅力，如冬奥会奖牌传达着"天地合·人心同"的中华文化理念。三是"软文化"。纪录片、电视剧、电影等依托其特有的视听符号跨越文化和语言上的隔阂，是当下国际传播的主要样式。

二、陈情与说理

"讲故事"的同时更要情理兼顾、情理交融，让海外受众愿看愿听、爱看爱听。一是构建话语体系。加快构建中国话语和叙事体系，注重提炼和宣介展示中国道理的标识性概念。如"一带一路"的提出彰显了中国式现代化的世界意义，中央广播电视总台 CGTN 10 月 18 日在德国法兰克福推出《共建"一带一路"：人类命运共同体理念助力中欧前行》电视特别节目，并举行"思想的力量"系列产品发布仪式，节目通过 68 种语言向全球推送，获得 1600 余家海外主流媒体转载，被超过 6.4 亿海外受众观看。二是用年轻人的方式讲。Z 世代是正在走向世界舞台的新一代年轻人群体，有着更高的媒介素养、更广阔的国际视野、更新颖的叙事方式，已然成为国际传播不可或缺的新生力量、增强国际传播效果的重要抓手。2022 年中国游戏《原神》火爆海外，该游戏将中华优秀传统文化以及他国文化进行现代化改编和产业改造，制作成符合 Z 世代喜好、易于被其接受的兼具艺术性与社交性的产品；中国日报努力打造国际传播"未来工程"，以"传播＋英语教育"为特色，构建融通国际传播和语言教育的双轮驱动新生态，打造"世界学生汇"品牌。

三、表达与抵达

中新网总编辑吴庆才认为，国际传播要努力解决两"达"的问题：一是表达，二是抵达，既要警惕文化间的"鸡同鸭讲"般的无效表达、低效传播，也要努力突破"算法"和"政治"两堵墙。一是微观叙事。借助视听语言的表现张力，在叙事视角上从偏好宏大叙事到秉承"微言大义"，通过构建国内普通民众的生活场景、个体故事消弭国外受众的心理距离，向海外受众展示最为真实的中国本土故事。江西广播电视台的专题《三宝村的"农民艺术家"》荣获第 33 届中国新闻奖国际传播类三等奖，该作品采取内外联动、融合矩阵式传播，实现全球传播，触达用户 1.4 亿；2022 年 6 月，由苏州市广播电视总台、苏州市非遗办联合出品的纪录电影《天工苏作》正式登陆北美，率先在纽约、洛杉矶、旧金山、多伦多等地上映，该片从 12 位非物质文化遗产代表性传承人的微观视角切入，讲述了每位传承人与手艺之间的故事。二是技术赋能产品。《兵马俑史密森尼数字教育》项目由秦始皇帝陵博物馆、西安电子科技大学、史密森尼学习与数字访问中心等合作打造,将我国的秦文化与秦始皇帝陵博物馆进行数字化,在中美两国 K-12 课堂进行教学。成都大运会期间,新华社推出《AIGC:珍稀"宝贝"为成都大运会加油助威》,利用 AIGC 技术创造了一系列国家重点保护野生动物与成都大运会场景相结合的精美海报图案与文案,取得良好的传播效果。

报业融合创新案例

第一章 "新华每日电讯"抖音号：
主流媒体借势短视频深度转型

方立新　张米扬　张博令[①]

党的十八大以来，以习近平同志为核心的党中央深刻把握时代发展大势和信息化趋势，作出了推动传统媒体和新兴媒体融合发展的重大决策部署。从党的十八届三中全会首次提出媒体融合发展重大任务，到"十四五"规划建议中明确提出推进媒体深度融合、实施全媒体传播工程、做强新型主流媒体、建强用好县级融媒体中心；从中央办公厅、国务院办公厅2014年9月印发《关于推动传统媒体和新兴媒体融合发展的指导意见》，到2020年9月印发《关于加快推进媒体深度融合发展的意见》，媒体融合一直在稳步推进，对媒体的融合程度也有了更好要求，"要将更多的资源向网络，特别是移动互联网倾斜，占领新兴传播阵地"。

"新兴传播阵地"在哪？透过数据不难发现，短视频作为移动互联网近几年发展最迅速的内容领域之一，吸引了绝大多数网友的关注。据《中国网络视听发展研究报告（2023）》显示，截至2022年12月，我国网络视听用户规模达10.40亿，超过即时通讯（10.38亿），成为第一大互联网应用；且短视频用户的人均单日使用时长为168分钟，近四分之一新网民因短视频触网，短视频应用的活跃度与"纳新"能力也强于即时通信。可以说，刷短视频已经成为多数网民生活习惯之一，这里就是"新型传播阵地"之一。因此，将更多资源向短视频领域倾斜，或许是"全面挺进主战场、走好全媒体时代群众路线"的最优选择之一。

[①] 方立新，新华每日电讯总编辑、高级编辑；张米扬，新华每日电讯融媒中心主任、高级编辑；张博令，新华每日电讯抖音号主持人、编辑。

自 2018 年 3 月起，人民日报、新华社、央视新闻等主流媒体就先后开通抖音等账号，短短几年时间，人民日报、央视新闻已吸粉过亿，在短视频领域无疑做到了主流媒体引导主流舆论。新华每日电讯正是看到了这一点，才以短视频为突破口，积极探索融媒转型。2020 年 4 月新华每日电讯抖音号发布第一条视频，仅用两年粉丝数就达到 4200 余万，粉丝数在所有媒体抖音号中排名前十。内容创新上，一些栏目是新华每日电讯抖音号首创后被争相效仿，不少热搜都是由新华每日电讯短视频端口首发，各平台转载后，形成全网热搜。新华每日电讯的短视频探索经验足以说明，提升主流媒体在互联网主战场的传播力、引导力、影响力、公信力，短视频这条路行得通。

第一节　"万物"皆可短视频

随着近年来网络通信技术的不断更新迭代以及智能终端的大规模普及，移动网络用户的碎片化时间逐渐被移动终端中的各色 App 内容所填充。以 1 分钟内视频为主的短视频 App 也凭借"短、快"的传播优势，在这一趋势下成长为现象级产品。第三方机构 Quest Mobile 发布的《2022 中国移动互联网半年报告》中显示，2022 年 6 月微信视频号月活规模突破 8 亿，抖音 6.8 亿，快手 3.9 亿，短视频毫无疑问已成为大多数移动互联网用户生活的一部分。

一、如何理解短视频

短视频是一个相对概念，传统意义上的短视频一般是指那些时长在 5 分钟以内的视频内容，如今多指代快手、抖音等短视频 App 中的超短视频，时长一般不超过 1 分钟。由于受众的单片观看时长相应缩短，应用场景也被极大地拓宽，它们往往有着相对更大的流量，低资费、内容丰富、碎片化、移动化，将短视频平台推上了互联网时代下的风口浪尖。

媒体融合是不可逆转的大趋势，不少传统媒体都有过相关经历，有成功转型的广播电视台、报纸、杂志；也有不少生搬硬套，一篇稿子，纸媒、社交媒体平台"两张皮"，但内容一个样。媒体融合要求的不是"我就是你，你就是我"，而是"我中有你，你中有我"。在短视频平台中也有不少媒体将各式内容生搬硬套，不顾受众体验。结果必然是灰头土脸，耗费不少人力物力，却难以有所建树。在短视频平台开展媒体融合，符合短视频传播规律的内容往往是最关键的。

一条优质的短视频往往能够综合运用视听语言来传递特定的信息或者情感。同样题材的内容，在短视频平台中的传播量往往能高出长视频平台的数十倍。因此，优质短视频的创作要求从业者对视听语言有一定的理解能力。新华每日电讯探索短视频之初，对其认识也相对片面，大多内容都是直接将报纸版面以及特新信息简单剪辑后在短视频平台进行发布。显而易见，传统新闻内容并不能生搬硬套，比如将版面 PDF 转制成的短视频，不仅在小屏上难以看清内容，且版面内容众多，短视频无法完成呈现，再优质的图文版面，也难以在生搬硬套的短视频化后收获好的效果。

短视频有其特定的内容逻辑，需要用更精炼的文字表达、更合理的视听语言来为内容赋能。除主题内容外，短视频平台的视频时长、画面比例、音乐风格、字幕颜色都对视频的最终传播效果有着直接影响。如何用短视频内容有效留住受众，进而传播内容，是所有转型短视频平台的传统媒体的必答题。

二、视频化要因材施策

短视频与文字、图片等其他媒介功能一致，都是传递信息，只是形式不同而已。功能相通，形式不同，如何相融？新华每日电讯做了一系列探索。

文字如何转制短视频，取决于其信息关注度。类似版面上长篇累牍的重大新闻报道或法规法条，既可配以资料画面辅助文字制作快讯短视频传播，也可找专人进行口播解读录制视频。重点在于文案需提炼要点突出呈现，配以合适的音乐、不同颜色的字幕、便于理解的资料画面，有助于有效传递信息。

图片、音频等视听语言为主的传播形式则更需要在信息中突出重点。譬如被报道对象关键部位的特写，人物的神态、语气等，都是能准确传递情绪的重要细节。如 2022 年 5 月重庆江北机场航班冲出跑道事故中，新华每日电讯就据此改造了一张灭火后的现场高清照片，照片中机头灼烧痕迹清晰可见，现场工作人员正进行处置工作，配以已知事故的相关信息及音乐，收获了 1.2 亿的播放量，成为全网热点。

因此，但凡能传递信息且有一定关注度的内容，都可以作为短视频创作的来源。传统内容不一定不适合新媒体，只是部分没有找对转化方式，方式得当、因材施策才能事半功倍。

三、短视频对主流媒体的经营价值

据《中国网络视听发展研究报告（2023）》显示，2022年泛网络视听产业的市场规模为7274.4亿元，较2021年增长4.4%。其中，短视频领域市场规模为2928.3亿，占比为40.3%，是产业增量的主要来源。因此，短视频行业不仅是主流媒体扩大影响力的主战场，也是拓展经营项目的重要阵地。

近年来，不少媒体都在打造自有媒体平台，以做大做强平台为媒体融合的首要任务。当然，打造自建可控自适的平台，既能够更好践行主流媒体职能，又能聚合影响力形成商业价值。但不能忽视的是，各级媒体的基础条件、配套建设、人员结构千差万别，不是所有传统媒体都有条件打造自有平台。当自有平台泛滥且难以形成有效聚合时，便会影响受众体验，转而受众又会将目光转向聚合平台。

新华每日电讯在新媒体转型之初一度面对这类问题，几十人以报纸版面为轴的传统编辑部，没人没技术只有内容，如何才能打造一个符合传播预期的自由平台？因此，选择通过短视频平台借船出海，低成本高收益；同时也是响应媒体融合要求，进一步扩大主流媒体在"主战场"的声量，弘扬社会主义核心价值观，把社会效益放在首位的体现。

另一方面，短视频平台的商业潜力有助于实现主流媒体社会效益和经济效益有机统一。媒体融合过程中，光有社会效益不可持续，只抓经济效益的价值导向也不可取，两个效益有机统一是文化产业持续健康发展的前提。不少媒体花费大量人力物力在传统媒体上推出经营项目，结果传播数据不理想，市场认可度低，导致无法实现经济效益，形成恶性循环。存量市场固然需要保障，但更多目光应看向新媒体，这里有经营市场的未来。

随着短视频平台对网络用户的渗透率持续加大，相应的广告市场规模也在持续扩大，越来越多的广告主发现短视频平台的经营价值和潜力，短视频平台不仅在内容上成为"主战场"，在经营上同样是主阵地之一。据共研产业咨询，2022年，中国短视频广告的市场规模达2548.7亿元，同比增长25.3%，预计

2025年短视频广告市场规模将达到3748.2亿元。QuestMobile发布的2022中国互联网广告市场洞察报告显示，2022年中国互联网广告市场为6639.2亿。可见，短视频广告就占了互联网广告市场近一半的份额，前景可观。

此外，短视频早已不是纯粹的内容平台，其聚合了电商、直播等重度商业化功能，给入驻账号提供了不同经营方式的可能性。早已有业内媒体通过商业软文的思路来制作视频、直播，获得客户好评如潮。新华每日电讯在此道路上全线开发短视频产品，重新挖掘客户的商业元素、企业文化、生产工艺、创新故事等，产出了"青春新势力""每日一景""寻找阳光老人"等一系列社会效益和经济效益相统一的融媒产品，短视频渐渐成为新华每日电讯媒体融合探索道路上的务实选择。2022年，新华每日电讯新媒体营收超4000万元，目前新媒体收入在营收总量中超过三分之二。

第二节　短视频如何为主流媒体所用

主流媒体的内容有着权威、真实、导向正确等特性，如何借助短视频传播主流价值观、弘扬主旋律是主流媒体在短视频平台发展的必答题。在新华每日电讯融媒体团队看来，主流媒体生产的短视频内容应满足网民个性化、视频化的信息获取需求，从而起到潜移默化、入脑入心的传播效果。

一、用短视频宣传党的声音

新闻舆论工作是党的一项重要工作，是治国理政、治国安邦的大事。在媒体深度融合的背景下，主流媒体要利用好短视频平台，传播好党的声音，让党的声音传得更开、传得更广、传得更深入，飞入寻常百姓家。

新华每日电讯在探索时首先想到的就是核心报道，因此特别策划了"每日学习"系列短视频栏目。以独特的视角、精心的制作，将习近平总书记历年来出席重要会议、国内考察调研、出席重大主场外交、重要外事活动等报道资料，"精炼"制作成短视频内容。通过"一日N期"的节奏发布作品，生动展现大党大国领袖、时代伟人风采。

其中，既有重大活动中振奋人心、鼓舞士气的金句再现，也有考察调研时贴近群众的温情瞬间。如在五四青年节前发布的"'一个人不爱国，甚至欺骗祖国、背叛祖国，那在自己的国家、在世界上都是很丢脸的。'3年前的今天，习近平总书记在纪念五四运动100周年大会发表重要讲话"，点赞超400万。传递出总书记重要讲话的理论深度与思想高度，在潜移默化中用总书记的告诫，增强国人的爱国情感。又如春节前夕发布的"两年前的今天，习近平在昆明考察调研，一位小朋友手拿'孙悟空'问：'习爷爷喜不喜欢'"，点赞超130万。让受众看到总书记可亲可敬的人民领袖、世界领袖形象。

"每日学习"栏目如今已发布五百余条视频，总播放量超60亿亿，累计获赞超4亿。真正将正能量转化为大流量，让高端主旋律报道也有接地气的移动端影响力。而后，近期不少中央级媒体陆续推出类似常态化核心报道栏目，各家报道形成合力，让核心报道"飞入寻常百姓家"。

除核心报道外，日常党的权威声音在短视频平台内信息量并不充分，如全国两会报道内容，权威信息披露。大多媒体首发消息还是会选择在"两微一端"或自建网站上进行转载发布，少有同步预制短视频内容。新华每日电讯在短视频运营中发现了这一现象，进而采取重要信息视频精简披露，评论区补充完整内容的传播思路，填补了抖音中重大文字消息的缺失。如每日播报的疫情信息，就采取只用关键数字突出显示客观数据，省略下的详情发布在评论区滚动更新。一方面让权威资讯在第一时间送达受众终端，另一方面又避免了重要信息缺失，成为"断头新闻"的可能。

二、用短视频讲好新闻故事

与消息、通讯、特稿一样，短视频也是信息传递的方式，也是讲好新闻故事的媒介。基于短视频碎片化、快节奏的特性，在短视频平台想要讲好新闻故事，必须让"主题事件化，事件人物化，人物情感化"。

主题事件化是指将一个抽象的主题或概念转化为具体的事件或情景，使之更具体、生动和易于理解。例如新华每日电讯报道2022年重庆森林火灾时的救援报道为例，除了消息第一时间播发外，做得更多的是对故事的挖掘，将救灾的主题转化为一个个看得见的事件。如第一时间的"直升机取水救火"，抢救山火时"火光（山火）与灯光（夜间救灾人员的照明灯）的'较量'"，一个个具体的事件更能让受众直观感受到这一主题。

事件人物化是指在叙事中引入具体的人物角色，以使事件更具情感和人性化。通过为事件选择一个或多个具体的人物，观众可以更容易地将自己投射到故事中，与人物建立情感联系，理解他们的动机和情感体验。如为抢救山火骑摩托上山的"龙麻子""蝴蝶结女孩"，救援中累到走不动路的消防员，山火结束后上山清理垃圾的志愿者。一个个鲜活的人物是同一主题事件的生动例证。

人物情感化是指强调和展现人物的情感、情绪和体验，以增强观众与人物之间的情感联系，包括能展示人物内心感受、情感反应以及他们在事件中的情感变化的各种表现，以便观众能够更好地理解和共鸣。在短视频内容中，人物的情感化往往起到升华的作用，比如亚运冠军赛后接受采访的那句"一直想着升国旗奏国歌，干就完了"，暖阳下的小女孩向武警敬礼的暖心举动，打动人心的表达也许只是一个动作、一个表情，或是一句话，媒体需要将其突出展现给受众。

这三者在叙事中常常相辅相成。主题事件化为叙事提供了一个有力的例证，事件人物化则将事件具体化，人物情感化又为观众提供了情感入口，使他们能够与故事内容产生情感共鸣。通过三者的整合，往往能给受众带来更好的叙事体验，让受众能更好地理解主题。

三、读懂算法，用好算法

众所周知，短视频平台的内容推荐是基于算法的，平台算法会根据受众的观看历史、行为特征、兴趣爱好等数据标签，尽可能地推荐受众可能喜欢的内容。通过不断优化的推荐算法提升受众体验，增加受众留存率与平台活跃度，这是平台能得以快速增长的重要原因。

同样，作为媒体账号的运营者，内容会获得多少曝光量也是基于算法推荐。在平台中能看到的数十万，甚至数百万点赞的内容无一不是符合算法推荐逻辑的内容。所以弄清楚算法的推荐逻辑对运营短视频账号至关重要。

首先需要了解的是抖音的算法推荐模式，即先将你刚发布的内容推荐给小部分人（账号的粉丝量不同，初始推荐的人数也不同），后台会记录下受众在观看这个内容时的真实行为——完播情况、点赞、评论、转发等数据，基于此判断内容是否"达标"，若达标则会推荐给下一批用户（较此前会有一定规模的增长），以此类推，直至成为全站热点。若在某个阶段该内容未"达标"，则会相应减少或停止推荐。如此算法推荐运行下，受众反馈数据不佳的视频就得到了清洗，优质内容得到更多推荐，从而优化整个平台的内容池，让平台内容整体呈现更优质。

其次，需要弄清楚什么样的内容会更容易通过平台算法，在爆火视频的制作上，有何种优化的可能？在长期运营"新华每日电讯"这个抖音号过程中观察得知，完播率在所有数据化行为中相对重要，因此应该着重在这里下功夫。完播率，顾名思义就是能够完整看完的人数比重，某种程度上完播率类似于合格线，完播率的高低对是否会推荐到下一个流量池至关重要。那么如何提升完播率，一方面需要有一个引起观众兴趣的开头，在视频位置突出展示关键信息和亮点以吸引受众停留在该视频；另一方面，在视频的内容制作上要尽可能精炼，巧妙设置传播点。比如5秒一个小传播点，10秒一个大传播点，让受众在足够短的时间里也能有看剧的感觉。简而言之，就是要在尽可能短的时间里做到更多信息增量，辅以剪辑配乐，以吸引到更多受众的兴趣。

最后，在运营实践中找到符合算法逻辑的内容创作方式。尽管算法是相通的，但对于不同定位的账号内容，不同形式的传播方式，是需要基于自身账号的内容基调而定。重大消息发布需着重优化标题与文案，让内容能清晰表达、一目了然；正能量暖闻需把控好剪辑节奏，引发受众共情；趣闻需搭配合适玩法，有音梗化剪辑……短视频内容生态不断更新迭代，在运营过程中也需要紧跟内容生态，唯有不断学习历练，方能找到适合各家媒体自身的短视频发展模式。

四、用好"有情+"思维

如果说短视频跟其他方式一定要挑一个最鲜明的特点相比较，大多从业者都会提到短视频的情感化表达。情感化表达基于其创作短视频内容是运营好一个短视频账号的必备技能。短视频中的情感化表达主要是指情感体验所给受众带来的主客观价值，是受众在看过这一段内容后所产生的体验及其对自我认知、社会交往等方面所产生的影响。纵观爆款短视频，绝大多数内容都融入了情感化表达。

情感化表达一方面能更好吸引和保持用户的关注度，进而提高互动量，获得更大曝光量。另一方面，能调动受众情绪、传递价值观念的内容对受众的影响会更大，更能做到"入脑""入心"。因此，常常能看到"有情＋有趣""有情＋有用""有情＋有内涵"等组合频频产生爆款短视频，"有情"是关键。

短视频创作如何情感化表达？核心在于以受众观看体验为依据，让内容足以引发共鸣，而不是强行煽情。这需要在内容采写时尽可能地保留采访对象的情感，往往能展现真实、刻画细节的呈现最能打动人。比如2023年高考期间，"新华每日电讯"抖音号播发的"七一勋章"获得者、丽江华坪女子高级中学校长张桂梅的送考相关内容，最打动人的一条内容是记者拍到的张桂梅吃午饭的场景，坐在露天候考区的她端着一个塑料打包盒，手上贴着膏药，胸前别着党徽，吃着盒里的拌面，饭后她还就着果汁吃下药片。那一刻，她显得平凡且伟大。"一枚党章挂胸前，永远履行党员职责""蜡炬成灰泪始干"……短短19秒的视频唤起了网友内心深处的共鸣。这条内容最终获得了近300万点赞，1.5亿的曝光量。

总之，短视频作为一种主流媒体绕不开的传播方式，让短视频为主流媒体所用是已经探索证明的可行方式；且由于其门槛低、成本小、高收益的特点，对于主流媒体是一个相对而言高性价比的选择，值得在该领域持续深耕，影响更多受众。

第三节　主流媒体布局短视频——创新为要

短视频发展至今，也是因为其低门槛的媒体准入条件，早已从"蓝海"变为"红海"。媒体账号中，大到"人民日报""新华社""央视新闻"等中央级媒体，小到县级融媒体账号，只要能想到的领域，都会有人涉足。因此不少媒体同行会有疑问——现在做短视频还来得及吗？会不会已经太晚了？短视频会慢慢告诉你，这类担心是多余的。当然，粗制滥造的内容在"红海"时期的短视频平台是没有市场的，充分竞争下，往往脱颖而出的是你的创新。"四川监狱""罗平警方""天津消防"等案例也在不断告诉我们，能不断创作出符合受众需求内容的短视频账号会一直有市场。

一、找准定位，深耕垂类

"新华每日电讯"在短视频平台中的定位为泛资讯账号，以发布时事资讯为主，辅以观点评论、正能量暖闻等。这一定位是根据报纸本身"综合时政大报"的定位而来的，短视频账号也是报纸的延续。

但如今泛资讯内容已经呈现出饱和趋势。新进主流媒体账号可避开已经饱和的泛资讯赛道，避免同质化竞争，蹚出一条符合自身定位的发展路径。若仍需深耕泛资讯，也需要想好在泛资讯内容中的运营侧重点，是侧重权威资讯，还是社会热点，或是人物故事？

先静下来想一想，梳理清楚自身的媒体特色、专业领域在哪儿，一定是"磨刀不误砍柴工"之举。若能从特色出发，将传统报道中的特色优势转移到短视频平台，形成差异化竞争则更易突围。如权威发布有"新华社""人民日报""央视新闻"，国际新闻有"环球网""参考消息"，财经新闻有"中国经济网""央视网财经"。简单来说，媒体需要给自身打上"标签"，让受众在看到这个标签时，第一时间能想到自己。

此外，在短视频平台，泛资讯账号的粉丝往往流动性高，有着广泛的年龄分布、多元的文化背景与兴趣。而垂类账号，往往能获得固定的粉丝群体，往往忠诚度更高，不可替代性更强，对发布者内容的互动情况也会更好。长期深耕垂类的账号往往会拥有一批忠实粉丝，这批粉丝会撑起该账号内容传播的基本盘，从而更容易形成良性循环。

需要注意的是，主流媒体探索差异化短视频时，切忌不能与自身主业"两张皮"。有的媒体完全是"另起炉灶"，不仅没有利用好自身优势，反而影响了自身的品牌定位，结果可想而知。新华每日电讯探索短视频的初衷是扩大自身报道的传播力、影响力，务必基于立足于自身，方可行稳致远。

二、以原创栏目站稳脚跟

与深耕垂类一样，开发原创栏目，挖掘系列作品也是吸引受众和建立品牌身份的重要策略。不同的是，开发原创栏目能进一步细分内容，常常一款原创栏目是一家媒体的招牌和特色，有助于提高媒体的知名度与辨识度。原创栏目通常专注于某一领域或主题，提供有特色的信息和报道。受众可以依赖这些栏目获取更详细、更全面的信息。

"新华每日电讯"抖音号的快速发展就跟原创栏目息息相关。在创立初期就开始持续打造短视频版的"新华每日电讯"，创造性地将报纸本身的优质版块，如"每日人物""每日调查""每日快评""每日财经"等，以受众喜闻乐见的形式将版面优质内容"迁移"到短视频账号，相当于在视频端"创办"了一份权威主流媒体。"每日××"系列栏目，基本上都是《新华每日电讯》版面的延伸，这种延续性真正体现了深度融合。

此外，还创设了符合自身媒体定位的"每日热闻""曾经的那些新闻人物现在怎么样了？""青春新势力""网友镜头里的中国"等特色板块。这些都是基于短视频生态创立的原创内容，运用的是报刊栏目的运营思路，既不与"主业"脱节，又能更符合短视频受众需求。从常被网友催更的"每日热闻"——28秒集纳当日热点的新闻栏目，到深耕短视频平台热门人物的"青春新势力"，再到以网友视角宣介大美中国的"网友镜头里的中国"，一个又一个原创栏目的设立，给受众带来全新的短视频观看体验，也为新华每日电讯带来口碑与流量。

由此可见，原创栏目是主流媒体的强大资源，它为主流媒体提供了独特的内容特色，还助力了自身的品牌建设、观众吸引、广告收入和社会影响。这些栏目是媒体的重要资产，对于主流媒体在短视频平台的成功和影响力至关重要。

三、孤掌难鸣，跨平台更有破圈可能

短视频对于主流媒体的重要性毋庸置疑，但不可否认的是，短视频只是一极，有其自身局限性，对于长叙事结构的内容相对于微博、微信公众号等有些许劣势。如若将这些平台进行有机结合，利用短视频的高曝光以及情感化表达、微博消息发布的高触达率、微信公众号的深度阅读体验、头条号与抖音号的接口互通，等等，能争取收获更多长尾增量，实现跨平台传播，也能获得更大的传播力、影响力。

此外，基于短视频推荐机制的特点，新华每日电讯常常能够对自己发布的内容能否成为热点有一个基础的预判，一般十分钟以内，明显高出平均数据的十倍以上，往往就有成为爆款的潜质，对此就会及时跟进，争取扩大传播范围。

"新华每日电讯"抖音团队常常就某一个有爆款潜力的选题策划，联动微信公众号、微博、头条号等新媒体矩阵跨平台传播。如"宾大将追授林徽因建筑学学士"这条内容就是团队在选题会上提前策划，先推出短视频内容简述消息及关键信息，在数据上感知其有成为爆款的可能后，在微博同步相关消息，接着微信公众号推出一篇新媒体报道和一篇深度报道作为该内容的延展。在提供多角度内容的同时，平台间往往也会相互引流。这条内容在短视频、微博纷纷登上热搜，观看人次近1亿。受众出于获取相关信息的需求，往往会根据需求，跨平台检索信息。这时微信公众号、头条号的深度文稿就能精准引流，也实现了跨平台传播。最终既收获了影响力，也收获了有深度阅读需求的读者。

　　需要注意的是，跨平台传播需要策略性、细致入微的计划。媒体需要了解受众、不同平台的需求和行为，以及各平台内容发布的合理时间。多方配合下，一次基于短视频数据反馈下的跨平台传播往往能够"以小博大"。

　　当前，短视频发展渐缓，但对于每一个新加入的主流媒体而言，仍有无限机遇。在如此多元化的时代，每个人的需求和口味都可能独一无二。不少"尝鲜"的媒体开始尝到"甜头"，有的媒体靠深度访谈出圈，有的媒体靠AI新闻现场还原破圈，还有媒体在短视频平台讲起了长故事……也许短视频不仅仅是一种传播形式，它代表一种传播思维，引领了一种更直接、有创意的方式来传播信息、分享故事。也许改变，仍在发生，媒体融合，我们一直在路上。

第二章　《重庆日报》内容融合创新实践

董小玉　王雯雯　王鹏辉[①]

互联网与数字媒体技术的飞速发展，使得传播环境和舆论生态日新月异，习近平总书记在"1·25"重要讲话中谈道，"我们要因势而谋、应势而动、顺势而为，加快推动媒体融合发展，使主流媒体具有强大传播力、引导力、影响力、公信力"。而扩大主流媒体影响力版图，首要要做好的是顶层设计。在此方面，《重庆日报》做出大量探索。

目标：坚持走深度精品之路，建设一流新型主流媒体。2023年初，《重庆日报》经过深入调研与论证研究，结合《人民日报》、全国优秀省级党报和《重庆日报》实际情况，形成了《〈重庆日报〉持续打造新时代精品党报实施方案》《〈重庆日报〉加快打造一流新型主流媒体实施方案》《〈重庆日报〉全平台组织架构和岗位设置方案》等一系列具体改革方案。坚持"纸数并重、一体融合"的发展原则，统筹"变"与"不变"的辩证关系，持续做实做优《重庆日报》"1+1+3"的全媒体矩阵，即"一报"（《重庆日报》）、"一端"（新重庆客户端）、"三中心"：党的创新理论传播中心（重庆瞭望、理响青年、理论头条、基层理论调研基地、重报智库），重庆视觉影像传播中心（视觉重庆图库、渝视频），重庆乡村振兴全媒体中心。

理念：坚持创新机制体制的改革，强化互联网思维。如今"互联网+"渗透在各行各业，作为最早一批"触网"的党媒，《重庆日报》不断进行"互联网+"的探索实践，持续进行创新改革。如2023年倾力推出的"重庆瞭望"微信公众号，自3月15日上线以来，不断创新机制体制，改变话语体系，主动

[①] 董小玉，西南大学新闻传媒学院教授、博士生导师；王雯雯、王鹏辉，西南大学新闻传媒学院博士研究生。

摸索受众关心内容，创新应用互联网话语表达，力求作品"短实新快"，推出一批重磅主流评论作品，被读者誉为"东浙宣、西瞭望"，在国内初显标识性和影响力。再如2023年上半年，推动《理响青年》转型升级，由原来的电视模式向社交模式转变，由原来的横屏向竖屏播放转变，并入驻哔站、微信视频号等第三方平台，以及"学习强国"学习平台、重庆市新时代文明实践云平台等权威平台，使其更加符合青年的阅览习惯，不断提升栏目的传播力和影响力。

原则：坚持党性与人民性，打造党的理论创新高地。习近平总书记指出："主流媒体守土有责，更要守土尽责，牢牢掌握舆论场主动权和主导权。"《重庆日报》坚持把学习宣传贯彻党的二十大精神作为当前和今后一个时期的首要政治任务，持续展示巴渝儿女贯彻落实习近平总书记重要讲话和重要指示精神的生动实践，推动党的创新理论更加深入人心。2023年起，《重庆日报》和重庆日报客户端同步开设《学思想　强党性　重实践　建新功》专题专栏；持续做好《全面推动党的二十大精神在重庆落地生根开花结果》专栏报道；推动《思想周刊》提档升级，坚持把宣传阐释习近平新时代中国特色社会主义思想作为首要政治任务，守正创新、服务大局，每周一推出"新论""策论""知行""智库"四个版，突出理论与实践相结合，不断扩大基层理论调研基地范围，努力将之打造成党的创新理论宣传高地。

第一节　强化思想站位：打造时代精品党报

一、深化党的创新理论武装：加强报社队伍建设

习近平总书记指出："要深入开展马克思主义新闻观教育，引导广大新闻舆论工作者做党的政策主张的传播者。"2022年以来，重庆日报社贯彻落实习近平总书记重要指示和第六次党代会精神有关要求，坚持把党建作为推动新闻舆论工作落实的主要抓手，锻造出一支积极传播党的理论的高质量队伍。

1. 打造新时代"红岩先锋"变革型组织

重庆是红岩精神的发源地，红岩精神是重庆这座城市鲜明的红色标识。

2023年4月，《重庆日报》连续推出三篇重磅评论，即《红岩精神是重庆城市精神的核心——新时代传承弘扬红岩精神系列评论①》《从红岩精神中汲取建设现代化新重庆的澎湃力量——新时代传承弘扬红岩精神系列评论②》《让红岩精神绽放出新的时代光芒——新时代传承弘扬红岩精神系列评论③》，讲述与红岩精神有关的重大历史事件、重要历史人物典型事迹，教育引导广大党员、干部从红岩精神中汲取信仰和奋斗的力量。6月，《重庆日报》推出第一期"以学铸魂·重庆见行动"子栏目，展示红色主题教育方面的亮点和做法，激发党员干部建设新时代新重庆的热情，让"红岩先锋"的旗帜高高飘扬。

2. 落实全面从严治党的主体责任

2022年8月5日，在《重庆日报》创刊70周年座谈会上，再次强调《重庆日报》必须始终坚持"党报姓党"，大力宣传党的理论和路线方针政策，与时代同进步，与重庆共成长。2023年以来，《重庆日报》各部门对无故缺席会议人员进行"病灶"治理，充分利用党委会、纪委会、部门工作会、支部生活会，让党员干部积极参加集团党风廉政知识线上测试，练好思想"内功"，守住廉洁自律的"防功"。此外，《重庆日报》组织党员干部到党风廉政教育基地参观学习，做好集团纪检监察干部队伍教育整顿工作，着力填补党员干部能力素质"空白区"，培养让党和人民放心的党报队伍，为奋力书写全面建设社会主义现代化新重庆营造良好氛围、凝聚强大力量。

二、坚持"两个结合"：推动党的理论大众化传播

习近平总书记在党的二十大报告中强调，"只有把马克思主义基本原理同中国具体实际相结合、同中华优秀传统文化相结合"，才能正确回答时代和实践提出的重大问题。2022年以来，《重庆日报》紧紧围绕党的二十大报告精心策划，以"两个结合"为根本遵循，生产出一大批有深度、有温度、有影响力的新闻精品。

1. 将党的理论融入新事件开创新内容

2022年下半年，《重庆日报》出品的《"山火灭了后他们又一次上了山"》记录数百名志愿者守护家园的炽热情怀，短视频被《人民日报》转发，提升了党报的传播效能；《一个医生的真情告白》及系列报道，阅读量突破1.2亿人次，疏导了群众的情绪；《我就休息这一下，马上就好了》阅读量超844.6万，体

现了坚韧顽强、不屈不挠的民族精神；《蒋正全英雄回家》将平凡英雄无畏无惧、舍己为人的壮举烙印在读者心中，成为现象级爆款产品。《重庆日报》不断探索把政治优势转化成联系读者优势，把平台优势转化成服务群众优势，把专业优势转化成提升传播效能优势，更好地贴近群众、贴近实际，让人民深切感受到勇毅前行、团结奋斗是中国共产党的精神标签。

2. 推动党的理论本土化与时代化

新时代新征程上，《重庆日报》始终坚持以习近平新时代中国特色社会主义思想为指导，把准政治方向，牢记初心使命，弘扬优良传统。2022年12月，《重庆日报》报道了市残联实施"微笑计划"助推文化创新发展的系列活动，生动讲述了"想群众之所想、急群众之所急、乐群众之所乐"的重庆故事。2023年6月，《重庆日报》以"图片+文字"形式报道青少年对重庆文物考古的新闻，提到"传承、弘扬、传播的对象，最重要的就是青少年，没有下一代对优秀传统文化的传承，我们的工作就失去了意义"。这也警示当代青年：传递党的声音、推进党的理论创新、讲好重庆故事，需要深度挖掘重庆优秀传统文化，不断增强脚力、眼力、脑力、笔力，让在路上、在现场、在传扬成为常态。

三、彰显二十大精神：创造"渝"味浓厚的报道

《重庆日报》坚持以习近平新时代中国特色社会主义思想为指导，全面学习宣传贯彻党的二十大精神，精心打造出一批"渝"味浓郁、鲜活生动的专题报道，凝聚起奋进新征程的正能量伟力。

1. 推出"喜迎二十大"系列专题

自2022年起，《重庆日报》聚焦过去五年巨变，开设"沿着总书记的足迹·谱写巴渝新篇章""把习近平总书记殷殷嘱托全面落实在重庆大地上""奋进新征程 建功新时代""把党的二十大精神全面落实在重庆大地上""新时代新征程新伟业""跟着代表学精神"等专题专栏，积极开展好"一江碧水向东流"的主题宣传。此外，聚焦全国两会，《重庆日报》理论评论部提前策划，发布"两会天天评"系列短评、"俞思平"署名文章等一系列评论文章，彰显新时代重庆人民不忘初心、牢记嘱托、踔厉奋发的实践风貌，推动习近平新时代中国特色社会主义思想与重庆百姓生活有机融合。

2. 推出党的二十大精神落地的专题报道

2023年2月，《重庆日报》推出《开春第一课》特刊，采写《"开春第一课"集体充电　理清思路增强信心抓好落实——市管领导干部学习贯彻习近平新时代中国特色社会主义思想和党的二十大精神研讨班侧记》《在建设现代化新重庆中展现新担当实现新作为——研讨班学员代表谈体会话落实》等稿件，2023年4月17日、6月26日，《重庆日报》创办的《思想周刊》先后刊发《深刻理解开展主题教育的重大意义》《坚持用习近平新时代中国特色社会主义思想凝心铸魂》等重磅文章，以及西南大学组织的"中国化时代化的马克思主义行"理论研讨会发言摘登，累计总发稿约3000篇，总阅读量3亿以上，为推进党的二十大精神入脑入心、见行见效，营造出浓厚的理论氛围。

第二节　回答时代课题：创新内容生产

中国之问是新时代坚持和发展什么样的中国特色社会主义、怎样坚持和发展中国特色社会主义、建设什么样的社会主义现代化强国、怎样建设社会主义现代化强国等重大时代课题。《重庆日报》聚焦这一时代"必考题"，不断"晒"出"何以重庆"的新答案。

一、聚焦高质量发展的目标：回答好中国之问

把建设高质量发展高品质生活的新范例作为报道的"新项目"。2023年1月，《重庆日报》刊发以《让"双城记"唱得更嘹亮　川渝携手同心谱写发展新篇章》为代表的文章，连续7天推出7篇"打造'七个城'系列评论"、10期"双圈建设'开门红'这些项目值得期待"等报道。围绕"一号工程"提出的"加快打造创新之城、开放之城、便捷之城、宜居之城、生态之城、智慧之城、人文之城"进行论述，为中国式现代化任务的推进交出亮眼"成绩单"、擘画发展"新蓝图"。2023年4月，《重庆日报》推出《新时代　新征程　新重庆　重庆奋力年中重庆巩固脱贫攻坚和接续乡村振兴的成果，重庆推进乡村振兴 建设宜居

宜业和美乡村特别报道》的文章，回答重庆上下以"战"的姿态、"拼"的精神，巩固脱贫攻坚和衔接推进乡村振兴的硬核答卷。

二、传递中国好声音：讲好带有泥土味的重庆故事

重庆历史是中国历史的重要组成部分，重庆故事和重庆形象也是中国故事和中国形象的一个缩影。《重庆日报》聚焦正面事迹，用带有泥土芬芳的重庆故事，打造读者喜闻乐见的"故事纸"，向世界展示重庆形象、中国形象，诉说高站位的"宏大叙事"与有温度的"人文故事"。2023年3月以来，《重庆日报》共计推出15篇"央企在重庆"的系列报道，如《来渝65年，从生根发芽到枝繁叶茂——中冶赛迪将与重庆书写更多精彩故事》《中铝集团携手重庆共同发展高端铝产业，为国家重大工程保供"重庆造"铝材装备助力打造"国之重器"》等，为重庆经济持续"扩圈"，抒写"央企力量"与重庆协同演绎的精彩故事提供重要见证。

自2023年4月18日起，《重庆日报》连续推出7期"新时代传承弘扬红岩精神"专栏稿件，讲述周恩来、董必武等红岩先辈的革命事迹，铺展出一幅"红岩味"更浓的历史画卷，全面擦亮"红岩故里·雄山华蓥"城市形象IP，让英雄血脉流淌进当下人的脑中。2023年7月，《重庆日报》推出《重庆市2023年度"新时代好少年"揭晓》报道，讲述重庆市"小萝卜头"红色讲解员任昱瑾、罗渠高等学生修身立德、勤学上进的先进故事。通过传递重庆市民身边的"小确幸"，打造更多沾泥土、冒热气、带露珠的刷屏之作。

三、凸显人民中心：打造走进"心尖"的民情品牌

2023年，重报集团将以更大的力度、更新的政策，提升新闻产品质量，做内容生态的"破圈者"，让新闻产品切实从"指尖"走进"心尖"，充分践行人文关怀的责任担当。2023年6月，《重庆日报》推出《站稳人民立场，为美好生活而奋斗》等报道，讲述提升服务能级，打造"人社服务在身边"，提供"一站式"诊疗服务的举措，让《重庆日报》牢牢占据服务人民的传播制高点。2023年7月，《重庆日报》推出《面对这场防汛大考，网友们这样说》《汗水、雨水、泥水……暴雨中，梁平党员干部冲锋在抢险救灾第一线！》

《梁平派出多支救援力量——暴雨中,他们守护群众安全》等头版报道,以"身边事"解读"人民至上"理念,让人文关怀实现"破圈破群破亿"的大流量传播。

第三节 推动媒介融合:深化资源平台整合力

新技术引领数字化、信息化、网络化、智能化发展,使得传统媒介的范畴和边界得到极大拓展。近年来,《重庆日报》在传播技术、舆论生态和媒体格局发生深刻变化的时代背景下,坚持以内容建设为根本、先进技术为支撑、创新管理为保障,不断创新媒体深度融合。

一、技术融合:用新技术催化新闻报道"飞跃"

媒体融合是一次以技术创新为引领的变革,充分用好最前沿的技术成果,才能给媒体融合插上翅膀。近年来,《重庆日报》逐渐建起了技术合作的"朋友圈",例如新华社MAGIC智能生产平台、凡闻大数据智能平台、腾讯战略合作模式、科大讯飞产品合作模式、移动5G技术合作模式等。生产了一批具有科技感的新媒体产品,如《重庆日报》2023年上半年创新推出一系列新媒体产品,SVG产品,如《中国化时代化的马克思主义为什么行》《新时代如何传承弘扬红岩精神》等,阅读量分别达到了10万+;《主题教育60秒微课堂》、SVG产品《主题教育|每周复习》等,做好主流舆论引导,加强话题设置。借助动画影视技术,推出动漫作品《经此一役,人生不必慌张》、"手绘+视频"《重庆"珍品"有话说》等,阅读量10万+以上。结合学习贯彻数字重庆建设大会精神,《重庆日报》推出了"数字重庆论坛"栏目,约请北京大学大数据研究专家,聚焦数字技术领域,产出系列科学研究成果。

二、渠道融合:倾力打造"重庆瞭望"新传播平台

习近平总书记在"1·25"重要讲话中谈道,"我们要因势而谋、应势而动、

顺势而为,加快推动媒体融合发展,使主流媒体具有强大传播力、引导力、影响力、公信力"。全媒体时代,传统报业不仅仅要把好内容关,以优质内容取胜,还需充分整合资源,融合渠道,创造新的增长点,激发新的传播活力。2023年3月15日,《重庆日报》主办的微信公众号"重庆瞭望"正式上线。首推发刊词《交个朋友吧》和《重新打量重庆》的文章,获得用户好评,一天新增粉丝3000人。3月16日,"重庆瞭望"正式上线,词条登上百度重庆热搜榜第3位,相关新闻和文章被新华网微博、今日头条、腾讯新闻、搜狐新闻等平台,新华网、人民网、澎湃新闻等多家主流媒体转载,累计热度突破590万+。截至2023年10月20日,重庆瞭望公众号上线将近8个月,共发布原创文章188篇,文章全网总阅读突破1.8亿次,总粉丝数约6万人。其文章《冲出思想"峡谷"》《调查研究要当好"小学生"》《城市IP何以"出圈"?》《山区库区高质量发展,怎么看、如何办》《重庆的"启明星"从何处升起》《从"形"与"势"看重庆经济》《调查研究为何要"四不两直"?》等,在公众号内传播数据最高,每条稿件均突破9000+阅读量。重庆瞭望微信公众号因独到新颖的观点,朴实亲和、活泼灵动的文风,打开了主流媒体宣传工作和舆论引导新局面,逐步赢得用户的信任与认可。对此,媒体评论同行评价说:"东浙宣,西瞭望,对于繁荣评论事业,具有破冰意义。"

三、区域融合:成渝地区党媒联动"唱好双城记"

随着区域经济一体化发展和城市群、都市圈相继推出,地方媒体同频共振式的"大合唱"模式正在逐步打破区域壁垒,最大限度地释放媒体的传播力和影响力。自2021年开始,《重庆日报》便与《四川日报》《湖北日报》《湖南日报》《贵州日报》《云南日报》《解放日报》等媒体建立了稳定的合作模式,共同生产了一批有影响力的产品,如川渝《偶像老师来了2》系列短视频、川渝年画大赛,与湖南日报合作的栏目《誓言无声》等。随着成渝地区双城经济圈建设的走实走深,更是推动成渝地区党媒联动向纵深发展。2023年4月,《重庆日报》"视觉重庆"与四川日报报业集团"C视觉影像数据库"联合启动"成渝地区双城经济圈影像共创计划",推出《影像"双城记"》栏目,出品视觉专辑《就爱这人间烟火》《AI定格宝藏纳凉地》等,用影像记录成渝两地打造高质量发展的新风貌,充分反映两地人民群众迈步美好新生活的幸福感和获得感；2023年6月27日，《重庆日报》创办《双城周刊》，记录川渝地区城市和乡村、生产与生活、企业和个人的变迁故事，并与《四川日报》资源共享，同频合作。如首期联合重庆市规划和自然资源局、《四川日报》共同策划推出的《双城周刊｜重走川渝古镇 找寻巴蜀韵味》系列报道，聚焦川渝两地知名古镇（传统风貌区、历史文化街区），共探在历史文化保护传承中"唱好双城记 共建经济圈"的实践经验。

第四节　变革运营方式：提升综合服务能力

通过大量摸底调查，《重庆日报》提出"共造声势、共建联盟、共塑品牌"思路，组建全媒体报道团，变革运营方式，结合"线上线下"全媒体矩阵同步推广的宣传手段，从新闻、新媒体、动漫视频、微视频、直播、理论、深度报道等全方位多角度深度参与宣传报道，提升综合服务能力。

一、产品转型：可视化表达与"轻量化"传播实践

当下，短视频已经成为继微信后全民级的媒介类型，5G的发展和普及再度激发受众使用视频移动端习惯的养成。在短视频领域站稳脚跟，是传统纸媒高效转型的"杀手锏"，能够有效促进传统报业的可持续发展。随着《重庆日报》全媒体传播体系的持续构建和完善优化，确立了以客户端为核心和基础平台，以短视频（渝视频、理响青年）为突破口的方针，大幅增加可视化新媒体产品供给，主打"轻量化""灵活化"视频传播，以形式创新赋能内容创新。

2023年上半年,《重庆日报》稿件视频化率大幅提升，由2022年底的不足5%提升至目前的15%以上。全国两会期间，推出1亿+作品1条，千万+作品9条，百万+20条，总访问量2.23亿次。亮点包括创意MV《〈雪龙吟〉（四极版）上线！2023，拼！拼！拼！拼！》传播量1亿+；短视频《新重庆，跑起来！》传播量千万+。《重庆日报》推出的《香港特首李家超烫重庆火锅"七上八下"》，

阅读量 1000 万+，新华网、华龙网等纷纷转载，阅读量 2000 万+；截至 2023 年 8 月，《重庆日报》渝视频专栏作品超过 1380 件，产出 1 亿+级、千万+级、百万+级作品超 27 件。与此同时，在《理响青年》专栏发表短视频 105 期，其内容、渠道、平台、运营等方面融合质变的新生态正在形成。2023 年 6 月，《重庆日报》全新打造重庆市首档市场监督类短视频栏目《市场直击》，截至 2023 年 7 月 14 日已成功上线两期节目，为维护市场秩序，保障消费安全做出了有益探索，获得市民一致好评。

二、运营转型：构建"新闻+政务商务服务"模式

在媒体融合进程中，"新闻+政务服务商务"已取代"内容+广告"，成为媒体融合的基本逻辑，"服务制胜"与"内容为本"均已成为发展的必备要件。传统报业应加速向用户意识、市场思维转变，通过找准自身定位、拓展自身功能、加强特色服务、满足差异需求。《重报日报》践行"新闻+政务商务服务"运营模式，正逐步转型为提供"一揽子"综合服务的新型主流媒体，打好"服务"这张牌。

一方面为政府、组织、团体、企业提供各种各样的"服务包"。如截至 2023 年 6 月，视觉重庆已在执行及对接中的项目有 20 余个，其中包括重庆市人大、重庆高速集团、市城市管理局等单位的图库矩阵建设，平凡之光千人合影创作，让美好发生福彩公益拍摄等多场摄影活动，邢家桥社区陈列馆、南川档案馆全案策划和长江摄影双年展、"我爱重庆·精彩一日"百万市民拍重庆活动、重庆市档案馆红色珍档联展等。

另一方面发挥党报优势，赋能地方经济发展。如为推动梁平区预制菜产业发展，打造中国西部预制菜之都，《重庆日报》利用智库平台，通过大量摸底调查梳理总结形成《共建中国西部预制菜之都工作建议方案》智库报告，提出"共造声势、共建联盟、共塑品牌"思路，并组建全媒体报道团，结合"线上线下"全媒体矩阵同步推广的宣传手段，从新闻、新媒体、动漫视频、微视频、直播、理论、深度报道等方面全方位多角度深度参与宣传推广 2022 年中国预制菜产业发展峰会，全力以赴为梁平区经济发展服务赋能。

三、平台转型：汇聚"党报＋高校"青年力量

主流媒体平台化发展，是顺应"互联网＋"趋势的选择，其本身具有的互联网基因能够帮助身处困局的主流媒体找到发展出路，成为主流媒体转型和深度融合的方向。2023年上半年以来，《重庆日报》将《理响青年》栏目进行平台转型，由原来的电视模式向社交模式转变，由横屏向竖屏播放转变，并已成功入驻哔站、小红书、微视频等第三方平台，形成一个多渠道、立体式、群众参与、群众传播的交互平台。与抖音、快手等商业平台不同的是，主流媒体相比流量更重视主流的价值体现。2023年4月以来，《理响青年》创新推出的"数字中国"系列视频，被重庆市委网信办全网重点推送，在青年群体中迅速掀起了学习热潮。另一方面，《理响青年》广泛发动合作高校进行共同拍摄与内部推荐，形成青年领讲人跨校合作、多专业教授跨校座谈、多层次话题跨校拍摄宣传的叙事共同体。如栏目组引领西南大学35名研究生，围绕中国式现代化主题展开对党的二十大精神的青年解读，其中，由栏目组和高校学子共同摄制的9个专题视频陆续亮相大众视野之中。

截至2023年8月，《理响青年》已累计刊播100余期，重庆市委宣传部2023年第15期《重庆新闻阅评》对栏目进行专期肯定，市委网信办将《理响青年》作为全市唯一的项目向中央网信办传播局申报立项，市委宣传部还将《理响青年》作为典型案例向新华社报送。

多年以来，《重庆日报》在深化媒介融合的实践中已经开辟出一条属于自己的道路，取得了一系列创新成果，在理念路径等方面有许多值得行业借鉴的地方。未来，在媒介融合向纵深发展的道路上，《重庆日报》仍需持续推进媒体深度融合发展和产业全面升级，坚持"纸数并重、一体融合"的发展原则，坚持数字化战略眼光和思维，坚持移动优先策略，大胆运用新技术新机制，在体制机制、运营模式、用户经营、人才培养等方面持续发力，久久为功，让主流媒体牢牢占据思想引领、文化传承、服务人民的传播制高点。

第三章 青岛日报社（集团）：推进"五智"架构建设生态型平台

樊泽顺　邹吉宏[①]

当前，媒体融合正进入一个多元创新的阶段，基于平台转型、运营迭代、全新业态布局的追求，基于生存力构建、发展力蓄积、变革力重塑的本质冲动，基于强大话语体系构建的媒介需求，整体生态能力的升级正成为融合创新的焦点。

党的二十大报告指出，"要建设具有强大凝聚力和引领力的社会主义意识形态。加强全媒体传播体系建设，塑造主流舆论新格局"。这是习近平总书记2013年起提出"传统媒体与新兴媒体融合发展""推进媒体深度融合发展""主力军全面挺进主战场"之后，为媒体深度变革指出的新方向。

本文通过对青岛日报社（集团）以媒体新生态平台建设为战略目标，以观海融媒体平台为战略转型平台，全力探索媒体融合发展新模式、新路径进行了分析。其总体逻辑是：以推进媒体融合发展为主导战略，以打造智库、智慧、智能、智趣、智链"五智"的观海生态为总体架构；以"内容向上、社群向下、内建平台、外链资源"为业态路径；以"用户领着干、考核一条线、转型靠全员、业务融成链"为市场占位方略；以"创新、参与、分享"为内部驱动机制，全力探索智库引领的全媒体传播新生态、新模式，以推进运营方式转型、全新业态构建，致力夯实具有区域特色的生态型媒体能力，进一步增强融媒平台的竞争力、运营力和传播力。

[①] 樊泽顺，山东大学文学学士，青岛日报社（集团）党委委员、副总编辑，高级记者，历获中国新闻一等奖和"齐鲁文化英才"等荣誉，致力于新媒介生态、数字平台、运营管理、品牌传播等领域研究；邹吉宏，青岛日报观海新闻副总编辑。

第一节　布局"五智"新媒体架构

为深入贯彻落实习近平总书记关于推进媒体深度融合发展的指示要求，按照山东省委有关实施意见，在青岛市委宣传部的指导下，青岛日报社（集团）自 2020 年起聚合传统媒体和新媒体的优势力量，特别是在原有青岛日报党报 10 余年新媒体发展的基础上，研发并上线了新的融媒平台——观海新闻，力求构建新一代立足区域、广泛辐射、富有特色的强势融媒平台，并将其作为战略引领的核心转型平台，推动报社（集团）整体转型发展。

经过三年全力打造，观海融媒平台探索出数字时代的全新传播思维、发展路径、运营模式和品牌生态，集中体现为五个"新一代"：为受众打造的全新一代泛资讯、广覆盖信息发布平台；为用户打造的全新一代智慧级、智能级交互传播平台；为客户创造的全新一代政务级、商务级高端综合服务平台；为城市营造的全新一代专业级、智库级品牌传播平台；为未来布局的全新一代资源型、赋能型融媒生态平台。

一、"五智"新生态的价值原点

传播生态进化不力、传播能力递进迟缓，是当代媒体面临的普遍困境。新传播时代是新用户时代的映射，用户能力是一切能力的前提，而生态能力是用户能力的基础。生态能力建设与竞争能力覆盖的形成，基于新业务场景的搭建与新用户场景的融合，这是一种双向进化关系。

媒体融合发展，本质不是形态的转型，而是生态能力的跃升。这是构建智库引领的"五智"传播生态的价值原点。观海新闻平台基于这一原点，提出了"五智"媒体新生态的价值思路，致力打造智库、智慧、智能、智趣、智链"五智"架构，瞄准全新一代综合型、立体化、矩阵级、泛场景、深交互、广链接、强服务的融媒价值方向，全力打造用户级的交互服务平台。

二、"五智"新生态的架构探索

"五智"新生态架构,是一种元素兼容、全链融合、相互赋能的架构体系,是一种全新的业务创新平台模式。其引领是智库、其核心是智慧、其基础是智能、其本能是智趣、其目标是智链。

智库——全力推进当代媒体向智库级媒体转型,努力推进全员智库架构,搭建强势智库圈层。目前,观海平台拥有多领域品牌价值培育、品牌形象设计、品牌价值传播的专业机制和团队;全力建设高端传播的全案管理、传播事件策划、深度文案创作、创意元素设计、传播场景营造、线上线下互动、党报党网一体的智库级传播服务能力。其中,传播智库包括:内容策划、深度观察、热点塑造、矩阵发布;品牌智库包括:沉浸产业、塑造品牌、IP打造、全链包装;创意智库包括:高端文案、个性策划、专员专案、爆款机制;运营智库包括:设计活动、运营平台、线上线下、社群直达;场景智库包括:多元场景、沉浸设计、体验传播、网红矩阵。

智慧——建设泛资讯、泛用户大数据形态,致力推进"业务数据化、数据业务化",建立数据增值业务逻辑。全面布局"观海云脑"资讯数据服务体系,推进综合型、多功能数字平台研发能力。目前,观海已具备成熟的综合型融媒体平台开发能力,模块化智慧城市数字产品服务能力;具备媒体数据资源库管理、用户数据考核、品牌传播分析、舆情全周期管理等大数据整合能力。

智慧数库:全力推进媒体资产数字化、数据化,开发"智库型全媒体资源公共服务平台""青岛制造媒资库"等数据平台——广域资讯的全方位搜集、整理、应用平台;具备行业数据归集、管理、查询、生成的平台研发复制能力。

智慧城市:拥有基于大数据的城市智慧应用数据平台搭建能力,可涵盖城市服务应用各个领域,开发了智慧社区、智慧公益、智慧工会、智慧体育、智慧地图、智慧场馆、智慧阅览、智慧手造、智慧文创等多领域模块化平台。

智慧分析:全力推进区域数据应用,拥有个性化 AI 技术赋能的用户传播行为、社群行为研究平台;前瞻性的一体化受众信息交互分析平台,涵盖各领域(区域、行业、企业、部门)的信息交互研判能力。

智能——全力打造各类智能服务场景，着力建设智能化平台。以智能化用户服务终端为目标，推进智能化信息触达场景、个性化信息阅读体验；不断深化信息智能化推荐、用户群信息感知体系建设，自主研发用户推荐算法，具备用户精准到达能力；广泛建设智能化用户沉浸式体验场景，推进探索可感、可触、可知的元宇宙体验，VR、AR智能等产品场景。

智能采编：自主研发"观海星辰"一体化融媒系统，该系统具备音视图信息源管理、信息生产管理、信息发布管理、用户管理等智能化能力，方便的信息生产工具；同时具备可复制推广的个性化、定制型智能化融媒平台研发能力。

智能考核：自主研发全网数据考核体系，具备用户级信息交互反馈评价能力；拥有可复制的智能化办公、业务考核平台模块产品研发能力，并实现推广应用。

智趣——专注用户交互，拥有广泛社群。致力用户交互机制建设，拥有线上、线下一体化的用户交互体系。具备广泛的用户链接场景，在细分领域知识传播、品牌领域认知传播、社群领域链群传播等方面，不断推进建设用户黏性，不断延伸用户服务能力，不断扩展交互趣味性建设，不断推进体验迭代升级；具备智能化用户交互平台策划建设能力，包括：虚拟主播：AI数字主播、数字人生成系统，独特的数字模拟仿真能力；数字藏品：各类数字出版物开发，有价值的数字文化产品创意能力；云课系统：各类本地精品课程大全，直观、有用、有趣的云上知识大讲堂等等；竞赛系统：各类线上线下答题活动系统，充分交互的线上社群活动能力等等。

智链——致力生态平台建设，赋能客户共赢增值。全力打造观海平台生态链、链资源、链用户、链服务，形成一链多元、平台赋能、生态聚力的全新服务生态体系、全链价值体系。链资源：1000余家生态资源方，强大的生态共建能力，全链条资源供给服务；链用户：丰富的线上用户交互活动，垂直流量能力，丰富多样的用户交互体系，个性化的用户社群建设模式，强劲的线上线下粉丝动员机制；链服务：深度介入城市及行业服务供给链，以高端创意为引领，提供和参与独具特色的多元服务，搭建创新型的高端传播服务供应商平台。

第二节 "五智"新生态的支撑体系

一、突破圈层壁垒，实现业务链条融通

观海平台的建立，旨在基于用户需求迭代，推进传统生产向新媒体端倾斜、生产方式向移动端产品转型。其中，突破固有的碎片化圈层、封闭的业务圈层，建立全生命周期业务机制，是核心目标。从 2020 年开始，青岛日报社（集团）整合青岛日报等生产能力，组建基于资讯的全链条生产体系，打通整个行业资源，内容集成生产、观海平台首发、各类业务贯通、线上线下一体……推动主力军转向互联网主战场，引领整体生产模式变革，实现面向用户的高效、精准、专业策划生产机制，打造适合互联网时代的产品体系。

二、突出智库引领，打造专业服务平台

泛资讯时代，专业媒体机构的能力焦点，已经不是单一的新闻生产和发布，而是整体用户服务能力的全新响应。基于用户中心的本质原理，构建市场化的用户能力，立足话语深度和政商服务的综合能力模型、实践模型的构造，立足媒体特征的专业级服务平台的打造，是一种现实性趋势。所谓"内容向上"，指的不单单是资讯生产，而是整体传播创意，是一种整体知识能力、观察能力、评价能力的综合体现。

所以，智库级的能力，是整个运营模型的核心。观海平台的生态本源，就是要搭建起以专业深度、学术高度、业务宽度为特征的智库平台，形成强大的内外智库圈层，集专业策划、专业创意、专属场景、专属定制、专属传播等多层次、多领域的服务体系，以提供"一站式解决方案""一链式供给服务"。

观海新闻上线三年来，发起建立了工赋青岛专家智库、青岛品牌传播智库，与北京新物种研究院、场景实验室，共同成立了"品牌场景联合实验室"，与高校、企业成立各类垂直领域研究机制等等，推进了智库+全案定制服务全面开花，平均每年举办 100 余项大中小型线上线下一体化活动，业务覆盖行业、部门、

企业，涉及项目策划、品牌管理、品牌传播、场景服务等等。

除此之外，还建立了"项目即传播、传播即项目"的业务闭环体系，通过方案制定、事件营造，既可以服务于个性化的资讯生产，丰富资讯产品发布，同时服务于营销，服务各类用户综合传播，实现双向赋能。

城市级的"青岛制造品牌"传播工程、"青岛农品品牌"传播工程，横跨两大产业品牌领域，是近几年观海平台创新实践的具备示范性、引领性的大型智库项目，其项目累计总投入达到两亿以上，发挥了可观的平台传播效应和运营效益，同时，其最大的效益还在于：通过项目运营，打造了一支具有高端政务、商务服务能力的智库机制和智库团队。这个团队的特征是，分管领导必须担当好专家角色、引领和主导整体策划，同时实施创意＋、内容＋、技术＋、传播＋、营销＋、社群＋的立体服务。这两大项目持续四年，完全采取市场化招标的方式进行，之所以能够成功承办，就是源于这种智库机制的能力。

这种城市级而且是专业领域的综合传播服务项目，以智库基因为核心，几乎涵盖了公关管理、创意设计、方案制作、资源统筹、媒体发布、活动举办等所有领域，包含了线上和线下所有传播场景、传播方略、传播事件营造，包含了所有传播产品包括宣传片、短视频、微纪录等，围绕这两大项目开辟的《考工记》《兴农记》以及《耕海记》等视频栏目，均成为行业内有影响力的专业栏目，成为智库级传播的重要平台。这两大项目平均每年都要分解为100项以上的子项目，而且时间跨度短至半年、长至1年，十分复杂而又庞大，每年撰写的相关项目执行报告均在20万字左右，需要形成一整套智库级的"执行图谱"，这需要一种高端的专业级驾驭能力。

如今，观海平台服务的政务、商务、品牌等传播项目，基本是全案设计、全案执行，每年策划执行上百个案例。这种智库能力，为未来发展开拓了越来越大的空间。

三、立足平台目标，打造成长性IP

"五智"新生态的重要底座，是各类平台的打造，这是生态落地的砝码，没有平台，便没有资源聚合能力，便没有生态打造能力，这也是观海"内建平台、外链资源"业务路径的具体实践。

放大视野，打造城市级IP。在执行青岛制造品牌传播工程的同时，青岛日报社（集团）通过参与调研和推进，成功将青岛品牌传播项目上升为城市级的节日IP打造工程，使"青岛品牌日"成为全国第一个由地方立法机构正式通过的城市级品牌节日，这个IP案例，荣获2022年度山东省宣传思想文化工作守正创新典型案例，是唯一一个城市IP层面的创新案例。

2022年，在青岛市委宣传部的支持下，青岛日报社（集团）首次提出"青岛手造节"的城市IP创意，以"新手造、新动能、新产业"为主题，成功举办了首届"青岛手造节"，同时打造的线上平台——"手造产业数字化与融媒体传播服务平台"入选国家新闻出版署报业深度融合发展创新案例奖。2023年9月，以"创意新国潮、手造新胶东"为主题，又承办了第二届"青岛手造节"，范围扩大到胶东经济圈的五座城市，实现了节日IP的放大效应。

2023年7月，青岛日报社（集团）创意承办了"青岛首届精酿啤酒节"，首次在专业领域深化了青岛啤酒之都的内涵，首次实现了青岛啤酒精酿领域的集约式、集合式呈现，首次放大了"青岛精酿"地理品牌，首次实现了青岛精酿的IP建设，是又一个城市级的节日IP平台。

聚焦垂直，塑造个性化IP。基于互联网行征的垂直业务平台，是新物种业态的源头。譬如体育健身领域个性化平台、老年领域个性化公益平台、志愿服务的个性化平台、工会会员领域的活动平台、品牌领域的个性化评价平台等，都是基于IP打造—平台生成—资源聚合—生态构建的理念而着重推进的重要平台工程。目前，从IP到平台到生态的创建机制，已经成为观海融媒的日常工作机制。

在整体业务体系中，新平台的打造与其他各类业务指标一样，纳入重点考核，创建新平台者，予以综合赋值，缺少新平台创意者，予以综合减值，以强化IP的众创意识。目前，观海平台每年提出的创意都在10个以上，并按照实际情况，逐步列入推进规划。

四、聚焦内容建设，打造全品系话语覆盖能力

一切皆传播，媒体本身正在向综合性的媒介进发，而媒介即信息。充分释放媒介力量，实现一切媒介向内容的转化，是当代传播面临的重要课题。其中，青岛日报社（集团）最首要和最基础的探索，就是全面突破内容创意局限、生产局限，充分发挥短视频、VR、AR、动画、航拍、虚拟主播等新一代传播媒

介优势，策划推出一系列跨介质、沉浸式大型融媒报道，所策划的重大主题传播量均达到1000万+级。

以2022年为例，观海发布各类原创作品22000篇（件），其中，全新媒介形态的原创新媒体产品6000多件，其发布数量、速度稳居同城新媒体第一。同时，进军网络视听、虚拟现实、数字创意、动画动漫等领域，多个原创视频、手绘、动漫等获中央和省市委宣传、网信部门推荐转发。

聚焦社群矩阵，打造个性化社群平台。每一个粉丝、每一类社群粉丝，都是矩阵源。目前，观海平台的重点微运营账号平台领跑全省，《青岛日报》微信号2022年发布10万+作品160多条，位居北方城市党媒微信号第一；主导代运营的"学习强国"青岛平台在全国阅读量排名中位居第三、全省第一；主导代运营的城市发布窗口"青岛发布"官方微博居山东党政新闻发布前列……十余个个性化的社群平台，都成为观海媒介信息矩阵的重要组成部分。

聚焦矩阵力量，打造覆盖传播能力。观海新闻客户端自2020年8月17日上线以来，迅速构建起"一超多专"融媒传播矩阵，截至2023年8月，观海新闻客户端下载量已经突破1700万，同时，实现了客户端、网站、微博、微信、抖音、视频号、学习强国号、头条号、人民号等立体传播，观海融媒矩阵覆盖用户群3600多万。观海相继荣获中国新媒体年会颁发的"全国城市报业十佳融合创新客户端"、中国互联网新闻中心颁发的"最具影响力媒体品牌奖"、新华社颁发的"媒体融合优秀案例奖"，并入选了全国新闻出版深度融合发展创新案例。2022年4月，山东省委宣传部将观海纳入省级媒体管理考核。

五、推进技术突围，打造自主研发体系

差异化自主研发体系的打造，是全链条运营的基础，技术引领的运营业态建设，是互联网业务的重中之重。经过短短两年多的实践，报社（集团）初步建立并形成自主研发体系，正在形成基础性的业务、数据中台。短短三年，观海融媒体实现迭代120余次，迭代功能500余项，在这种迭代过程中，许多功能催生出许多新业务、新平台——利用深度信息搜集整理技术，开发建设了"智库型全媒体资源公共服务平台"，利用交互功能，开发建设了网端政务服务、投诉受理平台；利用个性化融媒逻辑技术，自主研发上线"一端生产、多端分

发"的"观海星辰"移动采编云平台，成为推动全媒体转型一体化采编工具平台，2023年获得中国新闻技术工作者联合会"王选新闻科学技术奖"二等奖；利用用户评价功能研发的"全媒体智能化考核系统"，该系统以产品原创能级以及用户阅读、转发、点赞、评论等为考核基点进行考核，实现了用户级的真实考核，其他诸如会议系统、志愿服务系统、智慧城市"一张图"系统、交互答题系统、粉丝募集系统，等等，都成为新业务构建的全新起点。

其中，基于全面交互的"政民沟通"平台，实现了12345政务服务便民热线联动，而且形成了主动处置闭环平台，成为区域移动端投诉受理第一平台。企业和市民可通过观海新闻客户端留言、留音、留像，实现"手机一点，政府督办、媒体跟踪、事项闭环"；联合市政协打造的"倾听与商量"协商平台，实现线上网谈和线下互动的一体化闭环，既实现了政企、政民间的密切沟通，又促进了相关工作的协商、督促、跟进，形成听呼声、汇建议、解难题的有效通道。

六、推进平台共创，打造全新自媒生态

在当今传播体系中，自媒众创是最大的特征，如何发挥区域自媒体以及汇聚网红大V的传播力量，建立"众创"的优质产品模式，是增强党媒生态能力的重要组成部分。为此，青岛日报社（集团）与部分头部自媒体企业共同发起并牵头成立青岛市自媒体协会作用，联络全市1200多网络大V及自媒体账号，全力打造自媒体聚合生态、成长生态、赋能生态、品牌生态、组织生态。一是依托协会平台，组建了"海星天团"，致力讲好区域故事，强化正能量传播布局；二是打造"青岛网红节"活动平台，贯穿全年四个季度，广泛动员自媒体加入主流媒体传播体系；三是推进智库型协会组织建设，成立区市自媒体分会，并组建品牌传播专业委员会、海外传播分会、人力资源专业委员会、元宇宙专业分会等组织，不断推进自媒体生态建设，形成借助网络名人、网红达人的网络影响力，助力城市发展的多维新媒体生态。

七、推进社群下沉，打造智慧社区服务生态

智慧城市建设的快速推进，为建立具有媒体服务特征的市民服务生态带来

了机遇。为此，青岛日报社（集团）致力打造以观海融媒为特征的交互式、多元化的服务功能。一是聚合青岛最新、最热的服务功能和各类办事平台等，提供就业、就医、家政、培训、出行等各项服务；二是研发差异化的服务平台，为市民提供更垂直、更精准的差异化服务；三是推进智慧服务下沉，深耕社区，以技术驱动、产品创新，探索了"传播＋服务＋社区"的服务新模式，加快打造智慧社区交互生态圈，目前已构建起覆盖青岛10个区市、全部144个街道以及下辖500个社区的"智慧街道/社区"系统。服务生态的搭建，强化了用户交互能力和线上线下一体化的动员能力，从而整体推进生态能力提升。

第三节 "五智"生态的未来路径

基于"五智"生态的趋势性价值，观海融媒开始进行下一代专业生态的构建，目标是深化专业生态建设，以开拓价值发现平台、建设价值实现平台，以全力挖掘生态价值，实现生态增值。

一、沉浸未来生态，探索全新业态建设

未来主要方向是六个专业生态：媒介生态、数字生态、用户生态、消费生态、品牌生态、场景生态。

媒介生态。新媒介时代，媒介即信息。在一切皆传播和所见即所得的定律下，媒介作为信息本身正在发生急剧演变，而且总是以令人吃惊的速度或方式跃进，并以其自身的规律，重塑着一切。渠道媒介趋向繁杂、场景媒介趋向多元、产品媒介趋向迭代，要通过创造新媒介、发现新媒介，发现新媒介价值，释放新媒介潜能，持续推进媒介运营传播的多元化。

数字生态。新数字时代，数据即业务、业务即数据。互联网时代是用户驱动连接的时代，元宇宙时代是技术驱动场景的时代。下一代网络最大的变动，是现实与虚拟无限融合的可能，是人类数字化生存的最高形态。所有现实的业务都会经历数字重整，所有的数字演进都会催生新的业务，AI、AIGC等也都将不只是工具，而是思考力和行动力的延伸，构建新一代差异化的数字平台，

将是一种发展的底座逻辑。

用户生态。新用户时代，用户已经不是价值本身。用户价值的基础是"用户知识体系"的塑造与形成。这个结论基于一个源头——知识本身不会自动成为用户力量，只是力量的索引，被认知方的自我精确识别与用户认知共鸣的持续融合、用户知识认知的完整形成，才能构成同频谱、共进化的价值传播话语体系，才是用户力量的正闭环。这种双向进化的完美构成，是新用户时代品牌价值和营销价值的核心。担当起用户知识闭环的中坚力量，是未来媒体的主要职能。

消费生态。新消费时代，消费形态和消费意识正在成为消费本身。平台引导、场景引爆、知识引领、体验引流、传播引效是新消费启动的最新逻辑。特别是消费场景从物理空间向文化价值空间、生活哲学空间、生命意义空间的延伸等等，对一切消费重启、消费促进带来挑战，跟上逻辑、演进逻辑，适应和创造新消费形态，已经成为新消费启动的根本，作为消费终端的参与者，媒体平台应该发挥出新消费演进的生态引领。

品牌生态。新品牌时代，品牌高度挤压显而易见。地缘经济体系的深刻变化、市场空间的快速变形、品牌内卷的极度加剧，给所有品牌创建带来压力。品牌实体进入一个被动适应或主动适应的紧迫时期，深度发挥媒体的品牌智库能量，与用户共创品牌，创建用户"有知""有感""有我""有成"的品牌体系，推动品牌组织实现从产业品牌到供应链品牌，产品品牌到传播品牌、用户品牌的蝶变，媒体才能从中找到自身的创新极、增长极。

场景生态。新场景时代，场景迭代几乎决定一切。物联网时代，一切陷入场景，新场景的催生和应用正成为一种全新的趋势性存在。从现实场景到虚拟场景、从概念场景到应用场景，已经成为一种源性竞争力。谁会赢在场景？谁会赢在新场景时代？既是城市性的课题，也是产业性的课题，更是媒体发展性的课题，城市层面的广域场景竞争与产业层面的垂直场景竞争，早已难分难解。挣脱旧场景和置身新场景，不再仅仅是学术，而是未来级的占位实践，媒体自身应该做到场景创新占位。

二、推进系统迭代，打通未来成长之路

融媒转型最主要的困境原点，还是智库能级。突破这一困境，最重要的依托是信息技术的迭代增值，最重要的方向是垂直业态创新实践，最核心的方向

是用户能力变现。整体上要持续翻新存量、快速扩展增量，这是洞开未来的唯一通道。

一是全面进入第三代智库建设。融媒体的第一代智库形态是资讯传播，第二代智库形态是线上线下活动创意，第三代智库形态是智慧级、专业级、知识级的决策咨询。其主要特征是：①迭代智库业务模型，如在品牌传播领域，升级品牌实验室平台，打造媒体形态更专业级的品牌创建传播能力；②深度利用差异化的信息资产，推进数据业务的智库级变现，如推进媒体资源库二期建设，创新数据模型功能、提升智慧决策的分析能力；③持续推进全员专业知识建设，形成更符合未来业务成长的知识分工架构等。

二是全面推进"观海云脑"数字平台计划。其主要方向是：①持续推进媒体数字资产数据化，推进数据业务化；②着眼未来人工智能、大数据等应用趋势，倾力打造智慧引领级的业务创新平台、用户积聚平台、交互体验平台等三大平台；③打造智能中枢，融合云计算、物联网、大数据、人工智能等多项前沿技术，利用"大数据+智能算法"，建设媒体数据链、用户数据链、智能应用数据链；④推进智能多元，在已有的自动采集生产、资讯智能分发、语音智能写稿、版权监测、人脸核查、用户画像、智能会话、语音合成的智能化手段的基础上，升级智媒技术平台，包括新闻AI助手、价值推荐等体系，建设个性化的智能交互平台。

三是全力推进新媒介建设。新媒介的主要特征包括：高度数字化、全面沉浸性、普遍产品化、超级IP化。在数字化媒介方面，充分整合和利用前沿技术资源，实现现实媒介与虚拟媒介的持续融合，创新媒介优势；在沉浸性建设方面，突出用户体验需求，发力视频、元宇宙等领域，创新用户优势；在普遍产品化方面，深刻理解一切皆传播的用户意义，挖掘企业产品的媒介属性，为客户提供产品媒介的自身增值能力，创新赋能优势；在超级IP化方面，推进现有IP持续升级、建设创新IP并放大效应，使之成为聚合资源的超级平台，创新生态优势。

总之，在突破和创新的意义上，媒介融合发展刚刚开始。

第四章 《春城晚报》融合创新发展研究

杨青山　陈公放[①]

本文通过重点分析"全媒体""融合创新",对《春城晚报》近年来的探索和实践进行理论结合实际的研究,旨在提出问题、研究问题,并探讨创新融合和转型发展的方向和路径,为像《春城晚报》这样的都市类报纸媒体企业的创新融合和转型发展提供分析研究的样本,为类似媒体企业的创新融合和转型发展提供有针对性的指导和建议。

第一节　《春城晚报》概况

《春城晚报》是中共云南省委机关报,是云南省委、云南省政府指导全省工作的重要舆论工具,是云南省发行量最大的都市报,同时也是当地发行量最大的报纸。是云南省最权威、最具公信力和影响力的大报,是云南省新闻宣传的主阵地、主渠道、主力军。

《春城晚报》创刊于1980年元旦,始终坚持以正确的舆论引导人,报纸内容贴近百姓生活,贴近社会现实,具有浓厚的都市风味和符合现代审美的格调。曾于1991年荣获全国新闻先进集体称号;1997年被评为云南省优秀报纸;还曾获得全国晚报科普宣传先进单位金奖。2018年3月,获得第三届全国"百强报纸"。

[①] 杨青山,云南财经大学传媒与设计艺术学院党委副书记、副教授、硕士生导师,主要从事财经新闻理论与实务、媒体融合与展研究;陈公放,云南财经大学新闻与传播2023级硕士研究生。

《春城晚报》的报纸版面内容丰富多样，包括政治、经济、文化、体育等各个领域的新闻报道。同时，《春城晚报》还拥有多个专栏和栏目，如时事评论、人物专访、财经报道等，为读者提供多样化的信息和观点。

《春城晚报》以其深入报道、客观公正的新闻风格和广大读者的支持，逐渐形成了较高的影响力和知名度。它在昆明市和云南省内具有重要的舆论引导作用，并被广大读者视为了解本地和全国事务的重要信息来源。随着新媒体的发展，《春城晚报》也逐渐转型为多媒体传媒机构，云南春晚传媒有限公司是有着43年历史积淀的《春城晚报》为核心的都市类报纸媒体企业，目前已发展成为集报刊出版、新媒体运营、策划营销、户外媒体经营等综合经营项目于一体的多元化现代传媒公司。

第二节 《春城晚报》融合创新实践

党的二十大关于推动媒体融合发展提出了一系列指导意见和部署，旨在适应新形势下媒体融合发展的需要，提高媒体的传播力、引导力、影响力和公信力。在这样的政策环境下，云南春晚传媒有限公司不断完善自己的新媒体平台（开屏新闻客户端、开屏新闻网、《春城晚报》新浪官方微博、《春城晚报》公众号等组成的网络媒体和移动媒体矩阵），通过"三微一端"即微博、微信、微视频和新闻客户端来实现媒体平台的融合创新发展。

《春城晚报》作为一家传统的报纸媒体，面临着新媒体时代的挑战和机遇。为了适应新的媒体环境和满足读者的需求，《春城晚报》从以下几个方面进行了融合创新发展，不断提升自身的影响力和竞争力。

一、技术应用创新

现如今，春晚传媒新传播平台建设以开屏新闻手机客户端为核心，以春城壹网、《春城晚报》微信公众号、《春城晚报》新浪官方微博等为辅助，共同组建了全媒体矩阵的综合性平台。

第四章 《春城晚报》融合创新发展研究｜报业融合创新案例｜

　　《春城晚报》立足云南，43年来，一直深耕云南，在媒体融合的过程中，《春城晚报》不断学习、不断摸索、勇于创新。2013年，CW手机客户端上线，一直坚持以读者为根本市场导向，做好手机客户端的版本更新，从2017年的CW《春城晚报》客户端4.0到2017年的CW《春城晚报》客户端5.0，《春城晚报》手机客户端不断改进用户体验，加深、加快媒体融合；2019年《春城晚报》客户端推进一体化转型，全员互联网化，其核心平台也升级到了6.0版本，用户喜好推荐、人工智能应用、UGC内容生成等也都融合其中。同时基于互联网的运营模式和品牌需求，《春城晚报》推进双品牌战略，《春城晚报》客户端正式改名为开屏新闻。《春城晚报》之后仍保持传统，立足线下，服务传统读者；开屏新闻立足线上，服务互联网用户。开屏新闻客户端提供24小时滚动即时新闻，为手机用户量身打造"实时新闻＋生活便利"，将优质媒体资源聚合成适合方寸之间阅读的图文资讯和生活间的优惠福利于用户。

　　目前，《春城晚报》的移动客户端（开屏新闻App）采用了"实时资讯＋功能应用＋兴趣订阅"模式，为用户量身定制。同时，还融入了AR、VR、AI、UGC等前沿科技，形成了一个共享"传播＋服务＋销售"的商业生态。在技术建设方面，《春城晚报》与微软展开了技术合作，以提升开屏新闻的人工智能水平。其中，应用了VR、AR技术，以及引入了微软的人工智能对话技术（微软小冰），为用户提供更加丰富和智能化的新闻阅读体验。

　　开屏新闻App在大数据方面应用了多种技术和方法，以提升用户体验、优化内容推荐和了解用户需求。

　　1. 用户行为分析

　　开屏新闻通过收集和分析用户在客户端的行为数据，如阅读偏好、点击行为、评论互动等，了解用户的兴趣和需求，从而为用户提供更为个性化的新闻内容推荐。

　　2. 内容分析和优化

　　开屏新闻利用大数据技术对新闻内容进行分析，了解用户对不同类型、主题的新闻感兴趣程度，进而优化新闻内容的策划、编辑和推送，提供更符合用户偏好的新闻资讯。

　　3. 用户画像建立

　　通过分析用户在开屏新闻App上的行为和偏好，开屏新闻可以建立用户画像，即对用户的基本信息、兴趣偏好、使用习惯等进行综合分析和归纳，为后续的个性化推荐和服务提供基础支持。

4. 数据驱动决策

开屏新闻利用大数据分析结果，对新闻报道和编辑策略进行调整和决策。通过深入了解用户需求和反馈，开屏新闻可以更准确地把握新闻热点、优化新闻报道，提供更有价值的新闻内容。

总之，开屏新闻通过对大数据的应用，能够更好地了解用户需求，优化内容推荐，提供更个性化并符合用户兴趣的新闻阅读体验。

二、内容创新

《春城晚报》研究如何通过创新的内容形式和内容策划，吸引读者的注意力和兴趣，提升《春城晚报》的品牌价值和影响力。《春城晚报》为适应新媒体发展的趋势和读者需求，对其内容创新实行了以下举措。

1. 多媒体报道

《春城晚报》结合互联网和移动媒体的优势，推出了多媒体报道，包括图文、音频、视频等形式。通过丰富多样的媒体形式，更好地呈现新闻事件和故事，提升阅读体验。以开屏新闻 App 中 2022 年 12 月 27 号的推送《注意！昆明市区这个路口通行规则有调整》为例，其中使用了大量的实景图和航拍图，让读者更直观地了解道路的通行规则出现了哪些调整。

2. 数据新闻和可视化呈现

《春城晚报》注重数据新闻的报道和可视化呈现。通过图表、地图、动画等形式，将复杂的数据信息转化为直观、易懂的表达方式，提高新闻的可读性和可理解性。如开屏新闻 App 中 2023 年 9 月 13 日的推荐新闻《护航数据安全 一图了解数据安全法》，其中便运用了数据新闻的可视化，将复杂的新闻内容转换成图表，所有繁杂的新闻内容清晰明了，方便读者直接了解。

3. 社交化互动内容

《春城晚报》通过社交媒体平台与读者进行互动，鼓励读者参与新闻报道和评论，提供读者意见反馈，形成更加开放和互动的新闻传播模式。同时，《春城晚报》还与读者分享优质的 UGC 内容，增加读者的参与感与忠诚度。开屏新闻客户端开发一系列用户互动功能，以增加用户黏性和参与度、创新社交化互动内容。

点赞和分享：对于某些新闻，用户可以选择给新闻点赞或分享给其他人。这种互动方式可以让用户表达对新闻的喜爱或认同，并帮助新闻内容传播到更广泛的人群。

评论和回复：所有新闻会提供评论和回复的功能，用户可以在新闻下方留下自己的评论或回复其他用户。这种互动方式可以让用户表达自己的观点和看法，与其他用户进行交流和讨论。

投票和调查：开屏新闻主要在民生新闻领域增加投票或调查的功能，用户可以参与其中，表达自己的意见和选择。这种互动方式可以让用户参与到新闻事件的决策或评选中。

4. 用户生成内容

《春城晚报》鼓励读者参与新闻报道，通过用户生成内容的方式，让更多的声音被听到。读者可以通过《春城晚报》的平台分享自己的见解、观点和故事，与《春城晚报》共同打造内容生态。

照片分享：《春城晚报》鼓励读者分享自己拍摄的照片，涵盖了各个领域。例如，读者可以分享风景照片、城市街景、美食图片等。这些照片可以通过《春城晚报》新浪官方微博、《春城晚报》公众号投稿或发布，为读者提供更多的视觉享受。

视频分享：《春城晚报》欢迎读者分享自己拍摄的视频，包括新闻事件、有趣的瞬间、社会问题等。这些 UGC 视频可以丰富《春城晚报》的新闻报道，并让读者通过视频形式更深入地了解事件的发生和细节。

评论和意见反馈：《春城晚报》鼓励读者参与新闻报道的评论和意见反馈。读者可以在新闻文章下方留下自己的评论，表达对新闻事件的看法和观点。这些 UGC 评论可以为《春城晚报》提供更多的观点和意见，丰富了新闻报道的多样性。

5. 新闻直播和实时报道

《春城晚报》通过数字新媒体技术，进行新闻直播和实时报道。通过视频直播、文字实时更新等方式，将重要新闻和活动现场的情况及时传递给读者，增强信息的实时性和亲身感。需要注意的是，由于开屏新闻的空间和用户互动有限，新闻直播技术在开屏新闻上的应用相对较少。真正的新闻直播通常更多地发生在新闻详情页或其他阅读界面上，以便提供更全面和详细的报道。开屏新闻更多地起到引起用户兴趣和提供简要信息的作用。

通过以上内容创新的举措，《春城晚报》在媒体融合时代不断探索和适应新媒体的发展趋势，通过多样化的内容形式、读者参与和实时报道等手段，提供更具价值和吸引力的新闻内容。

三、盈利模式创新

传统媒体的收入来源是多元化的，但随着数字媒体的兴起，正面临着严峻的挑战。广告收入作为传统媒体最主要的收入来源，广告商支付费用，用以在媒体平台上发布他们的产品或服务广告，这种模式使得媒体能够通过大规模的受众吸引广告商的投入。现如今，传统媒体受到新媒体的冲击，收入不断衰减，为了生存，传统媒体积极探索与数字媒体融合实践，以适应新的市场环境。

《春城晚报》在盈利创新方面进行了一系列努力，以适应媒体融合时代的发展。为破解困局，实现脱困突围，春晚传媒进行了改革实践。近年来，云南春晚传媒有限公司以旗下的《春城晚报》为龙头，在生产、传播和经营转型方面不断努力探索，取得了显著成效。《春城晚报》基于开屏新闻 App 平台，打造"知识产权""吃堂""秒杀"等平台拓展盈利渠道，创新盈利模式。

1. 知识产权

为了提供更加全面和专业的新闻服务，开屏新闻 App 建设了知识产权板块。这个板块的目标是向读者提供与知识产权相关的查询、申请、咨询以及专业的知识产权知识。

在知识产权板块中，开屏新闻 App 包括以下内容。

知识产权新闻报道：开屏新闻 App 发布关于知识产权领域的最新动态、政策法规变化、重要案件等新闻报道。这些报道可以涵盖专利、商标、版权、商业秘密等各个方面的知识产权。

知产课堂：开屏新闻 App 开设知产课堂，帮助读者用户了解知识产权相关知识，深入探讨知识产权领域的热点问题和前沿话题。针对当前的知识产权争议、跨国知识产权保护、知识产权保护与创新等专题进行深度研究和分析。

知识产权指南：开屏新闻 App 提供知识产权方面的指南和解读，帮助读者了解知识产权的基本概念、申请流程、保护策略等。这些指南包括专利申请指南、商标注册指南、版权保护指南等，帮助读者用户更好地理解和运用知识产权相关知识。

2. 吃堂

开屏新闻 App 在美食版块"吃堂"中进行优选美食介绍，所包含店铺覆盖昆明市所有区域，为用户提供丰富的美食资讯和推荐。以下是一些开屏新闻 App 实施的优选美食介绍的策略：

美食新闻报道：开屏新闻 App 发布关于美食界的最新动态、餐饮行业的发展趋势、热门美食事件等新闻报道。这些报道包括美食节、美食评选、餐厅开业等内容，为用户提供及时的美食资讯。如 2021 年 1 月 11 日的《哇！小侠发布英雄令！昆明美食江湖风云再起》，该新闻发布后，迅速获得了上万的阅读量，为文中的商铺带来了良好的效益，同时也为用户提供了可信的美食资讯。

美食推荐和评价：开屏新闻 App 邀请美食专家、美食博主等撰写美食推荐和评价文章，分享他们的美食体验和所推荐的餐厅、美食产品。这些推荐和评价涵盖昆明各个地区的特色美食、餐厅推荐、食材介绍等内容，为用户提供参考和指导。

美食指南和攻略：开屏新闻 App 提供美食指南和攻略，帮助用户更好地了解美食文化、寻找特色餐厅和美食街区。这些指南和攻略包括城市美食指南、美食旅行攻略、特色小吃介绍等，为用户提供方便的美食探索工具。

美食活动和促销信息：开屏新闻 App 提供美食活动、优惠促销等信息，帮助用户获取餐厅折扣、美食节门票等优惠信息。这些信息包括了美食节活动、餐厅特惠套餐、市井好店等，为用户提供实惠和便利。

3. 秒杀

开屏新闻"秒杀"板块是指在开屏新闻页面上展示的一个特殊板块，主要展示一些限时特惠或者折扣促销的商品。这个板块通常会有一个倒计时的计时器，显示剩余的秒杀时间。用户可以通过点击进入该板块，查看当前正在进行的秒杀活动，并进行购买。

"秒杀"板块通常会展示一些热门商品、品牌或者特定类别的商品，以吸引用户的注意。在活动期间，这些商品通常会以非常优惠的价格进行销售，吸引用户进行购买。限时秒杀的特点在于时间紧迫，用户需要在规定的时间内完成购买，否则商品将恢复原价或者下架。

开屏新闻"秒杀"板块为用户提供了一种便捷的购物方式，用户可以在浏览新闻的同时，发现并购买自己感兴趣的商品。这种形式的秒杀活动也可以增加用户的参与度和黏性，提高用户的购物体验。

每年的7—9月份为云南省特应季美食野生菌的黄金时段，开屏新闻App紧跟市场及季节，推出一系列的美食优惠券秒杀活动，推广云南美食，让用户享受优惠，同时推广了合作商铺，真正做到了实惠用户，打响了商铺的知名度。

春晚传媒通过打造这些创新发展平台，拓宽了业务领域，提升了品牌影响力，为读者和广告客户提供了更多元化的服务。同时，这些平台也为春晚传媒带来了新的发展机遇和收益来源。春晚传媒不断改写自身发展的篇章，以适应媒体产业的变革和市场需求的变化。

第三节　《春城晚报》融合创新的特点和存在问题

一、功能性和服务性不足

目前，《春城晚报》的手机客户端开屏新闻在功能性和服务性方面还有待提升。客户端的主导发展功能是提升阅读适应性，但需要重新考虑并改进这一方面。同时，需要打造一个更加功能性的服务平台。

在主界面上，虽然有提供一些便民的服务功能，如"秒杀"和"吃堂"，但由于人力配备不足，商铺入驻率不足，商品数量相对少。这就导致用户在使用便民服务功能时并没有得到完全便利的体验。举例来说，开屏App的秒杀板块，商品很少，9—10月份只有一款云南野生菌套餐上架。而"吃堂"板块却有着很多商家入驻和套餐的供应。这无疑弱化了秒杀板块的功能性，增加了用户的操作复杂度。另外，也有用户反馈在使用秒杀功能时偶尔出现闪退的情况，这使得原本意义重大的"秒杀"失去了应有的效果，给用户选购商品带来了一定的不便。

另外，各部门所负责的新媒体账户没有得到统一管理，有的板块是面子工程，点开之后空空如也，成为"僵尸板块"，挤占了资源。这不仅对《春城晚报》新媒体品牌建设产生了不利影响，也给用户使用带来了不良体验，这不利于整体品牌的构建。

因此，需要重新考虑和改进客户端的功能性和服务性。在提升阅读适应性的同时，需要解决便民服务功能中的问题，如减少重复输入信息，提高"秒杀"板块商品数量和技术的稳定性。同时，需要对各部门的新媒体内容进行统一管理，确保内容的持续更新和质量的提升，以提升用户的使用体验和整体品牌的建设。

二、产品缺乏竞争力和吸引力

就目前的媒介环境而言，年轻化的用户倾向于使用新媒体平台进行信息获取，碎片化的信息、短平快的信息成为年轻人所喜爱接受的信息类型。这就导致传统媒体在吸引年轻读者方面存在竞争不足的问题。为了应对这一挑战，《春城晚报》客户端努力尝试通过更新版式设计和内容风格来吸引更多年轻读者。例如，推出快餐式阅读，采用短新闻代替长篇文章，把时事热点新闻做成短视频内容等等，但这些努力并没有起到很好的效果。

对于当下的年轻人来说，他们更倾向于快速高效、轻松有趣的生活方式。因此，新媒体在年轻人中具有更好的发展和传播机会。然而，目前《春城晚报》客户端并没有针对这些特点进行全面的内容优化和革新。

从现在开屏新闻App所更新的内容来看，《春城晚报》客户端仍然延续了传统媒体的发展形式，主要提供综合性的新闻资讯。然而，这种模式无法很好地适应全新的信息媒体环境。客户端虽然突破了传统纸媒的桎梏，内容以电子版呈现，类似实体报纸的形式转移到了线上网络数字媒体。然而，这种模式已经被市面上各种新闻App所取代，而线上的模式也只是现有媒体发展转型的一种基本形式。因此，在搭建综合媒体模块时，应该从客户需求的角度出发，利用自身优势创建一种更加新颖的功能模块，整合和发展自身的优质资源，提高产品的竞争力。

三、采编人员缺乏新式运营思维

目前，《春城晚报》的一线采编人员普遍缺乏运营思维，对新媒体技能的掌握不够。这导致在新媒体运营方面存在一些问题，需要对相关人员进行技能培训或引进新的人才。

举例来说，《春城晚报》的一线编辑人员可能对新媒体平台的操作和管理不够熟悉，缺乏对运营数据的分析和利用能力，缺乏对那些能引起用户关注的新闻的关注度。对通过社交媒体平台的互动和参与可以增加读者的黏性和忠诚度这一点意识较弱。对应用搜索引擎优化及平台推广的技巧不够了解，使得《春城晚报》的曝光度不够高。

针对这些问题，《春城晚报》可以考虑进行内部培训，提升编辑人员在新媒体运营方面的技能和意识。这包括对社交媒体的使用技巧、数据分析和利用方法以及搜索引擎优化等方面的培训。同时，也可以考虑引进新鲜血液，招聘对新媒体有丰富经验和技能的人才，为《春城晚报》的新媒体运营注入新的活力和创新思维。

通过提升运营思维和技能，《春城晚报》可以更好地理解和应对新媒体发展的需求和挑战，提升在新媒体领域的竞争力和影响力。

四、短视频平台应用效率较低

《春城晚报》的官方抖音号，粉丝基数高达123.3万，且新闻更新频率较快，达到了日更，然而，其作品并未引起用户的良好反馈。

首先，在粉丝数量方面，《春城晚报》作为一家知名报纸，拥有庞大的读者群体和粉丝基础。相比之下，其他非官方媒体或个人创作者在抖音上的粉丝数往往远超过《春城晚报》。这表明《春城晚报》在抖音平台上未能充分发挥其粉丝基数的潜力，未能吸引和留住更多的粉丝。抖音作为一个以快速传播为特点的平台，要求内容的及时更新和持续呈现。然而，《春城晚报》的短视频更新频率虽高，但无法满足用户对新鲜内容的需求。相比之下，其他媒体或个人创作者能够更快地推出新的短视频作品，保持用户的关注和参与度。

另外，《春城晚报》抖音号在民生类新闻报道上的涉及较少。民生问题与群众切身利益紧密相关，是新闻报道的重要内容之一。然而，在《春城晚报》抖音号的短视频作品中，民生类新闻报道的数量相对较少，未能充分关注和呈现与群众切身利益相关的问题。这导致《春城晚报》抖音号的短视频作品在引起用户关注度和参与度较低，未能达到较好的传播效果。

综上所述，《春城晚报》官方抖音号短视频平台的应用效率相对较低，未能充分发挥其庞大的粉丝基数所应具备的潜力。在粉丝数量、更新频率和民生类新闻报道等方面存在不足，需要进一步提升和改进，以满足用户需求并实现更好的传播效果。

第四节 《春城晚报》融合创新发展的路径与方法

2019年1月25日，习近平总书记主持十九届中央政治局第十二次集体学习，发表了《加快推动媒体融合发展 构建全媒体传播格局》的重要讲话，首次提出"四全"媒体的概念："全媒体不断发展，出现了全程媒体、全息媒体、全员媒体、全效媒体，信息无处不在、无所不及、无人不用，导致舆论生态、媒体格局、传播方式发生深刻变化，新闻舆论工作面临新的挑战。"习近平总书记作出"加快传统媒体和新兴媒体融合发展"的重要指示，从国家战略高度、全媒体时代语境和媒体融合实践出发，深刻理解把握"四全"媒体的内涵要求，对推动中国媒体融合纵深发展具有重要意义。

基于"四全"媒体的框架，《春城晚报》可以通过以下路径和方法来实现融合创新发展。

一、多平台融合与互动

《春城晚报》可基于自身打造的"两微一端"建立一个统一的内容管理系统，将新闻、信息和内容在不同平台上进行整合和发布。同时，鼓励读者在不同平台上进行互动和参与，例如在《春城晚报》官方抖音号和微博鼓励用户进行投稿留言或直播互动，增加与用户之间的信息交互，增加用户对《春城晚报》的信任度。

如《新京报》全媒体传播矩阵平台，在国家新闻出版署第三届中国报业深度融合发展创新案例名单中排名第五。《新京报》自创刊以来，从可读到可听可视，从静态到拟态动态，不断加快媒体融合与业务转型的步伐，成功实现移动优先、视频优先战略。新京报社的"报、刊、网、端、微、屏"各平台建设都走在全国前列，以"新京报"品牌为核心的全媒体矩阵传播平台实现了信息的互融互通。

以新京报App为内容分发中心和枢纽，将内容传播延伸至微博、微信、抖音、快手、今日头条、百度百家号等社交平台，拓展核心平台传播矩阵、短视频传播矩阵、头部商业平台传播矩阵三大移动传播矩阵，不断对接新的传播平台和渠道，构筑起了一报《新京报》、一刊（《北京BEIJING》杂志）、两网（新京报网、千龙网）、三端（新京报客户端、贝壳财经客户端、论法有方客户端）、四阵（微博矩阵、微信矩阵、视频矩阵、音频矩阵）的全媒体传播矩阵平台。

二、数据驱动的新闻报道和个性化推荐

大数据时代已经到来，《春城晚报》要加强对大数据和人工智能的应用，通过数据建模分析和挖掘，深入了解读者的兴趣和需求，为读者提供个性化的新闻报道和推荐。通过算法模型，自动化地为读者推送符合其兴趣和偏好的内容，提高用户黏性和阅读体验。

今日头条是国内个性化新闻推荐的成功范例。它通过根据个体的差异性信息需求和阅读兴趣，提供定制化、个性化的新闻推送服务吸引了广大用户和新闻业者的关注。该平台的成功在于其能够满足用户个性化和定制化的需求。以人民日报客户端为例，其于2017年1月4日正式上线的第四期增设了大数据智能推荐功能，将编辑筛选与智能推荐相结合，使用户首页频道能够智能推荐更符合其兴趣爱好的新闻，实现了千人千面的个性化效果。然而，与商业媒体不同，报业网站和客户端的个性化推荐除了根据受众特征选择精准信息外，更注重传递社会主义核心价值观，承担着新闻责任的个性化推荐使命。

三、高品质原创内容与专业团队建设

《春城晚报》现需要建设一个具备高品质原创内容的专业团队，提供有深度、有见解的新闻报道，满足读者的需求，树立品牌形象。

1. 优化编辑团队

建设一支高素质、专业化的编辑团队，包括资深记者、专业编辑和多媒体创作者等。重视人才培养和引进，提供专业培训和学习机会，持续提升编辑团

队的专业水平和创作能力。

2. 建立合作网络

与云南地区的其他媒体、知名高校、研究机构等建立合作关系，共享资源和信息，开展相关领域的深度调研和合作报道，提升新闻报道的专业性和深度。

3. 注重专业领域的深耕

针对特定领域或话题，组建专业团队进行深度报道和研究，提供高品质的专业性内容。这样可以树立《春城晚报》在特定领域的权威形象，并吸引相关领域的读者和合作伙伴。

4. 激励创新能力

建立激励机制，鼓励编辑团队发挥创新能力，开展跨界报道和创新性项目。提供资源支持，支持编辑团队的创意和实践，推动高品质原创内容的产生。

四、与政府合作研发新闻与便民服务兼顾的全媒体平台

与政府合作研发新闻与便民服务兼顾的全媒体平台是一种创新的合作模式，旨在为公众提供全面且有针对性的信息服务。这样的平台将整合政府部门的数据资源和新闻信息，以及提供民生服务的相关内容，通过全媒体的形式进行传播。

《春城晚报》与云南省当地政府通过数据共享和技术合作，实现信息的整合和更新。政府部门提供最新的政策法规、公共服务信息等，而《春城晚报》则负责整合这些信息，进行内容加工和传播。

在该平台，昆滇用户可以通过多种渠道（如网站、手机应用、社交媒体等）获取云南政府发布的新闻信息和民生服务内容。平台将通过个性化推荐和定制化功能，根据用户的兴趣和需求，为他们提供精准、便捷的服务。

这种合作模式不仅可以满足公众对新闻和便民服务的需求，还能加强政府与媒体之间的互动和合作，提升政府的形象和公信力。同时，通过充分利用信息技术和新媒体平台，政府可以更加高效地传递政策信息，提升政务公开的透明度。

如黑龙江政府与黑龙江广播电视台联合开发的"极光新闻"客户端，作为一个全新的新闻资讯权威发布平台、政务服务智慧平台和行业发展成果展示平台，做到了"新闻+政务+服务"于一体。该客户端既有黑龙江广播电视台记

者团队，又有黑龙江各市、地、县、区和各行业的融媒体中心的报道团队，保证了新闻突发事件的现场到达能力，热点事件的持续报道能力以及获取独家报道的专业能力。特设"问政"版块，吸纳百姓关切，传达政策方针，做广大用户的传声筒。选择"服务"版块，"省卫健委""交管""公积金""人事考试"等网站为用户提供了便民服务。

"四全"媒体和创新是《春城晚报》融合发展的两大关键词，通过融合不同媒介的优势，实现内容的多元化传播，满足用户多样化的需求。创新是传媒行业持续发展的动力，只有不断推陈出新，不断追求新的表达方式和报道方式，《春城晚报》才能在竞争激烈的媒体行业中立于不败之地。

把握时代脉搏，洞察用户需求，积极探索新的媒体形态和内容创新，不断整合资源，打破传统媒体的边界，加强与社交媒体、移动互联网等新兴媒体的合作，以更广泛的渠道传播《春城晚报》的优质内容。

在加快推进媒体融合向纵深发展的过程中，《春城晚报》应当保持对主业的坚守，加强基础建设，将优质内容视为媒体的生命线和核心竞争力，致力于扩大和加强主流舆论的影响力。媒体必须始终坚持技术服务于内容，《春城晚报》应当致力于坚持高质量内容为王，与用户建立联系，不断创新机制，并抓住发展的机遇。

第五章 无锡日报报业集团：从"融媒矩阵"到"融媒强阵"

陈锡初 吴晓亮 秦 宇[①]

党的二十大报告指出，要"加强全媒体传播体系建设，塑造主流舆论新格局"，这充分体现了党中央对推进媒体融合发展的高度重视，为新形势下推动媒体融合向纵深发展提供了遵循。无锡日报报业集团认真学习贯彻党的二十大精神和中央关于加快推进媒体深度融合发展的要求，着力构建以内容建设为根本、先进技术为支撑、创新管理为保障的全媒体传播体系，全力打造全国一流新型城市主流媒体集团。在媒体融合的实践中，无锡日报报业集团锐意创新、积极转型，不断完善顶层设计，内容生产和媒体经营齐头并进，媒体融合取得新成效——《从这面湖奔向那片海》《初心一脉 "船"承百年》两件作品分别获得2021年度和2022年度中国新闻奖，大型创意新闻漫画作品《百日东流，长江寻"豚"图景志》入围新一年度中国新闻奖；"垂直类媒体深度融合机制创新"项目获国家新闻出版署"第三届中国报业深度融合发展创新案例·管理体制机制创新类案例奖"。

第一节 以互联网思维重构组织生态和运行机制

媒体融合发展的前提是媒体组织生态和运行机制的重构，这个重构要求将

[①] 陈锡初，无锡日报报业集团（无锡日报社）党委书记、总裁（社长）；吴晓亮，无锡日报报业集团党委委员、无锡观察融媒中心总编辑；秦宇，无锡日报报业集团经营管理部副主任。

资源、媒介、人才集聚在一体化的生产、传播、营销平台上。随着媒体融合改革迈向"深水区",如何充分运用互联网思维"迭代"传统报业生产运行模式,既影响着媒体融合的深度,也决定了主力军能否真正全面挺进主战场。无锡日报报业集团以互联网思维优化资源配置,通过组织架构、策划机制、产品定位和考核体系的更新,探索构建了贴合互联网需求的组织生态和运行机制。

一、更新组织架构,完善全媒体传播体系

如何实现将最优质和最核心的资源从原来的纸媒端向互联网端聚集?如何将人员、技术、资金有效融合在一起而非简单相加?其关键之一在于组织架构。2022年初,无锡报业对媒体组织架构进行更新,将原本以报纸出版为主的无锡日报和以客户端运行为主的无锡观察融媒中心的所有人员进行整合,形成传统媒体和新媒体相融合的"统一指挥、一体生产、一体发布、一体经营"的生产运行机制,确保人力资源、媒体资源、技术资源向互联网主战场聚集。

改革"红利"迅速呈现。2022年,重组后的无锡日报和无锡观察两大平台积极探索重大主题报道"短视频化、海报化"的新语态,努力让重要主题、中心话题多样化呈现:全年共发布短视频2100余条,内容涵盖抗击疫情、产业科技、城市更新、文化等多方面,其中多个短视频浏览量超百万;海报作品也覆盖了各类重大主题、新闻热点,多件极具视觉张力的精品海报吸引了用户主动参与分发传播,浏览量屡破50万关口;无锡市两会期间,以H5、快闪等形式制作的《拆盲盒,听他们谈八大板块的惊喜2022》等报道,带有浓浓的青春气息,引发年轻群体的情感共鸣。

二、更新策划机制,重塑全媒体生产流程

融合后的无锡日报和无锡观察两大平台建立了一体化的全媒体轮值策划机制,具体包括周策划、日策划和专题策划三级机制:周策划由总编辑召集,主要针对下一周的重要选题策划;日策划由轮值总编召集,主要细化第二天所发重点稿件内容和形式;专题策划会则主要针对重大主题报道、突发应急事件。一体化的轮值策划机制从源头实现了采编资源的高效整合,为"一次采集、多种生成、多元传播"建立了基础。

2022年是党的二十大胜利召开之年。《无锡日报》将报道好党的二十大召开这一重大主题，作为检验全媒体轮值策划机制的试金石，三个层次的策划指挥机制贯穿全年，最终形成了报网端微整体发力、组合传播、产品多元、影响广泛的传播效果。4月到10月，《无锡日报》先后推出了"奋进新征程 建功新时代""大美中国·感受无锡我的城""党代表话十年""非凡十年""领航中国"等报纸专栏、新媒体专题和视频产品，全方位、多角度展现无锡市十年来创造的辉煌成就、积累的宝贵经验。临近大会开幕，通过专题策划和每日策划结合的方式，确定用"十个维度"来观照新时代十年的无锡成就，形成以纸媒的系列深度报道、新媒体海报、短视频相结合的融媒体作品。在党的二十大开幕当天，总结性地推出特刊《非凡十年：十年画卷秀多娇无锡、十个维度看非凡蝶变》和视频专题作品《非凡十年 无锡维度》。特刊围绕十个维度，以通版形式深度解读无锡这十年来的发展与成就，主视觉以无锡地图为主元素，经过设计成为一只翩翩飞舞的蝴蝶，展现出城市精彩蝶变的美好寓意；视频专题片以特写视频和数据分析的方式，强化典型细节呈现，在典型的基础上增加画面渲染力，并通过文案提升报道深度和厚度。这组融媒体报道作品自9月26日推出，持续至10月16日，得到社会广泛关注，获得江苏省好新闻媒体融合类一等奖。无锡市委宣传部对此充分肯定，并将其作为无锡市"非凡十年"主题报道展的主体展出部分，在市民中心和地铁三阳广场站进行为期一个月的展陈。

三、更新产品定位，丰富全媒体产品形态

面对网络新媒体的冲击，传统媒体必须遵循互联网传播的特点和规律，才能提升主流媒体在互联网主战场上的竞争力。以政务内容产品为例，政务报道不再局限于文字和图片，而是越来越多地以视频、海报等新的产品形态呈现，涌现出了一批基于移动端发布的新型政务产品，如聚焦本地新闻事件深度挖掘的《深一度》和关注无锡各版块的《域声》等。同时，无锡报业打通了无锡日报评论和"太湖潮"网络评论阵地，拓展主流舆论发声渠道，打造的"太湖潮"微信公众号，聚焦市委市政府中心工作，围绕城市发展大局，累计发表各类深度评论稿件1200余篇，其中《无锡国专，应有一座纪念馆！》《强势抱团，苏南双雄离一体化还有多远？》《无锡，一座有"咖"味的城市》等稿件受到广泛关注，确保了《无锡日报》在当地互联网主战场上领先的内容影响力。

四、更新考核体系，推进全媒体人才转型

无锡报业充分发挥考核"指挥棒"的作用，以新媒体内容生产的数量、质量、阅读量、传播量作为考核的重要指标，鼓励新闻记者向全媒体记者转型。2022年，无锡报业出台《〈无锡日报〉〈无锡观察〉融合改革考核办法（试行）》，明确记者采写的新闻稿件必须首先在无锡观察客户端、微信公众号、视频号等新媒体平台分发，最后才是报纸端的呈现。考核细则不仅细化了每个记者每月需要完成的新闻产品的形式和数量，更直接将新媒体产品的点击量、转发数、点赞量等重要传播指数与绩效直接挂钩。为了深入推动主力军全面挺进主战场，《无锡日报》更是提出了"全员视频生产"概念，即每一个记者都必须参与视频生产的流程中，无论是以提供文字、文案、策划的形式，还是直接参与视频拍摄或剪辑，且每月必须在无锡日报视频号上发布4条视频产品，通过正反双向的激励机制全面激发全媒体人才转型的主观能动性。

第二节　以内容创新提升传播效果

习近平总书记指出："内容永远是根本，融合发展必须坚持内容为王，以内容优势赢得发展优势。"内容生产始终是媒体融合发展之根。在融合的进程中，必须紧紧抓住传统媒体内容生产的优势，不断提升新媒体产品的创新能力，增强全媒体内容的创作水平，才能夯实全媒体传播体系建设的基础。近年来，无锡日报报业集团以内容生产为根本，不断创新内容表现形式和传播方式，特别是在重大主题报道上，作出了有益的探索与实践。

一、融合传播

在新的传播格局下，传统媒体必须基于互联网的传播规律不断创新内容、形式和手段，才能形成新的竞争优势。2021年恰逢中国共产党成立100周年，在这个重要的时间节点上，《无锡日报》推出了128个整版特刊"印记"及不

同版本的丝绸报珍藏版。报社上下充分研究融合传播的特点，提出无论是内容制作还是版面设计，都必须同时考虑到传统媒体和新兴媒体的传播特性；在呈现方式上，不仅要做好报纸版面的视觉设计，更要同时策划制作能够刷屏于新媒体端的融媒体产品，实现最大化的传播效果。

《无锡日报》百版特刊的主打报道《初心一脉"船"承百年》，充分体现了融合传播的理念。从红船到渡江第一船，再到运河帆船、深海载人潜水器，通过刻着无锡印记的四艘"船"，展现了红船精神、渡江战役精神、四千四万精神和中国载人深潜精神，也见证了中国革命、建设、改革开放和新时代的变革。在报纸端，大胆运用四联版，采用插画形式手绘了四艘船，突出"初心一脉 船承百年"的版面主题。在新媒体端，运用视频、沙画、动画等多种艺术形式，制作《船承》视频专题，以当事人讲述和配音旁白，将红船、渡江第一船、春雷造船厂和奋斗者号串联起来，通过不同历史时期的四条船展现建党百年的历史巨变。《船承》视频发布后，全网传播量快速冲破1500万+。

二、创新表达

互联网思维强调以用户为中心，通过优化产品和服务来满足用户的需求和期望。在这样的逻辑下，如何用更贴近用户的表达方式来传递信息成为了媒体融合的一项重要课题。在这个课题上，无锡日报报业集团选择了手绘漫画这一更易被年轻受众所接受的表现形式对主题内涵进行创新呈现。

2022年9月至10月，农业农村部组织了第四次长江江豚科考，位于无锡的中国水产科学研究院淡水渔业研究中心牵头开展安徽宿松至南京长江大桥400公里的"江考"。此次考察是长江十年禁渔后首个国家级流域性物种系统调查。获悉消息后，报业主创团队多次召开创意策划会，确定了"将长江流域生态修复和绿色发展，与长江江豚保护相结合"的创作思路，搜集了沱沱河至崇明岛沿线有关江豚、湿地、鸟类栖息地等地，与生态保护相关的近千份图文资料，并赴无锡江阴、新吴等地实地采访和写生创作，专访淡水渔业研究中心专家，获取最新素材。最终，主创团队按照长江总长6397公里等比例微缩，开始在全长6.397米的画卷上精心绘制。

2022年11月23日，中国水生野生动物保护科普宣传月收官之日，大型创意新闻漫画作品《百日东流，长江寻"豚"图景志》在无锡观察客户端首发。

作品以百日"江考"、生动真实的长江生态保护代表性事件及素材为横、纵坐标，以寻找江豚为主脉络，浓缩和呈现了长江江豚保护成就，以及长江流域生态持续向好这一重要历程，带领读者体验了一趟兼具新闻性、科普性、艺术性的长江寻"豚"之旅。

第三节 以"新闻+"探索建立融合经营新模式

两办出台的《关于加快推进媒体深度融合发展的意见》（以下简称《意见》）强调，要发挥市场机制作用，增强主流媒体的市场竞争意识和能力，探索建立"新闻+政务服务商务"的运营模式，创新媒体投融资政策，增强自我造血机能。这为媒体融合语境下的媒体经营指明了方向。传统媒体将新闻生产的功能延伸到政务服务商务领域，一方面可以有效遏制传统"二次售卖"模式失灵引发的广告经营创收下跌；另一方面，为主流媒体在市场变革中提供了新的发展路径。近年来，无锡日报报业集团主动转变经营思路，以"新闻+政务服务商务"为基础，从以下五方面对媒体融合经营的新模式进行探索。

一、管理体制：从"宣传经营两分开"向"新闻+政务服务商务"

"宣传经营两分开"是确保党媒姓党、确保正确舆论导向的内在要求，无锡报业一直以来遵循着"两分开"的管理模式。然而随着媒体融合发展不断向纵深推进，传统媒体面临的市场挑战越来越多，如果再简单的将"宣传经营两分开"理解为"分离""分割""分裂"，只会不断加剧宣传经营"两张皮"的程度，进而阻碍集团高质量发展的脚步。《意见》的出台为更好地理解"宣传经营两分开"提供了理论基础和根本遵循。新闻始终是媒体的立足之本，政务、服务、商务则为媒体的价值拓展提供了更大的空间，只有将"新闻""政务""服务"等要素打通、融合，才能实现媒体的价值增值。

无锡日报报业集团正确把握"两分开"的管理体制，坚持统分结合的原则，统筹协调宣传与经营。2017年，集团成立教育事业部，2019年成立财经、健康、房产事业部，将原来分散在集团各媒体的垂直条线采编人员和经营人员进行重新整合，在"两分开"的基础上对各个事业部统一领导、统一管理，事业部在全力做好条线宣传的同时承担营收和利润指标。2022年，集团进一步整合四大事业部资源成立"融媒体运营中心"，以打造"新闻＋政务服务商务"产品为核心，围绕便民服务、健康生活、城市消费，不断强化市场竞争和自我造血的能力。2022年，集团垂直板块总计实现营收4519万元，同比增长近20%。教育和财经事业部营收均突破1300万元，健康事业部营收从2021年的600万元跃升至800万元。2023年上半年，垂直板块共实现营收2610万元，圆满实现"双过半"。

二、运作机制：从"各自为战"到"协同作战"

在推进媒体融合的过程中，如何打破传统媒体组织架构，发挥资源集成效应，是一个重要的课题。在对垂直事业部进行深融改革之前，四个事业部之间存在着单打独斗、各自为战的问题，每个部门独立管理、独立运作，导致人才、技术力量相对分散，具体体现在有的部门缺乏融合新闻采写的人才，有的部门缺乏视频拍摄制作的人才，有的部门缺乏项目运营的人才，最终导致经营拓展无法得到有力支撑。

2022年，集团整合事业部资源，成立"融媒体运营中心"，在保持事业部原有职能和框架的基础上，打破部门之间的组织壁垒，将部门间的"实线"变为"虚线"，将原来的"各自为战"变为"协同作战"，形成一种既分又合、灵活高效的运作机制，使四个事业部之间形成合力、相互赋能。同时，鼓励员工打破身份限制，跨行业、跨部门、跨职能、跨层级组建柔性团队，围绕重大项目合力攻关。比如，集团将原本在事业部中负责内容生产和策划运营的人员抽调出来，组建了两个虚拟的部门，一个是融合报道组，负责统筹四个行业所有平台的融合新闻内容生产，包括文字报道、短视频新闻、移动直播等。另一个是策划运营组，负责统筹全平台经营活动的策划、落地和运营。这些人员的身份仍然归口在各个事业部，但他们不再只服务于某个特定部门，而是覆盖全行业。通过有效整合事业部的策、采、编、发和运营力量，实现媒体资源和人力资源的集约利用，把内容生产、经营创收的职责融为一体，最终起到1+1+1+1＞4的化学反应。

"协同作战"的运作机制最大程度释放了统筹指挥、团队作战的能量。以

"融合报道组"为例，这样一支从各个事业部抽调人员组成的"虚拟"队伍实现了满足传统媒体和新媒体等多端口内容生产的需求。从量来看，2022年四个行业在报纸端发稿数量较前一年增长15%，新媒体端的增幅则达到了50%。从质来看，通过以用户为中心的理念和移动优先的策略来对内容进行深度运营，形成了四个最能代表行业发声的拳头产品，如教育的"升学团子"、健康的"无锡名医团"、财经的"无锡金小融"和房产的"吾爱吾锡"。

三、营销模式：从"分散营销"到"整合营销"

在传统的广告营销模式中，报社凭借自身的发行量和影响力吸引广告主，通过售卖报纸版面实现盈利。其本质上是一种建立在注意力经济上的盈利模式。然而随着新媒体技术和互联网的高速发展，新媒体的话语权和干预权不断增强，受众、广告、人才不断流失，传统媒体经营受到巨大冲击。

"整合营销传播"（Integrated Marketing Communication，简称IMC）理论最早由唐·舒尔茨（Don E. Schultz）提出，应用到媒体融合背景下的媒体经营中，就是要"借融成势"，通过整合媒体营销资源，为客户提供从客户切身利益考虑的整体营销方案。对主流媒体来说，整合营销传播能力是在全媒体时代的市场竞争中保持健康发展的核心竞争力。

在媒体融合背景下，无锡日报报业集团明确了"全媒体资源整合营销"的营销模式，将媒体经营从单一的报纸广告业务，拓展到短视频和宣传片的拍摄制作、政务融媒体代运维、大型政务类活动和商业型展会的策划与执行、企业整体形象宣传等经营项目，打造了既符合市场需求又切合报业实际的全媒体经营矩阵。2023年上半年，融媒体运营中心的新媒体总营收占比达60%，其中，政务类新媒体代运维和专题片拍摄制作等业务增量明显。

无锡报业提倡的"整合营销"包含两个方面：一是全案策划，即以"新闻+"为引领，为政务服务商务提供一站式全案策划方案；另一个是全员营销，即从采编，到经营，到管理，全员树立营销意识，通过协同合作的工作机制，实现宣传、经营与管理之间的互相支撑、互相赋能。

2023年初，无锡报业承接了"无难事、悉心办"锡企服务平台（惠企通）升级上线的任务，该项目作为无锡市优化营商环境6.0方案的重要内容和创新举措，被列入市长挂钩联系攻坚突破事项进行重点推进。这个项目是对无锡报业全媒体资源整合营销能力的最好考验和展现，同时也是无锡报业构建"新闻+政务服务商务"全媒体集成服务者的生动实践。在接到任务后，无锡报业跨单位、跨部门迅速组成运营团队搭建整体运营架构，对平台开展日常维护，包含政策归集、标签体系管理、政企互动运维、数据整理、运营分析等多项工作；策划全年整体活动方案，同时设计开展"锡企直播间"和"锡企沙龙"活动，对惠企政策进行解读，实现政企随时互动。6月10日，"无难事、悉心办"锡企服务平台正式上线，无锡报业高质量完成整场线下活动的策划和落地，这场活动也以文字、短视频等形式在无锡报业全媒体平台进行呈现。值得一提的是活动主持由无锡日报社经济部副主任担任，这也充分体现了无锡报业全员参与整合营销的理念。

四、破圈路径：从"媒体＋广告"到"媒体＋活动"

在互联网时代下，媒体的传播方式和运营模式发生巨大改变，传统的"媒体＋广告"，也就是"二次售卖"模式，已无法满足媒体健康有序发展的需要。主流媒体必须积极通过"破圈"来寻求出路。在多年的实践中，无锡日报报业集团基于自身实际探索出一条"媒体＋活动"的破圈之路。2022年，无锡报业共举办各类大型活动16个，中小型活动80余个，共计创收约1986万元，活动已成为无锡报业经营收入新的增长点，带来了多方面的益处：一是活动作为"版面外"的利润，是媒体增加经营收入、扩大经营范围的新渠道；二是活动有利于展现报业的企业文化和品牌形象，进一步扩大媒体的影响力；三是通过不断丰富活动的种类，有助于打造报业IP品牌；四是在媒体办活动的全流程中让人才得到全方位的锻炼。

近年来，无锡报业以大型品牌活动为抓手，充分发挥主流媒体的影响力，主动对接外部专业平台，积极探索新能源汽车、宠物等新行业，打造了一系列有创新点、有话题的带有强烈报业属性的品牌活动。2022年，无锡报业举办了"无锡夏季车展""中国（无锡）国际宠物展""江南晚报杯无锡市青少年超级足球联赛""长三角国际教育展"等大型活动，并逐步形成了"报业读者服务季"和"报业城市生活节"两大优势IP品牌。未来，无锡报业将继续在展陈领域探索新的破圈路径，利用自身的资源优势，融入文化产业发展的大机遇和大市场，实现"媒体＋政务服务商务"功能的延伸。

五、人才培养：从"'I'型专业人才"到"'T'型复合人才"

传统报业更多强调人才要有专业技能。比如无锡报业从 2010 年开始评选的"名记者""名编辑""名评论员"及"经营能手"等，其实就是在选拔某一特定领域拥有专业知识的人才，这类人才可以称为"'I'型人才"。但随着融媒体时代的到来，"'I'型人才"已无法匹配媒体融合发展的要求，亟需培养适应于融合生产、运营和管理的全媒体人才，也就是"'T'型复合人才"。他们提笔能写、对镜能讲、举机能拍，同时精策划、善运营、会技术，也就是一专多能，这样的人才才是推动媒体融合发展的关键。

复合型人才培养体系建设离不开配套的考核激励机制。在垂直事业部深融改革过程中，无锡报业同步制定了公平合理的考核方案，对接市场薪酬标准，以绩效为导向，确保薪酬向贡献大、业绩佳，富有开拓力的一线员工倾斜。2022 年，无锡报业对改革后的融媒体运营中心员工收入进行了统计，发现员工普遍收入增幅可达 20%—30%。一方面，员工收入的增加与中心整体营收的增加相关，另一方面，机制的改革给了员工更多参与复合型工作的机会，在"多劳多得"的绩效导向下，收入自然而然也增加了，人才活力得到激发。

广电业融合创新案例

第六章　河南广播电视台媒体融合创新实践研究

鲍丹禾[①]

2013年，习近平总书记在全国宣传思想工作会议上首次正式提出融合发展。十年来，媒体融合已经逐渐步入内涵式增长高质量发展的新阶段。对于广播电视行业来说，由于新兴商业媒体平台的迅猛发展，人们的媒体选择面增大，导致广电行业市场份额下滑严重，用户流失明显。

在新时代，如何打造新型主流媒体，牢牢把握舆论场的主动权和主导权？这是一个重要而紧迫的问题。2020年9月，中办、国办印发的《关于加快推进媒体深度融合发展的意见》，明确了运用市场因素推动新型主流媒体建设的思想。从中央媒体到地方媒体，不断探索实践，敢于尝试敢于创新，搭建了融合平台，推出了融合产品。作为中部大省的广电业龙头，河南广播电视台也做出了积极尝试，并且取得了可喜的成效。

第一节　媒体融合实施策略

要想推进媒体融合的纵深发展，不断提高自身的传播力、引导力、影响力和公信力，需要在社会效益和经济效益两方面下功夫，双管齐下，相互平衡。这虽然不容易，但却是广电等主流媒体需要努力做到的。

[①] 鲍丹禾，《教育科学研究》杂志副主编，高级编辑，毕业于中国传媒大学，新闻学博士、艺术学博士后，主要研究方向为媒体融合、文化产业等。

一、自建平台的同时，借助外力发展

2019年9月，大象客户端正式上线，这是河南广播电视台的专属App。虽然推出App的时间不算早，但大象客户端有其独特之处。它融合了大象网、广播、民生频道、线上教育等在内的多种媒体业态。更重要的是，这一平台的推出，实现了手机屏、电视屏和电脑屏三屏融合，这是在短视频媒体环境下的重大突破。因为有了这一平台，河南广播电视台将直播作为常态化内容，吸引了广大受众。到2021年7月，在不到两年的时间里，大象客户端的下载量突破1亿，这为河南广电后续的融合发展奠定了良好基础。

在自建平台的同时，不能忽视与第三方商业平台的合作，这几乎也是所有传统媒体的"固定打法"。河南广电在微博、微信、今日头条、抖音、快手、B站等开设官方账号，广播电视台频道众多，如新闻、都市、交通、生活等，这些频道在各大第三方平台的全面"开花"，迅速扩大了其影响力。如《小莉帮忙》《大参考》等品牌栏目，在上述第三方平台拥有30多个新媒体号，全网用户量超过1亿。所以自建平台加上借力外部平台，二者形成传播合力，使河南广电的传播力上升明显，在2021年央视市场研究发布的省级广电媒体传播力总榜中，河南广电位居前列，而他们的短视频影响力更是名列第二。

二、短视频一马当先，推动大小屏融合

建好了平台，关键还得有优质的内容。河南广播电视台已经敏锐地发现，短视频内容是一个突破点。近年来短视频用户数量的确非常可观。2023年8月，中国互联网络信息中心发布的第52次《中国互联网络发展状况统计报告》显示，截至2023年6月，我国网民规模达10.79亿人。短视频用户规模达到10.26亿人，用户使用率为95.2%。

河南广电首先在短视频方面的尝试首先是在一些民生节目上，比如《小莉帮忙》《香香美食》的台内栏目的公众号上，推行"短视频+商业"模式，主打原创视频，满足商家需求，获得了商家的认可。从2019年开始，台里各个栏目开始在短视频节目上发力，形成了一切皆可"短视频"的局面，而且收效

良好。

2019年两会期间，河南广电制作的《你奋力追梦的样子真耀眼》《实干出新彩》等新闻短视频得到中宣部的肯定；新冠肺炎疫情期间的很多短视频新闻节目也都有破亿的点击量，在主流媒体引导舆论、设置议题方面做出了积极尝试。在当前电视的开机率不断下降和市场份额持续萎缩的背景下，河南广电积极投身短视频，证明选对了方向。

"短视频"链接其他内容或方式，成为河南广电的"常规打法"。除了"短视频+新闻"，还有"短视频+文化"。河南是中原大省，文化底蕴深厚。台里打造的《中国节日》系列节目影响广泛。虽然节目制作精良，但还是需要短视频加持，以带来高热传播和高频评论，形成热点话题。短视频将长节目拆分成一个个节目片段，通过小屏传播，客观上扩大了大屏文化节目的知名度，形成了特别的传播逻辑。

"短视频+直播"。在新闻报道中要实现高质量的直播，传统广电媒体有必然优势。在2021年郑州"7·20"特大暴雨袭击的报道中，河南广电民生频道就采用了"短视频+直播"模式，持续播放短视频，被大量转发推送，实现多屏间用户引流互动。

"短视频+教育"。许多课程或者教育话题如果采用短视频的方式，往往能收到意想不到的效果。比如家庭教育话题，"如何培养孩子良好的学习习惯？""如何带动孩子进行体育锻炼？"等都可以用短视频方式请专家、老师录制播放。而在疫情期间，这一模式得到了更为广泛的运用。河南广电在疫情期间带头录制的"名校同步课堂"节目，生成优质课程短视频近2000条，播放量屡创新高。

"短视频+服务"。这一模式在民生节目中使用尤为广泛。因为关乎老百姓的日常生活，容易引起共鸣。如青年婚恋节目、介绍美食的节目等，满足了广大群众的精神文化消费需求。

"短视频+MCN"。这是最近几年河南广电的全新尝试。MCN模式源于国外成熟的网红经济运作，其本质是一个多频道网络的产品形态，将PGC（专业内容生产）内容联合起来，在资本的有力支持下，保障内容的持续输出，从而最终实现商业的稳定变现。

河南广电利用自身优势，将自有资源与市场接轨，各频道、各部门投入试水，签约网络达人，结合短视频，助力这些达人的网络传播效果。MCN 的优势在于：网络达人专心做内容，河南广电从设备、包装等方面予以支持，最终取得共赢。

当然，完全依靠短视频是不全面的，需要短视频与中视频、长视频有机结合。

三、建营销策划中心，主打企业化运营

在严峻的市场环境下，必须建立新的机制，对固有的资源进行整合才可能有突破。2020年，河南广电将电视文艺部、纪录片工作室、广播精品创作部与技术制作、演艺场所、市场营销整合成全媒体营销策划中心，进行企业化运营。这一策划中心的建立，让河南广电的市场化运作走向了"活"与"新"，紧扣市场脉搏，在经济效益和社会效益方面都取得了突破。

中心建成后不久，就迎来了脱贫攻坚关键阶段的硬战。河南是农业大省，各类农产品丰富。河南广播电视台与河南省农业农村厅、河南商务厅、河南扶贫办联手，组建"大象助农团"，助力乡村建设和农民增收。

河南省南阳市淅川县是南水北调工程的源头和核心水源区，因为气候和水质都非常理想，所以也出产优质农产品。在助农过程中，全媒体营销策划中心不仅承办了产业发展高峰论坛，而且在线上进行重量级直播带货服务，邀请20位网红达人深入农产品基地，边介绍边推广。同时，在线下，中心也积极行动，充分发挥自身渠道广泛、社会影响面大的优势，联络大型批发市场、商超以及大宗产品销售渠道，使淅川县农产品销售额节节攀升，最后的签约订单额达3000万元。

淅川脱贫攻坚可以说拉开了河南广电助农的序幕。此后，河南广电不仅在中国农民丰收节河南主会场大显身手，而且深入河南的多个县市，助力扶贫产业发展。

诚然，全媒体营销策划中心不只是在助农方面取得可喜成绩，更是在促进河南广电的市场化发展方面迈出了一大步，如演播厅、转播车等都可以推向市场，合作对象也从省内扩展到省外各个地区。

四、融合发展环境下的传播逻辑

从以上方面的改进，可以看到河南广电在媒介融合方面已经逐步形成了自己独有的传播规律和传播逻辑。利用优势，移动优先，持续分发。

1. 短视频与长视频相结合

长视频是河南广电的固有优势，也是区别于其他媒体的特点，这样的特点和优势必须保持。但是由于开机率的下降，长视频需要短视频予以辅助，二者结合才能相得益彰。

在长视频栏目的策划、制作过程中，团队需要着重考虑如何将短视频用好，如何用短视频呈现。实践证明，短视频在长视频节目的预热和造势的过程中，能够起到显著作用，反过来对于提高长视频节目的收视率也是一种促进。

短视频制作较为快捷、便利；长视频制作较为费时、费力。但是从节目的精品力度来看，显然长视频的表现力更强。短视频在形成冲击力、激发情感、快速传播方面有其特有优势。所以说精品要看长视频，但是短视频一步步铺垫，让长视频最后的呈现效果更佳。

2. 广电平台与社交平台结合

商业社交平台的影响力在今天已经不容忽视，几乎所有的传统媒体都在这些社交平台上开设了账号。河南广电的大部分节目由于拍摄角度、时长等原因，无法照搬到这些社交平台上，所以需要进行节目拆分。这成为河南广电许多部门的一项重要工作。经过重新剪辑的节目虽然时长更短，却更加吸引受众的眼球，有的甚至形成"现象级传播"。

一条长节目可以剪辑成多条短节目，进行持续分发。当各大社交账号都在传播某一条或某几条短视频时，就会形成矩阵式传播模式，带来显著的视觉冲击。

广电平台的精良制作优势结合社交平台的多点分布优势，形成强强联合。

3. 话题引领与网络评论结合

这一传播逻辑在河南广电一些拳头节目中十分常见，比如《中国节日》《小莉帮忙》等。这些节目已经成了广电的品牌节目，通过有意识的话题引领，慢慢扩大影响。网络评论一般指网友的评论留言、弹幕等，评论、弹幕越活跃，节目传播效果越理想。其实这就是一个节目和受众互动交流的过程，用户的兴趣一旦被激发出来，裂变式、几何式传播也就自然而然发生了。

第二节 媒体融合实战分析

在大象客户端、短视频、全媒体策划营销中心纷纷到位之后，河南广电在一些优质节目的推进上速度更快、质量更优。这些节目在社会、经济双效益方面都表现不俗。本文来剖析具有代表性的两个节目，分别是《中国节日》系列节目和《小莉帮忙》栏目，这两个节目在融合运营上都有亮眼表现，具有代表性。

一、《中国节日》系列节目的融合运营

说到河南广电的融合类优质节目，《中国节日》是无法避开的一个。由于河南历史文化底蕴深厚，一直以来河南广电的文化节目做得有特色，是其传统优势。但是同时，因为新的传播环境的变化，他们也在考虑如何转型，打造出更加丰富多样、吸引受众的文化节目。

大象融媒的诞生，打破了传统媒体的局限性，对报纸、电视、手机端进行了融合，各媒体利用自身优势，齐心协力在同一话题上精耕细作。

除了有好平台，还得打造传统文化IP，以及进行这些IP相关各方的联动。《中国节日》系列节目就打造了诸如"唐小妹"这样的文化IP，并实现了河南广电与河南博物院、各个相关景区之间的历史文化资源联动，且在节目投放上携手河南共青团，努力争取年轻受众，最终带来传统文化IP的现象级传播。

1.《中国节日》的融合传播手段

一是创意融合打造优质节目。《中国节日》系列节目从2021年河南春晚开始，采取片段化、沉浸化的节目设计，将受众看节目变为看故事，用融媒手段将晚会的实景和虚拟的场景结合起来，带来亦真亦幻的感觉。

之所以说是系列节目，是因为河南广电紧扣多个传统节日进行策划编排。在这些节目当中，借助了他们打造的文化IP"唐小妹"形象，拉开叙事新模式。《元宵奇妙夜》首次采用无主持人的方式，用穿越时空的陶俑女乐官将省内的

河南博物院、清明上河园、洛阳名堂和主会场一一串起来；《清明奇妙游》首次引入"二次元"角色，以数字化"唐小妹"引领受众游历河南，节目形式之新让人眼前一亮。《端午奇妙游》则是动画与真人秀相结合，虚实相间，四位"唐小妹"穿插其中，完全颠覆了以往综艺节目的模式，视觉效果达到了新高度。

二是多屏联动覆盖广大受众。上述的创意融合是制作手段方面的融合，但是要抵达最广大受众，还需要传播策略的融合。河南广电的办法就是多屏共享。比如河南春晚在河南卫视播出的同时，还在大象客户端以及快手平台同步直播。快手的用户数量大，一向注重乡土文化传播。此外，元宵、清明、端午等"奇妙"系列都选择了视频平台哔哩哔哩作为节目重点投放平台，因为河南广电无论从制作方式的创新，还是视频投放的渠道上，都希望节目能够争取到大量的年轻观众来观看，而哔哩哔哩正是年轻人聚合的平台。从统计数字看，在哔哩哔哩上的播放量和互动弹幕数量都证明了年轻观众参与度极高。

河南广电的这种多屏联动操作，满足了新媒体传播环境下受众体验感、参与感及便捷性获取的要求。如果说制作效果本身就非常惊艳的话，那么传播效果的出彩更是一种对传统传播观念的突破。

三是设置议题加强互动传播。每一期《中国节日》节目推出以后，河南广电主动设置议题，加强与受众的互动。在如今这个人们更看重互动性、即时性的时代，河南广电的审时度势让自身获得更多认同。在2021年河南春晚期间，"唐宫夜宴"的IP品牌建立起来；《端午奇妙游》期间，"唐小妹""水下飞天"等IP品牌建立起来。热搜话题来自各大媒体，但是以河南广播电视台所属媒体为主。以2021年《端午奇妙游》播放期间热搜话题为例，多个话题累计阅读量过亿，热搜"河南卫视杀疯了"阅读量甚至过10.6亿。在9个高阅读量热搜中，5个来自河南广电内部媒体，两个来自中央媒体，一个来自新浪，还有一个是网友热搜。由此可见，河南广电自身设置议题的能力较强。

《端午奇妙游》节目在内容制作上，已经有意识地做成短视频，分成各个故事板块，便于各大媒体平台传播。这期节目中极具特点的水下舞蹈《祈》用短视频着重打造时，可以用"惊艳"来形容，舞蹈演员的艺术表现之美和节目制作的奇巧构思融为一体，给受众以深深的震撼。

2.《中国节日》的融合传播特点

从《中国节日》系列节目在制作传播过程中的融合手段来看，可以总结出如下几个融合传播特点。

一是历史与现实的融合。中原大地，历史悠久。在节目中注重历史呈现是串起受众心理的一根主线，但是在网络环境下，一味说教的历史又很难引起人们的兴趣，所以需要有所突破和创新。在历史中融合、穿插现实内容，就会给受众以新鲜感。如《端午奇妙游》中，既可以看到有年代感的复活的陶俑，也可以看到现代寻根的年轻人。

二是传统文化与地域特色的融合。文化是经数千年传承而形成。河南很多地方都是古都，地域文化和中华文化相互影响，相互支撑，共同发展。当这些文化内容以新的融媒手段呈现出来时，正是文化自信、文化自觉的体现，满足了受众的审美需求，触动了受众内心对文化和艺术热爱的神经。

三是网剧与网综的融合。《中国节日》系列节目已经不是一般意义上的网络综艺节目，因为其中是夹杂了剧情的，所以说它是网剧与网综的融合更为贴切。正因如此，节目在制作中给人以梦幻般的神奇感觉。如2021年河南春晚中，唐代女陶俑在AI数字技术下复活，女陶俑在"妇好鸮尊""贾湖骨笛"等国宝间穿梭，可爱至极。正因为既有综艺，又有剧情，节目才更加活泛、更加有趣，也更贴合当代人的心理需求。

四是传统媒体与新媒体的融合。许多地方广播电视台在现有的媒体环境下难以为继，很大一部分原因在于传统媒体与新媒体融合的失败。河南广电能够做得比较成功，归根到底在于其对于新媒体较好的运用。比如在抖音平台上，将《中国节日》拆分成多个短视频刊播，就大大提高了分享数、评论数和点赞量。传统媒体和新媒体相辅相成，共同推进发展。

二、《小莉帮忙》节目的融合运营

《小莉帮忙》是河南广播电视台民生频道的一个新闻栏目，2009年民生频道改版后，更加突出这一栏目，十多年来，栏目的影响力始终保持高位，特别是与新媒体传播方式结合后，传播效果更为明显。

1.《小莉帮忙》的节目特点

社会上人们总是面临各种各样的困难，《小莉帮忙》节目的初衷就是利用媒体的优势帮助普通人解决问题和难处，进而通过点滴力量推动社会改进和发展。

《小莉帮忙》是一档原创新闻节目，其口号是"小莉帮忙，越忙越帮"，这一口号表达了节目的理念，已经深入人心。品牌的视觉打造也很重要，片头以紫色为主色调的设计，不仅很特别，也给人以热情、活泼的感觉。还有一点，节目中的"小莉"只是一个代称，不是某一个人，而是一群人，这群人都是"小莉"，他们为群众排忧解难，追寻真相，挖掘新闻背后的新闻，表现出新闻工作者追根溯源的调查精神。

虽然是一档新闻节目，但是《小莉帮忙》的特别之处还在于经常以讲故事的方式播报新闻，所以更能够吸引受众看下去。节目还强调互动性，最初是以热线电话作为互动手段，随着微信、微博、抖音等平台的出现，互动的方式变得丰富，互动也更为便捷。某种意义上讲，在融媒体环境下，良好的互动是保证节目持久发展的关键手段。

2.《小莉帮忙》的融合传播特点

既然是民生频道的新闻，自然是民生新闻，即以普通民众的视角和叙事方式进行新闻报道。除了节目本身的独特定位,融合性传播手段无疑为《小莉帮忙》节目增色不少。

一是"新闻+直播"方式的运用。《小莉帮忙》中，直播运用频率很高。因为直播不仅让受众身临其境，还有一种不确定感，不知道后面要发生什么样的结果，所以正因如此，对受众更有吸引力。

比如《小莉帮忙》经常会直播"夜查酒驾"，频道记者跟随交警上街查酒驾，记者全程跟踪并拍摄记录。节目非常具有新闻性以及戏剧性，如有的被查司机因为喝酒而弃车逃跑，记者随交警追踪拍摄并成功拦截。这样的镜头充满张力，吸引受众。

二是大量短视频剪辑的运用。《小莉帮忙》节目与抖音的合作非常成功，每个剪辑后的短视频一般都不超过一分钟。如果一个新闻一分钟讲不完，就分成好几个短视频来播放。有研究表明，人们打开一个短视频，如果看到快30秒的时候还没有吸引他的地方，就会关闭当前视频。所以对于《小莉帮忙》的节目剪辑人员来说，这也是一个挑战。

综上所述，《中国节日》和《小莉帮忙》，虽然一个是综艺节目，一个是新闻节目，但它们是河南广播电视台节目的缩影，它们都借助了新媒体的传播手段和特点，以扩大节目的浏览量和知名度。需要明确的是，优质节目最重要的内核在于其定位，但不可否认新媒体技术大大增加了节目的到达率，起到了翻天覆地的传播推广作用。

第三节 媒体融合优化策略

深化互联网思维，充分利用新技术手段的特点，创新发展模式，占领信息传播的制高点，是广播电视行业未来发展的必由之路。经过多年的摸索，河南广播电视台在媒体融合发展方面已经卓有成效，但是改革没有终点，只有不断地解决矛盾，创新发展，才能达到更理想的目标。

一、存在的问题

由于传统媒体的"包袱"较重，所以在媒体融合过程中，依然存在节目内容质量不高、盈利能力欠缺、优秀人才匮乏的一些问题。

1. 节目质量提升问题

为赢得更多受众，河南广电已逐渐建立起传播矩阵，台内各个栏目在微信、微博、抖音等平台都已先后入驻，同一栏目均是用同名账号进行传播，所谓"借船出海"十分常见。但需要注意的是，在追求传播矩阵数量的同时，还需注重节目质量。只有节目质量提升了，才能产生用户黏性，无论入驻平台还是自建App的日活跃用户、月活跃用户才会增加。

2. 原创内容短缺问题

虽然形成了新媒体矩阵，但是各大新媒体平台上的原创内容较少，多数是电视节目分拆之后发布的内容。从本质上看，增加了传播渠道和终端，是对原有内容的重复开发。融媒体产品的质量和特性还有待研究开发。

3. 优秀人才缺乏问题

全媒体人才的缺乏几乎是所有传统媒体或多或少都会遇到的问题。编辑人员与技术人员的协调配合容易出现不顺畅的现象，尤其是既懂新闻传播规律又懂新媒体传播规律、既懂传媒政策又懂市场运作的复合型人才十分稀缺。

此外，融媒体发展过程中，还存在盈利能力不够的问题。比如大象新闻客户端暂时没有硬广收入，主要靠集团投入、移动直播等手段，总体而言还需依靠母体大力支持。所以盈利模式还有待探究。

二、优化策略

在加快媒体融合发展的过程中，必须内容为王、移动优先。既要做好顶层设计，也要重视技术支撑。在提高内容质量、改革制作流程、加强人才培养、推动跨界传播等方面增强效力，才能将媒体融合之路走得更稳健更长远。

1. 创新体制机制，提质增效

在融媒环境下，需要进行体制机制较大力度的创新改革，才能产生明显的提质增效。比如通过对工作流程、生产架构等方面改革，减少同质化产品，提高生产效率。

《中国节日》系列节目在实践中施行的项目制是一种很好的尝试。以项目为核心，选聘合适的人才上岗。项目负责人有用人权、资金支配权等，这样就可以极大地激发创作团队的活力。当然，在体制机制改革过程中，还需要特别重视内容生产、技术应用、管理服务等方面的协调融通。

2. 坚持移动优先，精耕细作

移动优秀的策略必须牢牢把握不能改变，应将新闻客户端建设和相关高流量平台内容建设作为重点，不断推出原创、有吸引力的作品，包括新闻作品和其他各类作品，形成真正有分量、覆盖面广、影响力大的综合传播矩阵。广播电视台的资源、技术等宜向移动端倾斜。

目前从移动端总体发展来看，在河南省范围内，河南广电尚未占据绝对"高地"，需进一步精耕细作，多出精品，抢占移动传播先机，扩大移动传播优势。

3. 重视人才培养，加强激励

融合发展的根本在于人才。要大力培养全媒体采编人才、全媒体策划制作人才和全媒体管理人才。打破原有的论资排辈等人才使用上的条条框框，大胆启用新人、能人，激发活力。同时，建立融合发展激励机制和薪酬分配机制，对于具有创新精神、社会效益经济效益双优的节目及时给予奖励，为全台上下一心发展事业营造良好氛围。

第七章 广东广播电视台融合发展路径与前瞻

闫伊默[①]

广东广播电视台于2014年4月23日挂牌成立,由原广东南方广播影视传媒集团及其旗下广东人民广播电台、广东电视台、广东南方电视台合并组建而成,是集广播、电视、网络、新媒体等多种业务于一体的省级广播电视综合传媒机构。响应和落实国家推动媒体深度融合这一顶层设计,广东广播电视台至今已走过近十年的媒体融合之路。其间,有迷茫和曲折,也取得了显著成绩,成为全国省级广电集团媒体融合创新的典型。媒介技术发展一日千里,机遇和挑战并存,顺应数智化、社交化、场景化的"流动的现代性"演进趋势,广东广播电视台需要继续深化媒体深度融合,不断提升新闻舆论传播力引导力影响力公信力,履职尽责,承担起新时代文化使命。

第一节 广东广播电视台媒体融合现状

一、媒体构型矩阵化

在媒体融合的时代浪潮之下,广东广播电视台顺势而为,立体化融媒体矩阵渐趋成型。目前,广东广播电视台拥有9个广播频率、12个电视频道、6个有线数字付费电视频道。除传统渠道外,还有5个自有新媒体平台,其中包括

[①] 闫伊默,华南师范大学新闻传播系副教授、博士。

IPTV 用户近 2000 万，OTT 用户达到 2.38 亿。为掌握舆论高地，增强用户黏性，广东广播电视台建构了自有媒体平台"触电新闻 App"，累积下载用户超过 1 亿，月活用户数超过 800 万，其受众基础广泛、传播效果显著，已然成为媒体客户端建设的标杆。此外，广东广播电视台打造了高质量粤语原创音频 App"粤听"，以岭南文化和情怀为卖点，聚合粤语优质的音频资源，目前已经 878 万的下载量。此外，广东广播电视台官方门户网站"荔枝网"，融入视听互动元素，包含了广东新闻、广东珠江、广东民生、大湾区频道的精制视听作品，体现了本土化广东特色。此外，广东广播电视台利用技术优势，打造出"广东融媒共享平台"，承建县级融媒体中心技术平台"珠江云"，实现了全省县城宣传的一张网覆盖，有助于全省的思想引导、党管媒体，同时打造出资源共享、效率提高的融媒体矩阵。

除此之外，广东广播电视台还入驻抖音、快手、微博、视频号等新媒体平台，扩大用户基础及传播辐射力。以抖音平台为例，广东广播电视台的官方账号有广东新闻频道、今日关注与广东台触电新闻，其中今日关注的粉丝量达 2247.3 万，广东台触电新闻的粉丝量达到了 1046.1 万，用户体量较大。同时广东广播电视台还立足于国外视野，布局了对外传播的矩阵，比如在美国、加拿大等地构建北美全媒体传播体系，并且与海外多家电视台建立合作关系，构建广东外宣平台。

二、受众细分垂直化

目前，广东广播电视台五大自有新媒体平台总粉丝数达到 6.5 亿，外部平台账户达到 1.65 亿人。电视信号覆盖亚洲、大洋洲、非洲及东欧等 50 多个国家和地区，覆盖人口达 20 亿以上。虽然用户分布广泛，但是广东广播电视台在受众细分、个性化传播方面颇有成效。

其立足于广东本地化特色基础上，进一步将内容垂直化，将受众细分，精准用户画像，以满足不同受众的个性化需求。电视频道多达十余种，包括珠江频道、体育频道、粤语频道（大湾区卫视）、少儿频道、影视频道、国际频道等；广播频率也是涵盖了城市之声、音乐之声、南粤之声、股市广播和交通广播等。在具体的内容上，更是细分方向，提供多元化的视听产品。如广东广播电视台交通之声频道，依托交通汽车领域优势，将内容深耕，并且拓展到不同出行人群与面向。具体来说，该频道不仅仅针对驾驶员，还针对公交、地铁等乘客；其内容涵盖交通新闻、最新路况，还包含安全问题有关的记者现场调查与连线，并且针对这些问题还有跟进解决报道，与《午时驾到》《大吉利车队》等节目联动播出相关内容，以此来满足用户需求增强黏性。

此外，广东广播电视台还利用智能算法技术来精准把握用户的个性化需求，以"触电新闻"App为例，在提供给用户"精彩视听""便民服务"等多样化栏目以此来满足其公共性需要的同时，还通过场景定位给用户提供"身边新闻"，通过大数据画像给用户提供独家定制新闻，彰显了其"更懂用户的新闻客户端"的理念。

三、产业布局多元化

广东广播电视台盈利并非局限于"二次售卖"的广告业务，还通过多元化的产业布局与盈利模式创新，如布局商务、民生、财经、房产等领域，以此来增强自我造血能力，反哺运营生产。

一是市场化机制。2019年，广东广播电视台旗下"新媒股份"在深圳证券交易所创业板成功上市，为全国首家播控运营公司。新媒股份公司名列全国企业30强，连续多年运营业绩持续增长，2022年营业收入达14.29亿。目前新媒股份是集大数据、内容、技术与营销为一体的平台，服务于家庭智慧链，其中IPTV是王牌亮点业务，其有效触达用户近2000万。

二是跨界化合作。广东广播电视台深谙合作共赢的媒介融合思维，与多家广播电视机构优势互补，在多领域合作共建，如"粤听App"引入香港媒体制作的项目《带你走进大湾区》。此外，还有与商业科技公司的合作，2023年6月，新媒股份与科大讯飞合作成立元宇宙XR联合创新实验室，站在时代风头把握机遇，推动沉浸与互动式的家庭传播场景落地与商业变现。

三是数字化付费。广东广播电视台以优质精品内容为核心竞争力，针对垂类用户进行付费实践，目前共拥有6个数字付费频道。此外，广东广播电视台也积极探索多种商业化服务，比如为政府或各大企业进行策划服务，其目前已为800多家客户提供内容运营与宣发服务。

第二节　广东广播电视台媒体融合路径

一、机制创新，激发活力

作为省级主流媒体，广东广播电视台坚持党媒性质及定位的同时，通过所有制混合改革，赋能体制内活力。如南方新媒体股份有限公司，作为全国首家实现 IPTV 业务独立上市；触电新闻也正在为 A 轮融资准备，将成为广东广播电视台第二个上市的板块。谋求自身发展的产业化与市场化，是媒体融合的更高阶的层面，更是必经之路。

此外，积极寻求跨界融合，利用资本力量提升"自我造血"能力，也是广东广播电视台的又一机制创新之举。2023 年 7 月，广东广播电视台与京东集团签署战略合作仪式，携手打造"媒体—电商"新模式，上线"中国特产—湾区生活馆"，将大湾区的优质农海产品推广全国，助力乡村振兴。

人才机制上，从 2019 年开始实行融媒工作室制度，并将其列为"一把手工程"。通过打破部门分割壁垒，实行项目制人员重组，突出核心 IP，实现引流。目前，广东广播电视台的融媒体工作室已达 24 个，包含了垂直类工作室、服务类工作室以及运营类工作室，全网总粉丝已突破 5700 万，并且实现累积收益超过六千万，其中曾小强工作室、袁媛工作室、罗记工作室等影响力较大，用户黏性较强。在探索实现融媒体工作室的同时，广东广播电视台为此搭建服务中心，成立融媒体统筹部，为各工作室提供场地、设备等工作专区。在奖励机制方面也颇为创新，从总绩效中提取定额推行增量绩效，并且以孵化期取代传统 KPI，推动流量营收的同时，也保障了新闻社会职能的实现。

二、技术赋能，提升效果

技术创新与运用是媒介融合的重要一环，更是打造沉浸式体验的利器。广东广播电视台以自身资源及财力基础，重点投资技术打造，加快推进 VR、AR 等技术的应用。如其抢抓"4K+5G+AI"风口，建设全国首个省级 4K 超高清电视频道，极大提升用户的观感体验。在献礼 2022 年两会时，广东广播电视台推出《我的未来主打歌》，以 AI 写歌的新玩法，吸引近 500 万用户参与，为中国加油。《飞得更高》直播，则是利用了无人机航拍、AI 剪辑和裸眼 3D 等科技，带领用户身临其境般感受大湾区的新面貌，获得广泛好评。

广东广播电视台献礼重大主题的系列融媒体报道《飞越广东》，先后入选国家广电总局全国广播电视媒体融合典型案例、"新时代、新品牌、新影响"广电媒体融合产品品牌。专家对此高度评价："'飞越广东'利用 5G 的新技术来做牵引，用虚拟演播室作为配合，用新的技术把一个经典的传播形态又翻出了新的意义。"其运用"5G+AI+4K"技术，打造多个虚拟场景，如在第二季珠海篇《直播连线：记者空中打卡香山湖公园》，乘坐直升机的记者以俯瞰的视角展现香山湖的绿树成荫，而连线另一头在演播室的主持人，则通过虚拟场景如亲临一般介绍香山湖，双镜头自如切换，带给观众视听大宴，以沉浸式体验感受珠海的绿色发展理念。

为增强用户偏好与认可度，实现在青年群体的破圈传播，广东广播电视台跨年晚会以技术出圈，获得大湾区青年群体的广泛关注与热议。"中之人"虚拟主持人，与线上线下观众实时互动，打造出缺席的在场想象力，促进大家的共情体验。此外，在跨年晚会上，也包含了元宇宙直播间，将热门技术引入，增加用户的关注度与新奇感。元宇宙主持人"十二妹"通过云连线，将广州、珠海、佛山等地的标志性建筑连接起来，让观众置身其中体验广东各地的风情特色，来一场跨越时空与地域的云畅游。在具体的节目中，同样将技术运用得淋漓尽致，互动属性叠加。在《湾区好》的歌曲节目表演中，虚拟数字人以汉服唐装亮相，以粤语唱诗作赋，凸现湾区特色的同时，尽显国潮风格，以炫酷的快闪技术让观众动感十足。

三、用户思维，实现共情

媒介融合不仅是技术、形式的相加融合，更需要思维的融合。从过去传者本位高居庙堂式的语态转变为受者本位江湖式语态，嵌入互联网的用户思维，以亲民的姿态实现共情传播。

以小切口展现大主题，能增加用户的共情与认可。在献礼二十大的主题报道中，广东广播电视台以基层党员的事迹展现出党员"不忘初心、牢记使命"

以及中国人的中国梦。如《走钢索的人：跟螺丝钉较劲 6 年还不是为了你的回家路》，以一个基层党员坚守职责，默默打造钢索，守护每一份安全的故事展现出大国工匠精神，以个体的微观视角缀连起宏大的国家情怀叙事，获得上万的浏览量。

聚焦青年热点议题，形成与青年的对话场，是广东广播电视台用户思维的另一体现。在"飞越广东"佛山篇中，以"斜杠青年"这一热点为切入口，记者化身为 80 年代的一名技术工程师，在去往佛山做兼职的路上，以此牵引出佛山制造业的发展变迁史。以跨时空的视角，回应起"斜杠青年"的主题，表达了不同年代的年轻人对时代机遇的期待，引发青年共鸣，在微博上获得了高达千万的点击量。

立足本土，体现广东特色。广东广播电视台以"食在广东"为主题，以视听元素展现广东顺德的鱼生、汕头的牛肉火锅、江门的牛杂等美食，让受众享受视觉美味的同时，深挖传统手工艺背后的传承故事，展现了中国博大精深的烹饪技术，更体现了共同富裕的民生福祉。

广东广播电视台还运用网感化语言，契合社交媒体属性，锚定"Z 世代"青年喜好。以广东广播电视台旗下抖音号"今日头条"为例，紧追热点实时更新，很多配文也是十分有趣，代入感极强，比如在发布一男子点爆竹时手机掉到旁边，迅速反应踢开手机，配文"这真是急中生智啊"；在民生新闻里长辈用桶装满硬币发压岁钱，能捧起多少算多少，其配文"这压岁钱能拿多少全凭实力"，风趣幽默。此外，以青年人喜欢的方式进行输出也是广东广播电视台媒介融合的创新之举。在跨年晚会上，《我们的新国潮》节目运用流行 rap、武术、街舞、国风等元素，以喜闻乐见的方式向青年传递出岭南文化、中华文化的特色。

四、服务升级，混合创新

"新闻 + 政务商务服务"模式是各大广电媒体实施的重点，也是衡量自我造血能力的基本指标。广东广播电视台推动服务省级，实现了经济效益与社会效益双赢。

广东广播电视台参与社会治理，推动政务服务。其上线问政频道，利用统一筹备平台"珠江云"的技术优势，先将各级问政信息收集，然后再派发到各部门处理，并且全程追踪，能实现云空间数据共享。同时，将舆情动态建模反馈，帮助管理部门实时动态舆论态势，提前舆情预警，化解舆情风险，此举创建了"新闻+政务"舆论监督新模式。此外，触电传媒还利用技术优势，打造"米斗"平台，以多种功能赋能社会治理。如"米斗小妹帮"，以问题解决为导向，在节目中帮助市民监督调查；"小强快评"以口评的方式，起到凝心聚力、舆论引导的作用；民生热线频道除了对社会事务监督新闻报道外，还上线了"厅局上线"节目，包含了"民生热线访谈室"和"让投诉简单点"两大系列，让厅局与市民面对面，直接切实解决百姓的问题。以触电新闻为例，其将问政入口功能常态化，市民能一键发表监督意见，这些内容数据和广东粤服务中心平台互通，能有效反馈给上级监管部门，进而推动市民诉求意见的采纳。此外，还上线了问政月榜，排列了各个县的问数和回复数，市民点开后能看到具体的问政话题，并参与谈论。

举办公益活动，提升社会效益，同样是媒体参与社会治理的重要方面。广东广播电视台推出"追光主播计划"，并在多家博物馆落地"追光主播实践基地"，培训了30多位视障主播，并为他们提供工作机会。此外，广东广播电视台在推动文化创造性转化与创新性发展方面做出很多努力，投资"非遗+元宇宙"文旅项目，在获得经济效益的同时，推动非遗文化的传播。此外，打造"乡村振兴大擂台"融媒体项目，获得一亿元的帮扶基金，用来扶持乡村发展，助力乡村振兴。

第三节 广东广播电视台媒体融合存在不足

一、内容创新不足

广东广播电视台虽然有庞大的媒体矩阵，各个频道内容丰富多样，但是除去一些爆款内容外，大部分的节目同质化较严重。以广东国际频道为例，其一周内播出的节目，有70%的内容是转载自其他频道，此外，内容的重播率高达60%，比如《嘉佳全能星》曾在一周内重复播出了3次。就新媒体账号而言，内容同质化的现象依旧严重。以广东广播电视台官方抖音号今日关注为例，有将近1/3的短视频是直接移植大屏内容，缺乏二次加工的创新性。而媒介的嫁接，需要以适配性为前提，并非只是将视频格式转换，还需要适配短视频的节奏、字幕等叙事特色。此外，触电新闻的内容同样面临原创力不足的问题，很多新闻内容资讯都是转自其他媒体。

缺乏地方特色和差异化是广东广播电视台在内容生产层面的另一大问题。岭南文化和粤语文化是广东的特色，广东广播电视台很多内容缺乏对于这些独特文化的挖掘，没有利用好本地特色，进而陷入同质化的怪圈里。广东广播电视台抖音号今日关注是立足全国报道国内的热点新闻，而缺乏对广东本地的新闻和特色文化、习俗等的报道宣传，在追全国热点流量中，陷入到与其他媒体追相同热点、同选题的同质化报道光景里，进而有失差异化。

在市场流量机制的促逼下，崇拜工具理性、数据至上，也是导致内容特色削弱的一大诱因。当绩效指标和传播效果被量化为点赞量、关注量和收藏量等，记者编辑的新闻价值和内容生产考量标准可能会有所偏移，取代了沉下心来用心打磨精品内容，转变为追时效吸引眼球。正如《老广的味道》负责人曾说，"辛辛苦苦做的好内容没人关注，反而跟着热点走，就能有好数据"。当过分关注数据量时，内容的创造性和特色性就有所缺乏。因此，缺乏原创活力和本土思维，不仅没有充分利用丰富的广东文化资源，而且导致爆款少、假出圈的问题，使得后续创作乏力，进而降低广东广播电视台的全国影响力和竞争力。

二、资源利用不足

在各级广电媒体在融合转型之路上，最稀缺也最紧要的资源莫非人才问题。在大众传播时代，记者形塑与传承的传播思维与技能面临着不适应性。现在的新媒体时代呼唤着全能型融媒体人才，需要记者掌握更多的技能，比如剪辑技能、数据爬取和可视化技能等，也需要具备互联网思维，深刻洞悉当下的传播出圈方式。

缺乏"一专多能"人才，且人员结构偏向老龄化，是很多传统媒体存在的问题，广东广播电视台也不例外。由于传播门槛降低、智能技术的替代性危机以及行业薪资较低，记者普遍职业认同感缺失，出现大批"离职潮"，很多资深记者纷纷转行。留下来的记者，往往老龄化严重，即使具备深度写作采访能力，但是他们的思维较为固化，难以适应现在新的传播格局。由于薪资福利待遇较低，很多具备融媒体思维的年轻记者往往不愿意到传统媒体。

在人才利用上,同样存在着固化问题,如台内按资排辈、岗位设置僵化等问题。组织内人员偏向老龄化,老职工由于经验较多,未经过严格的晋升考核,按照工龄一般会被安排较好的职位;在频道组工作岗位设置方面,以民生频道和汽车频道为例,其岗位比较固定,没有针对报道内容的差异化设置,两频道都是同样设置了采访组、剪辑组与记者组,各组别间沟通较少,缺乏灵活机动性。虽然广东广播电视台进行融媒体工作室创新,但是其他频道在人员调配与设置方面依旧缺乏活力,面临着缺乏新鲜血液注入,内容生产缺乏创新等问题。

除了人才内部资源匮乏外,广东广播电视台在利用外部资源来激发生产创新的能力尚有不足。目前广东广播电视台九成以上的内容都是依靠内部人员来制作,虽然这样能保证内容的专业性与思想性,但是毕竟记者的创作思路具有局限性,因此考虑纳入多元主体的生产力量,打造出以广东广播电视台为本位,以公民、机器人、优质内容生产者等为辅助的联动生产体系。

第四节 广东广播电视台媒体融合前瞻

一、持续机制创新,实现一体化改革

机制体制的改革是进行时,需要从顶层设计角度,与时俱进适配具体媒体实践。推动广东广播电视台发展,需要在组织架构、人才结构、经济布局等方面机制创新,持续一体化改革。

在组织架构方面,可以打破频道制,向项目制转向。不同于频道制、中心制的内部管理改革,项目制改革侧重于内容层面,倡导内容与产品思维相结合,能够突破机关化与行政化的桎梏,带来创新与盈利。在推动项目制改革过程中,有很多广电级媒体实践效果颇佳,如河南卫视广电机构,以项目制为根,打造了《唐宫夜宴》《中秋奇妙游》等出圈作品。因此,广东广播电视台可以在中心统一引导下,大胆突破频道制,向垂类工作室方向转变。虽然融媒体工作室是目前的有效尝试,但是未来还需要在深化媒体矩阵方面发力,扩大内容覆盖面,可以在体育、家居、母婴等领域接入工作室制度,完善内容矩阵;此外也需要加强各工作室间的联动,打破各自壁垒,实现统一筹划、大小屏融合,并

且依靠媒体矩阵扩大内容影响力。

在人才结构方面，需要优化人员配置和奖励机制。大量引入有融媒体思维和掌握融媒体技能的复合型人才，增加福利待遇和奖励。对于新人给予一定的包容度，给予边缘创新空间，正如现在广东广播电视台所推行的 3 年创业保护期，提供场地、设备和资本支持，给有想法、有创意的人极大的平台。在此期间，不设置硬性的 KPI 考核指标，而是以孵化期作品为导向，如果不成功，可以申请退出机制，这样可以解决人员的后顾之忧。此外，可以实施"传帮带"策略，以组织内有经验的"老记者"为首，带队新人，实现统一思想引导，并且提供新人工作经验，相互沟通配合，合力打造最大效果内容。当新人经过淬炼后，可以考核后升级为骨干力量。

在经济布局方面，以公有制为基础，引入资本市场的力量实现混合所有制创新，往产业化、品牌化方向发展。在今后的融合之路上，稳步推动与商业平台的跨界合作，利用商业平台的技术优势推动自身发展，如新华社多次与百度数据合作，产生了《数说春运》《数说命运共同体》等爆款，因此在数据化新闻和可视化呈现时，可以借鉴合作思维，实现优势互补。此外，进行产业化布局、朝着品牌化方向发展也是广东广播电视台可以未来借鉴之路。像浙江报业集团涵盖了民生、游戏、健康等领域，以多产业布局实现盈利，给广东广播电视台提供了先行的典范。因此广东广播电视台应该以现有的"新媒股份"基础上，进一步扩大产业化发展版图。

二、巧用外部力量，实现多元化传播

在如今传播格局重塑的时代，公民新闻背后的 UGC 力量崛起，智能技术推动下的 AIGC 成为新起之秀。因此媒体应该顺势而为，转变思维，在生产环节善于运用他山之石，打造多元主体生产矩阵。不仅仅依靠内部力量进行生产，同样需要注重平民视角、专家视角的运用。

广东广播电视台需要善于运用公民的智慧，可以适当引入一些奖励机制，调动用户积极性，鼓励他们发新闻或者提供新闻线索。比如触电新闻既可以邀请政务号、优质自媒体账号的入驻，也可以上线"拍客"或者"个人发布"等类似功能，以此激发 UGC 创造力与活力。在此过程中，同样需要广东广播电视台工作人员在社交媒体中找热点，找关键线人，以此扩充选题来源于报道思维。此外需要借助一些具有影响力的意见领袖力量，可以联合新闻生产，扩大传播的影响力。

此外，广东广播电视台还需要在内容生产方面利用各方资源联动。《飞越广东》系列节目就是广东广播电视台联合21个地市级以上的市党宣传部和电视台联合制作，彼此资源共享和技术配合，携手打造出献礼新中国70周年的爆款。因此可以借鉴成功经验，在今后的内容生产中，学会与其他政府部门或者其他媒体配合，打破各组织各领域的壁垒，实现优势互补，协同作战式打磨出精品内容。

三、打造特色IP，实现差异化竞争

打造具有辨识度和特色度的IP，能够不受平台限制，自带"吸引力"快速吸粉，并且维持用户的忠诚度和黏性。品牌化和IP化发展，已然成为各大媒体进行深度媒介融合的努力方向。

广东广播电视提升原创力，实现差异化发展，推动产品出圈，也需要大力打造IP。目前，广东广播电视台曾小强工作室、袁媛教育工作室等全网粉丝超千万，作品点击量破亿，成为IP化发展的典型。接下来，需要持续在打造类似个人IP的垂类工作室方面发展，可以再挖掘一些在某个垂直领域有见识且有长期经验的记者，以他们为首构建起垂类工作室。

除了以名记者打造IP外，也可以利用地方名人、地域标识来打造个性化IP。像常州手机台，就以当地广播戏曲锡剧具有影响力的何林为切口，以直播形式打造《何林戏迷俱乐部》节目，受到当地受众的好评，颇具传播影响力。因此，广东广播电视台可以以粤剧、粤菜等领域具有影响力代表力人物为主，打造出名人IP，进一步传播广东本土文化。以地域标识为IP，同样能凸显本土特色，传扬当地文化。以邳州融媒体中心为例，他们充分运用了当地银杏的标识特色，打造银杏TV的品牌Logo，以及"邳州银杏甲天下"App，既彰显邳州本地特色，形成本地受众的认同感与自豪感，同样成为城市对外传播的一张靓丽形象名片。广东省的特色资源丰富，如粤语、粤菜、粤剧等，这些都可以被进一步挖掘传播，因此广东广播电视台可以以广东地域特色为标识，用心打造城市IP，进一步提升本土传播的影响力。

此外，作为地方党媒，广东广播电视台承担着城市文化传播、思想引领的

宣传任务。因此广东广播电视台在今后的媒体融合发展之路上，应该立足广东视角，讲好南粤文化，以本土化特色进行差异化竞争。具体来说，应该多开辟当地文化内容创作赛道，融入本土化广式元素，以当地群众喜闻乐见的方式，实现共情传播，从而扩大传播效果。

广东广播电视台已经走过 70 余载的时光，多年来其以客观、亲民与本地化的专业水准，成为珠三角地区影响力极大的广电媒体深度融合标杆。新时代，媒体深度融合道阻且长，广东广播电视台仍需以内容为王、技术为要、人才为根、机制为新、联动为念，立足广东本土特色，辐射大湾区、全国乃至国外，传播党的方针政策，服务百姓，以回应党的二十大提出的"加强全媒体传播体系建设，塑造主流舆论格局"要求，由此切实提升新闻舆论传播力影响力引导力公信力。

第八章 北京广播电视台媒体融合创新实践

芮 浩[①]

十八大以来，以习近平同志为核心的党中央高度重视媒体融合发展，强化顶层设计，从战略高度、体系建设、方向路径等维度对媒体融合发展做出了科学部署。近年来，北京广播电视台全面贯彻落实习近平总书记关于媒体融合发展的重要论述和中央《关于加快推进媒体深度融合发展的意见》，把推动媒体融合发展作为加强党对新闻舆论工作全面领导的全过程，紧紧围绕首都城市战略定位，发挥自身媒体资源优势，将媒体深度融合建设有机融入北京新型智慧城市建设和数字经济发展中，坚持改革创新、科技赋能，坚持移动优先、一体发展，坚持重点突破、整体转型，坚持可管可控、导向安全，以内容建设为根本，以先进技术为支撑，以创新管理为保障，加快"四全"媒体建设，着力提升全台传播力、引导力、影响力、公信力，闯出一条立足北京、联动津冀、辐射全国、覆盖全网的媒体融合发展之路。

第一节 机制驱动：媒体融合促进放大一体效能

北京广播电视台现有10套电视节目、7套广播节目以及"北京云"市级技术平台和"北京时间""听听FM""北京IPTV"等新媒体平台，共开办固定

[①] 芮浩，北京广播电视台信息网络管理中心副主任兼融媒体中心副主任、北京云有限公司总经理，正高级工程师，主要研究方向为媒体融合、广播电视编播技术。

电视栏目89个、广播栏目123个，北京卫视、卡酷少儿、纪实科教3个上星频道覆盖总人口约12亿。北京广播电视台持续推进媒体深度融合发展，制定实施媒体融合发展三年行动计划，实施"大端大号工程"，集中力量打造"北京云""北京时间""听听FM""北京IPTV"等自有平台，着力构建"1+2+4+N"媒体融合发展新格局。其中"1"是指"北京云"，定位为北京市融媒体立体传播体系市级技术总平台，目前正在加快构建北京地区互联互通、互补互促的智慧融媒体服务体系；"2"是指"北京时间"和"听听FM"两大新媒体平台，"北京时间"定位于提供综合服务的智慧融媒体平台，客户端累计下载量4700万，与北京市市民服务热线合作推出"接诉即办"网络服务，上线了医疗挂号、景点预约等80余项民生服务，打造了满足用户差异化需求的12个垂类频道。"听听FM"突出"音频互动"特色，加快构建专业音频服务平台，客户端下载量2100万，"北京之声"城市有声导览项目已成功覆盖50家博物馆，推出《小虎爱推理》等爆款内容和"广播聊天室""听听号"等融媒互动产品，成功入驻"腾讯随行""阿里斑马"等车联网头部平台，构筑了音频新媒体的领先优势，综合竞争力位列全国省级广电音频客户端第一；"4"是指"卡酷""京8""京视健康""i生活商城"等专业客户端和小程序，聚焦细分市场和用户，打造专精优势明显、联动产业发展的新媒体服务平台；"N"是指构建全台账号矩阵，打造头部账号，积极用好第三方平台打造的新媒体账号和融媒品牌产品，同时孵化一批具有发展潜力的垂类IP账号。目前全台粉丝量超百万账号有50余个，BRTV新闻微博矩阵和《养生堂》《生命缘》等栏目账号粉丝量超千万。此外，作为北京地区重要的电视运营平台之一，北京IPTV为首都百姓提供交互式的广播电视和网络视听服务，是北京地区最先进的电视运营平台，注册用户290万。

　　创新体制机制是媒体融合发展的内在要求，北京广播电视台坚持在优化媒体结构上下功夫，积极探索出了一条媒体融合发展新思路：以"北京云"作为技术底座支撑"北京时间""听听FM"等全台新媒体业务发展；以"新闻+服务"、"互联网+产业"作为驱动引擎；以"广电品质+互联网服务"强化内容生产能力；以"平台思维+产品技术赋能"提升政务服务能力；以项目、产品为抓手，创新技术服务能力；以"移动端+电视端+广播端"实现大小屏双向联动。

第二节 内容驱动：强化主流媒体履行使命能力

内容生产始终是主流媒体融合创新进程的内核。北京广播电视台不断持续扩大优质内容产能，坚持创新创优、巩固提升，精心设计了涵盖图文、海报、SVG、H5、音视频、直播等全形态融媒内容产品，使节目叫得响、传得开、留得住，以优质内容回答好媒体融合的新时代考卷，获得广大用户的大力肯定。

一、主题宣传浓墨重彩

北京广播电视台作为市委、市政府的喉舌与展示窗口，以实干精神将重大主题宣传报道作为检验新应用、新场景、新技术的重要平台，围绕建党百年、北京冬奥会、党的二十大等重要时间节点、重大主题营造全息氛围，为全媒体新闻报道提质增效。

突出迎接宣传贯彻党的二十大工作主线，用力奏响时代最强音。制定落实宣传报道方案，统筹全台报道力量和播发渠道，以全方位、矩阵式、立体化传播，全力做好报道工作。集中策划推出《奋斗百年路 启航新征程》《奋进新征程 建功新时代》等近百个专题专栏等专题，在客户端开屏、焦点图等位置重点推荐，多个话题阅读量破亿，有效扩大主流舆论声量。《有责任有担当，青春才会闪光》《假如70年前有微信》《见微知著》《京味》等融媒内容产品，多样化呈现习近平新时代中国特色社会主义思想指引下首都发展新篇章。

聚焦冬奥盛会，大力唱响"一起向未来"主旋律。全台共举办了"双奥之城·看典"等100多场大型融媒体直播活动，播发冬奥主题报道1万余篇，上线原创短视频1万余条，全网播放量超过10亿次。"北京时间"和"听听FM"同步上线"冬奥"频道，推出"赛事日历""赛事资讯""夺冠海报"等专题，总点击量超3000万次。

二、舆论引导精准高效

坚持正确的舆论导向、反映社情民意，是北京广播电视台一直以来的工作重点。《市民对话一把手》《向前一步》《接诉即办》《生活这一刻》《新闻热线》《交通新闻热线》等栏目和"问北京""1039调查团"等微信公众号，搭建政府与百姓沟通桥梁，推动"急、难、愁、盼"问题有效解决，获得群众广泛认可。《新闻热线》和微信公众号"问北京"推出《天价殡葬费》调查报道，引发全网关注，通过先导舆论结合深入报道，切实发挥媒体监督作用，直接推动全市太平间规范管理工作。

宣传引导疫情防控，有力服务首都防疫大局。《北京新闻》《养生堂》《医者》《健康加油站》等栏目持续聚焦疫情防控政策情况，在重大突发事件面前，通过新媒体账号第一时间发声，围绕新冠肺炎疫情政策发布、知识科普、疫苗接种、居家治疗及用药就医指南、复产复工等百姓关注的热点问题，以权威解释回应大众疑问。

打破媒介产品壁垒，多样化产品组合出力。北京广播电视台推出特别节目、地图海报、长图、短视频、原创动画等多种形式的内容产品3000余条次，以多维度、立体化形式，让新闻报道新起来、活起来、动起来，多元引导群众做好自己健康的第一责任人，从而坚定战胜疫情的信念。

发挥行业技术优势，提升宣发效能。"北京时间"节目积极实施"接诉即办融媒工程"，实现"民有所呼我有所应"的智慧融媒服务；交通广播中心发挥专业优势，强化应急广播功能，开设《应急时刻》《应急真人秀》《应急云课堂》等栏目，得到市应急管理局、市公安局等政府机构的充分肯定。

三、旗舰活动"造船出海"

从"借船出海"到"造船出海"，坚持自主创新和本土化创作。北京广播电视台深耕活动领域，以传统文化艺术为抓手，在大型活动中充分展现中国魅力。"最美家乡味·最美家乡人"活动涵盖28个省75家驻京机构资源，在2023年的小年夜联动12家省级新媒体平台共同推出了24小时跨小年夜大直播，阅读量超过1.6亿，总讨论量155.7万，微博要闻热搜榜第六，单日新增阅读量6500万+，视频播放量583万+；"大声喊新年好"大型广播跨年活动结合户外快闪电台、播客、连线报道、公益活动等形式点亮新年，听众收听黏性显著提升；"2023科学跨年之夜"立足全国，11个省市的一线科研工作者接力演讲，全网播放量超2.3亿次。

提升优质融媒内容产能，传播中国声音。BRTV2023跨年之夜晚会以"踏上新征程"为主题，创全国一线城市黄金时段收视第一、2019年以来北京广播电视台跨年晚会北京地区收视新高的优异战绩，撬动全网流量超70亿次，市委书记尹力同志批示："总结经验、再接再厉。"连续多年成功举办北京国际电影节，以2022年为例，全网热搜热榜数量1000余个，微博主话题阅读量近74亿、相关话题阅读总量达163亿，为助力"四个中心"及电影强国建设作出了重要贡献；《京东晚八点音乐会》获得收视率同时段播出第一名，网台累计观看量接近4.2亿次。

深掘品牌IP价值，加快融媒资源开发利用。首次推出《2023卡酷动画春晚》同名网络电影，形成"大屏+小屏+线下活动"三箭齐发的产品矩阵，成为春节档特色少儿产品IP，是传统媒体优质品牌反哺新媒体内容生产和媒体深度融合发展的又一次创新尝试。

第三节 技术驱动：新技术应用能力不断加强

在信息化的时代，如何以技术创新驱动高质量内容生产，提升主流媒体内容供给能力，用权威、深度、及时、海量的内容资讯抢占舆论高地，是摆在主流媒体面前的一项新课题。北京广播电视台始终坚持首善标准，不断打磨智能化、平台化、场景化的技术产品，将之积极运用在融合生产运营中，助力内容创新提升用户体验。

一、打造数据化传播体系

在全媒体传播体系建设过程中，谁能抓住数据级应用的关键，谁就可以在未来的媒体发展中和媒体深度融合中占据更大、更强、更有力的主阵地。北京广播电视台搭建了"移动端、网站+IPTV+云平台"相互协调的数据化传播体系，并根据不同的数据载体，构建了相应的数据级技术支撑体系。为了让自有平台更有效汇聚用户数据和公共数据，以社会数据运营者的角色参与城市数字化建设。"北京时间"和"听听FM"搭建了主流算法推荐系统，不仅有助于定向化生产、平台内容千人千面推荐，而且用户喜好改变，推荐机制也可以相应改变，避免了信息茧房的尴尬。"北京IPTV"构建了以数据为基础、算法、算力为驱动的"观达AI"智能推荐系统，聚合"北京IPTV"海量直播、回看、点播内容，为用户提供专属的个性化节目列表，还将根据用户观影喜好，提供个性化定制片单等个性服务，从而推动全媒体功能全效化的真正实现。

二、超高清跨平台融合传播

为响应国家广电总局提出大力发展高新视频的要求，北京广播电视台采取"2+1+1"模式，通过建设4K/8K两个超高清频道、一个"京8"App移动平台和一套户外大屏集成播放系统，实现了超高清内容在户外大屏、电视中屏和手机小屏的一体化播出。经广电总局批准，北京广播电视台分别于2020年12月30日顺利开播冬奥纪实4K超高清频道（现更名为纪实科教频道），于2021年12月31日开播国内首家常态化播出的8K超高清试验电视频道，通过有线电视、IPTV平台覆盖北京市。2022年1月，成功推出国内首款"5G+8K"移动应用"京8"App，为用户提供5G高新视频内容服务，运用新理念、研发新应用、构建新传播，打造8K高端内容融合传播新格局。"京8"App创新实现手机端8K视频播放，内置双指触控功能，通过手势进行画面缩放，发挥8K超高分辨率优势、淋漓尽致展现画面细节；集成中、短视频分享平台，利用人工智能视频增强处理能力实现UGC内容8K转换；引入直播/点播、互动视频、AR/VR、多机位多视角收看、全景视频自由视角收看等多种高新视频服务形态，为用户提供"高沉浸、强互动"应用体验。依托超高清融合传播平台建设，打通了渠道、终端、用户传播链条，在公众大屏、电视中屏、移动小屏三个方向上协同推进，使得超高清内容输出的渠道和场景不再局限于电视频道播出，实现了跨平台融合传播的成功实践。

三、融合生产初见成效

融媒产品在移动互联网平台具有传播速度快、影响力强的特点,结合融媒生产过程中的轻量化、高效化、多样化的业务需求,北京广播电视台大量应用人工智能、大数据、云计算等技术,围绕融媒体内容聚合、生产、管存、分发整个生产链条,集成了30多个主流生产工具,建设了基于应用连接总线和新型混合云架构的全新融媒生产平台,平台以文字、图片、短视频和其他新媒体类型内容为主体,构建了支持多类型融媒内容统一管理的内容库,通过应用连接总线与资产私有化的专属云,与台内私有云、公有云环境打通,真正实现新旧系统互联互通,资源共享,通过融媒业务工具资源池的建立,助力台内业务流程再造,大大提升了融媒内容制作与分发的能力。

四、入局元宇宙数字人

在元宇宙元年,北京广播电视台紧跟技术发展前沿,推出了全国首个广播级智能交互真人数字人"时间小妮",这也是首个参与首都智慧城市建设的数字人。小妮采用深度学习、卷积神经网络学习等人工智能和视频合成渲染技术于一体,通过采集北京广播电视台自有主持人徐春妮的形象和声音素材合成,与真人相似度达97%,不仅比同类型产品更像真人,还包含了AI视频交互和智能应答场景等功能。在短短一年里,"时间小妮"获得了包括"总局第二届广播电视和网络视听人工智能应用创新大赛"数字虚拟人技术应用类一等奖在内的7项技术应用类、媒体融合类、创新运营类大奖。党的二十大期间,"时间小妮"参与《我的北京时间——AI数字人对话二十大代表》系列融媒报道,与多名基层代表"跨时空"交流互动,展示首都事业发展的非凡十年,为用户带来了不同的体验,也为党代会报道注入科技"创新力",体现AI技术在新闻报道领域应用的前沿成果,让人耳目一新。

"北京云"发布装饰虚拟数字空间的SaaS元宇宙工具平台。包括了高品质的智能渲染引擎、高性能的图形压缩算法包和低代码快速编辑平台,支持多种格式素材的智能导入、场景智能布局、虚拟空间快速搭建、虚拟角色、多人在线、语音交流、极速渲染发布等编辑功能,能"零代码"迅速创建高画质、低延迟、易传播的元宇宙展厅、数字文博馆等。

第四节　融合驱动：实现传播体系的协同发展

全媒体时代，不同行业间的边界逐渐消融，生产要素的融通与整合催化内容、技术、体系融合质变。融合发展的广度已经从媒体行业拓展到社会全行业。在这样的背景下，主流媒体必须与各行业相互连接，彼此接力，主动加强与产业的跨界连接，促进各行业间的共建共享，以此塑造主流舆论新格局。

一、与全行业社会主体相融

北京广播电视台将内容价值和广电技术渗透到各领域全产业链，为非媒体行业附加增值服务。"北京时间"与北京市农业农村局共同打造了"北京时间城市动物智慧服务平台"；与市文旅局形成战略合作，上线运营了"北京时间—文旅频道"；还打造了"时间+法"法律服务平台、首都名中医预约挂号平台，建设了"BRTV北京时间数字文化产业基地"，用"互联网+商务+产业"的方式放大媒体融合的新效能。"听听FM"承接了北京市政府"折子工程"北京之声项目，在博物馆、园林、胡同等多场景推出城市有声导览标准化体系。已和50家博物馆达成合作协议，32家博物馆正式上线，项目小程序授权用户达到23.4万人，音频累计总播放量超过198万。"北京云"和"北京时间"合力完成了"奋进新时代"二十大主题成就展预约核查系统的搭建及运维保障工作，20余万人预约参观。

二、与社会治理体系相融合

创新社会治理路径，提升社会治理现代化水平，需要充分发挥媒体融合发展的作用。北京广播电视台以"北京云"为依托，构建基础资源平台，通过"北京云"底层技术支撑，促进社会治理专业化、信息化、智能化。2022年"北京云"成立了舆情报送专班，提供二十大重保期、国内疫情等舆情报告，为全媒体舆情监测提供支撑。

围绕北京市接诉即办工作，北京广播电视台打造了"AI数字人+北京云+北京时间+北京台大屏端"的协同传播案例。在《北京市接诉即办工作条例》公布实施期间，开创了全市首家视频接诉媒体项目——北京时间接诉即办融合应用，与12345市民热线后台联通，市民诉求一键转办，以首都广电的身份向市民提供可视化接诉即办跟踪服务；"时间小妮"与北京市12345市民服务热线全面贯通，担任了北京市"接诉即办"推广大使，也作为北京台移动端和电视端的纽带参与内容生产，通过每周发布视频，在大小屏端同步展示北京市各区接诉即办优秀案例，做政策普及和集中解答，全网播放量超过210万。2023年初，以北京时间接诉即办融合应用为原型，"北京云"搭建了多租户版"媒体接诉即办管理系统"，与北京市12345市民服务热线和多家市属主流媒体进行数据对接，极大丰富了市民诉求受理的网络渠道，也使更多主流媒体通过技术赋能直接参与到城市治理中来，为市民提供融合记者跟办、互联网传播等融媒场景服务，实现了组织、技术、内容等要素的融合，这些要素的互补性、互促性有效推动了全媒体传播的发展，进而增强了主流媒体参与社会治理的核心竞争力。

携手天津"津云"和河北"冀云"，联合多家知名企业共同发起"暖城记"大型融媒活动，为外卖骑手、网约车司机、快递小哥提供暖心公益服务。"暖城记"通过记录和展现"人"与"城"的双向奔赴，展示京津冀三地的发展成就，拓展新媒体的应用场景，为新业态工作人员提供一款便捷暖心的互联网应用服务；同时挖掘各行各业涌现出的感人故事，用小切口展现大主题，深入肌理呈现城市的"温度"，深度参与城市治理。

三、发展活力与管理效能相融

自2021年起，北京广播电视台建立融媒研究会商机制，由台主要领导牵头，会同相关部门每周听取全台媒体融合的工作情况和重点问题，加强工作部署，及时提出要求，及时明确工作思路、办法和措施，通过重构机制，进一步理顺广电媒体与新媒体的关系，激活了媒体融合的内生动力，为加快媒体融合，促进融合发展提供了强有力的机制保障。

党的二十大报告指出，高质量发展是全面建设社会主义现代化国家的首要任务。全台深刻认识到从媒体融合到媒体深度融合，各家媒体已经从"跑马圈地"式的数量增长式发展、简单模仿的同质化竞争，逐步转变为深度挖掘、专业化比拼式的发展模式。2022年，全台先后撤销七套有线调频广播，关停动听调频广播，合并重组城市广播"副中心之声"与"京津冀之声"、音乐广播与青年广播，完成故事广播、青年广播、外语广播和青年频道关停工作。集中力量做优做强一批体现特色优势的重点账号，推动频道频率资源向新媒体平台的转移转化，在做精频道频率和做强新媒体平台基础上实现大屏小屏的此长彼长、互促发展。这种资源集约、结构优化、差异发展、协同高效的大趋势正是对高质量发展时代主题的呼应。

四、全媒体传播体系相互协同

构建全媒体传播体系必须协同创新，这是推动全媒体发展的必然路径。2022年，北京广播电视台制定印发《关于深化电视端与北京时间大小屏融合互促实施方案》，推动大小屏相互关照、相互支持、相互宣推、相互引流。细化完善全媒体绩效考核维度，在原供稿量单一指标基础上增设拉新数与稿件访问人数指标，更好发挥了绩效考核指挥棒作用。落地实施新调整的媒体融合资金分配办法，全台融媒生产格局持续深化。研究制定《广播频率"媒体融合指标"设计方案》，有力促进了广播端优质内容资源向新媒体端转移。融媒体中心与频道频率持续深化融媒生产机制，频道频率、栏目和主持人入驻自有新媒体平台账号数达400个，各频道频率在"北京时间""听听FM"发稿量突破1万余篇、相关稿件总访问量超亿次。全台融媒账号日均原创内容1000余条，全网粉丝覆盖近3亿人次，为矩阵化、规模化运营奠定了坚实基础。

第九章 闪电新闻：广电融合创新发展的"山东模式"

崔维莉[①]

习近平总书记在党的二十大报告中指出要加强全媒体传播体系建设，塑造主流舆论新格局。为了积极推进媒体深度融合，近年来，闪电新闻不断激发内生动力，积极转型升级，向全时、全面、全域报道的智媒体进发，致力于将闪电新闻建设成集新闻发布、内容聚合、舆情引导、社区服务等综合服务功能于一体的闪电大平台。

第一节 闪电新闻简介

习近平总书记明确指出，要坚持移动优先策略，让主流媒体借助移动传播，牢牢占据舆论引导、思想引领、文化传承、服务人民的传播制高点。自2017年1月上线以来，闪电新闻客户端紧扣时代脉搏，突出移动优先战略，传播主流声音，用小屏引领大屏，不断推进媒体融合向纵深发展，切实担负起举旗帜、聚民心、育新人、兴文化、展形象的使命任务，讲好中国故事，传播齐鲁声音。

闪电新闻以短视频和直播为特色，坚持视频化、系列化、融合化、品牌化思路，打造具有强大影响力、竞争力的新型主流媒体平台。截至2023年10月，闪电新闻累计下载量超9570万，日活用户达127.4万，日均发稿量超5000条，在40余家聚合平台、短视频平台开通近百个账号，平台覆盖用户超4.5亿，

---

① 崔维莉，山东广播电视台融媒体资讯中心副主任。

全网年均流量达 100 亿 +，影响力稳居山东媒体榜首。直播累计超过 1.5 万场次，优质原创短视频共推出 50 多万条，每年 80 多条话题登上全国热搜。2023年 10 月，"闪电新闻"获评全国广播电视所属优秀新媒体平台账号（矩阵）；2022 年 12 月，"五智融合、智媒赋能"闪电新闻运营实践项目获评首届智能传播精品案例；2022 年 11 月，"闪电新闻"获评广电总局"新时代·新品牌·新影响"广电媒体融合新闻品牌；2022 年，《山东广播电视台"五智融合"推动媒体融合迈向纵深》作为全国 6 个"改革创新——媒体融合发展典型经验"之一，入选《中国广播电视年鉴（2021）》改革创新——媒体融合发展典型经验栏目；2021 年 3 月，"五智融合"的智媒布局入选《中国智能媒体发展报告（2020—2021）》，获评 2020 年中国智能媒体年度案例。

　　近年来，闪电新闻打造了闪电云融媒技术平台、《问政山东》网络问政平台、闪电 MCN "Lightning-TV" "闪电纪录"等一批融媒改革创新品牌。闪电云融媒体技术平台为山东广播电视台自主研发，打通"闪电新闻、齐鲁网、电视新闻频道"多渠道生产流程，助力融媒改革流程再造，联通山东 136 家县级融媒体中心。"问政山东"网络平台问政于民、问需于民、问计于民，已回应11.3 万件群众留言，相关部门和地市回复率达 97% 以上，各地 330 多份新政策出台并得以实施。问政短视频《李莎八问》刷屏各大网络平台，被称为舆论监督的"山东现象"，获中国新闻奖一等奖。闪电 MCN "Lightning-TV" 吸纳全省广电媒体机构及主持人、记者、专业领域达人等 175 个创作者入驻，拥有"闪电新闻""生活帮"等多个粉丝量过千万大号，粉丝总量破 1.6 亿，成为正能量宣传、舆论引导的重要力量。闪电新闻还坚持文化"两创"，布局中长视频，加强精品创作，通过丰富的内容形式和创新的语态表达，推出了《大河之洲》《大泰山》等一系列年轻态优质纪录片，# 被黄河入海口的鸟惊艳到了 # 等相关话题持续登上全国热搜。

第二节　闪电新闻融合发展的三个阶段

　　媒体融合是一个不断探索的过程，其实践在中国没有标准答案。这也就意味着，各地必须因地探索、因地制宜，根据每个地方的实际情况进行发展。事实上，即便是差异化探索，同一个地方同一家媒体在融合发展的不同阶段，其运营模式和发展模式也在不断调整和优化。综合来看，闪电新闻融合发展探索经历了三个阶段。

第一阶段，成立融媒体资讯中心，整合全台资源，构建台、网、微、端、号全媒体矩阵，建成使用融媒体工作平台（中央厨房），推出闪电新闻客户端，实现了初步融合。

第二阶段，进一步整合采编力量，在融媒体资讯中心建立起由编委会统一调度的，以时事新闻、深度新闻、本地新闻、聚合新闻四大生产单元为主体的垂直管理模式，新闻的采编发流程全面围绕闪电新闻设计，彻底实现"小屏优先"生产模式。

第三阶段，就是目前所处的持续向深度融合迈进的阶段，以建成在全国有影响力、竞争力的省级一流新型主流媒体为目标，坚持全媒体一体化发展，逐步由单一发布型媒体向全媒体、全方位、全链条、全过程综合运营服务平台转变。

第三节　闪电新闻的融合实践探索

一、打造融媒品牌IP

深度媒介化时代，信息生产主体多元，传播平台丰富，用户注意力抢占日趋紧张。要想从一片"新闻海"中脱颖而出，高质量的作品必不可少。闪电新闻深耕内容策划，通过充分挖掘新闻事实的新闻价值，选择适当的时机和恰当的方式推出了相关报道。

2023年，闪电新闻推出特别策划《闪电调研走一线》，探访山东县域经济高质量发展密码。《闪电调研走一线》通过《山东新闻联播》主持人深入一线走访，与当地党委政府主要负责人等一起在行走中观察体验的方式，创新性讲述山东县域经济发展的故事，生动展示山东2023年紧扣高质量发展主题取得的新成果、新成就。目前，已经推出《闪电调研走一线·文登篇》《闪电调研走一线·泗水篇》《闪电调研走一线·滕州篇》《闪电调研走一线·青州篇》四期报道，不仅内容生动扎实、采访鲜活精彩，而且节目形式涵盖直播、短视频、主题报道、访谈，在联播＋新闻频道＋闪电新闻多平台形成矩阵式传播，丰富精彩，社会反响热烈。其中，微博话题＃泗水靠地瓜一年挣了47个亿＃登上微博济宁同城榜第4；《闪电调研走一线｜专访泗水县委书记：片区化、组团式打造乡村振兴示范区》《闪电调研走一线｜年入百万！文旅发展让泗水草莓种植大户收入翻几番》等多条稿件被今日头条本地频道置顶推荐，并登上当天本地热榜。一系列碎片化稿件和话题登上热榜，助力《闪电调研走一线》这一融媒策划形成了多端同频共振的宣传声势。

纵观融媒探索历程，融媒 IP 是符合新媒体发展规律和媒体融合发展的总方向，这意味着，广电媒体在深度融合的产业链条中，不仅要重视内容制作，还要注重产品的 IP 打造。闪电视频解读专栏《闪电解码》围绕党的二十大、主题教育、山东省委省政府中心工作推出系列产品；新媒体脱口秀短视频《小吕知》立足厚道齐鲁、美德山东制作系列产品，获得省领导点赞；系列极致影像短视频《工业之美》聚焦工业高质量发展，成为工业品牌宣传重要产品；述评类专栏《追光记》推出多篇深度解读文章，中国记协官方微信以《"追光记"，不妨追起来》为题刊文点赞，多个相关话题登上新浪微博热搜。

二、创作正能量爆款短视频

在推动媒体融合工作过程中，短视频是广电媒体转型的重要发力产品。近年来，闪电新闻围绕中心、服务大局，在工作中紧扣学习宣传贯彻党的二十大精神及其在山东的生动实践为工作主线，聚合优势力量，大力推进新媒体平台建设，多渠道、多角度、全方位讲好山东故事，让正能量澎湃大流量。

2022年8月—2023年4月，山东省委宣传部共组织评选"正能量大流量"作品1770条，山东台入选909条，占包含央媒、全省媒体作品总量的51%。此外，"吾纪录"抖音账号入选2022中国正能量网络精品，《厚道齐鲁地美德山东人》《这就是山东·这十年这十秒》等多件作品获评2022年山东"双百"正能量网络精品。

闪电新闻加强精品创作，上线纪录片频道，打造网上纪实影像大平台。策划推出的《大河之洲》《大泰山》《长山列岛》等一系列大型纪录片和《光耀齐鲁》《诗画七十二泉》《我在山东挺好的》等微纪录片，广受好评。相关内容和话题频频登上社交媒体热搜、热榜，成为现象级作品。

闪电新闻还注重央媒平台建设，常态化"四级联动""一键统发"，做大做强正能量。2023年，闪电新闻人民号在全国影响力排行榜中连续4个月排名媒体榜第1，总榜稳居前5，并通过四级联动、一键通发，帮助区县融媒体中心直达人民日报。闪电新闻还与央媒共建话题，共同运营，提升山东正能量故事的传播力。"济南交警护送断掌女子紧急就医"获央视、人民、新华三大央媒全矩阵转发，阅读量5亿+。此外，闪电新闻还与商业平台实现常态化联动生产和矩阵传播。以上首屏、上热榜、上头条为目标，精准制作推广适合不同平台传播的正能量产品，全年打造热搜热榜作品近300个。

三、强化云端协同生产

图文大视听时代，新闻生产的时间不断压缩，新闻生产成本也逐渐提高。为推动全媒联动，融入传播新业态，实现传播效果最大化的发展过程中，闪电新闻以传播效果为导向，坚持自有平台和社交平台建设"两条腿"走路，坚持借船出海和造船出海"双向发力"，既加大自主掌控的渠道终端推广力度，又拓展海外平台传播范围，努力融入传播新业态。

全省一盘棋。通过闪电云平台，全省136家县级融媒体中心全部与省平台实现技术互联互通。闪电新闻专门成立县级融媒体联络部，围绕短视频创作，通过线索互通、联动策划、协同生产、统一运营，实现全省媒体融合资源整合共享，探索形成"一云多厨房"的全网内容传播生态。近年来，闪电新闻与市县媒体实现优质内容互通互哺，制作了大量"正能量大流量"短视频作品。二十大期间，闪电新闻联动16市区县融媒推出《这就是山东·这十年这十秒》系列微视频接力传播活动，发布系列作品170多个，"山东巨变这十年"及其他网络话题登上新浪微博热搜，全网总阅读量达到2.93亿，被中国经济传媒协会主办的《传媒茶话会》评选为二十大融媒体报道优秀作品。

全国一张网。积极对接人民日报、央视新闻等央媒和抖音、今日头条等商业媒体，实现常态化联动生产和矩阵传播。围绕全国两会、党的二十大等重要节点，闪电新闻搭建云端编辑部，与各省区兄弟媒体"牵手"联动，共同策划推出《领"路"·十年》《青山不负画中人》《向总书记报告，俺们村有了大变化》等短视频等产品，实现了传播合力、联动效应的最大化。

全球一体化。加强对外传播体系建设，始终把传播中华优秀传统文化，推广山东国际形象作为目标，创新传播方式，讲好新时代中国故事山东篇。2021年4月，闪电新闻客户端英文频道上线，Twitter和YouTube等海媒账号正式运营，并组建闪电海外拍客团队。2023年以来，通过双语短视频进行可视化表达，推出"山东好品 闪耀世界"系列短视频，"青春山东，共享未来"系列短视频，积极构建"英文频道＋海外新媒体账号＋全球拍客团队＋文化精品创作""四位一体"的立体化网络国际传播新媒体矩阵。

四、打造平台媒体账号矩阵

随着平台新媒体的发展，闪电新闻精心制作融媒产品进行分众化、差异化传播。针对直播、短视频、H5等不同新媒体产品形态，以及抖音、微博、今日头条等不同平台特点，进行产品定制化生产，定向个性化传播。

在互联网账号矩阵建设方面，积极打造正能量超级大号。2019年推出并成功运营的闪电MCN-Lightning TV，先后登上2020、2021年度全国媒体Top2。截至目前，Lightning TV汇集省台、县级融媒中心、主持人、记者以及垂类网红达人账号共计176个，发布短视频作品总播放量突破2033亿，累计粉丝量突破1.4亿，培育了"闪电新闻""生活帮""一切为了群众"等粉丝量过千万的大号，成为传播正能量、舆论引导的重要力量。其中，Lightning TV孵化的"诗画山东"，是闪电新闻运用无人机航拍、水下摄影等新技术，将经典诗词与齐鲁美景相结合，打造出的网上美丽山东爆款IP。截至2023年6月，"诗画山东"相关稿件全网总阅读量超过8.92亿。

央媒合作方面，与央视、人民日报、新华社、学习强国、央视新闻等建立了良好的新媒体合作推广机制，在全国进一步增强自身影响力和传播力。闪电新闻人民号获评2022年度优秀媒体创作者，2022年5月排名全国媒体榜第一、全国总榜第二；2022年12月排名全国媒体榜第一、全国总榜第三。闪电新闻强国号在全国600多个强国号中一度排名前十。闪电新闻在央视新闻累计发布稿件超过1000件，25次入选央视新闻好稿，获新华网2021年度"最具价值合作媒体"称号。

商业媒体合作方面，2022年，在今日头条平台，闪电新闻获"年度媒体头条号"；在腾讯新闻平台，闪电新闻每月均入围腾讯媒体传播指数榜山东区

Top1；在百度新闻平台，闪电新闻获评好看视频年度媒体账号；在快手平台，闪电新闻获快手区域媒体年度最具直播价值奖；在抖音平台，闪电MCN登2020、2021年度全国媒体榜Top2。2022年，闪电新闻与华为签约战略合作，携百家区县融媒集体入驻华为，打通融媒传播"最后一公里"。

五、加快"闪电"平台化转型

媒体融合的内涵之一是平台融合，即建设或接入基于互联网的主流媒体自主可控平台，通过多元服务功能和优质内容聚集海量用户，形成内容数据库、用户数据库、产品数据库等，实现数据的采集、挖掘、分析与应用。闪电新闻以"产品智能化""内容垂直化""传播精准化""服务品牌化"为思路，将闪电建设成集新闻发布、内容聚合、舆情引导、社区服务等综合服务于一体的闪电大平台。重点提高"闪电"的品牌黏性，挖掘用户价值，探索商业变现。

一是内容垂直化。选择文化、教育、健康、心理四个重点垂类运营方向，从组织架构、人才培养、产品功能、内容采编、传播推广到经营服务等方面深度挖掘整合资源。文化方面，闪电新闻将上线"文化频道"，包括"大咖说""读好书"等版块，邀请文化界名人访谈、荐书，整合文艺演出、签售、观影等资源，打造权威文化"圈子"，同时孵化"闪电纪录""诗画山东"等头部账号，面向年轻受众进行浸润式传播。教育、健康、心理等领域，将通过工作室，发挥媒体功效，探索中高考报考咨询、健康专家连麦、线上心理咨询等，进行功能化、账号化、专业化的包装。

二是互动社群化。通过"新闻导流、互动黏合、私域变现"，以工作室模式，培养专家型记者、主播、写手和新媒体互动运营人才，整合闪电MCN资源（包括区县融媒和社会资源），通过新闻内容的流量传播吸粉，经过线上线下互动活动等方式精准筛选用户，不断组建微信社群，建成相对闭环的私域，实现变现。如中高考报考咨询，通过《直通高考》访谈、高招会线下组织和线上直播等吸引粉丝，专业记者通过平台垂类账号进行短视频拍摄和直播建群，实现相对私域的家长和考生社群互动，逐渐培养先上课等购买、心理咨询、研学旅游等消费习惯，进行变现。

三是App智能化。在新型主流媒体建设进入"存量竞争"阶段，闪电新闻将坚持通过问政平台、政务号、智库等建设，盘活政务信息及社会治理大数据等稀缺资源，巩固主流影响力，并持续优化"闪电号"功能，为全台提供新媒体资讯服务入口。同时，抓住人工智能的发展风口，成立智媒工作室，在虚拟主播、AI 问政、智能剪辑等领域继续探索，提高智能化水平。

六、创新创收模式

为推动节目和项目招商，闪电新闻以媒体融合为契机，立足主流媒体核心优势，利用平台渠道、内容生产、理论研究、文化传播等多方面优势，聚焦党委政府的决策需求和经济社会发展的现实需要，加速商业模式的创新与突破，积极为政府企业提供全案定制化服务。

1. 内容赋能，营销模式由品牌广告向品牌服务转变

2020 年起，山东广播电视台与山东省粮食和物资储备局建立合作，共同打造"齐鲁粮油"公共品牌。结合品牌成长周期，闪电新闻将媒体优势与行业特点进行深度匹配，推出多元化服务。一是做好高频次推宣和新闻报道，推出闪电直播、短视频、H5、图解新闻等系列可视化、互动化、个性化的新媒体产品；二是挖掘传播链条上的产品价值，组织全年定制化、有节奏的系列品牌推广活动，包括"齐鲁粮油"中国行推介会，进社区、进企业等"六进"活动，组织全国媒体采风等，不断助力"齐鲁粮油"夯实品牌基础、下沉品牌影响力、拓展产品销售渠道。通过核心品牌塑造，闪电新闻带动了多个产业拓展，实现内容生产和广告经营的同频共振，提高了内容产品的变现能力。

2. 打造 IP，构建全媒体"融"特色产业生态链

近年来，闪电新闻打造了仙境海岸海阳马拉松等多个优质 IP 项目，探索将政企客户诉求与核心 IP 深度结合，推动节目、项目招商方式从传统"卖广告"向"卖定制、卖内容"方向转化，并借助节目和项目的全媒体推广提升客户形象。以荣成马拉松和海阳马拉松为例，项目运营团队承担了包括赛事策划、赛道规划、新闻发布会、赛事招商、赛事宣传、城市宣传、赛事直播等 20 余项工作，并会同当地政府职能部门制订了十余个方案，保障赛事平稳安全运行。在宣传推广上，闪电新闻立足当地政府需求，围绕城市综合推介，创新提出"城市主题日"概念，在电视新闻频道、齐鲁网、闪电新闻、闪电新闻抖音号、闪电新闻视频号推出特别直播节目。全天 10 小时不间断直播中，容纳了赛事直播、城市名片连线、当地政企领导访谈等丰富内容，与央视实现专业化沟通，有效

推介了城市形象，提升了城市宣传高度。"荣马、海马"两场赛事活动中，闪电新闻通过专业的赛事执行能力和高效的宣传回馈，成功为赛事招得冠名商、合作伙伴、行业制定及各类赞助商近四十家，帮助当地政府实现社会效益、经济效益的双丰收。

3. 创新智库产品，打造新型政务服务品牌

闪电新闻坚守主流媒体的责任与担当，在"融媒+政务"上精准发力，推出系列融媒政务产品，如智库服务、民生服务节目合作、政务新媒体运营、政务活动发布、城市纪录片定制等，占领行业核心舆论阵地，让党的声音传得更远、范围更广。

2020年至今，闪电智库与山东16市政府均达成深度合作，为城市、区县发展提供智力支持，每年实现智库项目超亿元的价值变现。2023年，"高端智库看山东"2023山东职业教育高质量发展调研行在济南、淄博和威海举行。调研活动由山东广播电视台联合国研智库、山东省人民政府发展研究中心、山东省教育厅、山东省教育科学研究院共同主办，来自全国相关领域的近二十位高水平专家及主流媒体记者实地走访调研高职院校，为山东职业教育高质量发展把脉问诊。本次活动进一步发挥国研智库、山东省人民政府发展研究中心专家优势，依托"媒体+智库"特色服务，借鉴"高端智库看山东"系列调研行成功经验，汇聚专家、媒体，共同为山东打造新时代职业教育现代化样板和标杆贡献智慧力量。

此外，闪电新闻还培育了"闪电办会"全链条会议会务一站式服务平台。2023年，闪电新闻敏锐把握会议行业市场需求，联合会议服务行业产业链条顶尖服务团队，进军会议会务市场，策划推出"闪电办会"全链条会议活动服务平台。目前，已成功执行六五环境日国家主场活动全案策划、国家青年交流大会全案宣传服务、中国网络视听精品创作峰会全案宣传服务、全国沿海滩涂盐碱化防控与海水综合利用产业发展大会等。第十二届东亚地方政府会议（临沂）、2024山东省旅发大会（临沂）等项目正在积极推进合作。

在政务栏目制作方面，闪电智库创新开设"政务节目合办带"，与厅局、城市合办政务类新闻节目，同时，在教育、健康、海洋等领域，联合行业主管部门开办垂类节目，成立融媒体工作室，在专业、权威上做智库化解读与深度报道，精准展现各领域发展成果。

闪电新闻还整合各方面资源推出大数据舆情服务解决方案，设有闪电大数据舆情云平台，建有专业的舆情分析队伍，推出"舆情 ing""舆情预测""舆情应对""舆情培训"4 大舆情服务产品，为相关政务部门提供从数据到智能决策的一体化大数据服务。

第四节　闪电新闻融合创新的发展策略

新时代新征程，面对一轮科技革命和产业变革，进一步加快推进广电媒体深度融合、构建主流舆论传播新格局是行业发展的迫切需求。面对融媒改革走向深水区，各级媒体需要长线布局，统筹规划，久久为功，适应新形势新挑战持续探索，结合最新理论深入实践。对于下一步推进融合发展，有三个方面的思考和体会。

一、强化顶层设计，构建融合新生态

党的二十大报告指出，要加强全媒体传播体系建设，塑造主流舆论新格局。这要求媒体把握方向导向，坚持系统观念，结合山东省实际，明确自身在融合发展中的定位，统筹融合发展"破"与"立"的关系，进一步完善体制机制，整合优势资源，强化顶层设计，培育内驱动力，以明晰的职能和任务建构融合发展脉络。

强化人才支撑，在绩效考核、人力资源配置等方面设计更加科学合理的全新制度和流程，真正让机制创新激发广电媒体发展活力，用富有含金量的政策吸引高端人才、留住精英人才，把全媒人才培养摆在突出位置，进一步打造一支政治坚定、思维超前、素质过硬、适应新形势新任务的全媒化人才队伍。

二、坚持移动优先，提升核心竞争力

一是要做强平台，坚定不移打造自主可控的自有平台，将发展主动权握在自己手里。坚持一体化发展方向，做强做优移动传播平台，坚持移动优先，坚

持自主可控，统筹广播电视、互联网电视网、IPTV、App各类终端渠道，实现大小屏资源、各类生产要素深度整合，信息内容、技术应用、平台终端、管理手段共融互通，协同赋能，使广电媒体转型发展充分发挥关键优势，成为正能量宣传、舆论引导的重要力量。同时加大新媒体产品创意生产等平台的研发和应用，以更好地适应更多传播新场景。

二是要做优内容，聚焦主责主业不动摇，强化内容生产与创新，筑牢舆论主阵地。将自身发展融入到中国式现代化发展的全局中，坚持正面宣传引导，唱响主旋律、弘扬正能量，发挥省级广电媒体在权威性、公信力和内容创作等方面的核心优势，畅通内容生产"策采编播"全链条，坚持内容原创，加大精品创作，扩大优质内容产能。同时，丰富内容呈现形式，开发多样态细分化产品，以用户思维、产品思维倒推内容生产，开展"定制化"内容创作，加强用户互动，充分发挥在舆论场上的导向作用、旗帜作用，提升主流价值观引导能力。

三是做深品牌，深耕专业化、垂直化、场景化内容，打造具有省级广电媒体优势的个性化品牌链条。坚定文化自信，坚持文化"两创"，利用本省丰富的文化资源及广电人才、内容、视听等方面优势，结合本省发展和受众需求，挖掘具有地方特色的垂类内容，建设拳头产品，打造长视频、短视频、直播、横屏、竖屏等差异性视频矩阵，孵化头部账号，加大节目研发和自制力度，打造高效完整协同传播链条，提升品牌影响力。

四是做大影响力，用好全媒体传播矩阵，处理好"造船"和"借船"的关系。着力解决内容生产能力与传播能力不匹配的矛盾，坚持自有平台和社交平台建设"两条腿"走路，坚持借船出海和造船出海"双向发力"，既加大自主掌控的渠道终端推广力度，又拓展海外平台传播范围，将可适配各种新媒体场景和语态的产品，源源不断注入全球舆论场，让好的内容传得更远。

三、坚持技术创新，推动智慧媒体发展

抓住新一轮技术改革机遇，加强关键核心技术自主创新，准确把握潜在的风险与挑战，适时将人工智能新技术融入现实应用，进一步布局数字产业。加强产学研深度融合，与地方政府、科研院所、传媒院校、企业等展开深度合作，实现业界与学术界的双向融通，为长远持久的媒体融合发展打造良性生态闭环。

四、探索综合运营服务平台

以更加开放、协作、联接的思维，加强与媒体同行的横向联合、与产业实体的跨界融合，优化调整战略合作、资源整合、融媒品推、产业开发等环节，利用平台渠道、内容生产、理论研究、文化传播等多方面优势，聚焦人民群众、党委政府、企业机构等需求和经济社会发展的现实需要，促进媒体、政务、公共服务和商务资源的融会贯通，将媒体内容生产和主流宣传优势融入社会治理、融入现代化建设、融合数字化服务，加速商业模式的创新与突破，全面增强融合服务竞争力。

期刊业融合创新案例

第十章 读者杂志社：品牌助力融合创新

段艳文 陈旭管[①]

期刊是提升国家文化软实力的重要载体，党的二十大报告提出到2035年，我国发展的总体目标之一是建成文化强国。期刊如何在媒体融合中发挥文化价值的优势，从内容、技术、运营等层面向期刊强国、文化强国的目标迈进。本文通过梳理当前期刊行业的融合现状，以《读者》为样本探索期刊融合创新路径，并围绕当前期刊行业普遍面对的行业痛点提出相关对策和建议。

第一节 读者杂志社概述

《读者》杂志由读者出版传媒股份有限公司主办、读者杂志社编辑出版。《读者》杂志于1981年4月创刊于甘肃兰州，秉持"博采中外、荟萃精华、启迪思想、开阔眼界"的办刊宗旨，在价值坚守中与时俱进，一步步成长为中国期刊的著名品牌。自创刊以来，《读者》杂志始终坚持弘扬真、善、美，传播优秀文化，彰显人文关怀，影响了一代又一代中国人，赢得了广大读者的肯定和喜爱。《读者》杂志的发行量长期位居国内期刊前列，2006年4月，月发行量突破1000万，创下中国期刊发行量的新高。2011年，《读者》正式进入中国台湾地区发行。《读者》还实现了华人主流阅读市场的全覆盖，在东南亚、

[①] 段艳文，民进中央出版和传媒委员会秘书长、中国新闻技术工作者联合会副秘书长，研究方向：期刊转型与创新、中国期刊史；陈旭管，中国传媒科技杂志社编辑部副主任，研究方向：媒体融合。

北美、欧洲等地也拥有大批读者。《读者》杂志的成功，也带动了整个集团的发展，2015年，读者出版传媒股份有限公司成功上市。在取得读者满意、市场认可的同时，《读者》杂志也获得了很多荣誉，连续获得三届"国家期刊奖"，并于2010年、2018年获得两届"中国出版政府奖期刊奖"，2013年、2015年两次荣获"中国百强报刊"，2016年、2018年两次荣获"中国最美期刊"，入选2017年度向全国少年儿童推荐百种优秀报刊和2018年第九届向全国少年儿童推荐百种优秀报刊。在四十多年的发展中，《读者》杂志已经形成了高品位、高质量、高效益的良性循环，是名副其实的"双效"期刊。

近年来，《读者》非常重视媒体融合发展，除优化传统业务外，还着力为读者提供多方位、多形式的综合知识服务，用技术赋能内容，打造融媒体平台，目前《读者》全媒体平台覆盖千万以上用户，微信公众号拥有高黏度粉丝近700万，实现了由内容提供商向综合知识服务商的转变。

第二节 《读者》的发展理念、品牌优势及特色

《读者》创刊四十多年来的发展历程始终在价值坚守中紧随时代发展，始终秉持"读者在哪里，受众在哪里，内容生产和阅读服务就要延伸到哪里"。

1981—1989年初创期"开眼看世界"，1990—1999年发展期关注现实社会，2000年至今拓展期关注变革时期普通人的成长。随着媒体融合的深入展开，《读者》杂志积极拓展全媒体布局，分别从图文、音频、视频三个层面打造内容传播矩阵。2012年开设"读者"公众号，2019年入驻"学习强国"平台，陆续在今日头条、百度百家、人民号、小红书等平台开设账号，在喜马拉雅、网易云等平台打造音频产品，入驻抖音、微信视频号，并打造读者蜂巢App，读者+小程序等，形成全媒体传播矩阵，其中"读者"公众号粉丝量716万，截至2022年12月，"读者杂志社"强国号订阅人数超4700万，"每日一读"专栏阅读量超1.56亿。

一、内容层面：提升内容品质，打造内容服务产品

《读者》杂志作为发行量位居前列的综合类文摘杂志，以优质内容为抓手积极引导全民阅读，形成多元化、个性化的内容产品。

1. 打造《读者》刊群

在地域层面打造《读者》港澳版、台湾版、海外版，台湾作家王文华曾说，《读者》刊登了很多能引起两岸人民共情、共鸣的文章，有涤清、滋养的正面力量，台湾大专院校语文教师将《读者》作为课堂教材，以提升学生的文学素养并增长见闻；在读者层面细分读者，打造《读者》校园版、盲文版、《读者欣赏》，针对学生群体出版《读者·高考作文辅导》《读者·双一流读写》《读者·高考志愿填报金钥匙使用手册》等刊物满足读者的多元化阅读需求和定制化服务。

2. 打造网上阅读矩阵

2020—2021"国内外人文大众期刊数字阅读影响力TOP100、城市知识阅读TOP100排行榜"中《读者》位居榜首，总阅读量达23405233。在内容形态上《读者》从电子刊和内容生产上发力。其中在电子刊层面，在初期开展传统手机报WAP业务，建设《读者》网站；在移动互联网时代分别开发《读者》App，《读者》iPad版、《读者》iPhone版和安卓版，读者+小程序等，适配各类主流移动终端。在内容生产中围绕《读者》的品牌核心竞争力，结合时事热点打造内容，提升《读者》影响力。

2022年，读者新媒体平台的原创内容进入快速发展阶段，出现了一批"内容有亮点、数据有支撑、成果有反馈"的优质原创文章。以读者微信公众号为例，2022年，读者微信公众号平台共发布原创文章300篇+。全年共发布50W+爆款文章数量10篇，100W+超级爆款文章2篇，其中一篇文章本平台阅读量达到250W+，为历年来读者微信公众号单篇阅读量最高数据，单篇全网阅读量破2000W+，创造了读者新媒体年度全网单篇阅读量的最高纪录。

3. 严格把控内容品质

"要流量，更要价值观"是《读者》的价值坚守和立足点。《读者》2012年开设公众号，为打造更专业的新媒体平台，2014年在北京成立读者天元文化传播有限公司，并孵化"读者读书会"公众号平台，由读者天元文化传播有限

公司运营。为加强内容品质把控，2022年《读者》杂志调整新媒体布局，陆续将图文类内容制作收回本部，读者天元文化传播有限公司更多承担起音视频产品拓展和新业务的探索与孵化。由专业的人做专业的事，两者相辅相成，深耕内容创作与产品创新。

在审稿流程中除了常规的三审制度外，结合人文大众期刊读者群体庞大且复杂的特点，创新提出"一稿三酬"模式，从源头端选稿环节加强与读者互动和参与感，形成读者审模式，稿件一经录用除了作者和首发媒体外，还为荐稿人提供稿费，不仅丰富杂志社稿源而且还激发大众的广泛参与，真正从源头端为读者服务。除此之外，为降低差错率，实行多校次并进、内外校结合的模式，并提出高于国家标准的编校要求，将差错率控制在万分之0.5以下。为达到这一目标一方面加强内部编校团队的能力，定期开展业务培训，另一方面不断壮大不同学科领域的外审队伍，提高专业度。

二、技术层面：技术赋能推进创新融合

期刊杂志的数字化转型发展经历了电子化、网站化、移动化和智能化四个发展阶段，这四个阶段的背后是技术的动因在发挥重要作用，因此期刊社需要重视技术对内容产品、品牌建设、营销方式、运营策略等发挥的重要作用。

读者出版集团始终重视技术在转型过程中的重要作用。一是组建专业的公司为数字出版服务。2010年初在充分调研基础上投资1200万组建甘肃读者数码有限公司，同年10月研发出有自主知识产权的第二代电子书并获得外观专利设计。投入数千万建设内容资源数据库、数字内容传播、读者App等数字化项目。2022年5月，《读者》杂志与知名IP"爱尔芙"联名，根据《读者》创刊号封面，打造《读者》太空阅读者元宇宙形象，首次开拓数据版权领域。在NFT热潮下，《读者》积极布局数字藏品业务，其中数字藏品"读者X爱尔芙·太空阅读者""敦煌动物研习所"两款产品，都取得了良好的效果。

三、运营层面：以品牌为抓手拓展多元化运营策略

技术赋能内容，优质内容在信息过载的移动互联网时代也需要渠道建设和提升运营策略。《读者》杂志充分利用多年的品牌积淀，在优质内容基础上融

合新媒体的交互性与即时性、共享性、多媒体与超文本、个性化与社群化的特点，打造"读者"数字化品牌新媒体产品。《读者》分别聚焦活动运营、用户运营、数据运营，提升品牌影响力。

一是通过数据分析，解读内容与用户画像，明确用户需求，对内容做垂直领域的细分，如情商社交类、亲子教育类、名家名片类、个人成长类、情感类、女性类等维度，满足用户个性化需求。通过开设"读者爆文写作课""高效工作法""读者·新媒体30天高效读书变现训练营"等付费课程，提供学习、社交等知识服务。

二是线上线下活动联动，凝聚读者力量，激发用户活力。打造"读者书房""读者小站"，截至2022年8月读者集团已在省内外建成"读者小站"20家，仅2021年，"读者小站"累计接待读者20多万人次，举办主题阅读活动、文化分享活动300多场。2022年8月"'读者小站·欧洲旗舰店'落地西班牙马德里，成为沟通开展国际研学和文化交流活动的载体"。

三是主动设置议题，积极引导受众参与话题讨论与活动，提升用户黏性。例如，在全民阅读国家战略的推动下，《读者》杂志社创建"读者·中国阅读行动"。在不同节日、节气特别是"4·23世界读书日"期间，联合上海书店、在兰州高校、优质企业、匹配商家、读者分享会等走进大学、社区、乡村。从2022年开始积极举办作家访谈、科普对话、读书沙龙、音乐会、书刊捐赠、中华优秀传统文化展演交流等活动。

第三节 《读者》融合路径研究

国家新闻出版署印发的《出版业"十四五"时期发展规划》分别从9个方面，提出39项重点任务，列出46项重大工程，对推动期刊行业发展提出具体的工作要求和前进方向。在规划中7次强调"品牌"，分别提出"重点培育10家左右主业突出、综合实力强、品牌价值凸显的出版发行企业""着力打造一批在全国有影响力、在国际上有竞争力的出版品牌""实施品牌提升计划""打造一批国际知名数字出版品牌""着力打造'书香中国'全国性阅读活动品牌""大力开展读书节、读书月、阅读季等特色鲜明的品牌阅读活动""培育国际知名出版品牌",由此可以看出充分挖掘品牌价值对期刊强国建设的重要意义。

在数字化、社交化、智能化背景下,《读者》杂志分别在内容、运营、营销等多个层面充分挖掘品牌价值,形成《读者》+文旅、阅读、出版、文创等多种融合模式,拓展多样化的经营生产方式,"读者"品牌连续19年被世界品牌实验室评为"中国500最具价值品牌",2022年品牌价值达422.57亿元。

一、深度开发"读者"IP

在内容上深度整合资源,发挥优势,以"读者·新语文"中小学阅读与写作教育平台为例,《读者》对优质内容资源进行价值挖掘和再生产,输出语文阅读相关的资源,并以服务用户为切入点,实现资源的音频化、视频化、微课化,使内容实现可读、可听、可视、可交互。通过"内容+技术+服务"的融合方式,聚焦教育领域,挖掘用户需求,盘活内容资源。"读者·新语文"中小学阅读与写作教育平台入选2020年度数字出版精品项目。

二、形成"点·线·端+全民阅读"的读者方案

2019年8月,习近平总书记在甘肃读者出版集团有限公司考察时指出:"要提倡多读书,建设书香社会。"读者集团充分发挥文化品牌的优势,提出"点·线·端+全民阅读"建设书香社会的"读者方案"。"点"是以实体书店为抓手,将传统书店转化为以人为本的文化综合体。近年来改造优化的新华书店近2万平方米,实现营收增长近8000万元。线题建设"读者小站"引领阅读新风尚,截至2022年9月在全国已先后建成20多家"读者小站"。其中根据不同的地域特色,打造适合当地特色的文化空间,如甘肃省文明办的机关模式,南京市十二中的校园模式、苏州古城的江南书房模式、高速公路服务于旅客的"行者空间"、上海的读者创意空间等。其中上海读者书店举办"敦煌文化节""读者文学节"等各类主题活动800余场。通过打造个性化的阅读空间,实现人与城市、人与人、人与文化的融合联动。"端"是探索开发"读者书房""读者阅读角""读者乡村文化驿站"等公共文化空间,截至2022年9月已在全国建成"读者书房"100多个、"读者阅读角"

近 1000 个、"读者乡村文化驿站" 4 个。

三、深耕本地文化，打造线上数据库品牌

2023 年 6 月 28 日，国家新闻出版署公布"十四五"国家重点出版物出版规划调整情况，确定"十四五"国家重点出版物出版规划增补项目 590 个，其中，读者出版集团所属出版单位有 8 个项目入选，多个项目与敦煌文化相关。读者出版集团地处兰州市，兰州享有"丝路重镇"之称，黄河文化、丝路文化、西域文化等在这里交相辉映。读者集团借助读者品牌，深耕本地特色地域文化，2021 年打造出"敦煌书坊"融合出版平台，整合敦煌学和丝绸之路学的出版资源，汇集含古籍、专著、论文等资源，完成数据库产品建设和知识服务体系建设，形成敦煌学和丝绸之路学研究数据库与知识服务平台。目前已完成数字化加工敦煌学和丝绸之路研究学术专著 2000 余册、古籍 500 种、期刊 500 期、论文 6000 篇、图片 5 万幅、音视频 500 多段，并构建相关知识索引词表和语料库，形成初具规模的知识数据库。目前，清华大学、兰州大学历史文化学院、浙江大学历史系、陕西师范大学历史学院、宁夏回族自治区图书馆、台北联合百科电子出版有限公司等机构现已开通试用。"敦煌书坊"分别获得"2020 年十佳数字阅读项目"、入围由中国出版协会举办的出版融合发展优秀案例、中国新闻出版传媒集团组织评选的全国新闻出版深度融合发展创新案例多项殊荣。

读者集团通过全方位的品牌价值挖掘，从线上到线下，从地方向全国、全世界辐射，以读者 IP 激发内容创意、文化创意等，将品牌价值转化为社会效益和经济效益。

第四节　目前期刊转型过程中普遍存在的问题及对策建议

一、全媒体布局中存在的误区

数字化、社交化、智能化是当前期刊融合转型的必经之路。"建网、开号、

建端"成为标配,但全媒体布局,并非入驻所有主流平台如此简单,一是要建设好自己的移动传播平台,增强用户黏性,将用户资源、内容资源数据化,开发盘活数据价值;另一方面要用好社交平台、互联网平台,根据不同平台的特质和算法推荐机制,广泛提升自己的品牌影响力和传播力。各出版集团在广泛覆盖传播渠道后发现分身乏术成为普遍面临的问题。

《读者》以视频直播的方式将营销发行与电商平台相结合,开展社群营销和直播带货。2021年12月,《读者》抖音和微信视频号开通直播,主要销售《读者》杂志、集团出版的图书和衍生品。仅开播这一年公司全年新媒体及电商业务收入2952万元,同比增长28.76%。2023年5月,读者杂志社与新东方旗下直播平台"新东方直播间"品牌联动,在抖音和微信视频号双平台开展"读者"系列产品专场直播,单日总成交额合计127万元,总观看人次超56.27万。据悉,下一步读者杂志社将与字节跳动官方旗下火山引擎科技有限公司开展合作,由乙方提供"RTA数据建模技术服务",从平台建设、人员培训、直播选品、投流要点、账号提升等维度为《读者》直播赋能。在内容领域,2019年《读者》入驻"学习强国"平台,开设"每日一读"专栏和强国号,内容来自《读者》和《读者》(校园版)两本杂志,截至2022年12月,"读者杂志社"强国号订阅人数超4700万,"每日一读"专栏阅读量超1.56亿,助力期刊内容的数字化建设。

二、以政策为指引盘活品牌资源

读者出版集团深入贯彻落实习近平总书记重要指示精神,坚持正确出版方向,大力实施精品出版工程和《读者》品质、影响力、传播力"三大提升工程"。在"全民阅读""书香社会""乡村振兴"等政策的引导下,积极贡献"读者"力量。

为引领全民阅读新风尚,大力实施"读者·中国阅读行动"全民阅读工程。创办读者读书会,推动读者读书会设立跨业态跨地区的分会15个,定制推荐"读者荐书"88种,发行近30万册,拥有线上线下粉丝200余万人;组建各类"领读者"团队,聘请"乡村领读者"138人、"校园领读者"上百人,选拔校园小记者、通讯员近千人,累计组织开展读者大会、读者讲堂、诗文朗诵会等多种形式的阅读活动近千场。在书香社会建设中,实施"点·线·端+全民阅读"

建设书香社会的"读者方案",并举行多项线下活动。如实施国家艺术基金2022年度传播交流推广项目"传承文化美学,建设书香社会——《读者》杂志插图艺术作品展"以党的十八大以来的画作为重点,从40多年的780多期杂志、300多名艺术家创作的2万多幅作品中挑选出近200幅,兼具艺术性和代表性,今日头条平台展览报道突破10万+阅读量,各大平台报道浏览总量累计突破百万次,有效提升了《读者》插图艺术的传播度与"读者"品牌的影响力。在乡村振兴战略中,先后赴定西、陇南两地,对特色农产品进行考察,并选定32种产品,在直播中逐步投入销售,丰富"读者"旗下产品。

三、加强人才培养,创新高质量发展机制

出版业"十四五"发展规划强调要加强出版人才队伍建设,加强创新型、应用型、复合型人才培养,重点打造出版理论人才、优秀骨干编辑、优秀校对人才、数字出版人才等,建设新时代出版人才矩阵。读者集团创新人才发展机制。一是内部人才培养机制中一方面在内部通过"实习实践、双向选择"的方式,不断深化出版人才队伍建设,发挥"传帮带"的作用,推行编辑导师制,传承工匠精神,加快人才梯队建设。另一方面建设学习型编辑部,定期开展相关培训,目前读者杂志社已经培养了一支业务素养高、战斗能力强的编辑、营销、管理队伍。其中全国新闻出版行业领军人才1人,甘肃省劳动模范1人,甘肃省宣传文化系统"四个一批"人才1人,甘肃省优秀青年文化人才2人。二是壮大外部力量。从不同学科领域吸引外审专家,提升杂志内容的专业化水平;开发优质作者、读者资源,为高质量内容建设建言献策。

本文从内容建设、技术平台打造和运营等层面,梳理了《读者》融合中的创新路径,同时也针对期刊融合发展进程中普遍存在的问题展开分析与讨论。读者杂志社以"读者"IP、品牌价值为抓手,将自身优势资源与当前媒介环境相融合,走出一条特色的融合发展之路。

第十一章 《环球人物》：构建人物报道全媒体生态

赵强 张勉 肖莹[①]

党的十八大以来，习近平总书记多次对媒体融合发展提出明确要求，为推动媒体融合发展指明了前进方向、提供了根本遵循。

《环球人物》杂志创刊于2006年，由人民日报社主管、主办，是国内发行量最大、最具权威性和影响力的综合时政类期刊之一。多年来，环球人物始终持续深入学习贯彻习近平总书记关于推动媒体融合发展的重要论述，在加强主流媒体融合创新方面进行了一系列有益探索。经过多年努力，目前已经构建起多渠道一体推进的全媒体矩阵，覆盖环球人物网，官方微博、微信、抖音、视频号等多个国内核心媒体平台，以图文、音频、视频等全媒体形态，打造了全媒体时代人物报道的权威平台。

第一节 紧随媒体融合大势

每个时代，都是由一个个事件串联而成，而每一个事件，都是由一个个鲜活的人来承载的。人是最为生动、最具张力的叙事载体，人物类媒体也因此具有故事性、贴近性和表现力、感染力强的显著优势。

然而，众声喧哗之中，期刊的记录要如何才能让更多人看到，期刊所记下

[①] 赵强，环球人物杂志社总编辑、高级编辑；张勉，环球人物杂志社副总编辑、主任编辑；肖莹，环球人物新媒体文化传媒公司总经理、主任编辑。

的那么多感人至深的声音，如何才能传递到更多人的心里？如果只顾单纯的讲述，而忽视表达的形态、传播的路径，就会割裂内容与受众的互动关联，陷入自说自话、孤芳自赏的误区。

正是基于对媒体传播形态的深刻认识，《环球人物》从创刊之初就意识到，要想立体展现人物故事，实现最佳传播效果，就必须不断打通融合形态，拓展传播路径。《环球人物》在媒体融合路径上迈出的每一步，也都与行业发展大势紧密相关。

《环球人物》从创刊第二年就开始"触网"。2007年初，环球人物网正式上线，2009年11月官方微博上线，2010年逐步形成官方网站和两微协同发展的新局面。

2014年8月18日，习近平总书记主持召开中央深改组第四次会议，审议通过了《关于推动传统媒体和新兴媒体融合发展的指导意见》。这一年，被称为"媒体融合元年"，我国媒体融合发展开始步入快车道。《环球人物》敏锐感知到这一发展趋势，在当年10月30日就将散落在各业务条线的平台、端口进行整合，注册成立全资子公司——《环球人物》新媒体文化传媒（北京）有限责任公司（以下简称新媒体公司），走出了新媒体市场化的第一步。

新媒体公司成立后，第一时间承担起《环球人物》新媒体端口的内容生产、平台运营、对外合作等任务。2015年，环球人物网成为中央级一类资质新闻网站，拥有了独立的新闻采编权。

2016年2月19日，习近平总书记在党的新闻舆论工作座谈会上发表重要讲话。他指出，"随着形势发展，党的新闻舆论工作必须创新理念、内容、体裁、形式、方法、手段、业态、体制、机制，增强针对性和实效性。要适应分众化、差异化传播趋势，加快构建舆论引导新格局"。

同年，抖音、快手等短视频平台、直播平台迅速崛起，吸引了大量用户和内容创作者参与互动，短视频行业迎来井喷式发展。《环球人物》应势而动，于2017年1月组建独立且完整的视听团队，并先后推出一系列以人物为核心的视听产品。打造线上增刊、人物视听库项目等创新项目，获得了中央财政奖励；设立人民日报中央厨房"环视听融媒体工作室"，策划并实施了一系列颇具影响力的直播、录播节目……自此，《环球人物》的"人物"，从纸上走到了人们眼前；文字、声音、影像相互交映，构架起了人物报道新的格局。

2019年1月25日，习近平总书记在十九届中央政治局第十二次集体学习时再次发表重要讲话，指出"全媒体不断发展，出现了全程媒体、全息媒体、全员媒体、全效媒体，信息无处不在、无所不及、无人不用，导致舆论生态、媒体格局、传播方式发生深刻变化，新闻舆论工作面临新的挑战"。媒体融合进一步升级。

在这一阶段，《环球人物》也在不断进行自身业务升级，先后成立人民文创、人民文娱、人民学习等子品牌，从不同方向发力，助推《环球人物》业务发展进入快车道。

第二节 融合效果初显

经过十余年的发展，《环球人物》已成功构建了立体、全面的全媒体体系，实现了全形态产品生产，全网络平台覆盖，具备了真正意义的全媒体、多角度讲述人物故事的能力，进一步明确了自身"全媒体人物报道旗舰品牌"的战略性定位，接连推出一系列爆款融媒体产品，并迅速得到市场认可。具体如下。

一、以爆款融媒体产品为抓手，实现全网影响力提升

1. 以多元形态丰富传播

作为人民日报社内率先在音视频领域发力的媒体之一。《环球人物》自2017年组建专业视听团队开始，便敏锐感知到音视频的崛起势头，依托自身优质内容与采访资源，推出了一系列优质的视听产品，迅速抢占了用户的耳朵与眼睛。

《环球人物》与移动电台市场最大的平台喜马拉雅FM合作，先后推出《名流》《秘档》《传奇》等自制音频节目。《名流》从杂志中挑选优质文章进行二次编辑，主打热度和广度；《秘档》《传奇》则从厚度和深度切入，或以最新解密文件重读历史真相，或深挖熟面孔背后的隐秘真相。节目紧扣"人物"主题，在传播杂志精华内容的同时，与听众一起分享名人经历、传播名人智慧，有古、有今、有温度、有趣味。凭借这几档定位准确、制作扎实的音频节目，

《环球人物》在喜马拉雅电台的粉丝数迅速突破110万，总收听量突破3.5亿次，稳稳地站在了喜马A级合作伙伴的阵营内。在这之后，《环球人物》音频节目更是迅速出圈，成为各大音频合作平台争相争取的合作对象。

2. 以专题报道创新传播

《环球人物》还在创新重大主题报道方面做出一系列有益尝试。

2021年，包括焦裕禄精神在内，第一批纳入中国共产党人精神谱系的伟大精神正式发布。《环球人物》也结合自身特色，发挥人物报道优势，筹划推出系列专题微纪录片。

2022年8月16日，是焦裕禄同志诞辰100周年纪念日。《环球人物》提前数月统筹安排，以杂志封面报道、专题微纪录片、特色文创产品等多种产品形态，全方位展示并推动践行焦裕禄精神。其中，专题片《百年焦裕禄》将镜头对准了焦裕禄亲属，听他们从家人视角讲述焦裕禄生平、诠释焦裕禄精神，还特邀电视剧《焦裕禄》中焦裕禄的扮演者王洛勇，演员、主持人瞿弦和等，深情诵读习近平总书记在1990年倾情写下的《念奴娇·追思焦裕禄》。琵琶演奏家方锦龙也以一首河南派的《高山流水》向焦裕禄致敬，同时结合兰考支柱性乐器产业，推介当地盛产的泡桐木产品。

8月16日早7时起，该专题片陆续在《环球人物》全媒体平台上线，并迅速凭借其内容的思想性、时效的契合性获得各方关注，腾讯新闻、今日头条等各大平台均在首页显著位置及热榜进行重点推荐。该片还凭借深刻感人的立意及制作精良的水准，受到中央网信办的充分肯定，进一步形成全网覆盖的传播格局。据各方数据统计，视频发布后48小时，仅腾讯新闻、今日头条两个平台的视频曝光量便突破1.6亿，加上人民日报客户端、人民网、新华网、央视网等权威渠道的传播力，总覆盖人数近8亿。

3. 以线上联动促进传播

除了单一视频形态，《环球人物》还结合各平台的不同调性，策划推出了一系列线上线下联动的主题活动，进一步拓展了《环球人物》品牌影响力。

以2021年《环球人物》年度盛典为例，结合当年的年度人物"中国航天人"，《环球人物》在活动现场正式启动"太空家书——致敬中国航天人"主题活动，并发出了第一封家书，为第一次在太空过年的三位宇航员同胞送上祝福。活动在微博上掀起投递热潮，48小时内，便有近10万网友参与投递家书。

在这之后，《环球人物》又结合几个重要时间节点，对"太空家书"主题活动进行升级传播，进一步放大了活动效应：2022年大年初一，"太空家书（新春版）"正式发布，所有参与投递的网友都能在正月十五收到来自中国航天员中心的官方回信；2月15日，元宵佳节之际，《环球人物》又正式发布来自中国航天员中心的"太空回信"；4月19日，神十三顺利返航当天，《环球人物》再次发布太空信使海报长图，欢迎航天英雄回家，之后又紧跟返回舱落地节奏，发布《环球人物》专属回信……

在长达5个月的过程中，陈露、陈铭、冯远征、韩天宇、郎朗、王源、徐莉佳、杨迪、张丹、朱定文、郑渊洁等各界嘉宾及奥运冠军，人民网、环球时报、环球网、海外网、中新社等多家官方媒体微博账号积极参与话题互动。最终，以#太空家书致敬中国航天人#、#中国航天员给的独有浪漫#、#你想对在太空过年的航天员说什么#等近十个原创话题全程居热搜榜前列、全网阅读量5.7亿、近50万网友参与投递"太空家书"的成绩画下圆满句号，成为自主设置议题、创意执行议题、有效扩散议题的突出案例。

4. 以中国特色促海外传播

为进一步"提炼展示中华文明的精神标识和文化精髓，加快构建中国话语和中国叙事体系，讲好中国故事、传播好中国声音，展现可信、可爱、可敬的中国形象"，2022年5月31日，在习近平总书记"5·31"重要讲话一周年之际，《环球人物》脸书账号"中国范"（ChinaFun）正式上线，首发推出说唱组合"天府事变"专门为《环球人物》录制的英文Rap歌曲《Who am I》，实现了内宣外宣一体传播，观看总量达到4350万。"中国范"聚焦中国悠久的历史文化、优美的自然景观、优雅的时代风貌，从人、物、事、景四个维度来展现中国人民的美好生活，向海外脸书用户展示真实、立体、全面的中国。上线以来，"中国范"推送的墙绘艺术家刘小备、世界非遗项目"独竹水上漂"传人等，都很受海外用户欢迎。

"丝路友好使者盛典"是《环球人物》与中国国际文化交流中心联合举办的重点活动，已经成功举办两届。活动通过评选和表彰"丝路友好使者"，褒奖他们在促进中华文化走出去、加强各国人民的友好交流、推动构建人类命运共同体等方面作出的突出贡献。通过数十国代表的共同参与、全球数百家媒体线上线下的共同报道，活动产生了良好的社会效益和传播效果。

二、以新媒体为龙头，实现经营全面转型

依托十余年的沉淀与积累，以及不断推出爆款系列产品的实力，《环球人物》进一步夯实了自身品牌影响力，增强了内容变现能力；同时，以自身为抓手对接合作伙伴的内容、创意需求，有效推进了"新媒体＋服务""新媒体＋商务""新媒体＋政务""新媒体＋创意"的盈利模式。

1. 新媒体＋服务

以优质内容服务读者，是《环球人物》品牌的根基，也是最核心的价值。

为进一步打通自身传统媒体优势与最新的信息技术、新媒体技术，真正突破纸媒局限，丰富杂志内容呈现形式，为读者提供阅读之外的视听享受，《环球人物》在 2017 年 6 月推出线上增刊"《环球人物》原声库"。线上增刊出版周期与《环球人物》杂志同步，每期推出"2 条采访视频＋3 条采访音频"的融媒体组合，以 3.99 元的价格，为读者提供新颖、立体的媒体报道产品。而读者以每本杂志作为入口，通过扫描二维码，就能实现与作者、编辑之间的交互，最终以"交互"的形式构建出版新生态。

该项目打破了《环球人物》杂志原有的单一纸刊形象，创新了内容生产、推广和服务方式，促进传统媒体与新兴媒体在内容、渠道、平台、经营等方面的深度融合。同时，该项目通过武汉知识产权交易所挂牌推出后，迅速得到资方市场的高度认可，真正实现了社会效益、经济效益双丰收。

2018 年，国家新闻出版广电总局出版融合发展（武汉）重点实验室、中国出版协会、中国期刊协会、中国编辑学会、武汉·国家出版融合数据共享研发基地共同主办"首届出版融合技术编辑创新大赛"，《环球人物》新媒体团队凭借杂志线上增刊项目，从 300 多家出版单位中脱颖而出，荣获创新大奖。

除了深挖自身核心内容优势的多形态包装、推广、传播，持续开发新的渠道、端口，着力推进内容在新媒体端的二次销售。《环球人物》还拓宽思路，推出传统纸刊的创新形态，并在常规邮局发行渠道之外，依托新媒体的渠道优势，大胆尝试出新的盈利模式。

2022 年，在中国共青团成立 100 周年之际，《环球人物》策划推出杂志增刊《青春赛道·〈环球人物〉青年版》。这本增刊根据习近平总书记提出的广

大青年要"在青春的赛道上奋力奔跑"的倡议，以"青春赛道"为主题，紧扣总书记关于实现伟大梦想要"敢于有梦、勇于追梦、勤于圆梦"的重要论述，从有梦、追梦、圆梦三大板块，聚焦不同年代、各行各业优秀青年代表。增刊的策划团队将过往杂志内容、视频采访内容进行重新梳理，部分人物又重新做了全新采访。最终，相关微博原创话题总阅读量近5亿，多个话题登上微博热搜榜高位，增刊在线上渠道发售后，销量迅速突破2万册。

2. 新媒体+商务

作为《人民日报》旗下媒体，《环球人物》始终强调自身媒体公信力、权威性，并通过合适的商业化平台与商业合作伙伴合作共赢。《环球人物》以媒体公信力传递正向价值理念；平台方以营销力匹配资源；商业合作伙伴以商业力释放品牌主张。三者有效结合，为品牌营销赋能。

通过摸索尝试，"新媒体+商务"的形式也在不断拓展。比如说，2022年，《环球人物》以传统广告为基础，与广汽传祺达成合作；2023年，双方合作模式升级，以"传祺英雄"为主题，通过聚焦军人和平凡英雄，以主题视频、线上线下活动联动、文创产品共创等多元形态，打造整合营销整体案例。

此外，《环球人物》还不断创新对外合作形态，依托商业化平台对自身用户特性、品牌客户需求的精准了解，实现内容精准营销与高效曝光。

2021年底，《环球人物》联手新浪微博，推出微博连麦圆桌节目《大咖有云》，并在2022年北京冬奥会期间，推出6集冬奥特别节目，邀请多位嘉宾连麦，从"冬奥逐梦人""冬奥幕后故事""金牌年夜饭"等不同角度、不同主题展开讲述，冬奥运动员血汗交织的训练故事、文艺界各位大咖的倾心助力、通信工程师的5G"黑科技"讲解、志愿者们默默奉献的满腔激情……故事精彩纷呈。最终，这6集特别节目话题总阅读量突破15亿。以此为依托，《环球人物》与多家客户实现成功合作。这一案例探索出了新的新媒体商业路径。

深耕行业资源，则是《环球人物》探索的一条全新经营路径。2023年开始，为聚焦保险行业健康发展，以"坚持人民至上"、满足人民对美好生活的新期待为出发点和落脚点，助力保险行业发展，《环球人物》全新打造"保险强国"项目，第一阶段推出的"保险强国"系列视频节目，短时间内就在保险行业立稳脚跟，并衍生出ip营销、红人营销等多种新媒体业态下的经营模式，实现了社会效益和经济效益双丰收。

3. 新媒体 + 政务

市场之外，《环球人物》还格外重视自身数字化政务服务能力的提升，着力运用自身全媒体平台，充分发挥弘扬主流思想、宣传国家政策、提供公共服务的作用。

2019 年，《环球人物》成立控股公司"人民教育"，为各地党政机关、企事业单位，提供系统化、常态化的"集中学习"课程与服务。其特点即是通过"全景沉浸式大屏直播互动学习系统"，实现了"老师不在现场，胜在现场"，而且做到了让知识的原创者与学员面对面交流。具体说来就是，邀请国内外权威名师，在北京的中央演播大厅进行直播授课，通过互联网专网传输与全国各地建有高清大屏、容纳百人的影院级教室进行直播互动学习。像打造电视节目一样制作课程，并应用 4K、XR 等技术，在各地大屏教室直播呈现，各地学员像看电影一样上课，学员和老师都无需长途跋涉、四处奔波即可面对面无延时对话学习。

人民教育推出的这一融媒体创新教育模式，符合习近平总书记和中央对党员干部加强学习的要求，贴合党员干部和基层群众的现实需要，也顺应媒体融合发展的方向。

2023 年，为深入学习贯彻习近平新时代中国特色社会主义思想，全面贯彻落实党的二十大精神，按照党中央关于大兴调查研究的部署要求，推动以科技创新引领现代化产业体系建设、服务区域经济高质量发展，《环球人物》联合中国科协宣传文化部全新打造"对话科学家"系列主题活动，以走访调研、圆桌对谈等多种形式，促成两院院士、知名专家学者、重点行业企业代表对话，促进产学研融通，为地方产业发展、行业创新提供新动能。每场活动的调研、圆桌环节都进行全程直播，各大央媒及新媒体平台同步联动，以图文、视频等不同形态对活动相关内容进行报道。项目一经推出，就得到各地科协及各地方的积极响应。

4. 新媒体 + 创意

为了弘扬中华优秀传统文化，《环球人物》旗下文创品牌"人民文创"在 2022 年联合清华大学建筑设计研究院建筑师胖小齐，共同研发了《中国古建之美·亭台楼阁》系列首款产品《醉翁亭记》。

《醉翁亭记》场景拼搭积木整体造型灵感取自中国盆景，设计师通过严谨专业的建筑结构设计，将文章所描绘的诸多场景巧妙融于一体，精妙有趣地诠释出文章所描绘的"山水之乐""与民同乐"场景。一拼一搭中，能生动感受到中国古文之韵，轻松学习有关建筑和历史知识，亲身体验中华传统文化深藏的智慧与韵味。

《环球人物》新媒体通过视频、直播等多种方式对这款国风积木以及设计师进行了全方位的报道、展现，不仅充分体现出中国玩具设计者的文化自信，也让小朋友们在传统文化中乐享智趣，接受美的熏陶。

第三节　对于媒体融合发展的思考

习近平总书记指出："中国不乏生动的故事，关键要有讲好故事的能力；中国不乏史诗般的实践，关键要有创作史诗的雄心。"这给主流媒体带来了一个深刻的课题：怎样让中国故事和中国史诗更具可读性和观赏性？怎样让中国故事和中国史诗更加入耳、入脑、入心？而在这个历史赋予当代媒体人的责任面前，《环球人物》又该做些什么？通过十余年的不断积累与摸索，《环球人物》有如下几点思考。

一、锚定人物主业，聚焦时代人物，是《环球人物》发展的根本之策

这些年，《环球人物》收获了自身的日益成熟，也见证了融媒体的发展壮大。在技术日新月异的今天，《环球人物》愈发相信：内容为王是媒体必须恪守的黄金准则。无论是传统媒体还是新媒体，这一准则永不过时。

作为一家以人物报道见长、靠人物报道取胜的媒体，《环球人物》始终锚定主业，充分发挥自身在人物采编报道方面的资源优势和传播优势，做优做强特色内容，通过内容创新提升传播力、引导力、影响力、公信力。这是《环球人物》发展的根本之策，也是根基所在。

在新时代、新形势下，《环球人物》要做的，就是聚焦时代人物，建立时代链接，就是从时代性、故事性、独特性角度出发，用时代故事和时代人物来

表达、记录那些真正扎根在这个大时代土壤上的人，表达真的故事、真的人物和真的情感，引发受众共鸣。

二、沉淀资源优势，形成立体传播，是《环球人物》发展的核心之策

融合，是Web3.0时代媒介的最大特色。在这样的媒介环境下，用户最重视的是"在场感"，而这，就需要在确保核心内容品质的同时，进一步激发自身创造力，尽可能调动受众的视觉、听觉、触觉感受，以物理手段的融合引发传播效果的化学反应，以新能力、新技术产生新服务、新价值，最终有效提高融媒体产品的到达率，将优质内容高效、及时、精准地呈现在手中、面前。

未来，《环球人物》会更持续关注新兴技术的发展趋势，如人工智能、增强现实、虚拟现实等，并积极探索这些技术在媒体领域的应用，以技术创新为自身融合创造更多可能性和机遇。

需要补充说明的是，融合与创新，绝不是抛弃纸媒、一味创新，而更应该突出纸媒优势，发挥媒介优势，形成立体传播，不仅要做新媒体报道，更要充分运用纸媒，形成融和效果。

三、有效发掘人才，提升储备效能，是《环球人物》发展的保障之策

人才是一个企业发展的根本，也是企业自身成长升级的最强原生动力。随着媒体融合竞争的需求越来越激烈，一支高素质的专业人才队伍便显得尤其重要。从率先建立专业视听队伍，到内部培养跨媒介人才，《环球人物》一直在相关人才储备、快速调配人才资源方面下功夫，为人才队伍满足业务发展需要，提高企业应变能力、创新能力及组织竞争力等方面打下坚实基础。

内容方面，《环球人物》要求采编团队要靠过硬的脚力、眼力、脑力、笔力，发挥主流媒体内容生产的强大优势，在聚焦故事性、增强贴近性的基础上，不断提升思想含量和思辨力量，以主流价值塑造主流舆论，让主流媒体占领主流市场。同时，采编团队需要以全媒体手段武装自己，能无缝对接新的媒介形态生产需求，满足全媒体形态生产需要。

运营经营方面，《环球人物》要求每一位同事都成为综合性人才，紧跟媒体迭代升级步伐，不断武装自己，让自己懂媒体、懂策划、懂行业，从单一路径的简单合作，升级为和平台联动策划、制造热点的个性化运营；从等待合作伙伴上门的被动营销，升级为融入策划意识、媒体思维的主动营销，全面提升《环球人物》综合竞争实力。

目前，媒体融合已进入深水区，各种终端创新模式、组织创新案例接连出现，源头创新意识日渐凸显，但支撑全行业转型升级的成熟商业模式尚未形成。在此大背景下，所有媒体人应深刻认识到媒体融合创新的必要性和紧迫性，同时又要对媒体融合发展抱有坚实的信心。

事实上，无论传播的平台、渠道、流程如何变化，媒体所承担的舆论引导功能是不会发生本质变化的。只有坚持守正创新，坚持以及时、优质的精品内容打开流量、口碑的大门，巩固、提升媒体的传播力、引导力、影响力、公信力，同时全面整合各方资源，构建"新媒体+"的新格局，才能在即将到来的媒体融合"下半场"把握先机。

未来，《环球人物》一定会在这个基础之上，重服务、聚人才、搞创新、建矩阵、谋合作，继续以人物记录时代、以故事承载思想，透过一个个鲜活的人物故事、一次次经典的爆款案例，展现一幅幅生动的时代画卷，为讲好中国故事、创作中国史诗，增强实现中华民族伟大复兴的精神力量作出应有的贡献。

第十二章 《中华医学杂志》全媒体知识生产与服务体系建设实践与启示

黄小刚 [①]

《中华医学杂志》创刊于 1915 年，是由中国科学技术协会主管，中华医学会主办的医学综合性学术期刊。该刊自创办以来，始终坚持以服务医药卫生科技人员、促进国内外医学学术交流和医学事业发展为宗旨，强调以杂志服务医学发展、服务国家建设，正如中华医学会创始人伍连德在该刊创刊号中所指出，"觇国之盛衰，恒以杂志为衡量。杂志发达，国家强盛"。

经过了百余年的探索与发展，《中华医学杂志》逐渐形成了科学性强、权威度高、影响力大、覆盖面广的刊物特色，树立了良好的社会形象，在整个中国医学界和医学类期刊界都享有很高的声誉，在国际上的传播力和影响力也得到不断提升。1920 年，被美国 Chemical Abstract 收录；1927 年起被美国医学会 Quarterly Cumulative Index Medicus 收录，是中国最早被国外医学索引收录的中文版医学期刊；1960 年起被美国国立医学图书馆出版的 Index Medicus 收录；1976 年起被荷兰 Excepta Medica 数据库收录，目前已被国内外 35 个数据库和检索系统收录，并与 60 多个国家和地区的相关刊物建立了长期交换关系。

随着信息化时代的到来，数字化和新媒体技术对人们的阅读方式、阅读习惯、阅读场景等都产生了颠覆性影响，并倒逼传统纸质期刊向数字化转型、与新媒体融合，全媒体建设成为传统纸质期刊转型升级的共同指向。《中华医学杂志》以传统纸质媒体为基础，以知识生产与服务为核心，持续推进全媒体建设，创新推出线上稿件管理与发布系统、客户端、微信公众号、数据库等全媒体平台，推动医学类知识在信息化时代的高质量生产与高效率传播。

[①] 黄小刚，贵州民族大学副研究员、博士，研究方向：文化产业。

第一节　全媒体知识生产与服务体系

《中华医学杂志》以中华医学会为依托，较早进行了全媒体建设，现已形成了以《中华医学杂志》纸质版为基础，涵盖官网、客户端、微信公众号、视频、数据库等数字化平台的全媒体矩阵，"实现了期刊管理数字化、内容采编数字化、生产数字化与内容数据化、期刊传播数字化"，建构起了线上投稿审稿、继续教育、视频学习、开放阅读、优先出版、期刊商城等多元化全媒体知识生产与服务体系。

一、线上稿件管理与发布系统

线上稿件管理与发布系统是期刊数字化建设的普遍做法和基本任务。当前，《中华医学杂志》线上稿件管理与发布系统已经形成了涵盖刊物介绍、编委会、投稿、审稿、稿约、订阅、文章检索、过刊浏览、本期精选等以传统纸质期刊内容生产与传播为核心的数字化平台。自 2023 年 7 月 18 日起，《中华医学杂志》正式启用新的线上稿件管理系统，设置了作者中心、专家中心和编辑中心，进一步优化了作者、编辑和审稿专家三类人员之间的协同工作模式，提升了工作效率，增强了作者投稿、查稿、修改以及编辑送审、后续加工、审校，专家审稿等稿件处理全流程管理的透明度和清晰度，完善了稿件数字化编辑与出版。为医学类知识生产、出版与传播搭建了桥梁，推动了医学类知识的高质量生产与高效率传播。

二、开放阅读

《中华医学杂志》在其官方网站上开设了"过刊浏览"栏目，将刊物自 1915 年创刊以来所刊发的文章，经过数字化处理后上传至系统，供用户自行查询、下载和学习，为用户查阅往期刊物和历史资料提供了极为便利的获取渠道，极大促进了研究人员有关医学研究工作的顺利开展，具有重要的文献价值。"过刊浏览"是《中华医学杂志》社"开放阅读"的具体体现。"开放阅读"作为一种以"免费共享"为精神内核的知识服务模式，以现代数字技术和互联网技术为依托，注重学术交流与知识传播，具有开放获取、高影响力和全球传播等特点。"开放阅读"既是随着科学研究不断发展、学术文献日益增长的结果，也是现代数字技术不断更迭发展的助力所致。2021年1月，《中华医学杂志》正式启动"放开阅读"，读者可在官方网站免费阅读并下载自1915年创刊以来的所有文献，让更多的读者能够更加便捷地阅读到经过同行评议后的高水平研究成果，促进医学知识的大范围传播。通过"开放阅读"，有助于真正实现医学知识的共享，提升医学文章的显示度，推动学术文章的临床意义和学术价值得以充分彰显。同时，还能够快速传播优秀科研成果，实现医学数据、成果、知识的快速共享，促进国内外学科交流，提升中国科技期刊在国际上的影响力和话语权。

三、微信公众号传播平台

《中华医学杂志》微信公众号是中华医学杂志社推出的又一医学知识传播与服务平台。该微信公众号传播平台设置了期刊频道、会议直播和关于我们三大服务栏目，其中，期刊频道和会议直播是重点服务栏目。在期刊频道栏目，开通了过刊浏览、指南共识和疑难病例三个服务板块，为用户提供医学类学术文章查阅以及医学案例分享等内容；在会议直播栏目，开通了关节镜初赛、分子诊断、疑难病例三个服务板块，以视频直播、回放等形式为用户提供医学治疗、研究等相关视频服务。此外，该公众号还不定期推送《中华医学杂志》举办的各类会议、活动信息，稿件公示、当期目次以及医学类相关重大活动、文件、标准、动态等多元化资讯内容。

四、视频中心

《中华医学杂志》官方网站设置了"多媒体"栏目，主要向用户提供多元化的视频服务内容，涵盖行业动态、专题讲座等内容。如在2021年1月发布了国家卫生健康委体改司监察专员姚建红"新冠肺炎视野下完善卫生服务体系的若干思考"、《中华医学杂志》总编辑曹雪涛院士"疾病的免疫治疗与免疫预防"、中日友好医院曹彬教授"从不明原因的病毒性肺炎到COVID-19"等专题讲座视频以及中宣部出版局局长郭义强在《中华医学杂志》创刊105周年纪念会上的致辞、《中华医学杂志》"开放阅读"启动仪式、《中国肺动脉高压诊断与治疗指南（2021版）》发布仪式等行业动态类视频服务。这些视频的线上发布，为用户提供了获取行业发展最新信息、学习医学研究前沿动态的便捷渠道，促进了医学行业信息和研究成果的及时、高效传播。

五、中华医学期刊 App

中华医学期刊 App 于 2019 年正式上线应用，是一款专门为医学类研究者、从业者等相关人士开发的医学类手机终端应用。该 App 以"读文献、得学分、看视频、查指南"为宗旨，"汇聚了88个专科分会，1000多名学术编辑，29000名顶级行业专家"，严选精制优质学术内容，服务医学行业发展。其上线应用标志着中华医学杂志社向数字化全媒体出版迈出了实质性的一步。该 App 开设了期刊库、文献检索、继续教育、病例库和投审稿六大服务版块。在期刊库版块，设置了医学综合、内科、外科、妇产科、儿科、肿瘤、眼科、耳鼻喉科、麻醉学、地方病学、特种医学、护理学、临床药学、医史、中医药、基础医学与转化医学等20余个医学研究分支，收录了近200种期刊数百万篇文献资料，实现期刊文献数字化阅读。在病例库版块，收录了经典病例、疑难病例、系列病例以及病例评析等海量病例学习资源，为行业研究者和从业者提供了全面丰富的学习案例和资料。在继续教育版块，具有国家级Ⅱ类继续教育学分资质，涵盖了医学领域各学科均适用的学习资料和内容，在线答题，多学多得，是行业相关人员实现在线继续学习、充实更新医学知识、完成医学继续教育的重要平台。在投审稿版块，为用户提供审理进程查询、退修录用提醒和通知等服务，为作者提供了便利的投稿、查稿平台。依托该 App，广大医学研究者、从业者等可以随时随地获取海量的医学相关信息。

六、中华医学期刊全文数据库

为了推进医学期刊向数字化、全媒体转型，中华医学会牵头创建了中华医学期刊全文数据库，整合医学类学术资源，为用户提供优质、高效、便捷的医学类知识传播与服务。《中华医学杂志》作为中华医学会主办的重要医学类期刊之一，也是该数据库的重要参与者之一。期刊数据库作为一种期刊资源数字化集成平台，通过将海量的作为物质介质存在的期刊资源进行数字化转化与存储，在实现期刊资源数字化转型的同时，也节约了纸质期刊存储的物理空间，使得期刊数据库具备了信息海量、门类齐全、查阅便捷等特点，是相关行业从业者、研究者比较青睐，同时也是较为依赖的一种重要平台。中华医学期刊全文数据库依托中华医学会主办的医学期刊集群资源和强大的资源整合能力，涵盖了海量的医学类期刊及其文献资源，并开设了精选指南、视频、科研与写作、医学人文、全科教育等知识库，"面向医疗机构和医务工作者提供多元化的知识服务，满足了用户的医学知识检索和阅读需求"，成为医学行业从业者和研究者获取医学知识、行业信息和最新研究成果的"医学知识仓库"。

第二节　全媒体知识生成与服务体系建设的主要特征

《中华医学杂志》全媒体知识生产与服务体系建设，始终秉承服务医药卫生科技人员、促进国内外医学学术交流和医学事业发展这一宗旨，注重医学知识的生产、传播与服务，通过资源整合与数字化转型，构建了立体化的全媒体矩阵，形成了具有一定知名度和影响力的医学媒体品牌。

一、坚守医学核心　服务医学事业发展

《中华医学杂志》在推进全媒体知识生产与服务体系建设进程中，始终围绕"中华医学"这一核心内容进行全媒体产品构建与布局。以《中华医学杂志》这一传统纸质期刊为基础，构建了涵盖官方网站、客户端、微信公众号、视频、数据库等在内的立体化全媒体矩阵，并以此为依托，持续推进医学知识在信息化时代的生产、传播与服务，为医药卫生科技从业人员和研究人员提供高质量、便捷化、多样化的医学知识服务，不断推动中外医学学术交流与医学事业发展。

二、注重多元创新 优化医学知识服务

《中华医学杂志》不断调整发展策略，顺应时代发展潮流，以全媒体知识生产与服务体系建设为契机，创新推出了优先出版、按需出版、开放阅读、中华医学期刊全文数据库、医学继续教育以及医学视频服务等形式多元、内容丰富的医学知识服务产品和项目，不断满足当代消费者多元化的消费需求。不同于《中华医学杂志》传统纸质期刊出版周期长、内容有限且形式单一的特点，现在的《中华医学杂志》已经形成了更加多元、立体的知识生产与服务体系。从传统纸质期刊阅读，到线上投审稿、数字化阅读、视频学习、海量数字化文献随时随地查阅、医学案例学习与交流等，为用户提供了更加便捷且丰富的医学知识服务。

三、强化资源整合 塑造医学媒体品牌

通过建设中华医学期刊全文数据库、中华医学期刊 App 等数字化医学知识生产与服务平台，极大促进了《中华医学杂志》对医学行业资源的有效整合。如于 2019 年上线的中华医学期刊 App，汇聚了 88 个专科分会，1000 多名学术编辑，29000 名顶级行业专家，中华医学期刊全文数据库涵盖了海量的医学类期刊及其文献资源，覆盖了数十个医学类相关学科等。《中华医学杂志》作为我国医学类期刊集群的重要组成之一，有着丰富的集群期刊和用户资源。通过对这些资源的有效整合与高效利用，目前已经形成了具有一定知名度和影响力的医学媒体品牌，连续数年被中国学术文献国际评价研究中心评为"中国最具国际影响力学术期刊"，被中国期刊协会评为"期刊数字影响力 100 强"期刊。

第三节　全媒体知识生成与服务体系建设的启示

《中华医学杂志》作为医学类科技期刊，办刊历史悠久，全媒体建设起步较早，在平台建设、流程再造、经营创新等层面都取得了明显成效，其全媒体

建设与经营的具体实践，对其他刊物具有一定的启示与借鉴意义。

一、丰富学科知识，实现内容服务多样化

优质的内容是期刊建设与发展的核心。随着媒体融合向纵深发展，刊载在传统纸质期刊上的优质内容开始向新媒体平台延伸和转移，而且这种延伸与转移是以符合新媒体平台传播属性和产品特性为基础的，进而形成了较传统纸质媒体产品更加多样的全媒体产品体系。

通过全媒体知识生产与服务体系建设，《中华医学杂志》形成了以传统纸质媒体为基础，包括视频、数据库、继续教育、病例库等为一体的多样化内容服务体系。在传统纸质媒体层面，依托线上稿件管理与发布系统，进一步优化了内容生产、编辑与出版流程，有助于生产出更加优质的原创内容；在视频服务层面，通过直播与录播等形式，为用户提供医学知识专题讲座、行业发展最新动态等优质、即时的内容服务；在数据库服务层面，通过资源整合与数字集成，为用户提供海量的医学类专业化学术文献内容服务，帮助用户构建专属的医学知识宝库；在继续教育服务层面，通过继续教育服务平台，为用户提供专业化、合理化的医学继续教育内容，促进用户持续学习，不断更新自己的医学知识内容；在病例库层面，通过不同类型病例的介绍与评析，帮助用户了解更多的医学案例，促进用户临床经验学习与理论提升。

二、创新服务流程，促进知识传播高效化

传统纸质期刊的出版发行需要经过严格的审校、编排流程和一定的印刷、发行时间，一篇优质的学术论文从作者投稿到最终见刊，中间需要经历诸多复杂环节，耗费较长的等待时间，无论是对作者，还是读者，都需要一个漫长的等待过程。依托现代数字技术和全媒体平台优势，《中华医学杂志》持续推动服务流程创新，推出了优先出版服务，在线发表经过同行评议但尚未完成规范的编校流程的学术论文，并提供有效的引用数据，可供用户提前查阅相关文章，待正式印刷出版后，再将该文章从优先出版服务中撤下。优先出版服务可以一定程度上缩短文章"面世"的时间，有助于让作者的优秀科研成果及时发布、"抢占先机"，也有助于实现读者及时查阅最新研究成果，推动知识传播的及时性

和高效性。

此外，《中华医学杂志》还推出按需出版服务，也就是通过抽印本的方式，按照特定主题从海量的文献中单独选取某一篇或一组文章出来进行印制，用于专题学习、主题会议等特定的使用场景。"抽印本目前已成为学术期刊打造品牌形象和宣传推广的重要手段，并形成了单篇抽印本、专题抽印本等不同形式"。按需出版有助于针对特定主题和特定使用需求，有针对性地选取和印制高关联度的高质量学术文章，提升文章使用的精准性和知识传播的高效性。

三、整合期刊资源，推动期刊发展集群化

2019年，中国科协等四部门联合印发了《关于深化改革 培育世界一流科技期刊的意见》，提出要"实现科技期刊数字化转型，推进集群化并加快向集团化转变，全面提升专业化、国际化能力，形成有效支撑现代化经济体系建设、与创新型国家相适应的科技期刊发展体系"。集群化发展是整合期刊资源、提升期刊综合实力和整体竞争力的重要途径，已经成为不同类型期刊转型升级的一个探索方向。

《中华医学杂志》社"充分利用一流学会的专家资源、内容资源优势，全面整合学术资源，延长服务链条，全力构建各具特色、层次分明、资源互补的刊群，实现集约化、平台化、规模化运作，以刊带群、以群育刊、刊群联动"，持续推动期刊集群化发展。作为中华医学会的会刊，《中华医学杂志》是医学类集群期刊的重要组成之一。当前，由中华医学会主办、中华医学会杂志社出版的中华医学会系列杂志达到150种，涵盖生物、预防、基础、临床、康复、护理等41个医学学科分类中的37个学科（占90%），形成了国内医药卫生领域数量最多、影响最大、权威性最强的医学期刊集群，这些期刊包括96种"中华系列"期刊、14种"中国系列"期刊、22种"国际系列"期刊和18种"英文系列"期刊。《中华医学杂志》以中华医学会为依托，充分融入医学期刊集群，整合集群期刊资源，共建中华医学期刊全文数据库、中华医学期刊App、中华医学期刊网等数字化平台，共享期刊集群化发展带来的规模效益和品牌效应。

第十三章 《质量与认证》：行业期刊融合经营的实践与探索

张 玮　孟凡谨[①]

数字媒体技术的广泛应用，助推了新旧媒体的融合进程。行业期刊作为融贯专业领域知识，提供特定信息服务的传播媒介，也面临着转型和融合的关键抉择。在融媒体时代，要推动行业期刊的融合发展，就必须搭建传统媒体与新媒体融合经营的新兴产业链，铸造期刊发展的数字新生态。媒体融合不仅是时代大势的要求，更是媒体永葆生命力的必由之路。

2020年9月，中共中央办公厅、国务院办公厅印发了《关于加快推进媒体深度融合发展的意见》，要求各地各部门结合实际认真贯彻落实。各级各类新闻媒体纷纷响应国家号召，争创新型媒体，扩大主流价值，推动传媒事业繁荣发展。面对数字全球化和媒体融合的浪潮，行业期刊必须居安思危，以求变的思维应对时代的新形势。

作为TIC行业新媒体发展的头部平台，《质量与认证》一直聚焦时代发展新要求，以多元发展、多点支撑、多产业融合的新格局推动期刊融合的高质量发展，在全方位提供检验检测认证行业信息服务的同时，兼顾客户需求与知识水平提升，在融媒体平台建设、产业服务、融合经营、管理制度等方面做出了一系列有益的探索。

自《质量与认证》制定媒体融合发展策略以来，杂志社发生了两大变化：一是客户构成发生了变化，从原来的以国有TIC机构客户为主，逐步变成了由

[①] 张玮，博士，中国食品安全报副总编辑，河北传媒学院媒介融合与经营管理研究所所长、硕士生导师、高级记者、教授，主要研究方向为新闻传播、媒介融合、媒介经营管理；孟凡谨，河北传媒学院硕士研究生，研究方向为新闻传播、媒介经营管理。

国有、外资、民营等多元化受众构成，其中纸媒的订阅数量有一万多家，新媒体平台的用户则超过了50万；二是传统媒体的广告业务出现逆增长，而其增长的主因则是受期刊新媒体影响力的提升，带动了行业机构、专家、从业人员对新媒体及其期刊认可度的提升，使《质量与认证》的广告收入不降反增。经营数据显示，《质量与认证》2022年收入（不含税）达到了860多万元。

第一节 构建"一体两翼"打造媒体深度融合新格局

麦克卢汉父子曾在《媒介定律》中提出"媒介四定律"，即提升—过时—复活—逆转。这一定律说明尽管技术的发展会推动新媒介的诞生，但是旧的媒介也不会消失，而是以一种新的形态继续存在并发展。媒介融合并不是对传统媒体的取代，而是一种转型和改造。在媒介融合的过程中，将分散的多元媒体融为"一体"的融媒体平台是基本，传统媒体和新媒体这"两翼"则是为媒体发展保驾护航的赋能点。要想整合自身，夯实基础，推动深度融合，就必须协同发展"两翼"，筑牢"基本盘"，构建媒体高质量发展新生态。

一、强化内容建设夯实融合基底

在数字技术的冲击下，尽管传统媒体的使用率日益降低，但在媒介融合的进程中，期刊依旧以其独特的权威性、公信力以及成熟的管理模式，在行业信息资讯和专业理论传播等方面起着重要的作用。在技术赋能的背景下，传统媒体作为新媒体发展的数字化基底，在期刊行业的发展进程中扮演着不可替代的角色。因此，强化纸媒内容建设，提高行业期刊的办刊质量仍是推动媒体融合高质量发展的不二法门。

对于行业期刊来讲，内容质量的高低决定着刊物行业影响力和权威性的高低。期刊内容质量的好坏，既会从侧面反映出来，也能在本质中集中体现。因此，要提高期刊的专业影响阈值，就必须严把稿件审核这一关，好中选优，精挑细选。在这一方面，《质量与认证》一直很重视对稿件的筛选与审核，并且认真落实

"三审三校"制度。同时，为了进一步满足行业研究和理论发展需要，有效提升学术稿件的创新性和领域的前沿性，《质量与认证》对审稿队伍近年来进行了多轮调整升级，除聘请了两位院士对学术稿件进行审核外，还在业内邀请了119位外审专家对来稿进行把关，有效提升了杂志在行业内的权威性。

不仅如此，《质量与认证》立足用户，在积极向读者全面呈现TIC行业发展现状的同时，还全面收集整理TIC行业领域的前沿信息，以满足行业需求，促使行业健康发展。例如，《质量与认证》开设的人物专栏，就是通过对TIC行业的高端人士进行访谈来传递行业最前沿的声音。为了发挥杂志与新媒体的融合传播优势，杂志社在每篇人物专访稿上还设置了专属二维码，扫描即可听到当时的访谈内容，还原受访者原声，将真实的访谈场景再现于受众的耳边，从而更好地提升用户的听觉体验。除此之外，《质量与认证》还通过专人约稿、客户定制等方式来扩大传统媒体的影响力，夯实新旧媒体融合发展的基底，以知识性、权威性、专业化、可读性强的优势赢得了受众的喜爱。

二、打造融媒矩阵扩大行业声音

推动媒体深度融合发展，打造矩阵式融媒体平台，夯实数字基础设施建设，不仅是党的号召，更是时代的要求。习近平总书记曾指出，加快实现高水平科技自立自强，是推动高质量发展的必由之路。这一指示涵盖了社会发展的方方面面，也为期刊行业的发展提供了明确的路标。

在数字技术的冲击下，新媒体愈发成为人们获知信息、交流情感的重要渠道，为此，《质量与认证》打造了一支专业能力强大的新媒体运营团队，在日常运营中不断将理论与实践相结合，使用智能文章检测系统、智能舆情监测系统等数字平台为技术支撑，运营高质量微信公众号，目前清博指数（WCI）已达到900.51；出台"质量人问答"小程序，打造属于TIC行业的知识社区；推出"TIC"数字晨报，以几分钟的短视频精简报道昨天的行业动态。基于这一系列的有益探索，《质量与认证》成功实现了粉丝数量的裂变式增长，一跃成为TIC行业的头部媒体。不仅如此，杂志社还充分利用近十几年来积累下来的行业数据，深度挖掘，进行二次开发，衍生出数据分析业务，为行业主管部门的政策决策和从业机构的业务拓展提供专业、客观的数据参考。

为了更好发挥新媒体的优势，《质量与认证》紧跟时代趋势，开始全方位、多平台的推进新媒体矩阵建设，以点带面，逐步形成了以微信公众号为内容发布核心，以百家号、人民号、澎湃号等新媒体为分发渠道的一刊一网多平台融合传播格局。与此同时，为了深入挖掘不同 TIC 机构的需求，《质量与认证》还不断创新活动形式，通过网络讲座、公益培训、线上展览等方式为行业发展注入更多活力。基于上述策略，《质量与认证》通过对新媒体平台的建设与整合，形成了一套分工明确、高效便捷的运行机制，使得新媒体成为了杂志社发展过程中一支强而有力的新锐力量。

第二节 聚焦"三大引擎"拓展多元产业发展新空间

新媒体的出现既为新闻信息服务行业带来了挑战，也给传统媒体带来了新的发展机遇。近年来，随着媒体融合不断向纵深发展，市场涌现出很多具有发展潜力的融媒体平台，而作为行业期刊的传统媒体，要想取得进一步发展的先机，就必须着眼于业务发展，打好"组合拳"，构建多产业融合发展的产业链。基于此，《质量与认证》依托于文化的沉淀与品牌的优势，精耕细作，将服务延伸到了产业的中下游，通过聚焦广告、培训、招聘这"三大引擎"，进一步拓展了 TIC 行业产业发展的新空间。

一、借势品牌影响力探索广告业务发展新路径

自我国期刊转企改制以来，大多数期刊的经费来源由原来的财政拨款改为了自收自支，广告收入成为期刊经费支出的主要来源。广告不仅成了期刊的主要经济来源，同样也成为了期刊经济发展中的着力点。据《质量与认证》经营数据显示，近年来杂志社的广告业务收入在年度总收入的占比达到了 50% 以上。

作为检验检测认证行业的头部媒体，各大 TIC 机构均是《质量与认证》的重要合作客户。基于此，《质量与认证》在充分分析各媒体平台特点的基础上，在杂志、官网、微信公众号、视频号等平台上进行多点布控，通过开设专栏、图文广告、开设推荐位、专题广告等多种方式发布客户信息，提升广告影响力。除此之外，杂志社还会通过组织一些行业峰会、评选等活动吸引广告商为其提

供赞助来获得一定的曝光机会。为了促成 TIC 机构之间的合作，杂志社还在活动后组织闭门会议，为机构与机构之间的沟通搭建桥梁。长久以来，《质量与认证》通过一系列的措施和策略活动，进一步提高了用户的黏性，为期刊发展带来了更大的商业机会。

二、着眼用户新需求搭建行业培训沟通新平台

与综合性期刊不同，行业期刊有着较厚的信息壁垒。随着互联网技术的发展以及新媒体产业的逐步繁荣，为《质量与认证》的发展带来了新的机遇，但是这仍不足以打破行业期刊的信息壁垒。面对市场化发展和自负盈亏的现实状况，《质量与认证》不得不结合自身的行业特点做出长远规划，不仅要着眼于现有的业务，更要开拓新的经营领域，而此时，行业培训带来的信息差引起了杂志社领导的关注。

由于 TIC 行业的专业性，从业者必须要具备一定的专业能力才能从事该行业的相关工作，因此专业培训便成了业内必不可少的一个"规定动作"。然而在实际生活中，受制于浩瀚复杂的信息环境，往往会出现培训单位找不到受众，有参训需求的受众找不到培训机构的现象。因此，为了在培训单位与受众之间联结起沟通的纽带，《质量与认证》借助其在 TIC 行业的品牌影响力，在微信公众号中开设了"培训"专栏。杂志社通过对培训单位进行一定的资质审查，继而采用发布图文信息及网页链接的方式为培训单位发布培训通知，并建立了"培训"系列的订阅合集，以便受众能够快速索引。除此之外，《质量与认证》本身也会开展一些有关内审员、管理体系、智能制造能力等方面的培训，为受众提供进一步学习深造的契机。据数据显示，杂志社新媒体的每条培训通知浏览量均可达 1000 次以上，多则过万，有效服务近百家培训单位及数万受众，使其培有所获，训有所得，并成功打破了行业培训层面的信息差。

三、探索业务新领域拓展行业机构招聘新渠道

伴随着我国经济的高质量发展，TIC 行业愈发受到公众的重视，众多中小型检验认证机构不断涌现。行业的快速发展使得专业人才紧俏，而从业资格考试周期的延长，更加剧了 TIC 人才产出周期变长，进一步拉大了市场人才缺口。

相对涵盖各行各业的招聘网站及招聘 App 而言，一个专职发布 TIC 行业招聘信息的平台将会更加有利于提高企业的招聘效率，节省时间和人力资源成本。因此，为了方便业内的招聘与求职，《质量与认证》开始着眼于打造一个低成本、全天候、行业化的招聘平台。

作为 TIC 行业的头部平台，《质量与认证》坐拥 50 万 + 的行业受众，其媒体影响力势必大于其他的综合性信息平台。为了进一步探索业务新领域，开拓招聘服务新渠道，杂志社在微信公众号专门开设了招聘专栏，为客户刊发招聘类信息，协助招聘单位能够招到专业对口的有用人才，既有效改善了这些中小型机构招聘难的问题，又为专业人才搭起了能够施展才华的平台。据 2022 年运营数据显示，《质量与认证》一年内就累计发布了 200 多次招聘信息，服务了近百家业内机构，将庞大的受众资源有效地转化成为了发展行业的有生力量。

第三节 把握发展趋势探索杂志融合经营新模式

媒体融合从"相+"到"相融"再到深度融合，不仅在战略层面有了快速推进，其本质也从传播方式的自我革命进入到了应用发展，其模式更是变得愈发丰富。为了进一步促使行业期刊尽快适应媒体形态的变革需求，走出一条适合中国期刊融合经营与发展的创新路径，《质量与认证》在着眼于客户需求的基础上，开创性地开发了"1+1"绑定销售、在线电商、线下活动等经营发展新模式。

一、创新协同发展推行绑定销售策略

作为 TIC 行业的头部平台，《质量与认证》吸引了中国中检、CQC、SGS、BSI、莱茵、德凯、BV、华测检测、中铁、中汽等众多国内、国际知名客户。然而，随着新媒体的快速发展，媒介的市场格局也发生了较大改变，这些合作方在信息传播的选择上，更倾向于那些应用便捷、传速更快、公域流量更广的新媒体。为了减缓行业期刊直面的冲击，杂志社大刀阔斧开展了一系列业务调整，并取得了预期的效果。

《质量与认证》杂志社在逐步推动媒介融合的同时，不断提高传统媒体的业务质量，并着重迎合客户的个性化需求，在业务前线、风采、客户之声等专栏为客户提供定制业务，同时推出"线上+线下"绑定销售的经营策略，将传统杂志广告合作与新媒体平台的业务进行融合打包，在客户签订新媒体平台合作的同时，推荐优惠订购传统纸媒的其他服务，避免了客户蜂拥式地选择新媒体服务而导致传统媒体式微的窘境。此举在推广新媒体平台业务的同时又保障了传统媒体的经营收入，形成了一套分工明确、内容独特、体系完整的交叉服务方案。基于《质量与认证》新媒体及传统媒体的广泛影响力，这一创新性的营销策略一经实施便获得了成功，并逐步形成了稳定的发展格局。

二、突破信息壁垒孵化直播电商平台

众所周知，TIC行业是一个具备较强行业信息壁垒的行业，为了打破这层限制，各大机构和组织采用了不同的方法来促进信息共享并提高市场透明度。针对这一问题，《质量与认证》曾在早期通过孵化电商平台来有效推动跨界经营，实现了跨行业间的合作与共赢。这个电商平台创立的初衷主要是销售通过认证的有机产品，而这些产品大多来自于通过认证评价的良好农业环境，因此这种跨界的电商带货也具备一定的公益性。这一电商平台通过《质量与认证》所依托的可靠认证机制，确保了产品在销售中能够达到相关质量和安全标准，从而为消费者提供了可信赖的产品。此外，该平台还开展了一系列公益活动，例如提供技术支持、培训等方式，帮助贫困地区的农民获得更好的生产和销售机会，促进了当地经济的发展。

这种跨界经营的模式不仅有助于打破行业信息壁垒，丰富电商平台的产品线，同时也促进了社会公益事业的发展。此外，这种模式还有助于推动农业的可持续发展，提高农民的收入水平和生活质量。尽管这一项目在后期因业务调整被搁置，但是这种跨界经营的模式仍具有广泛的应用前景，也为其他机构和行业期刊平台提供了一定的借鉴和启示。

三、筹办免费活动增加平台受众黏性

在知识付费的年代里，免费往往会成为吸引受众的利器。《质量与认证》

为了促进行业内机构之间的沟通和交流，采用了多种方式举办线下活动，例如论坛、峰会、发布会和培训等。这些活动旨在为行业内从业者提供一个交流互动的平台，分享最新的技术和行业动态，推广先进的认证理念和方法，促进行业发展。

为了增加受众黏性，《质量与认证》往往选择以免费的方式举办这些活动，众多 TIC 机构、学者、从业者以及企业不仅可以免费参加，而且还可以享受到免费的食宿。这一举动不仅可以提升杂志社在行业内的影响力和知名度，为行业内从业者提供一个学习和交流的机会，还能够帮助他们更好地了解和掌握行业发展的趋势和前沿技术。基于此，《质量与认证》收获了众多忠实的受众，每年举办的 TIC 行业评选不仅有很多机构报名，而且在行业内的认可度也与日俱增。此外，这些活动的举办还能够为杂志社吸引更多的赞助商和合作伙伴，同时增加用户对媒体平台的信任感，进一步提高杂志社的影响力和知名度，促进杂志社的长远发展。

第四节　强化制度管理开创人才队伍建设新局面

行业期刊是促进行业文化繁荣、提高行业文化软实力、建设社会主义文化强国的中流砥柱，人才则是打造这支中流砥柱的核心力量。在《关于推动出版深度融合发展的实施意见》中，国家对期刊的改革提出了明确的政策指导，强调了期刊要加强管理制度建设，构建稳定的人才队伍，推动行业高质量发展。对此，《质量与认证》创新推出了"导师制""双轨制""专人专册"等多种管理制度，以科学发展的人才观念，打造了一支综合素质过硬的人才队伍。

一、创新管理制度稳定管理人员结构

一个稳定的人才结构需要优秀的管理人员来带动，而管理人员的工作情绪、积极性和表现力等都会对下属造成一定的影响。为了打造一个稳定的管理层，

《质量与认证》推出了"导师制"和"双轨制"的管理模式。

作为一个优秀管理人员，往往需要在行业浸润数十年，方能积累相应的工作经验和管理能力。为了把行业的优秀基因传承下去，《质量与认证》每当招进一个新员工，都会为其指定一位导师，在日常业务运营过程中对其进行一对一的传、帮、带，以此快速提升新员工的工作能力，而杂志社则会以一定的薪资补贴激励"导师"，从而实现双赢。这种模式，就是《质量与认证》所倡导的"导师制"。这种模式，不仅向管理人员提出了新的要求，同时也进一步促使管理者在业务上必须成为一个行家里手，即不仅自己会干、能干，还要能够教学生、带徒弟，指导他们去干。

此外，为了激励普通员工能够更好地干事创业，在行政职位任命方面，杂志社还采用了双轨制的管理模式，即如果一个员工能力突出，但因行政职务编制有限，可以在技术职务上进行解决。这种技术职务即使不享受行政职务编制的称号，但亦可在薪资方面获得同等待遇。这种双轨制的模式，既打破了众多期刊内部"一个萝卜一个坑"的职务晋升现状，又进一步激励了员工的工作积极性，特别有利于员工潜力的发挥和工作效率的提高，对杂志社的整体发展具有一定促进作用。

二、提升人员素养构建精英人才队伍

习近平总书记指出，媒体竞争关键是人才竞争，媒体优势核心是人才优势。要加快培养造就一支政治坚定、业务精湛、作风优良、党和人民放心的新闻舆论工作队伍。这一重要论述点明了人才是推动媒体建设发展的源动力。《质量与认证》在发展过程中一直重视人才发展，在人员任用方面有两个一直传承下来的基本原则，一是知人善用，人尽其才；二是学以补拙，塑造人才。

所谓"知人善用，人尽其才"指的是杂志社在进行招聘时并不拘泥于招聘当时的人员任命，而是通过短期的试用或轮岗来挖掘新员工的发展潜力，发现新员工的优缺点，并根据员工的长处来进行职位的变动与任命，使每名员工的长处都能得到发挥。而"学以补拙，塑造人才"则指的是《质量与认证》在新员工入职以后，通过对新员工进行培训或者老人帮扶新人的方式来塑造人才，在对新员工的长处进行挖掘以后，便通过学习的方式来补足人才的短处，从而使其能在相应的岗位上发挥最大的作用。

除此之外，在实践过程中，《质量与认证》还拒绝末位淘汰制的用人机制，反而通过因材施教的方法塑造人才，通过给予员工职位安全感的方式来激励员工真心实意地投入到工作中去。同时在薪酬方面，杂志社也拟定了一套公平公正的评价机制，做到了真正的按劳分配。

三、打造"专人专册"助力期刊健康发展

没有规矩，不成方圆。《质量与认证》在对人员进行管理的过程中一直深谙制度的重要性，为了给员工树立正确的价值观，以科学的制度指导发展，杂志社特地制定了一本实时更新的管理手册，并以"专人专册"的方式进行发放。

在制度管理手册中，杂志社不仅对每一个岗位的职责、每一个岗位工作的流程以及相关的法律法规进行了详细的描述，而且这本手册自创刊开始，每年都会进行更新，避免因过时而带来管理失误。同时，手册还涵盖了关于员工从事岗位的考核要求，这些要求都以量化的数据被记录在上面，并由各部门部长负责考核整理。可以说，这本管理手册就是每名员工的成绩单，员工的工作成绩如何，工作积极与否，只要打开这本小册子的考核界面便可一目了然。这本管理手册不仅方便了新员工入职时因不熟悉工作流程来进行查询，而且也激发了员工工作的内生动力，助力了期刊的可持续发展。

第五节　开展深度融合重绘媒体生态建设新蓝图

随着媒体多元化时代的到来，我国对媒体融合发展尤为重视，并将其提升到了战略高度。2013年以来，我国相继出台了多项政策措施，明确了媒介深度融合发展的方向和目标。在此背景下，行业期刊作为媒介融合发展的种类之一，《质量与认证》积极探索不断创新，为行业期刊开辟出了一条独具特色的融合经营路径。当然，融合经营作为媒体一种新兴的仍在探索的运营模式，《质量与认证》尽管在实际应用中取得了一定成绩，但要进一步向纵深发展，仍要注意以下几个方面的问题。

首先，《质量与认证》多个平台间的信息同质化严重，目前正面临着"二

次创业"的危机。信息时代，众多大众化媒体如省媒、央媒等迎来了发展的高峰期，这些媒体具有较强的社会化属性，然而，《质量与认证》作为一个垂直领域的媒体，正面临着"二次创业"的危机。所谓"一次创业"是指紧跟新媒体发展的节奏，铺设新媒体矩阵。而《质量与认证》尽管已经形成了相对完备的媒体矩阵，但是在多个平台发布的信息之间仍然存在同质化搬运的现象，因此要想实现内容、渠道、互动等各个层次的深度融合，从横向向纵深方向转移，实现整体的沉淀，就必须结合不同的平台特点发布不同的信息。同时，作为行业媒体还要注意以用户需求为导向，通过用户的发展来带动自身的发展，实现媒体的深度融合。

其次，杂志社的发展动能仍有待提高。通过对《质量与认证》新媒体平台的探究，可以发现，杂志社在微信平台与其他平台的投入形成了鲜明的对比，无论是从信息发布的频次还是信息发布版面的设计，都可以看出其过于看重微信平台而忽视了其他平台的建设。尽管现行的发展态势尚可，但从长远的角度来看，仍避免不了独木难支的局面。因此，在未来的发展中，杂志社必须优化资源分配，实现多元化投入，打破信息壁垒，提高自身的传播力和影响力。

最后，人力资源分配落后也是期刊发展过程中的一大难题。创新是期刊发展过程中的一个永恒的主题，尤其在当今时代，无论是知识还是用户的需求都迭代很快，因此要想做到长足的发展，就必须要创新。尽管《质量与认证》为了创新做出了很多努力，但是很多时候人力资源如果分配不合理，仍会导致这些努力付之东流。例如，杂志社研发的"质量人问答"小程序，无论是从运作体系还是发布初衷上来看，都是有益于行业发展的平台，但是却经常陷入系统维护中无法使用。因此，《质量与认证》在重视创新的同时，还要注意人力资源的分配，以实现期刊自身的健康发展。

对于行业期刊来说，信息壁垒所导致的窄播既是挑战也是机遇。因此在未来的发展过程中，《质量与认证》要注意积蓄动能，坚持客户本位，把自己放在客户的角度上，提升自身的市场敏锐性，巩固已有的私域流量。同时，要进一步推动媒介融合，开展科普类信息的产出，消除信息壁垒。针对媒体行业的快速变化和用户需求的多样化，《质量与认证》还要不断调整自身的发展战略，以保持市场竞争力和长期发展的良好优势。

出版业融合创新案例

第十四章　北京师范大学出版集团融合创新实践

吕建生　姜　钰[①]

北京师范大学出版社成立于1980年，2007年7月组建为北京师范大学出版社（集团）有限公司（以下简称"北师大出版集团"），是以教育出版为核心业务，集图书期刊、音像电子网络、教育服务等业务于一体的大学出版企业。多年来，北师大出版集团坚持"扎根教育、守正创新、弘扬文化、传承文明"的初心使命，服务大学教学科研，服务社会文化发展，服务国家重大战略，做大做强教育出版，积极推进传统出版转型升级，探索构建融合出版新模式，成为优质教育资源的开发、集成和服务商。

第一节　北师大出版集团的主要业务

北师大出版集团的主要业务领域包括图书出版、期刊出版、音像电子网络出版以及教育服务。图书出版涵盖学前教育、少儿教育、基础教育、职业教育、高等教育以及教师教育、家庭教育等领域，形成了结构合理、特色鲜明的终身教育出版产品和服务运营模式，累计出版图书2万余种，发行量近30亿册。北师大版各层次教材研究基础深厚、教育理念先进、编写质量上乘、服务水平专业。其中，北师大版基础教育教材在全国29个省、自治区、直辖市以及澳

[①] 吕建生，编审，北京师范大学出版集团党委书记、董事长；姜钰，副编审，北京师范大学出版集团总编辑助理。

门特别行政区广泛使用，是国内公认的主流教材。期刊出版包括教育类、科技类期刊十余种，积极打造具有北师大特色的期刊集群，构建以学术服务和内容增值为目标的运营模式，成为链接专家学者、传播学术成果的优质服务平台。音像电子网络出版包括电子书、有声读物、数据库、知识服务平台等各类载体形式，涵盖学前教育至高等教育以及教师教育、家庭教育等领域。教育服务致力于围绕基础教育、教师教育等优势板块研发专业服务平台和整体解决方案，推动教育教学改革创新。

近年来，北师大出版集团先后荣获"全国文化体制改革先进企业""全国百佳图书出版单位""中国出版政府奖先进出版单位""全国教材建设先进集体"等荣誉称号，多次获评国家文化出口重点企业，入选中国图书对外推广计划（CBI）工作小组成员单位等，出版的一大批图书荣获"五个一工程"奖、中国出版政府奖、中华优秀出版物奖、全国优秀教材等国家级奖项。

北师大出版集团高度重视出版融合发展工作，2011年组建数字出版中心，开始数字业务探索。2013年入选全国首批数字出版转型示范单位，2014年被确定为MPR国家标准应用示范单位。2016年与科大讯飞公司合资组建京师讯飞公司，加速推进K12融合出版。2017年获批出版融合发展（北师大出版社）重点实验室，聚焦人工智能技术在教育领域应用模式的研究与实践。2018年入选国家新闻出版署知识服务试点单位、首批ISLI国家标准应用试点单位，2021年入选国家新闻出版署科技应用示范单位。

第二节　推动融合发展的主要举措

新时代，加快推动出版深度融合是出版业高质量发展的根本保证，更是实现出版强国任务目标的基本要求。推动出版深度融合发展，要从出版的各个主体、各个环节全面着手，推动技术融合、内容融合、渠道融合、人才融合。大学出版要做好融合创新，必须紧紧围绕技术赋能，提升传统出版内容的生产效率和质量，重新定义和挖掘互联网时代大学出版的核心竞争力。一是要实现以专家为中心转向以需求为中心，由利润导向转向用户导向，让用户深度参与出版过程，实现出版与用户的深度融合。二是要充分利用现代技术重塑出版流程，实现出版与技术的融合。三是强化技术的支撑和连接作用，各个环节、各个岗位要做到线上与线下融合，实体产品与数字产品融合，编辑、营销、开发、印刷、制作融合，实现出版内部的各个环节的深度融合，形成融合出版产业链。四是图书、期刊、报纸、音像、电子及新兴媒介等不同的产品形态，要建立良性的互动，实现媒介的融合。五是要以资本为纽带，实现资本的融合，在内容创新、服务创新、产品增值等方面赋能出版融合发展。六是加强出版企业间的协作合作以及跨行业的协作合作，实现行业的融合。融合的过程需要创新，更需要坚守，做到出版传播知识、传承文明的使命不能变，选择、规范、传播、教育等本质功能不能变，为社会文化服务、为社会进步负责属性不能变。

北师大出版集团于 2010 年成立数字出版工作领导小组，并开始制定阶段性发展规划，做好顶层设计，确定战略方向，以年度规划、板块规划、专项规划等落实重点工作，推进传统出版与新兴出版融合发展。当前，北师大出版集团以 IP 融合出版和行业标准运营为战略方向，以"依托优势学科和品牌内容，策划融合出版标杆产品；针对关键环节和重要节点，完善融合出版业务流程；聚焦队伍建设和绩效考核，夯实融合出版保障机制"为工作思路，走"专、精、特、新"道路，围绕基础教育、教师教育策划标志性、引领性的融合出版产品，重点推进"分级阅读""京师 AI 联考""京师书法"等战略规划项目，探索可复制、可推广的商业模式，推动传统出版与新兴出版的出版资源、生产要素有效整合，实现优势互补、一体发展。在顶层规划的基础上，北师大出版集团在组织架构设计、人才队伍建设、重点项目孵化驱动、制度建设与资金保障等方面构建具体实施路径，全方位赋能出版融合发展，形成架构科学、内容优化、产业升级、业态创新、技术赋能的融合出版体系。

组织架构设计方面，根据业务发展需要和融合发展要求，北师大出版集团不断探索内部组织结构的优化重组和重构再造，逐步建立顺畅高效、适应市场竞争和一体化发展的内部运行机制，为融合出版工作提质增效、协同发展奠定坚实基础。目前，集团总部成立融合发展领导小组，贯彻落实国家及上级行政部门关于融合出版、教育数字化相关政策，统筹出版集团融合出版顶层设计与规划及重大项目实施。领导小组下设融合发展工作小组，具体负责融合业务的落实、协调与监督，以及融合出版项目的策划、立项、申报、实施、结项等工作。

各出版中心主要负责融合产品内容研发，京师讯飞公司、音像电子社公司化运作，与各出版中心密切配合，专门负责融合产品研发、市场推广及客户服务，形成了"各司其职、各负其责、统筹推进、协同发展"的组织管理机制。在当前深度融合阶段，以融合出版的理念、制度、实践对整个出版环节进行再造与重塑，让每一个出版中心和分社真正成为融合出版的业务主体，最终实现"你就是我、我就是你"，形成融为一体、合二为一的组织架构。

人才队伍建设方面，北师大出版集团制定人才引进管理办法，通过市场化机制引进高水平融合出版人才，近年来陆续引进子公司高层管理人员、技术总监、产品总监、市场总监、销售总监及相关技术骨干20余人，其中硕士及以上学历占比达80%。集团每年组织各类融合业务培训、学术交流和论坛讲座等20余场，每年安排管理团队、核心骨干成员等100余人次参加国内外各类融合出版培训。依托北师大出版科学研究院、出版融合发展重点实验室、北师大教材研究院、各学科教材编写组等打造融合出版专家库，现有专家200余人，涵盖学科教学、教育技术、人工智能、编辑出版、出版管理、媒介融合等领域。

重点项目孵化驱动方面，围绕基础教育、教师教育等优势板块研发专业、垂直的服务平台和整体解决方案，同时围绕学前教育、职业教育、高等教育等板块优势学科研发融媒体课程，打造了一批融合出版精品项目。其中，《基于大数据的智能化网络教学和知识服务平台研发及应用》等5个项目获得国家文化产业发展专项资金资助；《中华文化绘本的数字化、立体化、动漫化开发与教育普及》等5个项目入选新闻出版改革发展项目库；《读成语 学美德》《京师书法》等20多个项目获评国家出版基金、数字出版精品遴选推荐计划、中华优秀出版物等国家和省部级奖项，累计获得50多项软件著作权，参与《CNONIX与ISLI数据互通》《3—8岁儿童分级阅读指导》等行业标准编制；陆续上线基础教育教材网、京师教育资源网等服务平台，推出"北师数字教材""京师书法""京师慧听说"等融合出版产品与服务，通过各类平台累积建设上线学科资源30余万条、融媒体课程200多门、电子书4000多本，用户覆盖全国30个省市、10000多所中小学校和幼儿园、500多所高校和职业院校，服务全国4000多万师生，2022年融合出版收入突破1亿元。

制度建设与资金保障方面，北师大出版集团自开展融合出版业务以来，陆续制定修订相关管理制度40余项，基本涵盖融合业务实践的主要方面和基本层次，包括发展规划、专项方案、技术标准、资源管理、运营管理、新媒体管理、网络安全管理、专项经费管理、人才队伍建设、考核评价等各个方面，将融合出版选题论证纳入图书选题论证环节，将融合出版业务人才的职称评审纳入职称评定环节。资金保障方面，北师大出版集团 2015 年注资 1000 万元推进音像电子社转企改制和数字业务转型，2016 年与科大讯飞公司共同出资 1 亿元组建聚焦 K12 业务的京师讯飞公司，2017 年设立数字出版专项经费并出台管理办法，每年投入 1000 多万元支持融合发展工作。

第三节 融合发展的主要模式

出版高质量融合发展，是一项系统工程，也是一项长期工程。北师大出版集团已开展 10 余年的融合发展积极探索和大胆尝试，形成的产学研结合模式、IP 融合出版模式、区域试点推广模式取得了良好效果，有力推动了出版深度融合发展。

一、产学研一体化发展

大学出版社萌生于大学、根植于大学，一流的大学往往会产生一流的大学出版社。大学出版社必须立足大学母体，坚守大学出版的文化本质和学术使命。北师大出版集团依托大学出版社的天然优势，立足北师大的学术资源，以国家新闻出版署出版融合发展重点实验室为抓手，与北师大教育学部、心理学部、地理学部、新闻传播学院、教材研究院、未来教育高精尖创新中心、互联网教育智能技术及应用国家工程实验室等科研平台，开展项目孵化、成果转化、人才培养等方面的合作，与腾讯、字节跳动、阿里、华为、百度、科大讯飞等互联网公司开展技术研发、资源共建、平台共享等合作，与北京、广东、河南、安徽、四川、内蒙古等省市自治区教育机构、出版机构、学校开展项目共建、区域试点、教师培训、资源建设等方面的合作，以共建共享、协同创新、项目驱动等方式带动集团整体融合发展，形成了产学研一体化的融合出版发展模式。

二、IP 融合出版和行业标准运营

北师大出版集团坚持依托品牌 IP 资源，结合大数据、云计算、人工智能、物联网等技术，借助专家优势、品牌优势、渠道优势，按照"需求分析—技术攻关—开发集成—应用示范—规模复制"的实施路径打造融合出版产品，形成特色领域知识服务整体解决方案。围绕北师大版基础教育教材打造"北师数字教材""京师教育资源网"等资源服务平台；围绕数学、英语、书法等学科特色，开发京师书法、京师慧听说、京师慧数学等学科垂直服务平台；围绕教育心理、文史哲等优势学科开发《普通心理学》《中国文化概论》《创业基础》等为代表的国家精品教材和融媒体课程，开展课程出版服务；围绕少儿出版品牌，开发"京师爱幼""角色性主题游戏课程""美丽中国融媒体课程"等融合出版产品；推动研制我国首个儿童分级阅读行业标准《3—8 岁儿童分级阅读指导》，以《3—6 岁儿童学习与发展指南》《幼儿园教育指导纲要》等为政策依据，同时广泛借鉴、吸收儿童发展心理学、教育目标分类学、儿童绘画理论等学术领域的理论研究成果和实践探索经验，填补我国少儿图书发行标准化的空白。

三、区域基地试点推广

北师大出版集团依托教材渠道、教材实验区，通过项目合作、课题资助、本土化教研、区域培训等形式，为融合出版产品建立实验区、示范校，建立全方位、高质量、立体化的产品服务体系，通过高质量的产品培训、针对一线教学的调研回访、召开区域应用示范学术会议和学科年会、组织数字化教学能力展示活动等方式，一方面服务产品用户、收集一线数据和需求，为产品设计的优化迭代提供方向，另一方面通过打造示范课、示范校、示范区，为产品推广积累可复制推广的新鲜经验，形成具有标志性、引领性、示范性的样本案例。围绕数字教材产品及资源服务体系与渠道商、硬件商、区域智慧教育服务商、各省级数字出版平台在河南、广东等省级区域进行试点。围绕京师书法项目整体解决方案先后在河南、辽宁、河北、安徽等地进行不同形式的区域试点，使用区域的书法开课率明显提升，先后受到联合国教科文组织、教育部、中国书法家协会等领导和专家的高度评价。

第四节　融合出版典型产品

推动出版深度融合发展，需要以成功的融合出版产品或项目为驱动，带动内容、技术、渠道、人才的共享融通。一家出版企业是否成功策划研发了标志性、引领性的融合出版产品，是否形成了可复制、可推广的融合出版业务模式，是衡量其是否有效推进深度融合的主要标志。本节以"分级阅读""京师书法"两个产品为例，探讨融合出版产品研发运营的关键问题。

一、分级阅读

2020 年，北师大出版集团立项"少儿分级阅读标准"战略项目，项目实施以来，分级阅读项目的营收从项目组成立之前的 500 万码洋增长到 5000 万码洋，完成了《3—8 岁儿童分级阅读指导》团体标准起草，出版了"美丽阅读""京师阅读树"等系列融媒体图书，研发了"京师阅读"平台，阅读服务覆盖 2000 多所学校 100 多万名师生。

1. 全面开展分级阅读基础研究是项目成功的基础

对少年儿童分级阅读的研究涵盖语言学、阅读学、心理学、教育学、儿童文学、出版学等多个学科，需要相关学科专家学者密切配合、协同攻关。为此，北师大出版集团成立专门的研究机构——京师分级阅读研究中心，设立了专项经费，聘请权威专家担任专家委员会主任，立项"中国儿童青少年中文分级阅读标准研制与应用研究"课题，组建了主要由北京师范大学中国语言文学、教育学、心理学等"双一流"学科专家组建的课题组，计划用 10 年左右的时间，分三期完成课题研究。课题组的目的是研制基于少年儿童核心素养、真正符合少年儿童发展水平、满足少年儿童发展需求、促进少年儿童健康成长的中文分级阅读标准，并将其应用于阅读指导实践中。课题组聚焦文本难度分级和阅读能力分级两大关键问题，将中文文本难度与儿童青少年阅读能力进行匹配，解决了中文分级阅读领域基础、关键的理论和技术难题，为少年儿童阅读指导提供科学有效的模式和参考，促进相关行业规范化、科学化发展。

2. 积极承担分级阅读标准起草是项目成功的核心

在研究的基础上，北师大出版集团承担了全国出版物发行标准化技术委员会少儿分级阅读标准的起草工作，组建了包括出版发行、儿童文学、教育学、心理学等各领域专家在内的标准起草团队。团队首先开展《3—8岁儿童分级阅读指导》团体标准的研制工作，经过充分的前期调研，以教育部颁布的《3—6岁儿童学习与发展指南》《幼儿园教育指导纲要（试行）》《义务教育语文课程标准（2022年版）》等为政策依据，按照科学性、实践性、稳定性、阶段性、本土化原则，形成了初稿。经过多学科专家的多次指导、评审和反复修改，历时4年，《3—8岁儿童分级阅读指导》团体标准终于定稿发布。标准以年龄段为单位对阅读指导的级别进行划分，明确了对应年龄内儿童读物的分级特征和阅读能力指导目标，旨在激发儿童的阅读兴趣，增强儿童的阅读能力，综合提升儿童的核心素养。标准也使童书推广发行工作有据可依，推广人员能够适龄适宜地对童书进行推荐推广；标准引导童书发行推广在关注"读什么"的同时也关注"怎么读"，为阅读推广、服务、指导工作提供参考。

3. 基于分级阅读研究成果打造整体解决方案是项目成功的关键

北师大出版集团依托研究成果，研发构建了集图书、平台、服务为一体的分级阅读整体解决方案，解决少年儿童阅读兴趣激发、阅读计划指引、阅读方法指导、阅读任务安排、阅读写作训练、阅读拓展活动设计等一系列问题。一是打造完整的3—15岁分级阅读图书产品体系，面向幼儿阶段的少年儿童，推出"京师阅读树"系列；面向中小学阶段的少年儿童，推出"美丽阅读"系列和"书香少年"系列。二是配套上述图书产品，开发"京师阅读"平台，提供完整的数字资源、阅读测评和阅读指导服务；"京师阅读"手机端为学生提供读前指导、读中闯关、读后测评服务；管理后台为学校和家庭提供学生大数据成长报告，目前已覆盖2000多所学校100多万名师生。三是提供全面的培训和服务，帮助教育机构、教师、家长构建符合其自身特点的分级阅读整体解决方案。

二、京师书法

"京师书法"是一款为了普及书法教育而精心打造的 AI 书法教学系统。系统由课件教学、课堂点评、启功讲堂、集字、文化拓展模块组成，内置 3500 多个课件、20000 多个教学视频、1500 余幅高清碑帖图片、200000 张集字图片以及书法史、书法常识、书法篆刻常识等优质资源，全面满足师生的教学需求。通过科学的课程设计，将优质的教学资源和人工智能自动评测技术相结合，助力书法教育普及，使非专业书法教师也能上好书法课，让普通教室也能开设书法课，让每个学校都能开好书法课。

1. "京师书法"的主要研发阶段

"京师书法"的研发经历了策划立项、产品研发、运营推广几个阶段。

策划立项是融合出版产品实现用户价值的源头。对传统出版单位的融合出版产品来说，优质内容是核心价值，如何利用新技术提供多元产品形态，为用户打造优质产品体验的同时，实现社会效益与经济效益的统一，是打造融合出版产品的关键。融合出版产品的策划需要调研市场需求，提炼用户价值，继而锁定目标用户，制定出符合企业特点的产品战略。在"京师书法"的立项阶段，项目组调研发现，大多数学校兼职书法教师居多，此群体用户画像的共同特点是：非书法专业、软笔书写能力弱、专业书法知识匮乏、短时间内难以提升软笔书写能力。这类群体的用户画像是"京师书法"产品定位的关键要素。项目组通过进一步调研分析，明确了"京师书法"主要目标用户是兼职书法教师，并基于这个定位，制定了"依托北师大书法教育研究优势、北师大版书法教材优势，解决书法教育普及过程中遇到的专业教师数量不足、学生学习书法兴趣不足、教学资源匹配不足等痛点问题，让普通学校的兼职教师在普通教室也能开好书法课"的产品战略。

确定产品战略后，进入产品研发阶段，产品研发的核心是需求的确认与实现。"京师书法"采取了标准化、流程化、可监控、可评估的研发流程，包括需求分析、描述与评审，产品交互原型设计与评审，用户界面设计与评审，软件研发与测试，内容研发、审核与测试等关键环节。科学规范的研发流程，可以使需求更加明确、目标更加聚焦、设计更加合理、进度更加可控、质量更有保障。

研发初步完成，"京师书法"采用最小化可行产品进行了前期验证，目的是检验产品是否满足市场需求、是否能解决用户的痛点、是否具备商业推广价值，通过获取用户反馈，进一步迭代完善，使产品达到相对稳定状态，从而正式推向市场。需要注意的是，最小化可行产品试点时，提供的版本可以不完整，但不能粗糙，核心功能不可缺失，易用性、美观性等影响用户体验的因素也必须达到及格线以上，否则会影响试点效果。

"京师书法"推向市场后，项目组根据产品特性和渠道属性，构建了多种营销模式：一是融媒体产品销售模式，借助纸质图书市场渠道，形成"软件免费+服务收费"的推广模式，以免费软件拓展市场，通过增值服务转化收益；二是智慧教育服务模式，将书法特色课程纳入区域智慧教育整体解决方案，通过 To-G 的模式销售；三是特色销售渠道，通过面向学校的软硬件代理商、教育培训服务商、智能硬件设备商等进行推广。

高质量的用户服务是融合出版产品必不可少的。传统纸质图书的生产与用户使用过程是分离的，生产者无法实时获取用户使用信息，其本质是产品经济；而融合出版产品更关注用户的使用过程，可以实时获取分析用户的使用数据并反馈优化用户服务，其本质上更侧重服务经济，甚至是体验经济。考虑上述情况，"京师书法"一是提供差异化的解决方案，根据不同学校书法教学的不同需求，提供普及版、专业版和旗舰版三种组合产品解决方案。普及版具备基础的教室配置、简洁的交互设计，使用成本低廉，满足基本的开课需求，提高非书法专业教师的上课率；专业版配备教师端软件系统、教师高拍仪以及学生端 Pad，提供书法教、学、练、测、评等教学环节服务；旗舰版提供智慧书法教室整体解决方案。二是提供高质量的服务，包括使用前的安装调试与教学培训，使用过程中技术问题 24 小时响应服务，组织专业书法教师点对点跟班听课，帮助使用学校培养"专精"与"广博"相结合的专兼职书法教师队伍。同时，定期组织教学培训与指导、举办书法作品展示活动、提供教学研等一系列教师课堂教学与专业成长服务。

2."京师书法"研发中的关键问题

一是处理好"内容"与"技术"的关系。融合出版产品不是内容与技术的简单组合，而是根据用户不同使用场景的需求有效适配，本质上是解决用户特定场景下的特定需求，内容和技术都是为用户需求服务、帮助解决用户的痛点。

融合出版产品在应用技术的过程中不必盲目追求技术的先进性，而要注重技术的适切性。技术的选择和使用不是越先进越好，要综合考虑新技术能否给内容带来新的呈现方式，能否通过技术融合丰富产品的表现形态，能否通过技术迭代升级用户的使用体验，能否通过技术创新优化服务质量、提升服务效率。"京师书法"为了解决兼职教师无法对书法习作进行专业测评的痛点，创新研发了书法智能测评算法，算法选择从整字、结构、部件几个维度进行评分并给出相应评语，有利于学生书写规范和书法学习兴趣的培养，提升学生书写能力。

二是处理好内容资源"多"与"少"的关系。融合出版产品的一大优势就是摆脱了传统物理载体对内容呈现形式单一性、结构固定化的束缚，通过"云"的方式与"端"对接，极大地提高了内容供给的丰富性、呈现方式的多样化，为用户提供个性化、差异化服务。调研发现，市场上不少融合出版产品提供的内容存在为"多"而"多"的现象，在产品中堆砌了海量的内容资源，用户被淹没在庞大的内容库中，反而造成选择困扰，增加选择成本。融合出版产品内容资源不是越多越好，而是要精品化、特色化、体系化，按照教学的场景进行结构化组织，达到"所见即所需"的效果，同时也要为用户的自主创造提供空间。特别是教育类的融合出版产品，内容资源的选择和使用要从真实的教育情境出发，针对特定情境下的问题，分析学习者特征、教学任务和学习内容，匹配学习素材、工具、支架与路径。"京师书法"项目基于用户反馈和数据分析，提供精炼的内容资源，优化呈现形式，课堂教学的流程和知识脉络清晰，受到教师的好评。

三是处理好产品迭代"快"与"慢"的关系。"小步快跑、快速迭代"是互联网产品的基本特点。"快速迭代"适用于产品的试点推广期，用一个试用版本去验证产品设计的合理性，快速试错，快速迭代，避免大规模研发与市场推广的成本浪费。要把握好产品迭代"快"与"慢"的节奏，慢了自然不行，但也不是越快越好，有时候"欲速则不达"。"京师书法"在项目运营初期，没有考虑用户的学习成本和使用频次，一度快速迭代版本，结果频繁的升级给用户带来了困扰，导致授课教师无所适从，刚刚形成的使用习惯又需要重新调整，经常抱怨软件更新速度太快。因此，快速迭代的实施要综合考虑产品业务模式、生命周期、迭代成本、用户特点等多种因素；同时，还要处理好产品迭代与用户调研之间的关系，用户调研必须有产品思维，对产品的设计思路、迭代周期要有深刻洞察，多做一些"小而精"的调研，识别诸多用户需求中的"真需求"与"伪需求"，建立用户、设计、产品、技术之间的流畅的协同机制与互信关系。

第十五章　科学出版社融合创新探索与实践

彭　斌　唐　亮　黄延红[①]

进入数字化时代以来，科学出版社为了更好地服务于科技创新、优化自身业务结构和促进高质量发展，以加强优质内容生产和传播、创新先进技术应用、打造数字化品牌、提升经营发展质量为目标，开展了卓有成效的融合创新探索与实践，建成专业科学知识库、数字教育云服务平台、医疗健康大数据平台、期刊融合发展平台和出版融合支撑平台。未来科学出版社将在继续聚焦科技出版主责主业的同时，加强融合创新的顶层设计和战略实施，构建立体化、数字化的科技知识服务体系，为建设科技强国、实现高水平自立自强贡献出版力量。

第一节　融合创新的必要性

一、服务科技发展的需要

科学出版社的发展伴随着中国科技事业的发展，近 70 年来出版的科技图书和期刊在传承科学知识、开展学术交流、推动我国科技发展方面作出了重要的贡献，见证了我国科技事业的发展历程。进入数字化和互联网化时代以来，数字化科技文献作为创新驱动发展的基础设施，取代纸质文献成为科研

[①] 彭斌，硕士，中国科技出版传媒股份有限公司（科学出版社）总编辑、编审；唐亮，博士，中科数字出版传媒有限公司总经理、副编审；黄延红，博士，中国科技出版传媒股份有限公司（科学出版社）期刊发展中心主任、编审。

人员使用的主流资源形态，极大地提高了用户获取信息知识的能力和效率。数字内容发布所遵循的 FAIR 原则（Findable，可发现；Accessible，可访问；Interoperable，可互操作；Reusable，可重用），是当今科技知识传播交流的重要特征。在科研范式、共同体交流互动方式和科研全流程运作模式均发生深刻变革的当下，传统的出版模式已经不能满足科研的需要。科学出版社以服务于科研工作者、支撑科学共同体发展为业务核心价值，因此开展融合创新的首要推动力来自于服务对象的需求变化。

二、出版业务结构优化的需要

根据国际科技与医学（STM）出版商协会发布的《2021STM 全球简报——经济和市场规模》：2018—2021 年，全球 STM 出版市场，期刊和图书总收入约 127 亿—140 亿美元/年，其中期刊约占 3/4，图书约占 1/4。具体细分，在科技类（ST）书刊中，期刊占比约 90%，图书约 10%；在医学类（M）书刊中，期刊占比 55%，图书约 45%。从上可以看出，全球 STM 出版市场期刊所占份额大于图书。

另一方面，营业收入排名前列的国际出版机构中近一半以学术出版为主业，并且数字业务在收入结构中占据主要地位，如爱思唯尔（Elsevier）以期刊为主的数据库和解决方案型数字产品产生的数字化收入占总收入的 90% 以上。而科学出版社作为国内最大的综合性科技出版机构，目前大部分收入仍然来源于图书的印本业务，亟需通过融合创新来优化业务结构，加快实现从传统出版向知识服务的转型升级。

三、出版社高质量发展的需要

传统出版长期习惯于依靠品种扩张和定价上涨来获得增长，但同时伴随着生产成本加大、平均印数下降、生产要素投入比例失衡、库存高企、渠道大打折扣战等难以解决的问题和矛盾，单纯依赖数量规模扩张的发展方式难以为继。支撑传统出版业务的"编—印—发"线性流程也越来越难以适应数字时代内容生产和经营管理的节奏和要求。现如今，人工智能、大数据、云计算等新技术的不断涌现，互联网思维和运营模式的持续迭代，在科技知识服务领域催生出新的形态、业态和生态,也为出版企业的经营发展带来了新的动能。出版社高质量发展有着丰富的内涵和外延,是从内容质量、经营管理水平到多种效益的全面提升。只有坚定不移地开展融合创新,才能解决传统业务发展中的难题、开创高质量发展的新局面。

第二节 融合创新的目标

近20年来,数字技术的飞速发展推动社会步入一个全新的数字时代,学术交流和传承的方式正经历着巨大的变化,科技出版业也面临着全方位、深层次的变革。如何在这一变革中通过融合创新获得高质量发展,是摆在所有科技出版工作者面前的重大课题。在开展融合创新的过程中,科学出版社研究确定了以下几个目标。

一、通过融合创新,实现优质科技知识内容的高效生产和传播

出版是内容产业,内容永远都是核心竞争力,而技术是服务于内容生产和应用的。在开展融合创新的过程中,出版者始终要问产出的内容是否更优质了、优质内容是否传播得更广了、受益于优质内容的用户是否更多了,用这些问题的答案来衡量融合创新所产生的效益。而要想实现这些目标,就要充分地应用先进技术和把握科技领域受众群体的需求,切实把出版内容优势转化为融合发展优势。这些目标也会反向推动出版流程升级再造,建立不同于传统"编—印—发"线性流程的、全环节智能化的新型出版。

二、通过融合创新,建立健全技术创新应用体系

出版社的转型升级虽然立足于自身内容优势,但也离不开技术创新的加持。然而,出版社本身是缺乏技术创新基因的,因此,开展融合创新的重要目标之一就是提升自身的技术创新和应用的能力,补足数字化转型方向上的短板。同时,各种技术也在不断地涌现、发展、升级,出版社的技术创新并非纯粹追求

技术本身，而是要看技术对业务的支撑作用，深入分析研究技术是否与融合发展业务目标相适配，是否能够促进数字内容多形态、多层次的价值延伸，是否有利于建立融合发展的新产品、新服务、新模式。

三、通过融合创新，打造出版社数字化品牌

科学出版社在我国科技出版史上占有重要地位，由一代代知名科学家组成的作译者队伍铸就了"科学家的出版社"这一品牌。如今进入数字互联时代，由于用户对象的行为方式、与出版物和品牌的关系建立方式都发生了变化，出版机构的品牌建立和维护机制也相应发生变化。出版社除了要在数字化、网络化的世界里积极推动融合创新、充分发挥内容资源优势、积极布局新形态产品和业务外，还应当根据目标市场和目标用户进行品牌定位，研究设计出适合自身业务发展和竞争力提升的品牌发展战略和措施，最终形成有影响力的数字产品品牌并提高用户对数字品牌的认可度和忠诚度。

四、通过融合创新，提升出版社经营质量和整体发展水平

传统业务经营模式越来越难以支撑出版社整体发展的情况，凸显出融合创新的紧迫性和必要性。科学出版社在转型过程中深刻认识到，数字业务不是对传统业务的一个补充，而是建立在新的经营模式上的全新业务体系；其对应的市场并非是与传统业务市场争利，而是能够创造或引导市场产生新的服务需求和消费习惯。数字时代下，市场的发展不会以任何机构的意志为转移，所以出版社只有积极主动地适应甚至前瞻性地引领融合创新趋势，才能持续形成新的能力和资源去开拓新的市场，促进自身经营质量的提升。

第三节 融合创新的实践

科学出版社在转型升级过程中坚持"见市场、见用户、见效益"的基本原则，围绕知识服务的四大业务方向：专业学科知识库产品、数字教育云服务、医疗

健康大数据、期刊业务转型发展，加快推进知识服务平台和数字产品建设。

一、专业科学知识库

在专业学科知识库方向上，科学出版社主要是利用自身积累的自然科学技术一类学科领域的图书、期刊等内容资源，以及外部集聚购买的融媒体资源，研发面向垂直细分学科领域的知识服务产品，助力科研人员提升科研效率。目前，科学出版社已经开发了"科学文库""中国生物志库""科学智库"和"中国古生物地层知识库"等产品，实现了分学科知识库产品的多样化、垂直化、集群化发展。

"科学文库"是科学出版社数字图书全文检索、在线浏览和下载借阅的平台，是优秀科学家的群体智慧宝库，集合了近6万种科学出版社的图书内容资源（每年更新约3000种），几乎囊括科学出版社60余年来所有获奖作品、院士著作、重点丛书、各学科必备经典专著等，堪称"科学宝库、数字典藏"，曾获中国出版界最高奖"中国出版政府奖"，是国家新闻出版广电总局首批"新闻出版产业示范项目"。"科学文库"以服务于教育科研机构的专业人员为宗旨，提供专业优质的数字图书资源、高效便捷的知识服务，满足各个层次的专业人士和广大用户对权威、经典、实用科技知识的需求，有效支撑科学知识水平的提高和相关学科的发展。

"中国生物志库"是以《中国植物志》等三套权威志书300多册的优质内容为基础打造的国内权威的植物和动物数据库，入选了2019年度数字出版精品遴选推荐计划。中国生物志库是我国首个权威发布且具有完整知识产权的中国生物物种全信息数据库，收录了中国近10万种现生生物物种，包括所有的植物类群（藻类植物、苔藓植物、蕨类植物和种子植物），动物类群（昆虫、鸟、鱼、两爬动物、哺乳动物、海洋动物等）以及菌物（真菌、黏菌、卵菌）。数据库提供了生物物种的权威名称、分类地位、形态特征、分布、功用、理论知识等生物学信息。大部分物种配有彩色照片或者黑白线描图。库中每一条物种信息、每一张图片、每一个理论知识均经过学术专家的科研论证与权威鉴定，并已经在正式出版物中发布。中国生物志库通过现代智能语义技术，可实现高级检索，绘制知识图谱，为生物学、生态学、海洋水产、农林、医药、检验检疫、食品轻工等专业的科研人员、教师和学生提供相关知识服务，是我国生物资源开发利用、科学研究与教学的重要参考数据库。

"中国古生物地层知识库"以《中国古生物志》《中国古脊椎动物志》《中国各门类化石》等权威古生物学与地层学专著为内容基础，作为首个全面收录我国古生物系统分类成果并集成物种描述信息、地层、剖面相关信息与理论知识的专业数据库，荣获国家新闻出版署"2023年度数字出版精品遴选推荐计划"。具有对物种和地层信息、理论知识、术语解释进行浏览、检索、筛选的功能，并将各子库的相关信息进行互链以方便追索，为相关专业的科研与生产工作者提供知识服务。

"科学智库"是以科学出版社精选的智库类报告和研究专著为内容、以先进数字化技术和展现形态为支撑的学术资源数据库，包含经济发展智库、公共政策智库、管理科学智库、学科战略智库四个子库，并形成一系列如中国科学院系列报告专题库、中国工程院咨询项目报告专题库、国家自然科学基金应急项目专题库、战略性新兴产业发展专题库、公共安全与应急管理专题库等面向国家重大需求的专题库，汇集了1000种以上研究报告，重点突出学界权威专家的决策思想、国家重大科研项目的决策建议、系统经典的决策方法，为高校、科研院所、政策研究机构、政府等客户提供在线和镜像服务。

二、数字教育云服务平台

在数字教育云服务方向上，公司基于自身出版的高等教育教材和龙门书局中小学教辅，开发了"中科云教育平台""状元共享课堂""信息技术教学辅助平台""爱医课互动教学平台"等数字平台或产品，面向中小学、职业教育、高等教育全层次提供数字教育综合服务。例如，"中科云教育平台"主要面向高等教育领域，目前已上线课程3500余门，注册学生数20万余，注册教师超过500人，周均访问量超过30万人次。"状元共享课堂"主要面向K12教育，通过一书一码的方式，为教辅产品提供在线的增值服务，目前注册用户已达1300万，月活80万左右。依托科学出版社出版的《信息技术》教材，利用多媒体技术开发的"信息技术教学辅助平台"用户数47万余人，月活用户数3.8万人。"爱医课互动教学平台"（含移动端），是科学出版社卫生职业教育分社历时五年，精心打造的互动教学平台。该平台主要面向卫生职业教育领域，是增强现实技术与传统图书的完美结合，是3D模型与音视频讲解的完美结合，是超强云笔记与电子书的完美结合，是课后复习与即时考试的完美结合，是学生与教师互通有无的完美结合，致力于为用户提供一种全新的聚合内容的阅读体验。

三、医疗健康大数据平台

在医疗健康大数据方向上，科学出版社通过获取各大知名医院的临床医学资源，研发了"中科医库""康复医学云平台"等数字产品和平台。例如，"中科医库"聚集了天坛医院之类国内知名医院与专家的手术视频及讲解、临床病例及点评、影像图片解析、患者教育视频等优质临床资源，是多媒体医学知识服务的云平台，旨在为医学科研、教学人员提供权威知识资源，为医护人员提供专业诊疗辅助决策服务。目前该平台机构用户已经达到 300 余家。在第四届中国数字出版创新论坛上，"中科医库"被评为"出版融合创新优秀案例暨出版智库推优"案例，入选 2021 年度数字出版精品遴选推荐计划。"康复医学云平台"聚集了知名医院与专家的优质临床案例、规范治疗操作视频等内容，为用户提供全方位的医疗信息服务。

四、期刊融合发展平台

在期刊融合发展平台方向上，公司结合自身在科技期刊业务上的特点，开发了 SciEngine 学术期刊全流程数字出版与知识服务平台（简称 SciEngine 平台），助力中国科技期刊集群化发展、集约化管理、国际化传播。SciEngine 平台从国家战略和期刊需求出发，2014 年开始搭建集论文投审、内容生产、数据仓储、资源发布、学术提升、营销推广及科学评价的全链条数字出版与知识服务体系，打造了自主品牌的全流程数字出版与传播平台和以自有高水平国际期刊群为核心的内容资源集聚平台，通过"造船出海"，加快我国一流科技期刊建设。SciEngine 平台具有以下优势和特点。①秉承国际上先进出版理念和国际标准，搭建了灵活可配的投审稿系统，实现了基于结构化数据的自动化排版和出版周期的全流程管理，支持微信同步审稿、在线校对，对接国际主流期刊数据库、搜索引擎、第三方知识发现平台、社交媒体和科技媒体，建立了文献检索与学术发现、富媒体阅读与中英文双语展现、精准推送与定制阅读、学术营销推广等，打通了全链条数字出版服务，为平台期刊传播尤其是海外传播提供了技术支撑和服务保障。②实现人工智能和大数据应用，带动我国科技期刊学术质量提升。开展多项人工智能应用与合作，如科大讯飞的中英文自动转译、智谱"秒读论文"视频合成、学术不端自动检测、稿件自动提交、稿件智能创新性检测、智能在线审校、自动结构化排版、审稿专家精准匹配、知识图谱应用、基于知识的精准搜索。通过技术为学术出版赋能，使出版更加高效、更加优质，更好地推动我国自主知识产权的期刊集群化建设，带动我国学术出版行业的发展。③通过国内自主平台实现开放获取出版和数据出版。遵循 FAIR 原则，采用数据 CC（Creative Commons，知识共享）协议和标准，实现期刊的开放获取出版，平台上展示开放获取期刊 169 种，开放获取论文 6.3 万篇，支持《国家科学进展》《生物化学和生物物理学》《一体化安全》《中国科学数据》等学术期刊和数据期刊的全流程出版，推动科学内容和数据共享与再利用、增加科学数据价值。④实现知识服务，融入科研全过程，建立可持续的服务运营模式。拓展产学研用合作，应用科研大数据、人工智能等先进技术，构建用户画像，实现精准推送、科研分析、期刊影响力评价分析和提升促进等多种知识服务功能，不断提高在百度和谷歌被检索几率，置入自荐推送功能，增强刊名和关键词被检索能力，持续提升期刊和学术内容显示度，为科研和出版提供规范、有序服务支撑。

目前，SciEngine 平台已展示期刊 430 余种，其中中文期刊 190 余种，英文期刊 240 余种，SCI 期刊 77 种，38 种刊物处于 Q1 区。平台刊载文章 38 万余篇，点击量累计超过 3800 万次。SciEngine 平台 2015 年获财政部文化产业发展专项资金，2016 年获国家新闻出版署"全国报刊媒体融合创新案例 20 佳"，2019 年获中国科协卓越行动计划集群化试点项目，2021 年中国科学院科学传播局向全院发出"关于推广使用 SciEngine 科技期刊全流程数字出版平台的通知"，2022 年先后入选中宣部国家文化产业发展项目库第二批入库重点项目和国家新闻出版署数字出版优质平台遴选推荐计划。近年来，科学出版社以服务作者为核心，以自有高水平国际期刊集群为引领，充分发挥科技期刊集群化发展优势，加快期刊协同发展。依托 SciEngine 平台打造开放获取期刊自主办刊模式，主动融入国际开放出版生态，探索从免费订阅和混合订阅向开放获取的出版转换，为开放获取期刊创办、海外期刊回归国内自主出版提供经验。

五、出版融合支撑平台

在推动四个方向的知识服务平台和产品建设的同时，公司还积极推动融合发展有关底层支撑性平台建设。例如，公司先后投资建设了"科学出版社 ERP 系统开发服务项目""电子商务平台""在线优先出版平台""智能化按需印刷平台""科技出版云""基于 CNONIX 标准的一体化信息管理平台""基于 ISLI 的数字资产管理平台"等多个数字出版平台，逐步打造一个贯穿产业上下游的一体化、网络化的智能出版系统，推动企业业务模式、运营模式、商业模式不断创新，为企业实现融合发展目标提供强有力的支撑。

2018 年，"科学出版社 ERP 系统开发服务项目"上线运营，涵盖人力资源管理、财务管理、会议管理、合同审批以及生产销售储运等相关业务管理，基本满足了科学出版社的管理需求。在科学出版社 ERP 系统建设过程中，还采用了 CNONIX 标准，CNONIX 应用标准体系由基础应用标准、数据应用标准、技术支撑标准、管理应用标准 4 大部分、37 个标准或规范构成，其中已发布的标准就有 27 个。CNONIX 不仅传递传统出版信息，也传递数字出版的内容和信息。这种全产业链的信息运行模式，基于 CNONIX 国家标准的 ERP 系统建设，全面涵盖出版社的业务及分析系统，包括传统出版、数字出版、BI 三大系统。支持跨端的业务处理能力，支持电脑 WEB 端、移动端、PAD 端、手持终端等设备，支持社内、社外协同办公，支持 PAD 捡书，支持手持终端扫描退货等不同场景的在线业务处理。

科学出版社开展按需印刷（POD）业务始终围绕自身图书出版领域的业务特点。科技图书出版品种多、印量小、销售周期长，图书销售的馆配市场占比较高。同时，科学出版社作为中央级上市出版企业，企业经营对编辑部门库存指标有明确的考核要求。因此，这就需要出版社能够在常规生产之外，开展小批量按需生产的探索，以达到降库存的目标。2016 年，科学出版社建立了自己的"智能化按需印刷平台"（POD）生产线，满足自身销售订单的"按订单的多品种小副本（简版）"超短版业务需求，实现按订单生产的 POD 运营模式。同时，在业务量与产能不匹配时，兼顾短版（平装本）业务需求，推出简版 POD 图书，以便更好、更快地适用数字印刷设备，并将已出版的图书装帧形式简洁化、标准化，采用数字印刷设备生产。经过多年积累，简版 POD 图书品种已经接近 3 万种。

文化与科技的融合、传统媒体与新兴媒体的融合，已经成为产业发展的必然趋势。为不断适应科学界对知识需求的多样化，科技出版的功能及出版与传播的形式也在不断丰富和演进。科技出版未来发展必然由传统出版（1.0 阶段）跨越数字出版（2.0 阶段）向知识服务（3.0 阶段）转型升级，如何更好地实现融合发展、完成向知识服务转型升级是每一个科技出版工作者当下必须深入思考和研究的命题。

未来，科学出版社将积极面对媒体融合新趋势，持续强化和完善数字资源建设制度体系和机制创新，不断扩大高水平、高质量内容资源生产集聚，以多种方式快速提升内容资源规模，集中力量研发和集成先进的智能化出版工具，形成数字化产品集群，同时通过管理智能化系列建设，通过数据驱动提升管理效能，打造数字化技术团队，坚持以我为主，形成一支自主可控、懂出版的数字化技术团队，进一步聚焦科技出版主责主业，加强融合创新的顶层设计和战略实施，构建立体化、数字化的科技知识服务体系，为建设科技强国、实现高水平自立自强贡献出版力量。

第十六章 机工社全方位数字化转型的实践与思考

郭 锐[①]

作为中华人民共和国创立的第一家科技出版社，机械工业出版社（以下简称"机工社"）已经走过了70余年的峥嵘岁月。如何通过媒体融合发展，推动机工社的全方位数字化转型，实现从传统出版到融合出版的跨越式创新发展，为机工社可持续的高质量发展提供强大动能，是新时代必须回答好的一个战略性课题。

近年来，机工社以数字新基建和机制创新为基础，把产业数字化作为近期主攻方向，把数字产业化作为长期考虑，二者相互促进、资源共享、优势互补，加速实现机工社的全方位数字化转型，走出了一条有机工特色的数字化转型新路。在全方位数字化转型具体实践中，机工社取得了一些亮点成就，尝试探索了一系列卓有成效的具体做法，也在实践的基础上对出版单位如何开展数字化转型进行了系统思考。

第一节 全方位数字化转型实践的亮点

一、系统推进数字新基建

机工社从制作端、播放端两条线入手，系统推进数字新基建设。

[①] 郭锐，编审，机械工业信息研究院党委书记，机械工业出版社社长、总编辑。

2019年8月，机工社融媒体中心一期工程建成并投入运营，面积300平方米，是拥有广播级影视设备的高清多媒体数字化演播中心；2021年，在一期演播中心顺利运行的基础上，二期融媒体中心投入使用，面积1100平方米，包含一个演播大厅、两个访谈区、四个小型演播室和一个大型会议室。截至2022年底，融媒体中心累计录制各类课程、活动、节目等近千场。

2019年底，机工社建设开通自有视频直播平台——九州云播平台。截至2022年底，九州云播平台共上线各类直播和课程3200余场，视频资源接近20TB，视频总时长180万分钟，总观看量近3200万人次。

机工社的数字化新基建在出版行业处于领先水平，以制作平台和传播平台为核心的数字新基建系统推进，为机工社数字化转型奠定了坚实的物质基础。

二、全力布局视频营销新赛道

机工社大力推进私域流量建设，构建微信公众号、头条号、微博等新媒体营销矩阵，并进一步通过私域沉淀、激活终端，挖掘提升营销效果。截至2022年底，机工社各领域自媒体账号、社群已累计近千个，粉丝总量破千万；机工教育全媒体矩阵用户超百万，网媒、微媒用户均超50万，每三个高校教师中就有一个是机工的读者，机工教育公众号在2022年获"大众喜爱的阅读新媒体号"荣誉。

机工社及时把握直播风口，积极开展直播尤其是品牌自播。截至2022年底，已累计开展直播2000余场，观看人次3000多万，在行业内形成"千场千万"的机工直播现象。定位硬社科、硬科技的"品牌自播"持续强化，2022年天府书展期间连续两天单场成交额突破100万元，打破了抖音成人类图书品牌自播交易额纪录，在行业内树立起了"品牌自播"的新标杆。

图书出版的营销数字化全面提速，为机工社拓展了新的营销渠道，也为机工社有效应对疫情不利影响和经济下行压力发挥了巨大作用。

三、积极培育数字出版产业

机工社在前期深入调研、充分讨论的基础上，将数字出版作为产业级的经营业务进行整体规划、重点布局，取得了非常显著的实际成效。

在制度建设方面，2019年制定发布了《数字出版产业三年行动纲要（2019—2021）》，明确了机工数字出版产业发展的总体原则、产业布局、重点产品及平台规划、渠道规划与阶段目标、组织与实施方案。又在纲要的指导下，制定了数字出版的"一个标准、四个办法"，即《数字出版技术标准汇编》《数字资源管理办法》《数字产品生产管理办法》《数字产品销售管理办法》和《数字印刷生产管理办法》，建立了一整套数字化内容生产、传播、服务的标准体系和规范，为实现内容与技术、内容与平台、内容与用户之间的深度融合确立了准则。设立了专门的产业基金，支持出版、期刊、咨询等其他产业中的数字化转型重点项目。

在组织建设方面，按照数字出版业务链条组建了数字产品制作、数字技术研发、数字产品发布、数字产品销售等方面的专门业务部门，并在部分编辑室试点成立专门的数字产品策划部，为数字化转型高效推进提供了有力的组织保障。

在具体实施方面，除大力搭建基础设施外，规划和建设了数字资源管理平台，并重点打造天工讲堂、工程科技数字图书馆、机工教育数字化服务平台等平台。"天工讲堂"2022年合同总金额已超1000万，先后获得国家新闻出版署2021年"数字出版精品遴选推荐计划"提名奖、中国出版协会2020年出版融合创新优秀案例暨出版智库推优等荣誉；"工程科技知识服务平台"2022年试用用户490家、购买用户53家、合同总金额400万元，入选国家新闻出版署2020年"数字出版精品遴选推荐计划"；"机工教育数字化服务平台"项目入选国家新闻出版署2019年"数字出版精品遴选推荐计划"。

数字出版产业已经成功上升为机工第五产业，2019—2022年累计制作发行了1.5万+种电子书，开发积累了600+门共3000+学时的视频课程，累计创收近3000万元。

第二节 全方位数字化转型实践的做法

机工社并非数字化转型的先行者，在短时间内取得这些亮点成就、实现补课赶超并不容易,但也绝非偶然。总结起来,始终坚持正确的工作思路,针对不同业务的特点采取不同的创新做法进行落地,是机工社全方位数字化转型取得初步成功的关键所在。

一、机工社数字化转型的工作思路

在数字化转型过程中,机工社始终坚持将以媒体融合发展为手段,实现可持续的高质量发展,作为指导方针;以纸电同步、融合出版为目标,一手抓产业数字化——赋能传统出版,一手抓数字产业化——开拓数字出版,走出一条有机工特色的数字化转型新路,作为工作策略;以市场需求为牵引,聚焦工程科技主业,服务工程科技发展和工业化建设,作为内容定位。

二、推进图书出版全方位数字化,实现全流程创新

机工社从生产、管理、营销、内容的多个维度、整个流程出发,推进图书出版的全方位数字化。

生产数字化方面,大力推广按需印刷(POD),按需印刷种次从2019年的500种次上升到2022年9000余种次,降本增效成果显著,库存周转率逐步改善。稳步建设泰安智慧物流与数字出版基地,打造集智能化、现代化、信息化于一体的多元图书供应链管理和大数据物流中心,建成后将形成不低于40亿码洋的年发货能力,并将成为机工社的数字产品加工中心、大数据中心、数码印制中心,进一步赋予机工发展新动能、开拓机工发展新空间。

管理数字化方面,通过ERP系统打通了编辑、印制、发行、财务的内部数据,对接了印刷厂、销售平台等外部数据,不仅实现了数据的横向整合、纵向打通,而且通过数据分析系统(BI)科学指导决策。

营销数字化方面,机工社在行业内率先探索社群、自媒体、直播、短视频、直播带货、品牌自播等营销新模式,积极构建起了全媒体营销新生态。

内容数字化方面,积极推进教材、工具书数字资源配套建设,稳步开展数字化立体教材、数字化手册建设,全面推广大众图书"一纸三电",即纸质图书和基于纸质书的电子书、有声书和视频化服务课程的建设。

三、推进期刊出版从纸媒到全媒体，实现融合创新

机工期刊出版的数字化转型率先突破，构建起了"五位一体"（即纸媒、数字媒体、活动、图书、增值服务五位一体）的全媒体业务运作方式。以《金属加工》杂志为代表，建设全媒体传播体系，形成了"线上为主，线上线下相结合"的工作模式，形成了190万的专业粉丝资源和强大的传播力，数字化收入占比已经达到50%以上。

四、推进数字出版整合资源，实现集成创新

注重观念先行。首先从观念上引导全体员工尤其是各级管理人员树立数字化、网络化、智能化思维，成为作决策、开产品、拓市场、强管理的思想自觉和行动自觉。

将集成化项目作为主要抓手。以构建中国自主的现代工程科技知识体系为目标，着力开发原创硬核资源，推进天工讲堂、数字化手册、专业数据库、工程科技数字图书馆等重大项目。

着力探索商业模式。探索分层分类的数字化产品适配性营销模式，提升连接终端能力和用户运营能力，有效提升经营收入，力争提供的产品和服务涵盖院校、企业、科研机构、行业、政府等多种类型，逐步具备"自我造血"能力。

五、加大数字基础设施建设投入力度

在网络基础设施方面，加快机工信息网络基础设施的横向整合和升级改造，包括光纤网络扩容提速、云网协同服务等，以应对日益庞大的数据增长，以及各产业实际应用需求。

在资源管理系统方面，加快机工数字资源管理平台的升级改造，为数据资源的采集、存储、管理、使用提供基础保障。

在数字平台方面，加快推进九州云播、天工讲堂、数字化手册辅助编辑出版系统等数字化平台的升级改造，把内容、受众、市场需求同步整合，打造跨终端、多点突破的数字化服务平台。

六、强化数字人才培养开发力度

机工社不断强化数字人才培养开发力度，建立健全数字人才培养机制。一方面对现有人才加大培训力度，专门组织短视频培训班，不断提高视频化策划和制作能力，不断提升全员数字化、数智化的能力和技术。另一方面，加大引进人才力度，从互联网企业、广播电视媒体、视频直播平台等渠道引进具有数字化产品研发、制作、运营能力的高端人才，弥补现有人才队伍的不足。

通过实战锻炼、技能培训和人才引进，已初步打造了一支能够适应全媒体经营的复合型、专才型数字人才队伍。

七、全方位数字化转型典型案例

下面以天工讲堂、数字化手册以及金属加工为典型案例，详细介绍一下机工在教育出版、专业出版以及期刊出版三个领域实现数字化转型的具体做法。

案例1：天工讲堂

天工讲堂定位清晰，锚定"平台赋能、资源聚焦"这一整体目标，致力于成为机工社官方在线学习平台，数字化教育服务支撑平台，工业技术、工匠技能、工业文化传播平台以及工人的终身学习平台，为用户职业技能提升提供硬核资源，为院校教学提质提供丰富手段，为企业员工培训提供学习园地。

天工讲堂资源特色鲜明，聚焦装备制造业技能培养，目前共有学习空间1.5万个，课程资源3000余学时，其中装备制造类课程185门（6281集）、汽车制造类课程152门（2979集）、电子信息类课程100门（4283集）、建筑类课程109门（1244集）、经管社科类课程124门（2629集）。

天工讲堂的产品与服务形态多元，形成了包含数字课程、数字化教材、数字资源库和在线学习平台在内的"三数一平"产品和服务体系。

天工讲堂商业模式成熟，已经探索形成了"获得线索—竞标项目—策划内容—制作开发—交付成果—平台运营"的商业模式。目前已与数十家院校及企业达成合作，合同金额超千万元。

案例2：数字化手册

数字化手册定位清晰而聚焦。用户定位于在校生、技术工人及技术人员；

产品服务定位为提供资源包、课程包、培训资料和查询工具；专业领域定位在机械、电子、汽车等我社优势专业领域，且必须具备独家资源、专业精深、市场刚需等特点。

数字化手册的开发目标明确，即打通资源层，形成集电子书、计算公式、设计流程、坐标图、知识条目、视频、动画、仿真等的内容资源池；开发"纸书+配套数字资源""电子书+富媒体资源"和主题集群数字化手册（即"多种同类数字化手册集合+富媒体资源"），以及基于工作岗位和工作任务的工作站式数字化手册产品；进一步实现构建科技手册工具书数字化知识体系，为用户提供"标准化+定制化"知识服务目标。

在数字化手册产品开发之初就进行了商业模式的调研和探索，形成了包括提供增值服务、新生成数字化或纸质手册、提供定制化知识服务、建设私域流量、组建数据库产品、广告收费等在内的商业模式。具体而言，提供增值服务就是提高纸质手册使用价值，增加纸质手册销量，并且便于纸质手册内容更新和再版，从而提升传统出版的选题开发竞争力；新生成数字化或纸质手册，即通过对资源池中知识单元的梳理、抽取和整合，重新组合成数字化手册或出版纸质手册，实现纸质手册和数字化册的相互赋能转化；提供定制化知识服务，即通过触达企业等终端用户，明确具体需求，为其开发定制化产品，并借此进一步补充资源池和数据库，形成策销闭环；建设私域流量，即通过数字化内容为自有公众号、小程序等引流，从而积聚私域流量；组建数据库产品，即以数字化手册单品、数字化手册集群、具有特定知识体系的数据库产品，向 C 端和 B 端进行销售；广告收费即通过软硬广告形式实现收费盈利。

案例3：金属加工

《金属加工》创刊于1950年，从2013年后进入全媒体经营时代，到2018年后数字媒体收入成为第一大类收入，走出了一条以数字媒体为核心的全媒体融合发展之路，构建起了集纸媒、数字媒体、活动、图书与增值服务"五位一体"的全媒体立体化内容与传播服务体系，通过各类产品之间相互赋能，已发展成为目前中国金属加工领域最具影响力的全媒体服务平台。在数字化转型过程中，《金属加工》着力深化媒体融合，构建数字化平台，主要采取了如下一系列做法。

搭建微信矩阵，打造综合性线上内容平台。目前，《金属加工》形成了以"金属加工""汽车工艺师"为旗舰号，"机工机床世界""工业机器人""焊接与切割联盟"等细分领域号为主体的微信矩阵，并且内容定位于"有用、有趣"，推送大量实用的技术干货、前沿技术报道，行业动态等内容。截至目前，"金属加工"微信号粉丝量57万，累计发文1.6万余篇，2014年至今总阅读量超过1.9亿次。

创办金粉讲堂，打造在线视频学习、互动技术交流平台。金粉讲堂按照产品化、体系化、品牌化思路打造视频栏目，栏目定位于介绍金属加工先进技术、新产品、加工解决方案及实用性经验为主的在线学习课程，每期40分钟左右。2017年3月开播以来，已累计播出180期，观看人次突破250万。

举办在线论坛，打造聚焦主题的专业论坛。在线论坛内容聚焦于汽车、航空航天、工程机械、模具、功能部件、机床工具等领域的先进制造技术，自2020年4月推出以来已累计举办35场。

开展展会、企业云直播，打造了解最新技术和产品的平台。展会直播聚焦于行业展会，自2017年4月中国国际机床展直播开始，迄今已累计直播行业重点展会超过48个，视频内容超过2000条。企业云直播聚焦于对一家典型企业进行全方位深度视频报道，自2018年底首次推出以来已累计直播63场，每场大约2小时左右。

制作专题视频节目，已经成功策划制作了劳模天团、金属加工3·8女神节等节目，取得了非常积极的社会影响。

开办短视频栏目，形成了以新闻、访谈、知识分享三大系列为主的短视频栏目体系，从而与金粉讲堂、会展直播、企业直播、在线论坛为主的长视频栏目体系形成定位差异，初步完成了长短视频结合、深宽内容互补的视频产品体系布局。目前短视频已经成为《金属加工》杂志社报道行业重大技术进展、重要新闻事件的主要方式，也成为了杂志社服务读者和用户最重要的手段之一。

第三节　全方位数字化转型实践的思考

近年来，机工社一直在全方位数字化转型道路上实践探索，也从未停止过对全方位数字化转型的思考。从机工社具体实践可以看出，出版单位在推进全方位数字化转型的过程中，需要重点做好如下四个方面的工作。

一、坚持需求导向

与所有产品一样，数字化产品和服务的生命力始终基于市场需求。只有从需求出发，提供相适应的高品质、差异化的硬核产品和服务，占领用户心智，才能形成自身的独特价值。

在实践过程中，要坚决防止"闭门造车"式的脱离市场的产品开发方法，而要始终坚持产品的商业逻辑，始于市场终于用户，实现知识与需求的精准对接，追求投入产出效益，从而找到可持续的商业模式。

二、坚持技术服务于业务

要始终明确一点，即数字化是手段、工具，数字技术是为业务发展服务的，不能为了数字化而数字化。技术驱动下的数字化转型，最直接最明显的作用是通过科技进步提高产品附加值、提高运行效率、提高经济效益，既赋能传统内容生产，又创造新产品新服务、提供新价值，促进出版产业的融合发展。

三、坚持顶层设计与单点突破相结合

数字化转型需要明确战略、整体规划、体系布局、统筹推进。特别是要快速行动、找到突破口，力求在某一个点、某一个专业、某一个领域做出产品、趟出市场，在市场的炮火中检验并修正认知。

四、坚持敢于碰硬和循序渐进

转型过程中一旦明确目标，则要加大投入，着力开发硬核资源、拳头产品、关键平台、重要工具，坚定不移地推进全方位数字化转型。同时也要"先小后大、小步快跑、逐步积累、伺机突破"，循序渐进地做好全方位数字化转型这篇大文章。

第十七章　高等教育出版社融合发展与产业升级创新实践

苏雨恒 ①

进入21世纪特别是近十年来，互联网、大数据、人工智能等新一代信息技术，推动出版业发生最具革命性的变化。以技术、数据赋能为重点（核心），出版业全链条、全要素数字化升级转型，成为最具挑战性的课题。从知识生产、传播、运营，到出版机构内部组织、业务流程、规范、标准，出版产业生态被重塑，产业链无论从横向还是纵向都有了较大的调整。

高等教育出版社适应融合发展大趋势，准确识变、科学应变、主动求变，在坚持做好教育出版主业的同时，大力推进学术出版、资源平台建设和在线教育服务，加快融合发展和产业升级，构建起教育出版、学术出版、在线教育与服务三大业务体系，形成以内容建设为根本、先进技术为支撑、创新管理为保障、产业链延伸拓展为突破的发展新格局。

第一节　融合发展取得的积极进展与成效

高教社围绕数字化产品体系、数字化内容生产技术支撑体系、数字化运营和服务体系、数字化管理体系、版权业务体系等五大体系建设，坚持不懈、稳中求进，推进出版主业升级和融合发展，取得积极进展和初步成效。

---

① 苏雨恒，高等教育出版社原社长、党委书记。

一、产品融合创新能力不断提高

20世纪90年代末以来，作为历次国家重大教育信息化、数字化项目的重要参与者，高教社始终把产品融合创新作为教育出版业务发展的推动力和自身能力建设的重要内容，为我国高等教育、职业教育的教学内容、教学手段、教育技术、教学方法的改革作出了重要贡献。一批高水平内容编辑、数字媒体编辑制作队伍，协同作者团队，充分应用先进信息技术，不断创新融媒呈现方式，不懈追求直观、生动、有说服力的表达，全面提升教材和数字资源的可读性、可视性、可听性、可感性，研发出版了一批又一批内容领先、技术先进、服务多元、保障有力、质量上乘、影响广泛的融合创新产品。新形态教材、数字课程、试题库、学术资源库、虚拟仿真实验、数字教材等，构成新型教育出版产品体系。多项产品入选国家新闻出版署数字出版精品遴选推荐计划。到2022年，新形态教材占年新出版教材品种的92%，成为教材建设的主要模式。目前，已累计出版14000种新形态教材，新形态教材网注册用户1000余万人，资源学习访问约2.5亿人次。

近年来，高教社适应教育教学改革发展新趋势，将数字教材作为重点研发产品。基于互联网和数字技术，已初步建成数字教材生态体系，形成了从数字教材创作、审核、发布、应用的完整闭环，提供一套协同创作工具（云创）、一个教材应用平台（高教数字教材云平台）、多种应用场景。从出版一本纸质教材到链接丰富的数字化资源，到提供教材从编创到应用的在线全流程产品与服务，高教社实现了教育出版产品的升级，不仅巩固了教育出版企业的地位，也提升了优质教学内容生产运营者、教育教学服务提供者的功能，开辟了教材建设新领域，塑造了教育出版新动能。

二、统一的用户、资源、服务大数据中心等基础型平台建设稳步推进，为深度融合发展提供更为优质、高效、安全的技术和服务支撑

高教社在数字化融合发展的初期，在多年的业务发展和服务创新中，根据不同需求建立了多种不同服务类型的网站平台，也积累了大量的数字化内容资源和用户信息。但由于缺乏统一的标准，平台架构差异日趋变大，数据孤岛问

题日益突显出来,内容的复用共享和融合利用面临巨大挑战。针对这些在发展过程中累积形成的痛点和堵点问题,高教社坚持建设与整合并重、不立不破,以中台建设为抓手,进行融合发展基础技术、支撑体系设计和建设,遵循"以数据为核心,实现数据的统一管理和共享""关注平台可扩展性和可维护性""从业务出发关注用户需求和体验""强调安全和隐私保护"原则,开展中台业务规划,以构建自主、安全、灵活、可控的技术支撑体系为目标,稳步推进"数据中台+业务中台"建设。统一用户中心、统一资源中心、统一支付中心、统一安全中心、统一智能审核的建设,为统一管理和大数据应用奠定基础,为各业务系统的发展提供助力和支撑,在数据规范、技术标准、数据同步、内容资产管理、中台建设、智能审核模型等方面探索积累了较丰富的经验。数字中台项目入选新闻出版署出版业科技与标准创新示范项目,管理数据共享与应用创新平台荣获"2020'鼎革奖'中国数字化转型先锋榜年度云赋能奖"。

三、数字产品营销能力水平不断提升,融合发展经济效益显著

高教社不断建立完善数字运营制度体系,保障数字运营业务有据可依、规范有序。构建了与传统业务联动、互补的营销机制和渠道,充分发挥传统营销渠道的优势,弥补其短板和不足;线上线下营销相结合,开展丰富多彩的营销活动。新媒体营销全面开展,取得突破性进展,构建了数字高教系列公众号、视频号等新媒体矩阵,形成互联网营销生态,新媒体用户数不断增长。大学生数学建模大赛辅导课程、高数期末复习宝典课程等面向C端用户的"高教伴学行动"取得良好效果。数字高教商城微店、小鹅通商城、新形态教材网电子商务等线上直营渠道稳步拓展,收入不断增长,经济效益逐步提高。2022年新形态教材码洋已超过20亿元,新形态教材线上配套资源服务年收入超过2.6亿元,数字课程、试题库、专题资源库、网络培训等融合出版产品和服务产值超过2.5亿元。"数字高教"的业务规模和品牌影响力不断提升和扩大。

四、融合发展的业务体系、制度体系、生态体系、流程规范基本建立

2003年高教社ERP项目成功上线,将选题研发、出版、发行、财务、人

力资源的整个业务流程纳入到系统管理中，实现"系统运行集成、业务信息共享、业务流程优化、工作效率提高、内部控制加强、管理效益明显、经营意识提高、市场响应加快"的目标。近十多年来，随着管理理念的革新和信息技术应用的不断深入，持续对 ERP 业务管理系统进行升级改造，企业获利能力分析、经营状态跟踪、销售与市场预测、采购计划控制与交货期控制功能等得到明显加强，管理的规范化、标准化、流程化和数字化水平明显提升，增效赋能显著。高教社因此荣获国家信息化测评中心公布的"中国企业信息化 500 强"，是迄今唯一上榜的出版企业。以规范管理、优化流程、问题导向、风险防控为目标，高教社初步建成支撑融合发展业务快速发展的研发、生产、技术、运营和管理服务制度体系和标准体系。融合发展业务系统建设实现了传统出版与新兴出版的深度融合，为企业经营管理和高质量发展，起到了很好的保驾护航作用。

五、初步建立起知识产权清晰的数字内容版权管理、保护和开发体系

版权是出版机构的核心资源，产业价值链的核心。对于传统出版业来说，长期积累的大量内容资源应当是其最有价值的核心资产。随着出版融合发展不断深入，内容资源的数字版权价值日益凸显。构建数字版权生态体系，提升数字版权管理、保护、开发、运用水平，是推动数字版权高质量可持续发展的必然选择，是释放数字版权价值的必要途径。适应融合发展的多样化业务需求，高教社对已有格式合同进行全面修订，更加注重内容资源多元版权的获取、保护和利用，为全媒体版权运营提供基础支撑。加强和完善各教育服务平台及资源管理系统的版权标注和管理，联通前端、终端、后端业务系统，实现数字内容资产全生命周期管理。通过资源的多部门、多产品、多平台、多渠道共享利用，实现内容资产价值最大化。经过多年建设积累，高教社汇聚了海量优质版权资源和数据资源，积蓄了融合发展的巨大动能，荣获"世界知识产权组织创意金奖——单位奖"。

六、拓展延伸产业链，在线教育服务实现新突破

持续建设用户体验好、运行效率高的在线教育平台，已经形成主要面向高

等教育的"爱课程"、面向职业教育的"智慧职教"、面向高校和中小学教师培训的教师网络培训中心、服务实验教学的"实验空间"、面向外语教学的"iSmart（外语智能学习平台）"、面向各类考试的考试培训网络学院等在线教育品牌系列，累计汇聚类型丰富、覆盖学科齐全的在线课程近3万门，注册用户超过8000万人。以多学科、高水平编辑团队为依托，以知识产权保护的共建共享机制为保障，为各级各类教育开展混合式教学提供"资源＋平台＋教学活动支持＋基于大数据开展教学评价"的全程教学服务，打通信息化教学"最后一公里"。上述资源平台在推动教育教学信息化、数字化、现代化中发挥了重要作用。新冠肺炎疫情期间，各平台有力保障了"停课不停教、停课不停学"，"爱课程"日学习用户峰值超1400万，是唯一入选联合国教科文组织首批推荐的远程学习在线教育平台。2022年高教社助力国家智慧教育平台建设上线运营，圆满完成高等教育智慧教育平台、职业教育智慧教育平台的建设运维工作。蓬勃发展的在线教育业务，对构建服务全民的终身学习体系、优质教育资源共享、多模式教学改革创新、推进教育治理体系和治理能力现代化，作出了积极的贡献。

第二节 融合发展和产业升级的做法

一、坚持战略规划、系统推进

融合发展和产业升级是一个系统工程，需要进行顶层系统设计。高教社始终紧紧围绕两个主要任务，实现两个效果：一是提升出版机构产品研发、生产、营销、服务整体能力和水平；二是打造企业核心竞争力，巩固和提高综合实力。以数字化战略、融合发展战略为统领，通过制定和实施《加强数字化业务，推动出版转型升级工作要点（2013—2015）》《融合发展行动计划（2018—2020年）》以及"十二五""十三五""十四五"《事业发展规划纲要》，实现了战略、蓝图、目标、任务、路径、举措的系统设计和一体化。"十四五"时期，高教社坚持正确方向，坚持一体发展，坚持科学布局，坚持改革创新，坚持应用导向与用户导向，加快在体制机制、业务流程、人才技术等方面推进步伐，推动融合发展和产业升级向纵深发展。在"十三五"

融合发展探索实践基础上，持续推动实施融合发展战略，通过对现有业务制度体系、流程体系的系统梳理、升级和改造，建立适应深度融合发展的一体化组织体系和保障体系，构建新型业务流程，形成集约高效的产业链条。持续加强融合发展生态系统建设，构建以内容资源建设为根本、精品力作生产为核心、先进技术为支撑、创新管理为保障、教育出版和教育教学服务相互促进、相互补充的深度融合发展新格局。

二、坚持项目引领、工程推动

发挥重点项目的引领示范作用和重大工程的攻关作用，面向融合发展的重大课题，针对影响和制约升级转型的核心问题，实施融合发展体系与环境提升、基础技术支撑等专项工程，打通堵点痛点，建设基础条件，带动全局工作。针对产品研发持续实施产品研发质量提升工程、产品融合创新工程、产品融合创新2.0工程。2019年起设立融合发展行动计划"产品研发与出版项目"，每年投入2000万元，用于鼓励和支持产品融合创新。四年来共立项70个项目，支持"马工程"重点教材配套资源体系建设与质量提升、"计算机领域本科教育教学改革试点工作"（101计划）教材建设、中国经济学精品教材等项目。项目的实施不仅促进产品融合创新能力不断提高，培养了精通出版、掌握教育规律和善于应用技术的复合型人才，更有力保障了战略规划的全面深入贯彻实施、目标任务和措施的落地见效。

三、坚持科研先行，应用为要

教育出版是高教社的核心业务，教材建设与研究是高教社的"安身立命之本"。长期以来，高教社始终遵循"编研一体"的工作原则，高度重视教材建设及教育教学改革研究。早在1983年恢复建制时就设立了学术研究部，建立了编辑人员科研制度，自1989年起开始组织年度优秀论文评选，鼓励员工积极开展研究工作。1991年，经国家教委批准设立教材发展研究所，这一专门的研究机构一直延续至今。自"九五"以来，参与历次国家教材规划、教材建设与管理、教材改革等相关文件制定的调研工作。承担"万种新教材建设研究项目""《普通高等学校教材管理办法》实施情况跟踪研究"等课题。先后创办《教材通讯》《教学与教材研究》《中国大学教学》《中国外语》等教育教学及教材研究方面的专业期刊。每年召开教材建设研讨会，举办大量学术研讨活动，助力教学理论与实践的创新成果推广应用，成为高等教育领域推动课程教材改革发展的重要平台。

高教社现有全国高等学校教学研究中心、教材发展研究所，还设有博士后科研工作站、新闻出版署出版业科技与标准重点实验室等研究机构。长期与各级教育行政部门，各类高校、研究机构、学术团体，以及广大专家学者紧密联系，广泛合作，共同开展教育教学改革、教材建设、出版融合发展研究工作，研究成果得到业界认同。高教社创建的"智能+"教育融合出版创新与应用重点实验室，聚焦虚拟现实内容呈现与应用、基于区块链的数字版权保护和运营模式、人工智能与内容生产探索与创新、在线教育知识服务生态体系模式创新四个方向，重点开展课题研究、科研交流、人才培养等工作，积极参与国家标准、行业标准、团体标准的建设，牵头制定了在线课程、数字教材、数字教育资源评价等方面的标准规范，连续两年获评出版业优秀科技与标准重点实验室。

四、坚持综合改革创新，构建人才、经费、组织机构、体制机制四大基本保障

以编辑出版专业人才队伍为基础，通过社内资源整合、多渠道引进人才、建立博士后科研工作站等措施，优化各级各类人才"选育管用"政策和成长发展通道，不断增强人才活力和竞争优势。在资金、资源、考核等方面加强对重点产品、重点项目以及其他需要扶持项目的支持力度。在对教育出版事业部的年度考核指标中增加数字化收入考核项，有效推动出版事业部自觉开展数字化资源建设与融合发展的探索。持续优化内部治理结构和管理体制机制，构建科学有效的组织体系和治理体系。2020年，根据事业发展需要，进行了近年来最大规模的一次组织机构优化调整，构建教育出版、学术出版、在线教育与服务三大业务体系，设置职能部门、教育出版部门、学术出版与教学教材研究部门、在线教育运营与服务部门、融合发展技术支持与管理服务部门、生产营销部门等六大类部门，构建了以教育出版、学术出版、在线教育与服务业务为核心，以市场营销、生产制作、经营管理为支撑，以制度体系和流程规范为纽带的组织体系。融合发展技术支持与管理服务部门的设立，避免了数字出版部门与传

统出版部门之间的市场、资源、用户争夺，破解了融合发展创新的组织机构难题。出台多项措施，推动融合发展部门成为融合创新的重要力量。由融合发展部门主导，建设全社融合发展制度体系、业务流程和产品标准，开展新型产品研发和服务的模式探索等，调动融合发展部门以项目协同方式参与重大出版项目的研发，以数字技术为传统出版融合发展赋能。

第三节　对融合发展和产业升级的思考

融合发展和产业升级是出版业一场革命性的变革，面临这一前所未有的重大挑战，应当勇于创新、大胆实践、稳中求进、坚定不移，不断总结经验，修正失误，勇毅前行。

一、出版融合发展和产业升级，必须坚持内容为王

无论融合发展还是产业升级，都是应用数字技术、互联网技术、大数据、人工智能等现代科技，对传统的内容生产、呈现表达、工具载体、传输渠道、传播方式等进行现代化改造，在这一过程中，技术运用的重要性会特别地凸显出来。特别是因为一些互联网技术企业也在产业链中发挥出越来越重要的作用，成为出版传媒业的一支重要力量。这种现象导致人们一度产生一种认识上的偏差，就是所谓"技术为王"的提出。而正确的认识应该是，必须始终坚持把内容的研发、生产、服务放在各项工作的首要位置，也就是要坚持"内容为王"。因为虽然内容必须依附于最先进的科学技术和材料工艺以及传播渠道手段，但就出版传媒来说，技术、材料、工艺、渠道毕竟是工具、媒介、手段。出版工作的核心任务，也是出版者的历史责任和神圣使命，仍然是优质精品内容资源的选择、组织、生产、传播及相关服务。这是由出版的本质要求和存在价值所决定的，也是文化事业和文化产业发展对文化企事业单位的要求。

值得注意的是，近年来，教育出版的内容选择、组织、生产、传播、服务方式正在发生巨大的变化。尤其是ChatGPT的广泛应用，让大家看到智能内容

生成的可能性，有人认为它可能会颠覆教育出版的内容生产方式，这是对教育出版内容价值的低估。教材的编写并不是程序性、重复性、资料性、简单归纳性的工作，教育出版的使命绝不止于知识的传播，最重要的任务是全面落实立德树人根本任务。在融合发展和产业升级中坚持"内容为王"，就是要牢牢把握教材建设的本质要求，紧紧围绕立德树人根本任务，以编研出版培根铸魂、启智增慧、适应时代要求的精品教材为目标，打造一批又一批服务国家战略，立足学科前沿，富有时代特征，体现中国特色、中国风格、中国气派，具有标杆性和引领性的高水平教材，全面服务教育教学需求。

二、出版融合发展和产业升级，关键是核心能力建设

融合发展和产业升级任务艰巨、道阻且长，路径、方法多样，终极目标和型态也难以预见。这是因为这一波新技术革命尚在不断发展，出版业的新技术应用更是方兴未艾。但有一点是可以把握的。这就是新技术的应用和对出版业的改造，必然带来业务流程再造、规范标准革新、体制机制优化，乃至整个产业链的重组。在出版产业链的重组和再造过程中，新兴的出版产业链上的渠道商、运营商、技术商甚至终端生产商，都会谋求在资源开发、建设、集成、运营及其定价机制、收益分配机制、标准规范制定等各环节中获得发言权甚至主导权。出版机构在融合发展和产业升级过程中的关键，是如何在产业链的重组和再造过程中始终牢牢把握对出版活动的主导权和控制权，产业升级后仍然居于产业链的主体地位，发挥引导力、影响力。

出版机构要达到这一目的，至关重要的是加强自身能力建设。一是精品数字内容的研发能力、数字产品制作能力，这是融合发展成效的具体体现，也是对产业升级的检验；二是基于互联网技术的传播渠道建设能力，这是全媒体传播格局下新的产业规律和市场规律的要求，是对市场营销、渠道建设的要求；三是高新技术的创新性应用能力，这是融合发展全部业务工作的核心任务；四是复合型人才的培养能力，这是关系融合发展与产业升级的基本保障和人才支撑；五是内部体制机制改革创新能力，这是出版业流程再造、产业链重组对内部机构设置优化的必然要求。这些核心能力建设，形成企业融合发展可持续发展的根本动力。

三、出版融合发展和产业升级，没有可照搬复制的经验

由于新技术的发展方兴未艾，在出版产业中的应用尚不成熟，有很多未知情况。对于出版机构来说，虽然有成效大小、领先落后的区别，但几乎是处在同一起跑线上。这也就意味着没有可照搬复制的经验，特别是内容生产的产品原创性而非重复性要求，增加了不可复制的必然。出版机构必须全面考虑自身实际，根据教育出版、专业出版、大众出版的类型特征，图书、期刊、电子、音像、网络等的出版规律，按照不同内容最适合的表达呈现方式、生产传播方法的内在要求，探索形成自身的发展道路，构建业务模式、商业模式、盈利模式。

互联网新媒体业融合创新案例

第十八章　光明网的媒体深度融合探索

杨　谷[①]

　　光明网成立于1998年初，是国内最早设立的新闻网站之一，也是一家定位于思想理论文化的中央重点新闻网站。2023年，光明网围绕主题教育活动的开展，努力探索媒体深度融合前沿，积极运用网络传播新技术、渠道、平台、方法，贴近广大网友，不断增强党的创新理论在网络空间的说服力和感染力。光明网还通过网络中国节、中国非遗年度人物等活动的开展，大力推动中华优秀传统文化传承发展，在网络空间的传播力、影响力不断增强。光明网在探索中形成的智慧媒体审校与风控系统、卫星数据可视化等传播技术、方法，也得到了较大范围的推广应用。

第一节　核心价值观宣讲火力全开

　　"核心价值观百场讲坛工程"是中宣部宣教局、光明日报社主办，光明网承办的面向广大群众的宣讲活动，其特色是线上线下融合传播。自2014年4月开讲以来，已举办130多场，成为持续时间最长、影响面最大的核心价值观宣讲活动。过去3年受疫情影响，核心价值观百场讲坛的线下宣讲次数减少。2023年以来，核心价值观百场讲坛火力全开，线下活动全面恢复，围绕主题教

[①] 杨谷，光明网总裁、总编辑，毕业于北京航空航天大学计算机科学与工程系，北京大学公共管理硕士，高级记者、高级编辑，兼任中国网络社会组织联合会副会长。

育、雷锋精神、文化传承发展等课题，不断掀起线上线下传播热潮。

一、宣讲专家与践行典范交相辉映

中宣部宣教局对核心价值观百场讲坛高度重视，在主题设置、宣讲嘉宾遴选、活动形式创新、活动宣传安排等方面，一直持续给予指导，并不断引导创新。

为了让社会主义核心价值观落地生根，转化为人们的日用常行，光明网在组织宣讲时，让理论专家和实践典范与基层群众面对面，理论结合实践，达到入脑入心、润物无声的效果。

雷锋精神是"核心价值观百场讲坛工程"每年都要重点宣讲的内容。2023年是毛泽东等老一辈革命家为雷锋同志题词60周年，习近平总书记专门作出重要指示。为此，在2023年全国学雷锋日前后，百场讲坛围绕弘扬雷锋精神，精心设计三场活动，持续创新宣讲模式，邀请理论专家和实践典范同台宣讲。

三场活动请来了雷锋同志的小学同学谢迪安、"雷锋班"第27任班长牟振华，也请来了长期立足本职岗位用实际行动传承雷锋精神的辽宁省消防救援总队抚顺支队矿区大队大队长高大千、全国优秀少先队辅导员谢丽华、高速公路收费员方秋子、青年志愿者张家宝等，他们既是雷锋精神的见证者，也是雷锋精神一代代的传承人。他们从身边的小事切入，用亲身实践的点滴讲述，用实际行动弘扬雷锋精神，把雷锋精神广播在祖国大地上。

与此同时，分别邀请中央马克思主义理论研究和建设工程首席专家张国祚、清华大学马克思主义学院教授刘书林、辽宁雷锋干部学院党组副书记李强等，在典型分享之后，再趁热打铁，从不同的专业角度，解读了新时代雷锋精神的丰富内涵和时代价值。

理论专家和实践典范在演讲中互相呼应，相互应证。让理论宣讲有了实践的支撑，让实践案例有了理论的升华，很好地实现了理论和实践的双向奔赴。让雷锋精神与受众能共情、有共鸣，在知行合一中展现社会主义核心价值观的强大引领作用。

文化传承发展座谈会召开后，核心价值观百场讲坛的宣讲主题向文化传承发展聚焦，形成系列。敦煌研究院名誉院长樊锦诗围绕敦煌文化保护传承，中国考古学会理事长王巍围绕西辽河流域文明化进程，北京大学副校长孙庆伟围绕正确认识夏代信史，云冈研究院院长杭侃围绕云冈文化的多元融合，中国博物馆协会理事长刘曙光围绕大运河文化，国家图书馆常务副馆长张志清围绕古籍收藏保护已进行了六场追溯文明、明史增信的宣讲。这个文化传承发展宣讲系列的专家均为历史文化研究权威大家，讲述内容触及历史研究最前沿，深入浅出，对广大群众关心的"何以中国"给出了权威的论断。

二、宣讲与地方实践深度联动

每次宣讲，光明网都会与相关省（自治区、直辖市）宣传部门密切合作承办，精准匹配场地，宣讲工作与地方实践深度联动，推动核心价值观落地生根。

社会主义核心价值观宣讲不是坐而论道，更要有现实指向与实际关切。为此，核心价值观百场讲坛在活动地点的选择上，注意与宣讲内容进行联动，选择最有实际需求的基层一线开展活动。"核心价值观百场讲坛"足迹所至，既有高等院校、重点企业，也有医疗机构、文化场馆；既有贫困县城、生态城市，也有革命老区、地震灾区，深入基层、深入一线，起到了宣讲核心价值观的示范带头作用，助推培育和践行社会主义核心价值观向纵深发展。

2023年举办的以雷锋精神为主题的三场宣讲活动，选择了雷锋的出生地、工作地和发扬地。在重庆宣讲红岩精神，在广西壮族自治区宣讲铸牢中华民族共同体意识，在海军部队宣讲新时代海洋命运共同体理念，在西柏坡宣讲从"两个务必"到"两个答案"，都紧扣主题教育的重要学习内容。已举办的4场以文化传承发展为主题的宣讲活动，分别在敦煌、红山、二里头、云冈等中华文明起源的标志性点位举办，达到了情景交融的效果。

这种方式不仅让权威专家和践行典范深入基层，充分体悟涵养社会主义核心价值观的深厚土壤，也让基层群众既能听到感人的实践故事，又能收获专业的理论梳理，让宣讲人与受众的连接更加直接、具体、生动，从而更好地实现内化于心、外化于行的宣讲效果。

三、融合传播放大宣讲声量

核心价值观百场讲坛工程启动之际，正是媒体融合发展之时。因此，每场活动均采用现场宣讲与网络直播相结合，传统媒体和新兴媒体齐上阵的模式，实现了报刊、电视、电台、网站、微博、微信、客户端、手机直播、语音直播等构成的立体化的传播。与此同时，不断丰富主流媒体宣传与多平台碎片化传播相结合的传播矩阵，形成持续传播力。

每场宣讲活动，光明日报客户端、光明网和举办地当地主要网络平台均进行实时直播；《人民日报》、新华社、中央广播电视总台、《光明日报》、《经济日报》等中央媒体和相关地方媒体均重点报道；微博、抖音、B 站等新媒体平台积极参与，将每场精彩宣讲视频内容进行碎片化加工，以获得更好的传播效果。活动结束后，还将宣讲内容制作成学习课件，通过"学习强国"在线平台进行传播。光明网推出精剪后的演讲专题片，形成第二波、第三波传播的涟漪效应。这样的媒体融合整合传播，实现了对受众覆盖的最大化，放大传播声量，有效地提高了活动的传播力影响力。

2023 年 9 月，在中央网信办主办的中国正能量网络精品征集展播活动中，"核心价值观百场讲坛工程"被评为网络正能量主题活动精品。

第二节　与青年共情讲活党的创新理论

深入学习贯彻党的二十大精神，带动广大网友扎实有效地开展学习贯彻习近平新时代中国特色社会主义思想主题教育活动，是光明网作为一家以思想理论为特色的中央重点新闻网站的重要职责。2023 年，光明网以"铿锵有理""2023 年高校党组织示范微党课"等活动为抓手，不断创新理论表达，让党的创新理论的宣讲呈现出年轻态、高颜值、多粉丝。

一、"铿锵有理"破圈传播

光明网把专业知识、严肃内容转化为网友愿意听、能听懂的内容，团结、联系、引导、服务知识界，将学习宣传贯彻党的二十大精神做深、做细、做生动。在"铿锵有理"系列理论短视频创作中，光明网着力体现年轻态，邀请中央党校 13 位平均年龄不到 30 岁的"80 后""90 后"教师参与内容策划和节目创意，以青年视角聚焦二十大报告中一系列新提法、新亮点，从中提炼出"中国式现代化和我有什么关系""如何保障高质量就业""人类更加美好的未来是什么样子"等13个网友普遍关心期待的问题，通过深入浅出的理论阐释、生动鲜活的理论故事和"高颜值"的理论视频，在理论界和年轻网友中引发积极反响。系列视频总点击量超1亿次，在中央网信办主办的2023年网上重大主题宣传和重大议题设置发布启动仪式上，作为唯一的理论解读产品重点展示。

光明网理论传播团队充分发挥专家学者"外脑"优势，在自身团队深入研读报告吃透原文思想、领会精神实质的同时，与中央党校（国家行政学院）联手策划开展"理响中国之铿锵有理"理论解读短视频节目。双方多次举行选题会，聚焦理论传播"梗阻点"，深入研讨、观点碰撞。经过双方努力，项目组找出报告中的一系列新提法、新亮点，从中提炼出"中国式现代化和我有什么关系""如何保障高质量就业""人类更加美好的未来是什么样子"等13个网友普遍关心期待的问题，定下系列解读的"基底"与"纲要"，从而对党的二十大精神进行有针对性的鲜活解读，对党的理论特质进行有效的生动阐释。

在节目中，青年教师们提出"事中见理""物以载道""借理说理"等思路，努力让网友有共鸣、能共情。一位青年教师在讲述新时代如何保持共产党人的"精气神"时，分享了自己做扶贫干部时的经历，把进村入户、遍访群众磨破的袜子叫作"会笑的袜子"，让年轻网友们会心一笑。一位青年教师把对武侠世界的理解，融入《如何推进国家安全体系和能力现代化》的论述中，将完善社会治理体系比作武林高手修炼内功，只有内功过关，才能在发展上更进一步。一位青年教师在解码新时代十年伟大变革的节目中，加入了自身曾经在航天部门工作的经历、思考，鲜活的故事、真挚的感情在年轻网友中引起热烈反响，激发了青年奋斗信心。

二、微党课为高校铸魂增智

2023年6月，为深入学习贯彻党的二十大精神，推动教育系统学习贯彻习近平新时代中国特色社会主义思想主题教育扎实开展，2023年高校党组织示范微党课正式上线播出。活动以"铸魂增智育新人，正风促干书新篇"为主题，由教育部思想政治工作司主办，教育部宣传教育中心承办，光明网、新华网、央视网协办，采用纪录片、故事片等创新形式，展现教育系统主题教育的积极进展、有力举措、突出效果。截至8月4日，2023年高校示范微党课展播圆满收官，这是光明网连续第4年深度参与这项活动。

在近两个月的展播时间里，光明网完成了16期直播，参与学校近90所，63位高校党委书记、校长、140位教师代表、68位学生代表，先后在中央和教育系统主流网络平台亮相。全网观看直播人数超6500万，成为各高校开展主题教育和思政工作的重要抓手。活动的成功举办，进一步巩固了光明网在高校中的影响，进一步拓展了在网上思想理论传播中的服务范围和服务能力。

高校示范微党课诞生于2020年疫情期间，光明网是唯一连续4年深度参与高校示范微党课活动的媒体。光明网充分发挥在"团结、联系、引导、服务知识界"方面的传统优势，通过微党课这一平台，将书记、校长、名师请上网络讲台，持续开展网上思政微党课，打造高校思政品牌，让"高校党组织示范微党课"成为每届大学生熟知的网上思政课的"保留节目"。2023年的微党课内容还纳入了全国大学生党支部书记网络培训计划。

与往年相比，2023年的高校示范微党课首次实现了75所教育部直属高校全覆盖，同时动员5所其他部委所属的中管高校、9所优秀省属本科高校、民办高校、高职院校，由这些高校的党组织书记、先进团队、模范人物、优秀学生，紧密围绕学习贯彻习近平新时代中国特色社会主义思想等重点内容，同举一面旗、同解一道题、同讲一堂课。

在2023年的党课活动中，光明网发挥思想文化网站优势，深度参与活动的策划、制作、落地、传播全过程，在内容策划、节目制作、政治把关上，全力配合各个高校，把党课讲活、让党课出彩、让学生听懂。

在策划阶段，光明网为各校提供专门的导演参与内容创作和策划，确保党课既能体现本校特色特点，又能把内容讲活、讲透。同时，制订详细的拍摄技术标准，让各校、各单位开展拍摄工作更有的放矢，确保节目质量制作精良、画面精美。在视觉和内容两个层面，给党课上"双保险"，更好展现我国高等院校的科研水平和师生风采。在内容安全上，则进一步发挥内容把关优势，并针对党史、校史等"刁钻"问题，专门建立与理论编辑实时沟通的保障机制，对各校讲稿、素材和成片内容进行考据、审核、把关，确保节目安全无差错，内容权威站得住。

为做好 2023 年高校示范微党课的推广工作,光明网协同 16 家媒体平台进行集中播出和报道。同时,还充分利用搭建网页专题和短视频"二创"等形式,对党课内容进行深度挖掘。截至目前,全网观看直播人数超 6500 万,总点击量超过 1 亿次,引发师生热议和社会好评。

微党课播出期间,广大高校师生在云端相聚,聆听党课深受触动、倍感振奋。各师生党支部纷纷在各平台直播间打卡,并结合学习、工作实际积极参与互动评论、畅谈体会,形成比学赶超的良好氛围。

高校教师党支部书记们一致认为,这是一次鲜活的思政课和党课,是一次认识的提升、一次心灵的洗礼、一次党性的磨砺、一次境界的升华。高校教师们纷纷表示,要牢记习近平总书记殷切嘱托,把心放在学生身上,把根扎在三尺讲台,把学习成果转化为实际本领,以实际行动和昂扬奋进的精神姿态引导学生勇毅前行。

第三节　开展丰富活动推动文化传承发展

2023 年 6 月 2 日召开的文化传承发展座谈会,是文化领域的重大事件,光明网积极发挥在文化领域的优势,围绕非遗传承、传统节日等开展丰富多彩的线上线下活动,在网络空间不断掀起中华优秀传统文化的传播热潮。

一、中国非遗年度人物成为网友的追星对象

2023 年 4 月,光明日报社主办、光明网承办的"中国非遗年度人物"推选宣传活动在天津成功举办,推出了国家级非物质文化遗产代表性项目彝族服饰省级代表性传承人丁兰英等 10 位 2022"中国非遗年度人物"。这项非物质文化领域的活动已成为广大网友关注非遗、爱上中国优秀传统文化的新平台,成为光明网落实文化传承发展座谈会精神的重要载体。

过去,受媒体表现形式的限制,很多民间技艺很难直观地在纸媒上呈现,互联网的富媒体属性提供了新的可能。为完成好团结、联系、引导、服务知识

分子的使命，中国非遗年度人物宣传推广活动是一项线上、线下融合的宣传活动，非遗传承人、专家学者出现在手机直播的镜头前，大大拉近了非遗与广大年轻网友之间的距离。

光明网是最早将手机直播运用到非物质文化遗产宣传的媒体。在4G网络刚刚开始出现时，就开始到非遗传承人所在的基层村镇，用直播的方式，将非遗技艺原汁原味地展示给网友。光明网首先推动的非遗直播，成为当时网上传播中华优秀传统文化的一股清流。在文化和旅游部非遗司指导下，光明日报、光明网组织开展"中国非遗年度人物"推选宣传活动，宣传当年在非遗工作中有突出贡献的传承人、工作者。

2017年以来，光明日报、光明网成功组织了6届"中国非遗年度人物"推选宣传活动，活动反响良好，已成为全国非遗领域影响最大的宣传活动，中国非遗年度人物成为年轻网友的追星对象。这项活动已列入中央网信办支持的重大主题宣传活动。

通过这几年来的不断探索，光明网逐渐形成了一条从网站到直播和短视频，再到社会活动和对外合作的"全媒体"传播路径，引发社会的广泛关注，为非遗事业营造了良好的舆论环境。在"中国非遗年度人物"推选宣传活动中，推选出了尚长荣、冯骥才、田青、刘兰芳、沈铁梅、乌丙安等标志性人物，推动非遗保护意识不断深入人心。尤其在非遗和年轻网友之间架起桥梁，以年轻人喜闻乐见的方式传播非遗，吸引更多年轻人热爱非遗。

二、网络中国节为网友营造节日氛围

传统节气是文化传承发展的重要抓手。2023年中秋节前夕，中央网信办网络社会工作局指导，光明网、南昌市委宣传部主办的"皓月名楼诗意中华"2023年网络中国节中秋赏月直播活动，在江西南昌滕王阁举办，"花好月圆夜""明月照今朝""千里共婵娟"三个主题篇章层层递进，江西滕王阁、湖南岳阳楼、湖北黄鹤楼三大江南名楼的现场直播皓月升空，国家天文台"超级大月亮"赏月画面同屏呈现，杭州亚运会运动员、坚守岗位的边防武警共抒家国情怀。中秋节、国庆节期间，网络中国节活动持续出现在"热搜"榜单上，成为广大网友体验传统节日的主要平台。

光明网与网络中国节活动结缘已久。2015年起，光明网在中央网信办网络社会工作局的指导下，主办多场网络中国节主题宣传活动。春节、元宵、清明、端午、七夕、中秋、重阳，7大中国传统佳节被网友们赋予了新内涵和新创意。网络小游戏、动画短片、视频海报、歌曲征集等系列新媒体产品，以传统的内容和新颖的形式吸引着一批又一批年轻网友开始重新关注传统节日，并从中追寻中华文化根脉。

除中秋节外，光明网还特别注重在各个传统节日开展网络中国节活动。2023年清明节期间，光明网开设专题专栏、互动话题和线上活动，为网友提供更加丰富多元的节日文化内容。其中，运用AIGC技术创作推出国风彩色水墨长图《清明节，我们用AI绘制了一张长卷》，展现传统清明时节的景象，《AI绘本：思念里的光》将人们清明寄哀思的情结融入治愈系绘本故事。

围绕清明缅怀先烈的传统，光明网联手高德地图，在高德地图App推出"探寻'英雄之光'——寻找身边的烈士陵园"地图指南，通过搜索互动"点亮"245处红色纪念馆，倡导网友前往烈士陵园祭奠英烈、表达哀思；与今日头条发起#清明忆俗#话题活动，设置互动抽奖激励，引导网友探寻清明习俗与文化故事。

元宵节期间，光明网推出"我的中国节"系列Vlog，邀约多位海外留学生，记录在外过年的难忘经历。邀约B站200余万粉丝的国风UP主"墨韵"，献上古筝弹奏曲，讲述对传统节日的理解。

端午节期间，光明网联动湖北省委网信办、湖北省朗诵艺术家协会，开展"对话屈原，重读《离骚》"网络文化活动，邀请湖北省朗诵艺术家协会会长谢东升、国家一级演员杨建、国家一级演员周锦堂三位朗诵家诵读《离骚》选段，推出短视频《端午时节对话屈原，重温〈离骚〉》等系列朗诵作品，引导网友重温经典，在朗诵爱好者中引发跟读热潮。

光明网还针对端午节，运用AIGC技术推出互动解密游戏《何在，端午旧梦记》，融入互动视觉小说、密室逃脱等玩法，提供沉浸式体验。游戏故事根据屈原生平重要事件进行改编，在场景设计中融入《哀郢》《怀沙》等诗词意象，引导网友在游戏的叙事和互动交流中产生持久的情感共鸣。

这些针对传统节日的传播和活动，让广大网友感悟到了传统节日蕴含的气韵风骨、人文精神。

第四节 探索前沿技术，不断带来新的视听体验

网络技术创新一日千里，但并非每一种技术都适用于媒体融合。在媒体融合过程中，光明网努力引入最新的网络传播技术、方法、渠道，先行先试，获得了一些经验，并在与中央和地方单位、媒体的合作中，将这些探索形成的经验用于媒体深度融合，取得了较好的成效。

一、思想充电宝将读者变成听众

2023年两会期间，光明网推出《习近平谈治国理政（1—4卷）》思想充电宝，通过领读、诵读、解读、伴读等方式，将理论编印材料转变为形式多样的音频节目，为基层单位深入学习习近平新时代中国特色社会主义思想提供优质载体和材料。

《习近平谈治国理政（1—4卷）》思想充电宝是一个"给手机充电、为思想赋能"的产品，着眼于利用广大干部群众的碎片时间，形成随时、随地、随身的学习环境。它以《习近平谈治国理政》各卷内容为基础，整合了光明日报等权威媒体的解读论述，有560集、6000分钟音频。节目内容会紧跟时政热点不断更新，只需要扫描说明书上的二维码，就可以在线收听或下载最新学习材料，从而让用户实现线下温故、线上知新。

音频内容既有个案梳理、也有深入解读，共同构成关于党的二十大报告、全国两会等重大主题的多角度、全方位、立体化的学习图景。全国两会期间，多位人大代表及政协委员在使用光明网思想充电宝产品后，对其创新性、实用性表示肯定。

相较于阅读编印材料，思想充电宝的音频节目有更强的交流性和代入感，更容易拉近听众与学习内容、讲解人距离。每集音频10分钟左右，短小精悍、通俗易懂，听得懂、能吸收、可转化。

"伴读"是思想充电宝的一个特性。实体产品配有多种转换接头，可实现手机、电脑、iPad等多类媒介读取，方便党员干部和群众收听，契合当下人们利用不固定场景和碎片化时间进行学习的特点。不同于传统教材，思想充电宝

连通线上、线下，将虚拟节目与实体产品结合，相关学习资料会在光明网以专题网页形式同步推出，并在酷我音乐、喜马拉雅等平台同步推送，扩大理论宣传的覆盖面和受众影响力。中宣部"学习强国"学习平台在首页推荐，多个端口分发推送，累计阅读量、下载量超3亿次。

光明网的思想充电宝紧跟时势、整合资源、创新产品、创意表达，探索了网络理论宣传的实体落地，实现新内容与新技术共生。这既是媒体融合的有益尝试，也是理论传播的路径创新。

二、卫星数据可视化打造"瞰北京"爆款

在与各地党政部门合作时，光明网的技术创新表达和党政部门的政务信息资源形成了良性互补。2023年，光明网与北京市政府新闻办公室合作，推出20集《"瞰·北京"——一座城市的发展密码》系列短视频，卫星数据可视化加上地理信息、虚拟现实等技术的运用，令人耳目一新。

熟悉的地方没有风景，刻板的报道网友不买账，宣传话语体系需要不断创新。在"瞰北京"中，新近开放的卫星图片数据提供了北京几十年来地形地貌变化最忠实的记录。普通人看不懂卫星数据，借助地球引擎软件，北京副中心、大兴机场、八达岭长城的卫星数据变成了一幅幅图景，加上地方政府提供的统计数据，将北京几十年来地形地貌的发展变化形象化、视频化，让历史与现实交汇显现，呈现北京在城市发展、文化建设、科技创新、国际交往、生态保护等方面取得的突出成就。系列短视频每集聚焦一个主题，短小精悍，在海内外平台上取得良好反响，成为爆款，为北京城市形象、中国国家形象的传播打开了新的思路。

"瞰北京"的全新视觉效果，使其成为北京市对外宣称的新名片，在北京市的新媒体、户外屏循环播放。2023年深圳文博会期间，北京展厅的中心区域，就是一个以"瞰北京"节目为素材的虚拟实景。

三、运用新技术提升把关能力

2023年是光明网将在媒体深度融合探索中形成的技术产品大面积向政务新媒体运营单位推广应用的一年，据不完全统计，光明网的智慧媒体审校与

风险控制系统、内容采编发软件系统、舆情监测软件系统等,已在100多家党政部门、大中型企事业单位得到应用,为网络意识形态阵地的建设发挥了重要作用。

光明网认为,网络技术创新层出不穷,如果每一个单位在开展网络舆论阵地建设时都去把这些新技术试一遍,代价很大。中央新闻网站针对网络传播取得的技术创新成果和相关经验,可以在主力军全面进军网络主战场中发挥作用。在深度媒体融合的初始阶段,党政部门、企事业单位、传统媒体普遍缺乏相关的技术开发力量,光明网研发的新技术、新产品、新传播方法、新传播渠道,可以极大地降低主力军进入主战场时的"试错"成本。

智慧媒体审校与风险控制系统引入了AI深度学习技术,可以对文字、图片、视频、语音等多媒体内容进行风险智能识别,形成全方位立体化的风险内容预警,降低色情、暴恐、涉政等违规内容的风险,同时大幅度降低人工审核的经济成本和时间成本,特别受到用户的欢迎。

智慧媒体审校与风险控制系统是将把关能力建立在不断更新的知识库上。每天发生的新闻很多,靠人的学习和记忆很难满足要求。这套系统的AI工具可以自动录入信息,学习每天的权威新闻报道语料、视频、图片,将最新的理论成果、最近的人事任免、刚刚发生的国内外事件等录入知识库。通过AI工具发现新媒体内容的风险点,从而提升采编人员把关能力。

第十九章　天眼新闻：从融媒走向智媒

邓国超 [1]

"加强全媒体传播体系建设，塑造主流舆论新格局"是党的二十大提出的全新命题，是党中央赋予新时代主流媒体的重大使命，也是主流媒体在移动互联网时代开辟发展新赛道的重大机遇。党的十八大以来，以习近平同志为核心的党中央从维护国家政治安全、文化安全、意识形态安全的高度，就推动传统媒体和新兴媒体融合发展作出重大部署。2014年，习近平总书记主持召开中央全面深化改革领导小组第四次会议，审议通过了《关于推动传统媒体和新兴媒体融合发展的指导意见》。2020年，中央全面深化改革委员会第十四次会议审议通过了《关于加快推进媒体深度融合发展的意见》。同年9月，中共中央办公厅、国务院办公厅正式印发《关于加快推进媒体深度融合发展的意见》，提出推动媒体融合向纵深发展，打造一批具有强大影响力和竞争力的新型主流媒体，构建全媒体传播体系。

2019年，在贵州省委省政府的坚强领导下，在省委宣传部和省委网信办的具体领导下，原贵州日报报业集团、当代贵州期刊传媒集团整体合并为贵州日报当代融媒体集团，贵州日报社、当代贵州杂志社合并组建为贵州日报报刊社。基于此，原"今贵州"客户端、"当代贵州"客户端合并为"天眼新闻"客户端，于2019年3月1日正式上线。

如何在思想上破冰、在行动上破题，推动媒体融合发展？贵州日报报刊社融合创新，力争探索出一条融之有"道"、融之有"术"、融之有"效"、融之有"法"的发展之路，争做全媒体传播大潮中的"弄潮儿"，在媒体融

---

[1] 邓国超，贵州日报报刊社社长。

合主战场中当好主力军。

第一节　打造"一云一端一网"新媒体核心平台圈　　让生产更"智能"

以高质量发展统揽全局,贵州日报报刊社开启了一场脱胎换骨式的媒体融合发展转型革命,努力构建以内容建设为根本、先进技术为支撑、创新管理为保障的全媒体传播体系。以"天眼新闻"为试验田,打造天眼云、"天眼新闻"客户端、当代先锋网的"一云一端一网"新媒体核心平台圈。

一、技术破局：自主研发天眼云融媒体平台

媒体融合没有最优模板,技术创新永无止境。主流媒体的新闻生产从单一的现行生产流程向协作网络、多模态融合生产的网状结构转向。为了不断适应变化的媒体生态环境和舆论环境,提升技术能力,依托技术破局成了迫在眉睫的事情。

2020年,贵州日报报刊社自主研发的"天眼媒体云"上线运营,坚持"虚拟软件、架构设计、消化吸收、集成创新"原则,一揽子补齐了当时在采编过程中遇到的数据存储、生产流程等技术短板。2023年2月,自主研发、具有完全自主知识产权的"天眼云融媒体平台"正式上线,意味着贵州日报报刊社在技术赋能媒体深度融合中开启了新征程。

中国人民大学新闻学院教授、博士生导师宋建武认为,当前智能化带来传播全过程的变革：信息采集智能化、信息生产智能化、信息分发智能化、信息接收智能化、信息反馈智能化。

结合当前智能化带来传播环境的变化,"天眼云融媒体平台"不仅完全满足"移动优先"需要,同步打通纸媒生产全流程的完善技术支撑体系,彻底打通从策、采、编、发的全流程,所有数据上云奔跑。

在此基础上,平台通过数据汇聚、融合赋能,形成集纳舆情监测、传播效

果评估、用户数据分析等功能的广泛大数据运用生态，实现了贵州日报从"借力乘云"到完全自主研发，"为我所用、为我所控"的跨越发展。

2023年，由省内行业领域专家组成的专家组对"天眼云融媒体平台"进行验收评审，对平台建设给予高度肯定，认为在不借助任何外部技术力量的情况下，自主开发的这套系统底层逻辑严密，代码复杂庞大，运用流畅自如，在全省的软件开发项目中也能排在前列。

当前，媒体深度融合更加走深走实，并非简单的相加，日趋进入智慧融媒阶段，尤其是以智能技术为核心的采编流程再造已成为主要趋势。如今，在技术的不断加持下大力推动"天眼新闻"走出去、融进来，让"天眼新闻"好看、实用，成为服务社会的平台型基础设施。

二、品牌破题：全力打造"天眼新闻"等品牌效应

"天眼新闻""当代先锋网"作为贵州日报报刊社媒体融合的"品牌"，通过多方资源注入，不断提升其品牌效应，增加其商誉价值。

"天眼新闻""当代先锋网"融合贵州日报报刊社全部的采编资源，囊括全国党报、全国党刊的优质内容资源，开设"天眼问政"融媒问政平台，为全省市州和县（市/区）、部分经济开发区、省直重点行业开通了共计188个专属频道，建立全省96个县级融媒体中心悉数入驻的贵州融媒体云上编辑部，上线中英文双语频道FAST，开设"多彩拍"接口让用户可以实现视频交互，开设96811入口实现一站定制生活服务，深耕细作自有优质融媒体传播平台。

同时，"天眼新闻"在微信、微博、头条号、百家号、企鹅号、知乎号、大鱼号、人民号均开设自有账号，通过双向传播使得受众参与互动，提升"天眼新闻"品牌的知名度、美誉度。

如，2022年2月，贵州日报、"天眼新闻"微博制作的话题#贵州籍歌手周深新歌唱响冬奥赛场#全网话题阅读次数1.6亿，实现5.1万次讨论，入选当日全国热榜。2023年1月，"天眼新闻"在知乎上2次问鼎知乎全国热榜第一，其中一条内容总浏览量395万，1296人参与回答问题，并从网友的评论中延伸制作新的话题与策划，做到"有来有往"。

三、平台破冰：多平台、重运营着力提升传播效能

如今新闻消费早已经从单一感官通道的"冷媒介"，逐步转向多感官通道的"热媒介"，其在听觉、视觉等方面的需求度急速提升。在深耕自有平台"天眼新闻"客户端与"当代先锋网"的同时，充分运用互联网头部平台助力主流媒体传播信息与提升效能，因地制宜做好不同平台的话语表达。

结合当下受众数量最多、关注频次最高的抖音、快手平台上，"天眼新闻"不断摸索传播规律，以"问政辣闻、国外新闻、国内趣闻、本土热闻"为特色为受众提供价值资讯。如，问政辣闻《光有池不见水？贵阳喷水池为何不喷水了》在抖音平台引发了#贵阳喷水池#的话题热搜；本土热闻《球员来自各行各业名嘴韩乔生：贵州"村超"太接地气》在抖音和快手平台总浏览量达到1288.2万。截至7月，"天眼新闻"快手号粉丝量在全国省级党报中排名全国第四，"天眼新闻"抖音号粉丝量在全国省级党报排名全国十一位。

"要适应分众化、差异化传播趋势，加快构建舆论引导新格局"，面对受众需求存在的差异，个性化新闻推送和信息服务成为媒体机构新的发力点。

而面向微信公众平台，注重用户深度阅读的习惯而着重在综合整理和调查报道上发力；对于微博，增加新闻信息的社交属性和圈际传播等特性，更注重与粉丝的交往与互动，以提升品牌和账号与粉丝的黏性。

第二节 云上共建借船出海 助力圈层传播更"开阔"

作为省级媒体，既将触角伸向基层，也将天线联通海外，通过阵地融合、舆论监督、省际联动、国际传播，展开跨市州、跨省份、跨国界的媒体合作，形成统筹推进、差异发展、协同高效的媒体深度融合探索之路。

一、阵地融合，共建一个"云端"

2019年，由"天眼新闻"客户端牵头，联合贵州省88个县、8个区共96

家县级融媒体中心以及贵州消防全媒体中心，搭建起了贵州融媒体"云上编辑部"，有400多名常驻编辑。这是贵州首个以"云"为理念组建的跨区域编辑部。

一方面让县融搭乘"天眼快车"，依托县级频道进行内容生产投放，"我有故事，你有平台，一拍即合"在"天眼新闻"客户端及其他平台进行内容的精准投放和分发；另一方面让入驻的各成员单位实现内容、技术、创意、策划等方面的"共建、共享、共融、共赢"，推动县域内容不断扩大传播圈层。

同时，"云上编辑部"根据各地送来的优质稿件，制作成电子版"云周刊"在网络平台上推出。目前《贵州融媒体云周刊》已刊发133期。经过不断融合、壮大与探索，"云上编辑部"现已成为贵州县级媒体合唱主流好声音的"第一IP"，可在重大活动期间迅速组成"百团大战"，集中推出一批有分量、有看头的融媒体作品。

如，中国农民丰收节之际，贵州融媒体"云上编辑部"96家县级融媒体中心联动，以100个故事展现乡村振兴的生动画卷；2023年生态文明贵阳国际论坛召开之际，"天眼新闻"与县级融媒体中心联动完成策划"百城话生态"。

二、舆论监督，共通一座"桥梁"

2021年3月，"天眼新闻"客户端开设"天眼问政"专栏；2022年8月，"天眼问政"融媒体平台打通"天眼新闻"客户端、当代先锋网、贵州日报、贵州都市报等全媒体平台，为群众开通留言、咨询、互动的渠道；2023年4月，"天眼问政"上线了AI主播"帮帮哥"，对群众关心关注的热点、难点、痛点进行点评，让新闻更接地气、更有人情味。

目前，"天眼问政"后台已收到群众留言近万条，内容涉及交通运输、市政建设、城市管理、医疗医保、生态环境等方面。经过与各相关部门沟通后，收到回复上千条。"天眼问政"融媒体平台用正能量获取高流量，在客户端、微信、微博、抖音、快手的累计点击量超3亿；报道中所反映的问题，最快1小时内获得有关部门办理回复。对于敏感舆情，"天眼问政"融媒体平台定时整理成《问政舆情周报》《问政舆情月报》；对一些群众反映较集中、较强烈的问题，撰写内参稿件。经过分析研判后，第一时间与有关部门沟通，推动网上群众工作更好地服务基层社会治理。

"天眼问政"融媒体平台一边收集群众呼声,一边与职能部门对接、沟通,协助做好舆情处置等工作,解决了群众心中的一个又一个"问号",累积了群众信任基础,成为建言献策"集散地"、舆论监督"瞭望哨"、为民服务"助推器"。

三、省际联动,共建一个"阵地"

2020年起,"天眼新闻"与江西新闻客户端、新湖南客户端等18家全国主流融媒体在各自平台共同开通"省级联播"频道,实现全国主流融媒体之间的新闻信息共享和联动传播,为亿万用户提供全国各地的新闻资讯。同时,与湖北长江云、澎湃新闻等16个省市党报的主流新媒体平台(后续增加至27个),组建了全国首个区块链新闻编辑部,两会期间通过《两会流媒体》系列电子杂志,集纳主流媒体两会重点策划报道。通过联动,主创团队有序调度参与媒体,让家家各有亮点,都有机会占据"C位",充分展示参与媒体的个性和亮点,有效激发各方的积极性、创造性,实现"1+1>2"的效果。

各家联动媒体以自身平台为"1",以外部平台为"N",不断放大圈际效果,实现了"1+N"模式的不断扩散,起到极强的传播带动效果。近3年来,"天眼新闻"以"双城对话""长江保护""东数西算""生态文明""考古探寻"等主题联动推出了《我们村的喜事儿传北京》《精灵奇遇记》《"寻古探源 聆听文明回声"5·18国际博物馆日聚焦十大考古新发现全国联动直播》等高品质的省际联动产品。

省际联动跨区域、跨媒介、跨渠道,不仅有省市媒体的参与,也不乏县级融媒体中心发力。这种从省、市、县三级联动的全方位垂直模式,增加用户的黏性和社交性,下沉基层做到N次方的关注量级增长,对推动媒体深度融合向纵深发展有着十分重要的探索意义。

四、国际传播,共建一个"平台"

2021年11月,贵州日报报刊社明确开展国际传播工作,组建国际传播部;2022年10月,中共贵州省委编办正式批复同意贵州日报报刊社成立国际传播中心,负责国际传播平台的采编发及运营工作,成为贵州省内媒体首个获得正式批复的国际传播中心。

贵州国际传播中心拥有多名具备英文专八水平或海外留学经历的员工及一名俄罗斯籍主播。在运营好"天眼新闻"客户端"Fast"双语频道的基础上，陆续开设了"贵州国际传播中心"抖音、快手、视频号等短视频平台账号；在Fast频道开设"Go with Tatiana""VicStory"特约外籍撰稿人专栏；将"Discover Guizhou"定为贵州日报报刊社海外传播平台建设的统一品牌，在Twitter、原Facebook、Instagram、YouTube、TikTok等平台开设账号。全力推动贵州融媒体国际传播中心建设，着力打造具有较强国际影响的贵州外宣旗舰，在国际上讲好贵州故事、传播贵州好声音，以贵州好故事展现中国形象，用贵州好声音传递中国价值，更好展现真实、立体、全面的中国。

目前，平台粉丝包括联合国原副秘书长 ErikSolheim 等知名人士，以及中国外交部参赞陈平，中国驻瑞士大使馆、驻里昂总领事馆、驻黎巴嫩大使馆领事部主任曹毅，中国驻巴基斯坦大使馆文化参赞张和清，驻贝尔法斯特总领事馆总领事张美芳，驻大阪总领事薛剑等10余个我国驻外使领馆和30余位外交官，多条原创内容获"外交天团"点赞或转发。

第三节 重塑流程深耕策划聚焦内容 让产品更"出圈"

贵州日报报刊社致力于把党的声音和群众关切、核心平台和外部圈层、内容引领和技术支撑、对外传播和对内传播作为有机统一的整体，把握正确舆论导向，提高新闻舆论传播力、引导力、影响力、公信力，巩固壮大主流思想舆论。

一、重塑流程，敢于不断进行自我革命

充分落实好贵州日报报刊社"创新为要、流程再造、策划先行、导向为魂"的融合传播理念，采取一系列方式方法进行改革，优化调整结构设置和人员配备，建立适应全媒体生产传播的一体化组织构架，形成集约高效的内容生产体系和传播链条。

充分发挥考核"指挥棒"作用，实施稿件"移动端首发""传播力考核"，在全国党媒中率先以作品传播力综合指数为评价标准；倒逼超过500名《贵州日报》《当代贵州》等纸媒采编人员全部转型为"天眼新闻"全媒体记者编辑，实现报、刊、端、网采编人员100%融合。

特别是在新媒体编辑部门，多种方式提升部门采编人员业务能力：在内部开展"每日两学"，早上分享学习省内外媒体优秀竞品，下午通过集纳点评的方式学习先进的采编业务技能和知识点；制作"每周两报"，即制作《问政舆情周报》用以内部学习分析群众关切、线索追踪、舆论处置等，制作《选题执行周报》，供采编小组之间交流学习、追踪进度；设置"每月两检"，每月根据差错台账撰写两期《"天眼新闻"客户端质检报告》，整理已刊发的各类典型差错，提供给采编人员学习。

在一项对全媒体记者采访模式效果开展的调查结果显示，"一专多能，团队协作，效果较好"的内容生产模式最受媒体人认可。

在实际工作中，贵州日报报刊社鼓励策划融媒创新策划以"项目制"形式，由策划发起人根据需求组建团队执行并生产内容。在这一过程中，能有效培养发起人的沟通协调及统筹能力，同时在生产过程中组员各司其职、高效运转，促进了策划和生产机制的不断优化，产出更多高质量作品。

一直以来，贵州日报报刊社坚持在媒体深度融合道路上试水探索，不断进行自我革命，以打造青春版党端和新时代党媒为工作主线，以实现"新媒体"向"新平台"跃迁为工作方向。

二、策划先行，主动打破媒体融合壁垒

"围绕中心工作抓原创、围绕社会民生抓爆款"是贵州日报报刊社的内容生产理念。一直以来，贵州日报报刊社按照"深挖、提炼、扩面、广传"方针，深入实施"优质原创内容泉涌计划"，在众声喧哗的舆论场中，用主流价值纾解"流量焦虑"与"算法焦虑"，让主流声音在舆论场上更加响亮有力。

制定出台《贵州日报报刊社优质原创内容泉涌计划》《贵州日报报刊社选题策划会会议制度》《〈贵州日报〉版面头条管理办法》等"6+1"基本采编制度；打造由新闻宣传管理办公室、融媒体指挥中心、融媒体编辑中心、融媒体采访中心、融媒体技术中心组成的"1+1+3"指挥调度体系。

建立"季策划、月策划、周策划、日策划、时策划、紧急策划"6个层面的选题策划会会议制度。全面落实部门和记者选题策划责任，在采编部室、子报子刊、出版社形成人人参与策划、懂策划、能策划的良好氛围；形成"选题竞争是重头、稿件竞争成常态"的良好业务竞争氛围，"创意泉涌""作品泉涌"的良好生产态势。

创新实施"优质原创内容泉涌计划"，制定《贵州日报报刊社优质新闻作品奖励办法》，强调"围绕中心工作抓原创、围绕社会民生抓爆款"，贯彻"无视频不新闻、无图片不传播"理念，推动主力军全面挺进"四新""四化"主战场，实现优质内容泉涌。

孵化人才培养基地，设置了媒体融合发展研究部（天眼大学），报刊社主要领导担任天眼大学校长并聘请国内外一流专家来天眼大学授课，为媒体融合发展提供智力保障，积极打造全省一流、全国有影响力的融媒体人才培训学院和媒体特色的高端智库。

通过一系列卓有成效的努力，取得了丰硕的成果。2023年，《天眼问政》专栏入选"2022年贵州省走好网上群众路线工作优秀案例名单"；2023年获得人民网《2022—2023报业融合发展观察报告》推介。

2022年，"全力打造贵州新闻传播'云'航母——贵州日报报刊社'天眼新闻'客户端"和"贵州组建首个融媒体云上编辑部：立足为县级融媒体中心服务提升县级融媒体中心主流舆论阵地建设活动"入选全国新闻出版深度融合发展创新案例；2022年5月，贵州日报报刊社、贵州日报当代融媒体集团组建的"贵州省首个融媒体云上编辑部"入选中记协《中国新闻事业发展报告（2022年）》。

三、内容为王，数量质量流量让报道更"出圈"

习近平总书记在多个场合强调，要以正面宣传为主、创新传播为要。"有意义"的主题还要做得"有意思"，对主流媒体而言，这是挑战也是机遇。

贵州日报报刊社牢记时代责任、增强使命担当，聚焦宣传习近平新时代中国特色社会主义思想，努力围绕中心工作创新策划主流报道、努力聚焦社会民生扎实抓好媒体问政、努力深化报网融合精心运营云上编辑部、努力探索国际传播用情讲好贵州故事，充分反映"团结奋进、开拓创新、苦干实干、后发赶超"

的新时代贵州精神，激励贵州儿女意气风发奋进新征程、建功新时代。

通过"让业务能力较强的骨干人员带团队"的方式，相继组建了海报工坊、一画乾坤、寻脉、微观者、UR 等 5 个创意工作室，分别以海报设计、手绘、传统文化、微纪录片及精品作品为主攻方向进行创作。用网感化、轻量化的表达和思维不断输出正能量网络产品，探索更灵活、更开放、更富创造力的生产机制。

依托"贵州融媒体云上编辑部"，深层次做好县级融媒体中心的服务工作。如在"村 BA""村超"早期比赛中主动对接宣传报道工作，参与了两大 IP 的孵化过程，履行好主流媒体的社会责任。

坚持走好新形势下的群众路线，以"天眼问政"平台主动作为，通过互联网渠道问需于民、问计于民，能有效收集民声民意，有效疏导社会情绪，有效传递价值信息，让网上群众路线越走越务实、越走越宽阔。

继续发挥好地方主流媒体的协同作用，主动参与国家重大事件国际传播，制作有国际影响力的传播产品；积累丰富的海外互联网运营经验，争取与更多的国际一流媒体建立战略合作，提升海外多语种、多平台的传播能力；携手全国 21 家国际传播机构，发布新时代国际传播《马栏山倡议》。

通过一系列切实有效的机制与举措，贵州日报报刊社充分激发采编团队的积极性、创造性，助力一批批有数量、有质量、有流量的产品相继"出圈"。媒体深度融合不是传统媒体与新兴媒体的简单叠加。对于贵州日报报刊社而言，要全面聚合用户资源，给媒体融合奠定"基础堡垒"，要加速整合优势资源，给媒体融合插上"技术之翼"，要深度融合业态资源，给媒体融合建设"云上阵地"。

第二十章 大众网：守正创新，向"融"而生

俞 凡[①]

推进媒体融合建设，对传统媒体来说是一次深刻而巨大的变革。党的二十大报告提出"加强全媒体传播体系建设，塑造主流舆论新格局"。随着媒体融合走向深水区，主流媒体需适应媒介形式和传播环境的多样变化，在深度融合与创新发展方面重新审视并满足市场需求，以实现转型与坚守的有机统一，开创一条可持续发展的融合新路径。

大众网是国务院新闻办公室批准成立、大众报业集团主办的山东省第一新闻网站和外宣网站。作为全省最大的新闻、外宣门户网站，大众网一直在探索制度改革、流程再造、内容生产、技术赋能、产业升级等方面的新路径和新方式，坚持守正创新，深化融合发展，为受众提供有价值、有温度、有能量的产品，不断提升传播力、引导力、影响力和公信力。

第一节 继往开来——大众网融合发展历程

大众网于 2001 年正式上线，2008 年大众网有限责任公司完成股份制改造，转为大众传媒股份有限公司，2011 年大众传媒的转企改制方案通过国务院新闻办公室批复，成为第一家获批的地方新闻网站。自此，大众网驶入融合创新发

---

① 俞凡，山东大学新闻传播学院"杰出中青年学者"特聘教授、博士生导师，研究方向：中国共产党新闻宣传工作史。

展的快车道。

2013年,大众网由"两翼齐飞"升级为"四轮驱动"的产业布局,各项事业保持高速发展,到2013年底,网站形成了"两网一报三刊一社一屏一平台"的发展格局,大众网、掌上大众网、齐鲁晚报手机版、齐鲁手机杂志、手机语文、大众舆情参考、大众音像出版社、城市大屏联播网和"在山东"电子商务平台,共同形成了上下联动、固定移动结合、纸质网络互补、室内户外并行的全方位传播体系。

2015年,大众网创新发展理念与模式,将大众报业集团的新媒体资源进行整合,推动融合共赢,成功打造山东省互联网传媒集团。互联网传播矩阵的大厦以大众网为地基,将海报新闻、山东手机报新媒体、全省16市地方频道、省外新闻中心等融入支撑架构,并借助微博、微信、抖音、快手、b站等第三方平台增砖添瓦,多层次、立体化的传播格局得以搭建。

大众网在过去的22年里,一直坚守党媒的正面性,融合社会的新思维,在扎实履行社会责任的基础上,不断以融合创新汇聚能量,突出表现和亮眼成果获得了广泛认可。尤其是在2021年,大众网的突出成果得到了普遍赞赏。至今,大众网16次获得中国新闻奖,其中一等奖5次;2020年大众网·海报新闻编辑部被省委授予"干事创业好团队"荣誉称号;2021年大众网·海报新闻采访中心得到了"全国青年文明号"荣誉称号;2022年,大众网还被中宣部评为"全国舆情信息工作优秀单位"。

第二节 全面发力——大众网融合创新特点

一、制度改革:创新组织管理,激发内生活力动力

在媒体深度融合过程中,大众网加速制度创新步伐,有效提升了媒体生产力。在运行机制方面,大众网最大限度淡化部门界限,实行"工作室"制,打破了流动壁垒,降低了整合难度。在工作室体系中,记者、编辑独立组建制作团队,专注研究特定领域的内容、活动和用户需求,产出更多受众喜爱的融媒

体产品，聚集关键核心用户，提升影响力。2021年，大众网·海报新闻通过编辑、设计和技术人员相互合作，在结合兴趣爱好、工作需要的基础上，成立了"海星设计""海浪""橡果融媒"三个融合工作室，孵化了"海报图品""有闻画""有说法""面孔·Z世代"等一批特色栏目，产出手绘海报、长图条漫、AI视频、动态H5等充满温度、带有流量的融媒产品。在队伍建设方面，大众网实行了一系列举措。首先，进行全媒体记者的培训，旨在培养一批具备写作、讲述、摄影和剪辑能力的人才，提升他们的融媒体技能；其次，积极促进编辑、业务和管理岗位之间的交流，以便构建一个多能型的全媒体专业人员队伍；另外，为了提高团队的热情，大众网增加对优秀作品的奖励，减少对普通工作的奖励。在人才培养方面，大众网采取以老人带新人的方式，加强专业实践锻炼和综合素质训练，海报新闻在抖音发布方面，采取轮值组长带班机制，指导新人和普通编辑进一步提升个人新闻素养。同时，大众网鼓励每一位员工申请非全日制、全日制研究生进行深造，或者申请访问学者进行培训，为高级人才的多方面发展予以机会。

二、流程再造：搭建统一平台，打造全媒传播体系

按照融合统一的原则，大众网着力推动包括策划、采访、编辑、发布等具体环节在内的流程更新，建立了一体化运行平台。大众网所在的大众报业集团，在2017年成立了融媒体中心，并积极构建支持媒体融合的平台"齐鲁智慧媒体云"，以实现不同媒体间的互联互通。该平台包含了"中央厨房""端媒统一生产管理平台"等模块，纵向上，与人民网、新华网、央视网、中国网、光明网、环球网等媒体相链接，横向上，与山东广播电视台、各市各县融媒体中心实现共享。"中央厨房"支持在移动端完成策划、采写、投稿、审稿、编辑等全流程工作，"端媒统一生产管理平台"能够实现产品策划、采集制作、编辑包装、精准分发、传播分析等功能。大众网·海报新闻还在"齐鲁智慧媒体云"基础上，开发了混合云的平台架构，进一步提高生产和传播效率，实现智能化和数字化。在2021年德州两会期间，大众网、大众日报、齐鲁晚报首次以融媒报道团的形式，共享资源，多元生成，大众网·海报新闻发布融媒报道稿件260余篇、短视频180余个、微海报近100张。

三、内容生产：聚焦优质原创，实现正能量大流量

内容为王，永不过时。大众网一直秉持一个观念：在激烈的竞争中，内容是不可动摇的基础。通过对报道内容的原创性和优质性严格把关，大众网成功将内容打造为核心竞争力，实现了高水平的发展。一方面紧密围绕时代主题，精心策划报道。党的二十大以来，大众网·海报新闻创作发布相关报道2100余篇，原创MV《你好，新青年》入选团中央优秀网络文化产品展播，融媒体产品《为了人民》是山东省唯一入选全国党史学习教育优秀新媒体产品，精心打磨的《黄河口来了新居民》展现了山东"走在前 开新局"的生动实践。2023年全国两会期间，大众网·海报新闻积极主动开展议题设置，推出专题《争·春——2023全国两会特别报道》，包括"代表委员履职记""两会好声音""VLOG·我上两会""VLOG·第一视角"等一系列的独家报道以及《网友心声上两会》《和美乡村新画卷》《从大学生就业到乡村振兴，代表委员关心这些事儿》等多角度的融媒策划，不断壮大主流宣传主阵地。另一方面关注社会热点舆情，及时还原真相。面对东方航空客机事故、重庆森林火灾等突发的灾难性事件时，大众网·海报新闻记者迅速赶往现场进行深入采访；在获奖散文作品《我的县长父亲》在网上引发争议时，大众网·海报新闻对作者进行独家专访，澄清事实，及时化解了网络负面舆论；对于网上热议的"制药救子"，大众网·海报新闻连续追踪并深度挖掘背后故事，形成的作品《药神父亲的孤独冒险》登上了全国热榜。

四、技术赋能：紧盯前沿技术，助力传播效果升级

大众网一直将技术作为第一推动力，以先进技术促进内部小融合、赋能跨界跨业大融合。一方面推动新闻产品的可视化转型，利用融媒体技术打造既具有突出思想内核，又采用多样化形式呈现的产品。根据不同新闻内容类型、细分受众群体、发布平台特性，大众网通过短视频、手绘动画、交互H5、航拍、VR全景、动图以及海报等方式来呈现报道，以吸引受众的兴趣，从而放大传播效应。2021年大众网·海报新闻策划推出的"为了人民——红色齐鲁百年印记"大型融媒体专题报道，涵盖了图文、长图、漫画、沙画、短视频、VR等

形式，以全景式、史诗级的"鸿篇巨制"向建党百年献礼。另一方面认真做好各平台的转型升级，以强大技术持续助力迭代更新，不断提升交互体验。大众网网站近年来多次进行改版，在页面上开设入口，连接济南、青岛、淄博等全省16个地方频道，直达山东宣传网、学习强国山东平台、山东文明网、山东法制网等更多频道，包含大众日报、齐鲁晚报、半岛都市报等大众报业集团各媒体数字报，覆盖山东手机报、海报新闻、大众网微博微信等全媒体矩阵。同时还实现了机器和人工相结合的审稿机制升级和个性化的分发平台升级。大众网·海报新闻紧跟人工智能、大数据、云计算、区块链等新技术，成为国内专业新闻机构较早推出视频智能生产、内容算法推荐、真人虚拟主播、智能问答机器人等新应用的新闻客户端。2023年2月，大众网·海报新闻引入百度领先的智能对话技术，并应用在内容生产、智能传播、经营服务等领域，成为百度文心一言首批生态合作伙伴。2022年，大众网·海报新闻启用山东首个国有数字藏品交易服务平台"海豹数藏"，并成功开发"大众链"区块链技术，积极探索元宇宙产业。该平台已经发布超过40款近10万枚数字藏品，涵盖文旅、政务、品牌、联名、城市、公益等领域。

五、产业升级：发力"新闻+"，打通数字服务功能

近年来，大众网循序渐进地探索更深层次的融合，加速了新产业新功能的实现。一方面全面建设"新闻+"内容生态。大众网以新闻为中心，逐步延伸到政府事务、商业贸易、公益慈善等领域，构建了"新闻+政务+商务+服务"生态。通过接入省市数据中心和政务平台，实现舆情监测、融媒体建设、电子党务等业务升级。大众网·海报新闻旗下的视频直播品牌"海报直播"也探索出了"直播+新闻政务服务"全方位立体发展的新模式。另一方面不断丰富"互联网+"模式内涵。2019年，大众网·海报新闻推出了语音聊天机器人"小海"，能够提供出行、住宿、天气状况等生活服务。还组建了专属社交平台"海码头"，包含热门话题、热门圈子和热门活动，以及"吱道"问答板块。疫情期间，"海码头"的用户们积极参与话题互动，分享战"疫"日常，相关话题参与量达3万条，点击量达50万次。另外，大众网基于"互联网+行动、+产品、+平台"的思路，开展"新青年音乐节""百万网友大植树""新春走基层""青年政

治佳""光明行"等活动,建立"在益起"公益品牌,在业内树口碑,在省外拓市场,将媒体影响力转化为运营生产力。

第三节 别具匠心——大众网融媒体报道精品分析

媒体融合要在守正、贵在创新、重在实践。大众坚持弘扬工匠精神,扎根民众群体,全心全意践行"四力",在传媒融合之路上坚定不移地前进,推出了一系列有重要意义、有深度思考、有卓越品质的融媒体主旋律作品。

一、用脚采访,深入挖掘

从 2020 年 1 月开始,大众网·海报新闻记者连续一年蹲点采访山东省扶贫工作重点村——临沂市常坪村,跟随"第一书记"奔赴脱贫攻坚一线,全程记录"第一书记"扎根基层、助力脱贫攻坚的故事,最终形成作品《扶贫日历——常坪村 2020 驻村蹲点报告》。

海报新闻记者在一年的时间里,走过了 5000 多公里的路,采访了干部、群众、贫困户等近 100 人,通过实地实践调研,深入了解社情民意,发掘出了一些鲜活的新闻素材和生动的故事主题,并巧妙地运用在了他们的作品中。该作品以平凡人的故事为核心主线,通过多种形式(如图文、视频、音频、VR、航拍等)全面立体地展示了脱贫攻坚的时空变迁,使受众能够近距离感受到农民在摘帽脱贫后的美好生活和拼搏向上的正能量。发布仅 3 天时间,该专题全网累计浏览量突破 5000 万人次。

二、用眼观察,敏锐关注

为庆祝中国共产党成立 100 周年,大众网·海报新闻制作了融媒体专题作品《老井新生——一个沂蒙山村 55 年的初心接力》。该作品从沂蒙山村出发,围绕一口古井切入故事,从微观视角展现了沂蒙山区掌平洼村在党的领导下 55 年的发展历程,为宏大叙事找到了贴近生活的落脚点。

这条新闻源于记者在梳理线索时，偶然发现了山东省新泰市掌平洼村，有一口 20 世纪 70 年代打成的螺旋古井成了网红打卡地。记者透过现象看本质，从大量信息中发现了重要主题，并挖掘新闻事件的时代价值，从而在一口古井的讲述中，传达了中国共产党"为人民谋幸福"的精神，使故事富有深度、灵魂和温情。作品从大处着眼，小处落笔，分为生存井、发展井、幸福井、传承井四个篇章，糅合视频、音频、VR、手绘、动漫、航拍、沙画于一体，用一个个故事、一帧帧画面，逐步展现了沂蒙山区掌平洼村几代人用实际行动赓续精神血脉，让老井焕发新生的发展脉络。

三、用脑思考，精心策划

基于 2020 年初新冠肺炎疫情肆虐这一背景，大众网·海报新闻重磅推出融媒体专题《千里挺进大别山——山东湖北携手战"疫"故事》。记者编辑们充分发挥思考能力，通过结合技术与创意，将内容做到完美无缺。大众网特邀山东画院知名画家根据典型的战"疫"故事，亲笔创作 15 幅速写，再将短视频、图文等新闻报道穿插其中，兼具新闻性和艺术性。

专题分为 15 个章节，细致描绘了山东省 12 支医疗队、1700 余名医疗工作者，在黄冈、武汉等地抗击疫情的感人时刻。比如《山相连心相牵》中，以山东画院院长孔维克所作的山东医疗队在机场集结完毕的绘画作品为背景，配发《除夕夜挺进大别山 山东医疗队为黄冈筑起生命"方舟"》的文字报道以及首批援助湖北医疗队出征的照片和视频，这一篇章全面、真实、生动地再现了"最美逆行人"的艰难跋涉，他们毫不犹豫地冲向最危险的"疫"线，用白衣构筑起守护生命的长城。

四、用笔还原，新颖表达

2022 年，大众网·海报新闻深入黄河口拍摄采访，推出《黄河口来了新居民》融合报道，作品将专题内容和虚拟展厅技术结合，以受众喜闻乐见的形式，展现时代变迁中的"人与自然和谐共生"。

虚拟展厅包含三维、鸟瞰、漫游模式，受众可以自由选择视角，只需点击就能游览观看所有内容，同时还有导览和地图进行指引，全面解析展厅内容，给受众带来身临其境的体验。展厅在图文稿件的基础上配发鸟类档案、规划解读、国家公园介绍等,并交织有以航拍、音频、长短视频等呈现的内容。比如将具有冲击力和感染力的黄河自然景观画面制作成 35 秒微视频,让受众近距离感受黄河口区域作为生命起源地带来的震撼。展厅中央的《生命之洲》长卷缓缓展开,一气呵成地呈现了齐鲁儿女数十年来守护黄河口这片生命之洲的奋斗故事。记者、编辑、美编、技术在策划人的统筹下,调动网站资源,在背景上进行二次加工创作,加入融媒体元素,增强了互动性和代入感。

第四节 他山之石——大众网融合创新启示

在媒体融合的进程中,大众网充分发扬传统媒体的优势,巩固已有基础,培育创新要素,突破传统边界,积极整合融合,坚持以平台思维、系统思维、跨界思维为指导,集合全部力量探索深度融合之道,给媒体融合转型带来了有益的实践和探索。

一、强化平台,打破媒体边界

平台建设是推动媒介融合深入发展的必然途径。近年来,大众网打造开放合作的大平台,转变各个媒体"各自为政"的局面。通过工作流程和平台功能的优化,能够有效整合各种资源和要素,达成信息、业务、技术、管理、人才等的互融共通和价值倍增。

做大做强平台型新媒体,一方面要打破介质藩篱,推动媒体内部融合以促成质变。在生产传播流程上,要建设有统一平台和云平台,做到信息内容多来源、表现形式多媒体、发布传播多渠道,形成传播矩阵效应。从一个单独的网站开始,大众网稳步发展,如今已经集"网端报微视屏"于一体,在传统媒体和新媒体之间架起桥梁,也实现了网端深度互通、融合发展的良好局面,大大提升了立体化、即时性报道水平。另一方面要学会资源整合,跨平台跨地域探索深度联动。加强与其他媒体平台的合作,将本地新闻报道在更多渠道进行二次传播，多地开花、多样分发内容、多平台支持，打造出多维度、多层次的传播链，进一步提升媒体知名度、美誉度和影响力。大众网所在的大众报业集团和山东省互联网传媒集团，积极与各大主流媒体以及商业平台沟通联络，大众网和央媒平台紧密对接，入驻新华号、人民号等；与省媒平台保持联系，入驻大众号、澎湃号等；与商业平台加强合作，入驻百家号、抖音号、新浪微博号等。

二、磨砺"四力"，发挥媒体优势

无论媒体如何智能，坚持以人为本仍然是新闻的根本。大众网始终将践行"四力"贯穿于融合改革全过程，用温暖的报道鼓舞大众、用扎实的行动服务大众。贴地又贴心的作品才能获得广大受众的共鸣，这就需要新闻记者不断磨砺"四力"，不断提高政治素质、提升业务本领、锤炼优良作风，才能创作出内容精良、形式创新、传播有力的新闻报道。

在媒体融合时代，"四力"的应用和实践，一方面要加强系统思维，把脚、眼、脑、笔作为一个有机联系、相互促进的整体，实现全面发展和综合利用。求真务实，坚持到第一线和基层去；敏锐观察，采撷有观点有思想的鲜活素材；深钻细研，在真实记录中反映主流；文风朴实，将内容与表达形式有效匹配、精准契合。在建党100周年、黄河滩区搬迁、脱贫攻坚、抗击疫情等重要题材上，大众网以新的板块、新的视角、新的写法，发表了一系列高质量的精品佳作，产出了有价值的内容，传播了正能量。另一方面要运用智能技术实现精准辅助，除了实地现场采访以练好"脚力"之外，要善于运用互联网，将线上云采访作为一种补充；除了通过观察判断以训练"眼力"之外，要善于借助大数据等新技术获取大量数据和统计结果；除了锻炼思维和决策能力以提升"脑力"之外，要善于运用人工智能来收集信息、整理数据、提高报道质量；除了坚持表达准确、贴切、新颖以践行"笔力"之外，要善于采取鲜活的表达形式和风格，比如H5、VR、短视频、动画特效、背景音乐等，增添幽默感、悬念感、贴近性等新要素。

三、跨界发展，丰富媒体价值

媒体深度融合已经形成了"媒体+政务+服务+商务+公益"的新趋势。

大众网不仅在内容建设上采用新方法新手段，也在运营模式上走新路开新局，跨界整合不断得到实践。"新闻+"和"互联网+"的新业态的实现，需要跨越行业壁垒、拓展业务领域、提供创新服务，将传统媒体的单一、单向传播方式转变为新型媒体的多样、互动的融合传播。

突破媒体逻辑，促进跨领域发展，一方面需要进一步增强信息聚合和资源整合能力，提供高质量智慧服务。对海量用户和机构全面开放平台，拓展完善信息和资源网络，通过深层链接将内容提供与数字服务相连通，成为专业化综合服务提供商。深化政府、企业、民生和公益之间的互动，加快融入到政府服务、党建工作、经济发展、社会治理和其他社会子系统中，研究向智库型媒体转型的方法路径。大众网所在的山东省互联网传媒集团一直致力于媒体业务的提质增效与转型，打造了以政务融媒体中央厨房、政务云平台建设为主的电子政务业务；以区域、行业电商平台建设为主的电子商务业务；以智慧产城小镇为代表的智慧园区建设业务等。另一方面要跳出媒体业务中一刀切的广告模式，大力推动多元化非媒体业务的发展，使跨界营销更加现代化。在广告运营的基础上，开拓财经、健康、品牌、教育、旅游等潜力巨大的行业领域，培育孵化电子商务、舆情服务、智慧教育、电子康养、电子教育培训、电子竞技等服务品牌，培育活动营销、产品营销、平台营销的IP产品。大众网所在的山东省互联网传媒集团不断以"互联网+"形式拓展蓝海市场，抓住"互联网+教育+旅游"的热点，探索发展以研学旅行、"动漫山东"为代表的跨行业、跨区域资源整合的新模式，同时还专注于布局在线教育和互联网医疗等垂直领域。

守正不渝、创新不止是主流媒体的共同使命。未来的新型主流媒体，在与时俱进、与民同行的基础上，必须以改革创新为动力，以资源整合为杠杆，在体制、内容、渠道、技术、运营等多方面下功夫，用开放性心态和专业化水平传递主流声音，用踔厉奋发的责任担当、融合创新的媒体精品、转型升级的跨界合作，构建起媒体融合的新范式。

第二十一章 《极目新闻》融合创新的实践与发展

李 炜 韩瑞芳[①]

随着媒介融合的深入推进,新闻传播业态与受众的信息接触方式不断变化,如何在全网信息流、意见流的交织博弈中守牢新闻舆论阵地,对接用户信息需求,提升传播力与影响力是新闻媒体融合创新的重要目标。通过不断尝试跨平台战略、拓展垂直内容领域、组建融合报道团队、打造媒介品牌等一系列举措,《极目新闻》在机制创新、内容生产、终端分发、人才建设方面逐渐探索出媒介深融的有效路径,成为我国颇具影响力的新媒体平台,对我国都市类媒体的融合转型具有借鉴意义。

第一节 《极目新闻》融合创新的进程

互联网撬动的传播变革,使媒介社会的信息生态不断变化,传统主流媒体面向新媒体平台转型升级成为迎接时代挑战、巩固舆论阵地的必然选择。由湖北省委宣传部指导、湖北日报传媒集团主办的《极目新闻》顺应传媒业变化趋势,不断创新表达方式,产出了大量符合全媒体传播特点的爆款内容,已成长为我国中部地区颇具代表性的全媒体平台。2021年1月18日,《楚天都市报·极目新闻》在微信、微博、抖音等平台同步亮相。3月28日《极目新闻》客户端

[①] 李炜,传播学博士,西藏民族大学新闻传播学院教授;韩瑞芳,华中师范大学新闻传播学院2023级硕士研究生。

上线，标志着《极目新闻》"1+N"新型主流媒体矩阵初步成形。《极目新闻》脱胎于《楚天都市报》，是《楚天都市报》融合转型后的全媒体品牌，二者是承前启后、一脉相承，两块牌子一套人马一体化运行，融为一体、合而为一的关系。2021年12月20日，国家新闻出版署公布"2021年中国报业深度融合发展创新案例"，《极目新闻》入选为22个网络内容建设类的案例之一，成为具有代表性和示范性的深度融合发展创新案例。在第四届中国新媒体发展年会上，《极目新闻》获得"2021—2022年度全国十大省市级新闻客户端"荣誉称号。

一、发展历程

作为《极目新闻》母体的《楚天都市报》在社会化媒体兴起之初就积极试水新平台。2010年3月29日，《楚天都市报》在新浪微博上发布第一条微博"武汉规划800公里长自行车道，网上征求意见"，随后相继创建腾讯微博、搜狐微博、网易微博等多个官方微博。2015年底，《楚天都市报》推出新闻客户端——"看楚天"App，着力建设新媒体平台，推进媒体融合。2021年1月18日，《楚天都市报》全媒体第三方平台账号统一更名为《楚天都市报·极目新闻》。2021年3月28日，《极目新闻》客户端正式上线，推动湖北日报传媒集团媒体融合发展进入新阶段。《极目新闻》与《楚天都市报》一脉相承，同根同源，在秉持着《楚天都市报》新闻理念和人文价值的同时又彰显出新媒体特色。作为独立品牌，《极目新闻》立足全国，以讲好湖北故事、中国故事，更好地服务受众新闻信息需求为己任，力争成为具有重要影响力的全媒体品牌。

截至2023年1月1日零时，《极目新闻》全媒体用户数突破1亿大关。其中，客户端、微博和抖音三大平台用户数均超过2000万，微博用户数居中部第一、全国前十；微信、快手用户数均突破600万；极目文娱、帅作文等垂直分众账号用户数均近百万。2022年，极目新闻"两微一端"总发稿超过25万条，阅读量过亿的原创微博话题达135条，点击量过亿的短视频达53条。2023年《楚天都市报·极目新闻》连续第10次入选亚洲品牌500强，品牌价值242.26亿元。是湖北唯一上榜媒体。《极目新闻》在媒介融合创新中不断进行的实践探索，为传统区域性媒体的发展提供了参考范本，对我国都市类纸媒的融合转型具有启示意义。

二、主要架构

互联网与经济社会各领域的逐步融合，使平台成为社会经济和文化交流的链接点，"平台化"成为社会诸多行业实现资源整合与高效运行的新范式。《极目新闻》发挥互联网平台对用户资源的聚拢优势，逐步构建形成了"1+N"全媒体平台格局，扩大了全媒体传播体系的覆盖人群。一方面与已有庞大用户基础的网络平台合作，在产品生产流程中采用微新闻生产方式，借助微博、微信、抖音等多方第三平台同步新闻内容，以裂变式网络扩散速度，增强新闻传播时效；另一方面着手建立自己的平台——极目新闻App，优化PC端页面设计，着力创新生产流程、增加内容特色、提升用户体验，推进媒介融合的纵深化发展。当可视化信息成为新闻传播的内容常态，《极目新闻》积极开拓视频领域的传播新样态，在其设计的瀑布流页面布局中，顶部菜单栏第三位为新闻视频板块，底部是短视频栏目，此外还有热点直播板块及时提供新闻现场实况。在用户体验上，《极目新闻》注重拓展与用户互动的新渠道、新形式，通过在"极目+"栏目中推出政务号、媒体号、记者号等自媒体服务，鼓励不同机构、用户和专业生产力量积极进行内容生产。

《极目新闻》秉持着"全球眼、中国心、瞭望者、思想家"的理念，全面打造新闻资讯、商务生活、政务服务矩阵，不断完善自有平台功能，提升自有平台的话语权和影响力。同时，与第三方平台的合力，也使《极目新闻》的传播链条和空间得以拓展，构建出广阔的新媒体传播版图。

三、运营模式

5G、人工智能、大数据、云计算、区块链等新一代信息技术的快速发展及与信息相关行业的融合，具有多学科知识背景和传播技能的复合型人才成为媒介发展急需。《极目新闻》通过招募优秀人才、完善管理体制机制，不断优化团队建设和人力资源布局，通过创新工作方式、发掘人才潜力，助力职业媒体人成长。在流程再造模式上，《极目新闻》采用"先端后网、先网后报"采编流程，新闻稿件首先在客户端亮相，随后再派发至网站和各个社交平台，由记者、编辑根据不同平台特性对文案和内容进行针对性加工，跟进互动管理，最后形成客户端、网站、社交媒体等多位一体的传播链条，不断扩大内容的传播范围及其影响力。

互联网传播消解了时空的绝对距离，孕育出新的传播契机。《楚天都市报》最初定位于做强湖北省内的新闻，在传统媒体时代无疑契合了差异化的媒介区域定位，随着新媒体领域的延展，集团逐步在全国范围内的北京、上海、广州、厦门、长春等多个城市派遣驻地记者，拓宽报道领域，在众多事件发生时直击第一现场，创造出多个首发爆款内容，聚合受众焦点。《极目新闻》充分发挥端网速度、纸媒深度优势，建立一次采访、多次生成、多元传播的一体化策采编发体系。通过不断拓展用户资源，《极目新闻》日益受到广告投资商青睐，采用流媒体广告、全媒体活动营销等多种方法实现盈利，反哺新闻生产创新，实现了有机循环。

第二节 《极目新闻》推进媒介融合的背景

凭借传统媒体时代扎实的内容生产经验和人力资源基础，《极目新闻》主创者们在媒体变革的时代浪潮中，主动将挑战化为机遇，从社交媒体领域的试水，客户端的推出、升级，既有对媒体生态变化的敏锐观察，也有基于自身发展定位的锐意创新。

一、都市类媒体融合转型的大势所趋

移动新媒体时代，信息传播生态不断演化，融合创新是媒体发展的应有之义。2014 年上海地方报业《东方早报》敏锐捕捉媒介变革趋势，率先建立了面向全网的融媒体品牌《澎湃新闻》，为困顿中的都市类纸媒提供了变革与重生的范本。为打造中部地区的新媒体旗舰，《楚天都市报》于 2015 年 11 月 26 日上线移动客户端《看楚天》，扩充原有读者市场，积累了一批忠实网络用户；随后在 2021 年 3 月 28 日上线《极目新闻》，着力构建了以新闻生产为基础、以用户关系为核心、以用户需求为指向的"新闻＋"运营模式，迎合了信息消

费者媒介需求变化。

媒体广告收入与盈利模式的变化也在催促媒介转型。传统媒体盈利主要依赖于广告，而广告发行要建立在一定的受众规模上。移动终端的发展使广告商倾向于将广告投放到可清晰描绘画像的目标用户身上，而传统媒体在信息量广度、用户个性化需求、读者阅读习惯等多个方面无法与新媒体竞争，加之读者阅读平台和场景的变化，融合创新成为媒体转型的必然选择。

二、媒介组织自身的锐意革新

《楚天都市报》成立之初的定位即是自负盈亏的市场化媒体。在新兴媒体的挑战下，传统报业媒体面临寒冬，部分媒体尚可依赖政府财政支持获得一定的缓冲时间，市场化媒体则往往需要自行抵御生存危机。从2015年上线的《看楚天》到2021年的《极目新闻》，《楚天都市报》紧跟新媒体创新趋势，从内容生产、人才建设、组织优化等多个方面着手，根据市场导向灵活调整传播方向，不断进行改革以适应市场化环境，吸引沉淀用户群体，拓宽全国性的市场份额，扩展全网影响力。对于《极目新闻》来说，媒介融合既是应对外部环境的必然选择，也是其内部不断转型创新的顺势之举。

第三节 《极目新闻》的融合创新呈现

如何在激烈的互联网信息市场竞争中占据一席之地，是检验主流媒体创新成效的标尺。融合创新既是媒介组织内部的机制创新，也关系到媒介内容的创新呈现和传播渠道拓展，最终的创新效果则依赖于用户的选择和反馈。

一、增加优质原创内容，提升全网传播力

扎实的内容建设是媒体融合创新的基础。新媒体的传播优势不仅会助力传播形式的变化，也推动传播内容的挖掘与呈现。面临同质化新闻的竞争，在地化的内容往往成为互联网场域极具竞争力的生产资源。《极目新闻》注重通过高品质的在地化内容和独家报道打造传播的核心竞争力。2021年湖北省政府宣布欢迎援鄂医疗人员回武汉东湖樱园、武汉大学等多地进行赏樱活动。《极目新闻》一方面组建高铁赏樱报道团，从前期策划、人员安排、后期宣发一系列报道着手，不断扩大传播效应；另一方面，提前建立全国直播赏樱群，全方位提供实时报道，在微博、视频号、抖音等多个平台进行文字、视频内容的宣发，及时与受众互动，观看人数不断增加，取得了很好的社会反响。

媒体要想在海量信息中争取受众的注意力，既要增加内容的覆盖面，构建充分的信息传播渠道，也要在传播策略上做好精准定位，满足用户的个性化需求。《极目新闻》以产品化思维信息，把握新闻传播的时、度、效原则，在内容生产中结合新媒体技术，采用可视化表达、H5、全网直播等多种方式，注重受众需求与偏好，不断开掘特色化的传播内容与分发渠道。

二、借助媒体联动，扩大传播影响力

作为信息流通中的重要一环，传播渠道的延伸对于新闻内容的传播场域和用户反馈至关重要。相互交融的网络传播结构也对新闻的分发渠道构建提出了更高的要求。利用好不同平台的传播优势，借助媒体联动实现集合效应是传播影响力提升的关键举措。《极目新闻》不断拓宽新媒体阵地，力求实现相同题材在不同媒介平台的同声相应。2021年，《极目新闻》在进行《七国友人登临黄鹤楼 感受英雄湖北的春天》的融媒体报道时，联合了《南方都市报》N视频在"两微一端"等平台预热造势，激发潜在受众；在后续传播过程中，一方面以自有平台为主导，发布图文报道，通过"垂直流"将内容广泛分发给受众，实现一次传播；另一方面，针对用户碎片化的阅读习惯，结合微信公众号、视频号、朋友圈，形成三种信息圈的关联效应，以"水平流"的方式将内容二次传播给受众。

全媒体时代新闻的"刊发"不再是报道的终点，只有变"刊发"为"传播"，通过扩大新闻在更多平台上的分发，提升新闻传播的到达率，才能产生实实在在的影响力。当前媒介生态中的传播主阵地往往集中在移动端平台。有学者通过研究用户在电视、电脑、手机这三种不同媒介时的体验状态、心理活动，形象的归纳为"后仰体验"与"前倾体验"，得出用户选择获取信息的媒介方式不同，对信息呈现形式的要求也不同，这就要求媒体工作者要根据用户不同的阅读习惯，制定和创作不同的内容形式。《极目新闻》积极拓展媒介传播形式，拓宽网状传播渠道，将内容资源和媒体资源进行充分整合，形成传播共振。同时，针对用户碎片化的阅读习惯，将人际传播、群体传播与大众传播结合起来，整合多个平台，进行多渠道的内容分发，以此覆盖、聚拢更大范围的用户，形成了多维度传播的媒体生态圈。

三、创新报道方式 增强信息表达力

《中国网络视听发展研究报告（2023）》显示，截至2022年12月，短视频用户规模达10.12亿，同比增长7770万，增长率8.3%，在整体网民中占比94.8%。短视频成为当下受众获取信息的主要渠道，《极目新闻》不断创新探索，2020年4月15日发布了第一条视频号《#武汉雷神山医院封舱现场#这样的广场舞大妈，太可爱了》，2021年2月5日，极目新闻进行了第一场视频号直播《"极目锦鲤"开奖啦！花落谁家，我们拭目以待！》，在不断尝试中收获人气，聚焦流量。同时，算法推荐也为媒体信息的精准传播提供了支持。在《极目新闻》微信视频号、客户端等平台中，可根据用户的习惯和偏好推荐内容，最大程度上满足用户的个性化阅读需求。

随着互联网成为社会的基础设施，数字用户成为可计算的人，从内容消费者转变为集内容生产和消费于一身的人，获取内容行为的方式发生了很大变化。相较于说教式的文章呈现，图片、视频、漫画、H5等这些可视化表达方式更具趣味性和交互性，更容易被受众接收和喜欢，《极目新闻》为适应受众阅读场景和阅读习惯，在新闻报道中采用"文字+"的方式，实现精细化传播的同时兼顾深度表达。视频传播是当前《极目新闻》反响较热烈的一类形式，稳居视频类媒体前列，粉丝量、视频观看量都在稳步增加。《极目新闻》视频内容覆盖社会新闻、民生热点、国际新闻、娱乐消息等多个领域，通过不断优化视觉设计和视听语言，为受众提供更好的信息体验。

四、孵化人才IP 激发人才活力

习近平总书记指出："媒体竞争关键是人才竞争，媒体优势核心是人才优势。要加快培养造就一支政治坚定、业务精湛、作风优良、党和人民放心的新闻舆

论工作队伍。"《极目新闻》深刻认识到人才对生产力的重要性,从体制管理、人才建设等多个方面着手建立一批具备竞争力和创新思维的"新闻尖兵"。一方面,进行员工岗前轮训机制,让员工参与到新闻生产流程的每一个实践环节中,明确每一个生产环节的要义,树立协作意识,强化创新思维,提高新闻生产效率。另一方面,《极目新闻》积极培育员工打造个人IP,无论是资历深厚的老牌记者,还是思维活跃、敢于尝试的年轻新手,都有机会亲自实操,在运营和策划实战中发挥自身才能。如在国际新闻视频领域由"95后"主持人负责的栏目"吉利说",以年轻人喜闻乐见的方式讲述当天的国际新闻,收获了大批粉丝。

一个视频或直播项目的推进,往往需要集合一线记者、出镜主播、摄像师、导播、多平台编辑、视觉团队、技术团队、编辑把关等不同部门的多工种人员参与。灵活多样的协同组合,逐渐成为融合新闻生产的主流,也推进着媒体创新的步伐。2021年11月,《极目新闻》相应媒体视频化趋势,通过内部整合、人员重组成立了视频影像部,全面负责视频领域的报道业务。在视频策划运营的过程中,《极目新闻》着力打造类型化的爆款节目,增强人才IP的品牌化塑造,注重激发人才活力,以此推动更多内容题材和创意作品的生产。如专题频道"亮亮看世界"由记者汪亮亮担任主播聚焦国际时事,解析重大新闻,深受受众青睐。

第四节　加快推进《极目新闻》深度融合的进一步探索

传播科技驱动的媒介形态变化和传播生态变迁决定了媒介融合是一个需要持续探索实践的过程。专业媒体对于媒介融合的探索不仅要明确自身发展的社会功能定位、市场定位,也要注重对传播技术的合理采纳和运用,创新信息内容与价值传播的新形式和新渠道。

一、坚持党媒姓党,把握传播定位

我国的新闻舆论工作是在党的领导下进行的,媒体享有对公共事件的采访权、报道权、批评权和评论权等。媒体必须积极、正当行使这些权利,才能发挥监测环境、向公众传递事实以及协调社会的作用。《极目新闻》始终坚持正确的新闻导向，以传播社会正能量为己任，认真履行媒体的使命与担当。在进行中国共产党成立100周年报道策划时，《极目新闻》采编人员自觉践行马克思主义新闻观，采用人物海报、手绘产品、MG动画等多种可视化形式传播党的形象，展示了中国共产党带领中国人民努力前进的波澜壮阔的100年，报道一经发出便广受好评。

做好时代的瞭望者，提升媒体的传播力和引导力，宣传新政策、弘扬主旋律，更好地发挥耳目喉舌作用是新闻宣传报道工作的重要目标。在全媒体传播环境中，守牢新闻舆论阵地、获得公众信赖需要坚守立场、创新形式，拓展传播链条，全方位讲好中国地方发展故事。

二、坚持新闻本位，体现人文关怀

新闻内容一经发布，就成为流通在互联网中的公共信息产品，其信息价值与文化价值都需要通过用户的互动与反馈来检验。作为新闻工作者，要秉持职业操守与人文关怀，坚持新闻客观性原则，面向公众，增强传播的亲和力和感染力。在2023年7月17日推出的报道《极目帮办｜男子被撞伤交警认定洒水车全责，汉阳城管：有专人在跟进处理》中，在接到事故方田先生的求助后，《极目新闻》记者迅速出动，以客观角度呈现事件始末，向相关政务部门了解情况，实事求是反映问题，有效引导了社会舆论。"舆论监督和正面宣传是统一的。新闻媒体要直面工作中存在的问题，直面社会丑恶现象，激浊扬清、针砭时弊，同时发表批评性报道要事实准确、分析客观。"在媒介融合纵深化发展背景下，有效激发用户参与热情和理性讨论，认真履行好信息"守门人"的职责，重视监督报道和正向引导，回应社会关切，从心理感知层面打动受众，才能不断发挥主旋律、正能量的导向作用。

三、坚持融合呈现，凸显新闻价值

媒介融合的基础是多重媒体平台的互联和产品的互通，这不仅是传输渠道的连通，也不仅是内容与服务在多个终端、平台的简单重复，它更多的是各种渠道与终端中的内容的自由流动、相互激发，是多种服务的有机关联、相互补充。每一种信息形式都有其特有的优势与价值，融合报道要根据各种不同信息形式的特点，取长补短实现信息的整合优化。在激烈的市场竞争中，《极目新闻》善于把握自身的采写优势和品牌影响力，秉持互联网传播思维，高度重视用户需求和信息偏好，不断创新传播形式，发挥平台协同效应，培育用户对媒体平台的信任感。多媒体思维是融合新闻报道策划的基本遵循。在融合过程中，要把握适度原则，以用户体验效果作为融合效果的试金石，充分发挥不同传播介质和传播元素的优势，对素材进行剪裁、加工，凸显新闻价值和社会效用。

四、坚持守正创新，塑造传播新气象

媒体融合是一个从介质融合到理念创新、从技术与业务整合到价值与制度重构的过程。媒体深度融合要从媒介内容生产融合，体制机制融合、思维理念融合、人才管理融合等多个方面多维并举，不断提升媒体的传播力、引导力、影响力、公信力。未来的传媒业，将在政策导向、内容核心、技术赋能、网络驱动、数据融通、多元配合中，呈现跨界、协同、联动、共享的新发展格局。为适应移动传播的新场景、新需求，《极目新闻》持续进行内容形态的创新探索，根据热点和新鲜动态及时推送短视频新闻，兼顾受众碎片化消费习惯，从选题采集、现场动态、用户互动等方面创新内容生产，吸引受众注意力，扩大媒体影响力；同时着力引进、培育复合型人才，夯实人才支撑，创新工作机制。从2021年的全新亮相到如今影响力的不断提升，《极目新闻》持续探索媒介融合的无限潜能，通过对媒体运营实践的持续探索，激发全员生产力，不断打造出现象级的传播作品，同时，在与其他媒体平台的竞合中守牢思想阵地，切实履行职业媒体的责任与担当。

第二十二章　抖音新媒体平台融合创新研究

董媛媛　周梦阳[①]

当前媒体融合已经进入快速发展的时期，传统的传媒集团积极进行融合创新的同时，新媒体平台也在不断发力，寻求媒介融合的最优解。

抖音短视频，简称抖音，是基于移动端的短视频社交软件，用户可以便捷的录制、剪辑和上传视频，同时可以与其他内容生产者在评论区进行互动。抖音发展至今，其影响力不可小觑，受到海内外用户的喜爱。媒体融合是当下学术界和媒体业界共同关注和推进的热门话题，抖音作为头部商业平台拥有极高的技术水平与极大的流量池，成为各大主流媒体机构的重要合作对象，共同推进媒介融合纵深发展。目前国内央级媒体、省级与副省级党报、都市报、晚报、垂直类、期刊类以及县级融媒体中心都积极与抖音对接，主流媒体的抖音号开通覆盖率在90%以上。

第一节　抖音的融合创新实践

随着互联网技术的不断发展，中国网民规模也随之不断扩大，据2023年3月29日第十届中国网络视听大会上正式发布《2023中国网络视听发展研究报告》显示，截至2022年12月，我国网络视听用户规模已超过即时通讯，达

[①] 董媛媛，博士，北京交通大学语言与传播学院副教授、硕士生导师，研究方向：新媒体研究、互联网治理等；周梦阳，北京交通大学语言与传播学院新闻与传播硕士研究生，研究方向：网络与新媒体。

到 10.40 亿，成为第一大互联网应用，其中短视频用户规模达 10.12 亿；2022 年泛网络视听产业的市场规模为 7274.4 亿元，较 2021 年增长 4.4%；短视频领域市场规模占其中 40.3%，达到 2928.3 亿，是产业增量的主力；市场规模达到 1249.6 亿的网络直播领域排名第二位，占比为 17.2%，是扩大网络视听行业市场规模的重要力量。短视频"纳新"能力远超即时通信，有 24.3% 的新网民首次上网就是被短视频吸引而来，与其他应用有断层式差距。

"融为一体，合而为一。"从 2014 年中央全面深化改革领导小组第四次会议通过《关于推动传统媒体和新兴媒体融合发展的指导意见》后，"媒体融合"正式被上升为国家战略。党的十八大以来，习近平总书记密切关注媒体融合的纵深发展，为推动媒体融合发展指明了前进方向。习总书记有关媒体融合发展的重要思想值得各方深入学习贯彻，重视全媒体矩阵的构建，努力扩大主流舆论阵地。

无论是学术界还是传媒业界，媒体融合都是关注重点。抖音作为头部商业平台拥有极高的技术水平与极大的流量池，成为各大主流媒体机构的重要合作对象，共同推进媒介融合纵深发展。目前国内央级媒体、省级与副省级党报、都市报、晚报、垂直类、期刊类以及县级融媒体中心，都积极与抖音对接，主流媒体的抖音号开通覆盖率在 90% 以上。主流媒体与头部商业平台的"强强联合"，已成为新媒体时代新闻与信息传播的一大趋势。

一、强强联合，联动主流媒体

媒体融合的主要目标是扩大主流舆论阵地，提升主流媒体传播力引导力，传播科学文化知识。抖音见证了短视频的崛起，频频产生爆款话题内容，具有超强的变现和电商实力，种种优势让抖音成为巨大的流量池，吸引来了众多创作者、企业和官方媒体，大家都想乘上这股东风。不少主流媒体选择放低姿态，入驻抖音，采用更加亲民的话语。主流媒体与头部平台越来越紧密合作，双方取长补短、相互支持、共同发展，共同打造了互联网传播的一个值得期待的崭新业态。

2022 年 6 月 21 日，中央广播电视总台宣布抖音集团成为 2022 年卡塔尔世界杯持权转播商、中央广播电视总台直播战略合作伙伴。2022 年卡塔尔世界杯抖音全场次赛事直播累计总观看人次 106 亿，用户直播总互动 13 亿。决赛之夜，最高 3706 万人同时在线，492 万人在抖音世界杯赛事直播间实时互动，中央广播电视台提供版权，抖音发挥新媒体传播优势，两者形成了完美互补。

抖音还联合广电 30 多家媒体发起了"为你读书"系列活动，广电旗下百位知名主持人，多位抖音站内达人均参与其中。对于抖音平台来说，通过活动加速文教品类主持人、名人的引入，撬动了区域广电的资源，以台网互动的形态来扩大抖音图书的影响力，抖音直播音浪、电商变现、流量收益等多元化营收方式也拓宽了广电系主持人的变现方式和商业价值。短视频基于移动端，视频时长短，获取迅速，符合受众的在移动状态下的媒介使用和信息接收需求，日益成为大众传播中的主力，越来越多的信息用短视频的方式呈现，也成为了不少用户获取信息的重要方式。抖音作为巨大的流量入口，其平台用户的年龄、群体等覆盖面广，不仅为此次活动提供了基础的用户来源通道，直播和短视频为观看者创造了沉浸式的陪伴体验，用观看者易于接受的方式来传递思想和内容，双方无形之间更贴近，情感上可以引起观看者的共振，帮助传统媒体通过亲民的语态和亲密的互动实现与受众的重新链接。

抖音新媒体平台全面赋能传统媒体，帮助传统媒体利用互联网思维提升自身的舆论引导力和宣传力，双方取长补短，在今后的媒体深度融合也必将紧密合作，实现"强强联合"的重要目标。在主流媒体发展的过程中，抖音有效助推主流媒体向着更加快速、更加精准，以及更大流量传播的方向发展，主流媒体可以借助抖音行业平台技术与覆盖力，深入下沉市场和地方市场，更好地传播主流价值观，引导舆论，提升传播效果。

二、创新表达方式，传统文化焕发新生机

各大博物馆以及各地的消防、文旅部门和共青团中央等机构也纷纷入驻抖音，用抖音平台的轻松愉快的传播话语来传递传统文化知识与社会主义核心价值观，甚至我国的军事实力等，收到一众年轻人的喜爱与"点赞"。

2022 年 5 月 18 日，抖音与故宫博物院推出"抖来云逛馆"计划，使故宫静态的藏品文物视频化，众多视频共同形成"动起来的"百科全书，带观众领略生动的故宫历史文化。在输入框搜索"故宫"，就可以看到由相关领域专业人员带来的故宫文博知识讲解。以短视频的形式呈现历史文物，能够让观众不受时间和地点的限制，近距离了解藏品背后的故事，让文物在互联网上"活"

起来。生动立体的文物展示能够激起人们对博物馆的兴趣和热情，通过聆听文物背后的故事来更好地感受文物悠久的历史与沉甸甸的文化，从而增强对中华优秀传统文化的认同感。与抖音的合作让故宫更加受欢迎，根据《2022抖音博物馆数据报告》，故宫博物院相关视频获赞1.3亿次，在抖音网友喜爱的博物馆中排名第一。同时，故宫相关内容直播达13179场，3.2亿人次观看。

新媒体创新了表达方式，让传统文化和思想焕发了新的生机。随着5G技术的加持与受众日益提升的文化娱乐需求，直播和短视频这种具有强大受众覆盖力的传播形式正逐渐成为大众传播的新风向，被越来越多的受众所熟知和接受，成为主流价值观输出的新形势。

三、创建融媒体联盟，台网合作不设限

抖音联合湖南卫视、江苏卫视等20余家省级卫视正式推出"抖音融媒体联盟"计划，并与多个地方电视台达成合作。卫视可以把内容一键发布到抖音，并且可选择带上POI、购票等小程序组件，更好地突出内容转化和地理位置特性。卫视还能了解到内容实时审核状态、数据表现等，抖音会帮助卫视及时采编新闻热点、创作观众最关注的深度选题，与用户即时深入互动，并根据其反馈不断改进内容，极大地提高了内容创作效率，降低内容成本，形成正向循环。接下来，各卫视平台就更便捷地接入抖音短视频，在抖音平台上发布内容，引导互动，获得平台反馈的实时数据，基于用户需求提供相关服务；此外，还能方便快捷地了解全国、同城的实时热点状态，辅助媒体采编和内容创作。目前，传统媒体与短视频平台合作共赢、相互帮助。抖音为主流媒体引流，及时反馈数据情况帮助传统媒体及时调整创作方向和内容，传统媒体为短视频平台提供丰富的内容。除了与省级卫视达成合作，此前，抖音已与苏州广播电视台等地方电视台达成合作，为其提供短视频解决方案。双方在内容、数据、服务等层面的合作还将深入，进一步打通发布渠道和内容通道。

可以确定的是，目前抖音和各大省、地级电视台的合作发展空间还有很大，还有很多方向可以讨论和推进。可以预见在未来台网合作将会更加不设限，已经走过多年历史的卫视要抓住线上化的宝贵转型机遇，录制节目的时间、地点将不再成为节目制作的限制条件，抖音平台可能为线上云综艺带来更多创作灵感，并提高收视率，输入达人等综艺新生力量。

四、电商赋能地区经济，助力地方新农人

当前，我国网络视听用户规模达 10.40 亿，其中短视频用户规模达 10.12 亿，网络直播用户规模达 7.51 亿，是电商行业发展起来的重要基础。新场景、新业态的出现深刻改变了行业的生产、传播和消费方式，抖音电商的蓬勃发展更是带动了地区经济的发展。

2022 年 5 月 6 日，在贵州省商务厅的指导下抖音电商开设"风味贵州"专区，焕新区域农产品品牌。"贵州新农人"和中小商家借助兴趣电商，通过发布种类多样的乡村类短视频以及直播带货吸引观众对贵州农货的关注，抖音电商"山货上头条"项目组多次进行实地调查，对农货商家提供专项扶助和培训指导，通过成熟专业的运营助力农民增收、农业增效。同时抖音通过打造＃山货上头条＃、＃风味贵州＃等话题，吸引优质内容生产者参与创作内容，多角度展现贵州的风土人情。抖音商城还设置山货特产频道、家乡特产馆等不同的线上入口，推出多款贵州特产，供广大消费者挑选。此外抖音与中国邮政共同合作，为农货商家提供指定存货仓储地及快递资金补贴等支持，保障农产品运输条件，站好优质农产品出村进城最后一岗。

"山货上头条"作为抖音乡村计划的重点项目之一，搭建起了优质农货与消费者之间的桥梁。通过抖音电商助力了地方特色产品开辟更广泛的市场，联动多方力量扶持地方新农人和农货商家成长，为地方特色产品注入新的发展动力，使区域农特产产业"活起来"。

第二节 抖音的融合创新特点

一、大屏与小屏联动，建设全媒体矩阵

短视频时代的到来，意味着大屏向小屏的过渡和转变，伴随的是传统媒体融合的进一步深化，短视频成为了时代最有力的记录者与见证者。生活中充满精神力量的瞬间不仅出现于手机小屏幕中，也因抖音和六大卫视的台网联动出现在了电视大屏幕里。

湖南卫视、浙江卫视、深圳卫视等6家卫视与抖音达成了深度合作。观众在观看电视台的节目时，都能感受到抖音的存在：许多以小人物视角出发的平凡却感人的故事引起观看者的共鸣，许多电视台新闻节目都会以抖音短视频新闻资讯作为素材，越来越多的抖音达人出现在了节目当中，可谓无处不在。

抖音作为巨大流量池注定其爆点话题的制造能力不容小觑，许多为人们所熟知的网络流行语都是从抖音传播开来。尤其是当各种突发事件发生时，抖音上平台的内容有其天然的优势。广大的用户基数为平台带来了丰富且全面的UGC内容，相较于官方视角拍摄的内容，UGU内容更加迅速和直观地反应事件真实情况，也更加贴近广大民众的情感，不同拍摄者会从不同视角呈现，使观看者能够通过组合还原现场状况，有更强的临场感；同时，也可以帮助合作卫视以用户第一视角收集信息，也弥补了传统内容生产方式"旁观视角记录"共情力的不足。

抖音积极联动大屏与小屏，把以往大屏上的内容在小屏上呈现，比如过年时请用户免费看电影、邀请众多音乐制作人、知名歌手加盟DOULive抖音沙发音乐会，还打造"欢乐DOU包袱"喜剧IP，以及健身、美食海量直播内容，抖音与传统媒体共同建设的全媒体矩阵，是将两方的长处聚合起来，更好地发挥优势，二者取长补短，相互支持。5G技术的迅速发展，更使短视频平台和传统媒体加快融合的步伐。在5G时代，还要探索VR、AI技术能够为媒体融合带来怎样的转机。

此次抖音与各大省级卫视的合作是台网携手进行媒体融合的全新探索，卫视利用互联网平台拓宽了传播范围，用更亲民的传播语态得到了更广泛年轻群体的喜爱，提升了自身的舆论引导力和宣传力，平台也收获了高质量的内容，还帮助短视频平台触达乃至转化一批非互联网重度用户，提升其在这一群体中的知名度，扩大平台影响力覆盖范围，这是一次共赢的合作。

二、进入地方市场，布局媒体生态

2023年6月，抖音直播发起了"金声计划"，与各地广播电视台进行深度联动，推动引导专业主持人转变为优质内容生产者，扶植优质创作者成长。9月22日上午，抖音直播与广西广播电视台签约达成深度合作，共同探索主持人直播新形式。抖音将为广西广播电视台的主持人提供全面优质的服务，包括全方位的内容指导和运营服务，出台激励政策以挖掘优质直播内容。抖音全面赋能内容创作者，提供了有力的支持，确保优秀的内容创作者在抖音平台可以获得良好的发展空间。抖音直播也将为广西台的主持人策划30个主题专场活动，提供超过1.5亿流量曝光，共创更丰富多元的艺术形式，让专业优质直播内容能被更多人看到。

抖音作为有远见的流量平台之一，火爆后快速接入了电商，开拓了新的变现渠道，因而成为覆盖全年龄段的全民级App。这也成为了内容生产者持续生产内容的动力，这是良性闭环。抖音用比图片更直观的视频引导流量变现，留住优质内容创作者的同时还留住了一众消费者。抖音不仅为广西台提供运营指导、达人支持、优秀创作者奖励，还帮助其打造MCN矩阵，扩大省级电视台的影响范围，这无异于一场新的媒体生态战役。从短视频新安装用户的地域分布来看，三四线城市的下沉市场用户明显增长。

"金声计划"和"DOU说广西家乡好"直播月活动是对媒体融合新模式的探索之举，也是台网合作的一个新起点。抖音与广西台以优质内容生产为导向，不断拓展合作的深度和广度，探索直播行业新的可能性，为实现区域内容的智能传播、联动大小屏融合做了一个良好的示范。

三、场景融合，精准把握受众定位

随着人工智能与5G技术的不断成熟与普及，互联网语言的视频化趋势已经成为媒介融合进程中的主要实践语态，其通过营造出高度交互的应用场景，能全面勾勒出当下网络文化的现实图景。抖音基于大众广泛的流动性，通过LBS技术精准定位用户的地理位置，比如城市商圈，某个风景区，或某一大型办公区域，再对其所处情境予以记录分析，为每一位用户提供基于其位置定制的信息服务。

"移动传播的本质是基于场景的服务"，让内容嵌套于鲜活情景之中，从而消去它的枯燥与"被动"，赋予它一种"能动性"和"活力"。抖音能够根据受众的场景去制作内容与形式相匹配的新闻产品，实现信息和服务的聚合，主要从场景分发、场景营造、场景分享三个层面激发受众的注意力。

四、倡导文化价值策略，全面鼓励优质内容生产

为了引导和鼓励平台上优质视频内容的产出，抖音推出了一系列活动，如"创作人计划""原创国风计划""音乐点亮希望"等，从而吸引内容创作者踊跃参加。在视频主题方面主要关注传统文化和公益文化，与各地博物馆展开深度合作，倡导文化价值策略。

2022年5月17日，抖音发布2022博物馆数据报告（以下简称"报告"）。报告显示全国三级以上博物馆抖音内容覆盖率达98.64%。过去一年，抖音上博物馆相关视频数量同比增加70%，点赞量超过12亿次，播放量超过394亿次，相当于全国博物馆一年接待观众人次的72倍。短视频助力下，一些"小众"门类博物馆也得以被大众看见。抖音与博物馆的联动与内容呈现，匹配了短视频时代受众碎片化、多样化、个性化的内容摄取需求。多家博物馆将线下逛展览的体验搬到了抖音平台上，开启了"云看展"直播体验活动，将展厅与文物缩进了小小一方手机竖屏，通过突破时空界限，用灵活的形式提高内容的受众触达率。

抖音还关注个体故事，通过个人视角的内容引起观者共鸣，从而传播正能量。抖音新媒体平台除了积极生产主流话语形态的网生内容，谨慎打磨以向主流话语靠近之外，还从内容产品立项阶段就主动寻求体制内资源，进行"合制"或"监制"。

第三节　抖音的融合路径探索

当下抖音新媒体平台的媒介融合已见成效，逐步探索出合适且高效的融合道路，产出了一系列高质量且具有社会价值的活动和内容，随着媒体融合进程的纵深发展，抖音还可以从以下几个方面展开更深程度的媒介融合。

一、反向融合，打造媒体融合新范式

"反向融合"扭转了经常说的媒介融合的方向，是新媒体平台主动贴近传统媒体，寻求传统媒体所能提供的专业话语资源以及体制内媒体人独有的政策敏感度，以其先进技术、平台资源、资金人才等优势不断拓宽媒体融合维度，与传统媒体优势互补，探索新媒体平台的行业结构和产品形态，形成具备融合特征的平台产业链。2022年反向融合现象不断增加，逐渐成为媒体深度融合发展的新范式，从平台、内容、技术、资本、人才等方面展开，使互联网商业媒体与传统媒体形成协同共生、竞争合作的新传播生态。

抖音新媒体平台可以借助此契机，与主流媒体达成内容协作、产业链接，深刻建立与用户间的交流互动关系，进一步加强自身内容传播效力，扩大媒体融合范围。以多平台协作的方式为新闻内容传播赋能，增强可读性和传播力。当然，在这一融合过程中需坚守主流意识形态和正确新闻舆论观，充分发挥各自优势，利用平台优势开拓更宽广的媒体融合发展新空间，助推媒体融合向纵深推进。

二、人才引进，降低内容风险

新媒体平台相较于传统媒体有更大体量的资源投入、更加专业化的制播生产模式和更加市场化的激励机制，近年来商业平台纷纷寻求有体制内传统媒体工作经验的人士加入其内容部门或任职高层，体现了商业性平台主动融入科层体制内社会网络的意愿。2017年6月，国家新闻出版广电总局发布《关于进一步加强网络视听节目创作播出管理的通知》，提高了对网络视听节目的创作播出要求，平台要严格进行播放前内容的审核、落实总编辑负责制、全面把关等规章制度。这个时候，拥有体制内传统纸媒工作经验的人士能够填补新媒体商业平台的制度性缺陷，有效地应对网站内容合规性危机，并且能够帮助改善抖音新媒体平台在公众和政府管理机构眼中的企业形象和内容调性。

新媒体平台在动态调整的内容市场关系中，在涉及企业发展战略、内容产品设计、政府关系和公共关系塑造方面，与传统媒体相比具有天然劣势。随着相关主管部门的管理要求不断加强与细化，抖音新媒体平台需要具有中介中间性的社交节点,以打通体制内外的社会网络,借用其在传统媒体科层体制内工作的社会网络资源和对体制逻辑的熟悉,降低商业网站战略性和内容合规性风险,并且在遭遇此类风险的时候,可能更快地通过理解制度性管理逻辑而寻求解决方案。这一方面给了熟悉了解中国政府相关行业管理逻辑的人士以新的职业选择机会,也赋予抖音新媒体平台更多的抗风险能力,确保其业务线和企业整体战略在设计之初就加入政策风控的视角,并从企业高管层面推动下级业务线的合规性反思。

三、把握产业运营思维,顺应深度融合趋势

随着移动互联网的快速发展,媒体融合的思路也必须打开,平台需要用产业运营思维指导自身长远发展。用户即是平台的使用者也是劳动者,这是工业生产转向信息劳动的重要标志,抖音新媒体平台可以依赖用户这种非职业劳动者。抖音新媒体平台在融合发展的基础之上,要在综合研判政策、产业、技术等因素以及预判行业发展前景的基础上把握自身未来方向,保证自身发展战略符合业态最新动向,并结合平台具体情况体现出一定的超前性。通过整合用户、数据、内容、渠道牢牢把握住未来媒体格局的入口,优化产业集群融合发展的思路和方向。

四、内容与服务结合,精准把握受众需求

当下用户的需求非常个性化以及多元化,抖音新媒体平台要重视细分市场小众化的精准需求。引导每位用户在抖音平台上利用自己的社交关系网络获取和传递信息,抖音可以基于这种关系网络提供服务,通过直击用户的痛点来优化用户在平台上的消费体验。在移动互联网时代,内容展示要贴合用户在移动状态下的阅读习惯,内容的获取要快速,渠道要便捷简单。制作内容要尽可能根据内容主题细分化,用户可以根据分类迅速找到自己需要的内容。在排版时,重视大标题、摘要的运用,帮助读者一目了然获取一条信息的核心部分,从用户思维出发提升用户的使用体验,从而增强用户忠诚度与黏性。平台要承担起自己的社会责任,重视并努力解决用户在使用中的各种难题和不便。

习近平总书记指出,"受众在哪里,宣传报道的触角就要伸向哪里"。在

媒体大融合趋势下，抖音要充分发挥自身优势，利用好短视频传播迅速、内容亲民多元、形式丰富沉浸的特点更好地推动主流价值观深入人心，推动文化价值升值，提升主流媒体的舆论传播力，扩大主流舆论的阵地，从而促进社会的和谐与稳定。

第二十三章 "耳朵经济"时代喜马拉雅 FM 的创新发展研究

朱松林　朱怡婷[①]

近年来，伴随"耳朵经济"的兴起和发展，音频类平台媒体迅速扩张。"喜马拉雅FM"（以下简称喜马拉雅）作为业内专业音频分享平台，在有声音频行业深耕十余年，从最初一个听广播的功能性App发展到现在日渐繁荣的音频生态圈；从最初十几人的初创团队裂变为如今服务数亿用户的内容公司，喜马拉雅的"出圈之路"，背后是互联平台将"用声音分享人类智慧，用声音服务美好生活"作为自己的初心和使命网时代音频经济发展的缩影。5G、人工智能、大数据、物联网、移动计算、VR/AR等智能技术集群正在引导传播渠道去中心化、传媒主体泛媒介化、用户个体感知升级等新趋势，身处其中的音频媒体只有准确把握智能重塑音频生态的基本逻辑，才能真正抓住5G时代的新机遇，推进"耳朵经济"从移动经济生态圈迈向智能经济生态圈的转型升级。由此可见，探索它的创新发展路径，极具理论价值和现实指导意义。

第一节　喜马拉雅 FM 的发展历程

声音是一种天然的媒介，它具有建立亲密关系的能力。当人们视觉被大量短视频内容所充斥的时候，音频媒介缓解了视觉的疲劳，填补了人们的视觉空

[①] 朱松林，安徽财经大学文学院教授、硕士生导师、博士，研究方向为传媒产业、数字传播；朱怡婷，安徽财经大学文学院研究生。

缺。音频媒介用它独有的伴随性使听觉文化重新回归市场，喜马拉雅音频作为音频媒体的头部，它的发展历程大致可以分为以下三个阶段。

一、初创阶段（2012—2014年）

上海喜马拉雅科技有限公司成立于2012年，最初是一个以分享有声读物为主的在线音频分享平台。如今，在耳朵经济发展的红利下，喜马拉雅已经建立了从头部IP到长尾内容全面覆盖的健康均衡且有活力的生态内容体系，汇集了有声书、有声读物、有声小说、相声小说等数亿条音频，所生产的内容目标用户覆盖了–1到100岁之间。喜马拉雅的内容生产模式主要以PUGC为核心，目前也已经为内容创作者和用户搭建了共同生长平台。在该阶段，喜马拉雅FM着重于建设音频内容库和用户社区，不断吸引内容创作者和用户加入。2013年，喜马拉雅移动端App正式上线；2014年喜马拉雅通过A轮融资1150万美元，同年五月，喜马拉雅激活用户人数超五千万，十月通过B轮融资5000万美元，并获得资本的投资，创造了国内行业最高融资额；2014年末，喜马拉雅用户破亿。

二、快速增长期（2015—2017年）

喜马拉雅FM在2015年推出了1.0版本的App，并引入了播客节目，拓展了音频内容的种类。同时喜马拉雅开始尝试与众多网络文学平台建立起长期的战略合作伙伴关系，扩充自己的内容体系。此后，喜马拉雅FM通过逐步改进技术、提升用户体验和推广营销等措施，迅速增加了用户规模和市场份额。2016年喜马拉雅正式加入"知识付费"大军，并创立了首个知识付费节目《好好说话》，同年的12月举办了首届"123知识狂欢节"，至此喜马拉雅的发展已经不仅仅局限于有声书这一栏目，开始形成自己的内容生态和变现途径。2017年，喜马拉雅开启直播栏目，并开始针对不同年龄段开设不同音频平台。而近几年喜马拉雅的跨界合作运营也成为业内标杆，同时鼓励原创，成为首家引入"PGC+PUGC+UGC"内容生产模式的平台。

三、内容优化与多元化发展（2018—2020年）

喜马拉雅FM从2018年推出了会员订阅服务，同年推出了"喜猫儿故事

App",它是喜马拉雅正式面向 0—12 岁儿童推出的故事音频平台;2019 年喜马拉雅还推出了极速版 App,适应更多人群。在这一阶段,喜马拉雅不断优化用户界面和功能,同时加强了对音频内容的分类和推荐,丰富了平台上的音频内容。

四、试水资本市场(2020 年至今)

2021 年 5 月,喜马拉雅意图在美国纳斯达克上市,但未能成功。同年 9 月,喜马拉雅于港交所重新提交 IPO 申请,也未见反馈,2022 年 3 月底,喜马拉雅再次向港股递交 IPO 申请,可见喜马拉雅在"上市"这条路上走得十分坎坷。尽管如此,喜马拉雅仍在不断努力,一直坚持以创造用户价值为导向,降本增效,打造可持续盈利方式。

第二节 喜马拉雅 FM 的"出圈"之路

从眼球经济到耳朵经济的发展浪潮中,音频类平台媒体应运而生。但对于音频媒体平台而言,内容是基础,技术是支撑。喜马拉雅作为音频类媒体平台发展的代表,通过对人们碎片化时间的利用和对声音景观的塑造,平台重视内容原创,以先进技术为支撑,遵循互联网发展规律,创新经营理念,走出了属于自己的一条"出圈之路"。

一、深耕内容,注重高质量产出

无论是在传统媒体时代,还是在新媒体时代,内容永远是媒体发展的"不二法门"。高质量的音频内容也是产生用户黏性的关键。而音频媒体的发展,究其原因则在于人们已经产生的碎片化阅读习惯。同时对于制作者而言,音频生产相较于视频产出更简单、更易制作。所以对于低门槛的音频行业,如何维持长期高质量的内容产出,是平台发展的关键。

过去的音频行业,以单一的有声书为主,更多的是对书籍内容原封不动的转述。而喜马拉雅平台开始拓展自己的音频内容，设立了多个内容频道，满足受众多样化、个性化的收听需求。从有声书到有声音频，再到开设儿童音频栏目，喜马拉雅形成了多个年龄段的内容覆盖。其次，喜马拉雅注重对优质内容生产者的培育与发掘，生产原创音频。

表23-1 喜马拉雅平台内容专辑数量及生产者数量

	2018	2019	2020
累计专辑数量(万)			
-PGC	1.07	2.14	3.25
-PUGC	1.39	2.27	3.44
-UGC	1162.97	1442.6	2057.37
累计内容生产者数量(万)			
-PGC	0.13	0.24	0.31
-PUGC	0.19	0.3	0.52
-UGC	652.8	833.62	1132.37
活跃内容生产者数量(万)			
-PGC	0.1	0.2	0.21
-PUGC	0.16	0.26	0.46
-UGC	284.5	373.94	514.99
收听时长分布			
-PGC	5.2%	11.3%	15.0%
PUGC	29.8%	29.5%	33.1%
-UGC	65.0%	59.2%	51.9%

2022年，喜马拉雅发布《2022年原创内容生态报告》，明确指出要扶持原创作者，Z世代的年轻群体成为了内容生产的主力军。在喜马拉雅的年轻创作者中，年龄小于30岁的创作者占比45%。新世代的年轻群体思维活跃，表达欲强，通过内容创作达到自我价值实现及社交目的。当图文、短视频等创作赛道逐渐人满为患，紧跟潮流、善于发现新事物的年轻人正在喜马拉雅发掘音频内容的价值。

二、细分场景，实现跨界营销

跨界联名的营销案例在当下已经十分常见，如何能够做到深层次的结合，而不单单是"1+1=2"的效果，这是平台所要思考的。胡正荣曾提到，Web3.0

时代是场景不断被细分的时代，也是用户个性化需求被最大化开发的时代。而伴随着音频市场的竞争加剧，传统的营销方式难以长久的吸引用户兴趣。喜马拉雅平台开始另辟蹊径，寻找"跨界"合作伙伴，实现不同的场景营销。而两个品牌之所以能够结合到一起，是因为二者之间具有品牌契合度，比如喜马拉雅和上海复合书店方所的结合，以方所策划总顾问廖美丽的一句话来介绍方所："方所做的不是一家书店，而是一个文化平台，是一种未来的生活形态。"这与喜马拉雅的企业文化有种不谋而合的意味在其中，于是二者结合打造"喜马拉雅+方所"专属听书会场，打造耳朵里的书店。除此之外，喜马拉雅也与天猫、可口可乐、钉钉等达成合作，创造了许多成功的营销典范。

"喜马拉雅+X"这一运营方式，实质上是不同场景之间的相互交融，而在此之中的真谛，是理念的融合，灵魂的交融。音频媒体也超出了它原有的属性，实现了"1+1>2"的效果。

三、多管齐下，丰富变现渠道

从商业的角度说，从业者追逐的只有两个字，量与利。量是指用户量，而利则是指利润。当一个平台具备一定用户量的时候，商人们就会思考如何通过量的积累引起质的变化，而商业变现就是一个质变过程。

喜马拉雅作为音频媒体平台的翘楚，它的变现渠道也值得探究。早期的互联网音频平台的变现渠道依靠的是广告，就是在口播当中插入广告来赚取广告费，但这种生硬的变现途径很容易引起消费者的抵制。从2016年开始，喜马拉雅加入知识付费的大军，这也成为了日后喜马拉雅的主要变现途径之一。

从知识付费行业的用户画像来看，用户年龄主要分布在18—40岁之间，这也符合喜马拉雅的主要用户群体的年龄阶段。但是，在知识付费这一概念进入我国之后，相当长一段时间内，国人的知识付费意愿并不强烈，所以单纯依靠知识付费而形成的用户群体数量还不够，喜马拉雅开始探索新的渠道。当前，喜马拉雅的盈利模式主打"全新广告流+相关IP产品+粉丝经济和内容付费+有声图书出版"的方式。喜马拉雅的音频多采用订阅付费等形式盈利，同时围绕流量较大的IP打造周边产品，拓展了盈利渠道，具有很大的发展潜力。

表 23-2　2021 知识付费平台 TOP10

排名	平台/品牌	简介
1	知乎	高质量问答社区
2	喜马拉雅	碎片时间变黄金
3	腾讯课堂	职业技能培训网校
4	蜻蜓FM	网络音频平台
5	樊登读书	读书点亮生活
6	凯叔讲故事	儿童早教启蒙睡前故事大全
7	知鸟	在线学习职业教育知识
8	知识星球	高品质知识社群
9	网易云课堂	系统化学习平台
10	混沌	企业管理者的线上商学院

第三节　喜马拉雅 FM 存在的问题

不可否认，音频媒体平台的发展将人们无法看手机的时间也填补了起来。喜马拉雅给我们营造的声音景观，提升了我们从看到听的感官舒适梯度。但是任何一个平台的发展模式，都不可能做到永远"一招鲜，吃遍天"。喜马拉雅在发展过程中，也陷入版权纠纷、技术欠缺、内容同质化低俗化等问题当中，这也是音频行业发展的痛点。

一、版权纠纷：营销开支大于内容购买开支

2021年，喜马拉雅向港交所送交第一份招股书，但时至今日，喜马拉雅仍未实现上市，并出现连续三年业绩亏损。2019—2021年，喜马拉雅销售及营销开支分别为12.19亿元、17.07亿元、26.3亿元。主要包括渠道推广、品牌营销及广告、销售及营销人员的薪资福利等，并且这项开支逐年递增；研发开支分别是4.7亿元、6.24亿元、10.27亿元。主要包括研发人员薪资福利、研发活动所使用的固定资产产生的折旧成本；内容购买开支包含在营业成本中，主要为

收入分成成本和内容成本，这两项成本的总开支过去三年分别为 10.64 亿元、15.49 亿元、19.31 亿元。

表 23-3 喜马拉雅 2019—2021 收支状况

	截至12月31日止年度						截至6月30日止六個月			
	2018年		2019年		2020年		2020年		2021年	
	人民幣千元	%	人民幣千元	%	人民幣千元	%	人民幣千元	%	人民幣千元	%
					(人民幣千元，百分比除外)					
收入	1,480,712	100.0	2,697,522	100.0	4,076,114	100.0	1,616,287	100.0	2,513,626	100.0
營業成本[1]	(816,961)	(55.2)	(1,497,503)	(55.5)	(2,073,042)	(50.9)	(900,094)	(55.7)	(1,109,401)	(44.1)
毛利	663,751	44.8	1,200,019	44.5	2,003,072	49.1	716,193	44.3	1,404,225	55.9
研發開支[1]	(267,499)	(18.1)	(470,536)	(17.4)	(623,519)	(15.3)	(291,143)	(18.0)	(454,756)	(18.1)
銷售及營銷開支[1]	(947,278)	(64.0)	(1,218,704)	(45.2)	(1,707,122)	(41.9)	(632,284)	(39.1)	(1,232,976)	(49.1)
行政開支[1]	(168,488)	(11.4)	(328,238)	(12.2)	(529,080)	(13.0)	(199,187)	(12.3)	(654,606)	(26.0)
金融資產（減值虧損淨額）/減值虧損撥回	(34,192)	(2.3)	(21,706)	(0.8)	2,295	0.1	(661)	(0.0)	(7,258)	(0.3)
其他收益/（虧損）淨額	(569,222)	(38.3)	42,750	1.6	130,866	3.3	59,441	3.6	166,223	6.6

从表中的数据可以看出，营销和内容购买在喜马拉雅财务支出中的比例都较高。但值得注意的是，内容购买支出的比例在逐年下降。作为一家以内容吸引受众为主要策略，并且高度依赖用户原创内容（UGC）的企业，喜马拉雅在原创内容研发方面的投入相对较低。在未来，如何确保高质量内容的产出并持续吸引用户是一个需要解决的问题。

二、内容质量：良莠不齐，监管不易

在喜马拉雅平台上有一千多万民 UGC（用户生成内容）创作者。他们创作的海量内容，成本低廉又可以吸引大量流量，帮助了平台的发展壮大。相较于传统的文字或短视频的媒体表现形式，音频不具有可见性，因此审核难度较大。同时，互联网具有极大的开放性特质，喜马拉雅所吸收的大量 UGC 用户所生产的内容良莠不齐，甚至在一些音频频道中，创作者所生产的内容低俗倾向明显。

依靠 UGC 生产内容对公司的发展来说实际上是一把双刃剑，一方面对于那些渴望成为声音主播的普通人来说，喜马拉雅确实为这一群体提供了很好的自我展现平台；另一方面没有明确的准入标准限制，意味着"人人拥有麦克风"，短期内生产出大量内容可以满足相当一部分听众的需求，但终归无法行稳致远。随着人们对知识的渴望和对品质的追求不断增长，这将对内容平台产生重要的影响。人们对内容的需求变得更加巨大，他们希望获取准确、有深度、有价值的信息。面对这一趋势，平台将被迫寻找和发掘高质量的内容生产者，以满足用户的需求。

三、技术欠缺：传受模式受限

随着 5G 时代的到来，技术发展又进入了一个新的赛道。传统媒体被新媒体冲击得暗淡无光，相当一部分原因是二者对技术的使用程度不同。先进的技术手段，比如我们所熟知的 AI、元宇宙等新技术能够帮助我们构建出新的内容传播形态和新的传播场景。相较于视频媒体，音频与技术的结合程度较低，单纯依靠"声音打动人心"的理念方式难以形成长期的用户黏性。5G 技术会引发用户对更高质量、更丰富的音频内容的期望。喜马拉雅平台可能需要与音频内容创作者合作，提供适应 5G 网络环境的高质量音频内容。技术作为改变传播方式最直接的驱动力，它可以实现传受间双向交流的"互动"模式。就喜马拉雅平台而言，虽然普通用户只需通过一部手机就可以轻松完成音频的录制和上传，但仍需要开发更多创新的服务和功能，如实时互动、增强现实（AR）和虚拟现实（VR）技术的应用等，进一步提升用户体验。

第四节　喜马拉雅 FM 打造耳朵经济新"声"态的举措

喜马拉雅从 2012 年创立至今，已经走过了十余年的风风雨雨。在优质内容如雨后春笋般涌出的互联网移动时代，喜马拉雅的成长与发展可以说是和中国音频内容崛起齐头并进的。十余年的发展，虽然也曾面临多重危机，但喜马拉雅还是走出了一条属于它自己的"出圈之路"，从千万用户到数亿用户，十年耕耘下的"耳朵经济"喜马拉雅音频平台，在与"视觉经济"短视频平台的"爱恨情仇"纠葛之下，喜马拉雅选择与用户建立了一种更长情的连接，在这繁忙的社会节奏中，让声音成为用户对抗孤独、慰藉心灵的利器。

一、多样化音频内容生态体系

喜马拉雅创始人兼 CEO 余建军曾对媒体说起过自己进入音频行业之前的思考，在智能手机出现之后，移动互联的场景必定是碎片化的，甚至在很多场景需要解放双眼，于是他选择了"听觉"作为创业方向。而事实也证明，"耳朵经济"具有巨大的发展潜力，在历经发展困顿之后，喜马拉雅痛定思痛，不断创新运营模式，寻找更多的发展可能。喜马拉雅特别注重打造多样化的内容生态体系来满足不同受众的需求。历经十余年的发展，喜马拉雅在音频行业已经有了一定的影响力，内容体系囊括了音乐、广播节目、有声书籍等多个方面，近几年更是加入了播客这一体系，同时更加重视新生带生产力量，着重打造播客新蓝海。其实播客这一词，本身是个舶来品，它是由苹果电脑的"iPod"与"广播"（broadcast）共同组成的合成词，亦被称作"有声博客"，这一平台的诞生，使得广大用户都可以通过"广播"把自己的声音传到互联网上，而这也与喜马拉雅音频的广播属性有些类似；但随着播客的发展，它的意义早已不仅仅局限于"传递用户声音"这么简单，它更像是用户在互联网上展示自己的窗口，播客的群体整体趋于年轻化，众多有想法的年轻人汇聚于此，细水长流般慢慢诉说自己的价值理念，播客主播也凭借自身的个人特色来吸引听众，这也一度成为互联网发展的"新蓝海"。

互联网时代，内容质量决定了市场竞争力的强弱。喜马拉雅深入了解用户偏好和市场趋势，并通过数据分析和市场调研来确定新增内容的方向和策略，做到精准化推送。同时，面对之前的内容质量问题、版权纠纷等困局，坚持做有价值的原创内容输出是破解掣肘的关键，喜马拉雅作为整个音频行业的领头羊，带头掀起"扶植原创"的浪潮，对整个行业来说也是明确了未来发展的风向标。

二、技术创新与平台优化

在移动互联网和信息技术高度发达的现代社会，5G、大数据、物联网、区块链、云计算、AI、元宇宙、ChatGPT 等新技术、新应用、新业态层出不穷，媒体行业的格局也发生着巨大变革。喜马拉雅作为音频平台，也不能忽视技术带来的媒体深度融合趋势。在万物互联的时代，唯有把握时代脉搏，借力"5G + AI"，才能使"耳朵经济"音频媒体行业长远发展。

科学技术的发展，为内容生产者插上了"技术的翅膀"，高科技的内容生产工具是内容创作者们的"左膀右臂"。根据喜马拉雅《2022年原创内容生态报告》显示，喜马拉雅通过引入AI技术，简化了内容生产的步骤，也提升了创作效率。比如为音频创作者开发的工具"云剪辑"和为"阳康"作者推出的"黑科技"智能"止咳"技术。除此之外，喜马拉雅还利用TTS（Text To Speech，从文本到语音）及ASR（Automatic Speech Recognition，自动语音识别技术）等AI技术，全面赋能内容生产，提升用户体验。2022年9月，在北京单田芳艺术传播有限责任公司授权下，喜马拉雅用TTS技术完美还原已逝的单田芳先生的声音，并首次将单田芳先生的AI合成音全新演绎听众耳熟能详的经典之作。专辑的播放量在喜马拉雅平台上破亿，这标志着喜马拉雅在现有的"UGC + PGC + PUGC"内容生态之外，已经通过AI技术探索出内容生产的更多可能性。

显然，加大对技术的投入使得喜马拉雅的内容生态焕发更大的生机，但需要注意的是对技术的使用不是"无规范的真空"，还需关注平台的稳定性和安全性，确保用户的使用体验和数据安全，要坚守技术底线，才能促使行业向上发展。

三、用户参与和社群建设

喜马拉雅在近几年的发展中，更加注重用户的参与度和对社群的建设。而如今，在互联网技术和大数据的加持之下，企业将营销的中心逐渐转移到与用户的互动之上。以消费者为主导、"用户 + 社群"的营销也成为了喜马拉雅品牌营销方式的一种。

在提升用户参与度上，喜马拉雅一改原来用户的"被动收听"为"主动参与"，一方面，用户可以主动与声音主播进行互动，甚至可以提出自己的要求，来形成个人定制化的内容，这一点大大改善了之前提到的传授模式受限的弊端。另一方面，用户也可以参与到音频的节目制作当中，体验当声音主播的感觉，大大提升了用户的存在感。这样一来，用户的主动权大大提升，传播者和受传者的角色也在这种互动之中不断相互转化，用户黏性也得到了提升。除此之外喜马拉雅还将线上线下的连接打通，线上活动中，喜马拉雅举办一系列公益活动,比如"声音的力量"、携手 51Talk 发起"爱·有声"活动,同时还有一些线上购物活动,如打造"123 知识狂欢节"、"423 听书节"等。而在线下,喜马拉雅还会举行各种活动,通过电台主播与粉丝面对面互动。比如 2023 年,喜马拉雅在浙江缙云举办了 2023 创作者大会,向创作者展示其提供的资源、工具和支持,并加强与创作者之间的合作关系;利用创作者大会,平台进一步宣传推广自身品牌形象和生态系统,吸引了更多的用户和合作伙伴。

而在社群维护上,喜马拉雅开始注重维护自己的私域流量。喜马拉雅有着专业的社群运营团队,专门维护社群的建设;并且在一些针对付费用户的内容当中,社群内还有常驻的业内大咖,用户可以直接通过社群与之交流对话。喜马拉雅一直所秉承的理念"用声音打动人心"也成为了社群建设中维护私域流量的利器,与用户建立起了一种长情的链接。在与用户的有效沟通中,促进了流量的转化。

四、商业模式与收益实现

付费订阅、广告、直播以及其他创新产品及服务是喜马拉雅四大营收来源,而付费订阅是其主要营收支柱。喜马拉雅针对平台属性,精准刻画用户画像,将用户进行分类。除此之外,广告也是喜马拉雅的主要收益方式,由喜马拉雅首先提出的声音流广告,更具受众价值和场景营销价值,声音流广告相对于视频贴片广告和信息流广告,能够提升喜马拉雅的品牌效应,使品牌建立了与用户更为紧密的关系。利用自身的品牌影响力,2023 年上半年,喜马拉雅突出了"喜莱坞计划",以短剧为突破口,开展 IP 全方位开发。喜马拉雅将开放优质原创版权,设立影视专项基金,规模化打造爆款短剧,并进一步打通优质 IP 的"文影音"转化路径,开发更多版权形态,为 IP 商业化创造更多可能性,实现多方共赢。

同时,在移动互联时代,企业营销离不开场景的建设。"场景"已然成为各个行业争相竞争的风口浪尖。而喜马拉雅也在注重对场景的搭建,有声读物凭借伴随性特点,不断深入用户生活的各个场景,声音媒介所具有的特殊属性,它传播起来比其他的媒介更具有场景优势。喜马拉雅在对场景的建设上,更注重智能生态的建设。对于喜马拉雅来说,下半场的发展重点是加固音频生态的壁垒,不断地丰富上游的内容和撮合效率,进一步去完成下游的场景。此外,喜马拉雅 FM 作为知识网红最集中的内容平台，也正在为平台上的主播提供各种微创业服务，包括内容、数据、推广、商业化等一系列的孵化服务，去完善和打造一个完整的音频生态圈。

五、国际化发展与全球合作

喜马拉雅目前拥有超过 5000 万海外用户，是中国文化出海的重要阵地。喜马在谋求国际化发展中，推出了国际版 App，精简了页面布局，便于在海外推广。除平台的搭建之外，喜马拉雅还发起了"全球故事计划"，即在全球各大城市主播招募计划，长期征集生活在全球各个国家的华语内容创作者成为喜马拉雅主播，让用户能透过播客听见全世界。同时这也是在助力中华文化出海，探索海外市场和全球合作机会。

在提高海外用户数量方面，喜马拉雅选择了美国和日本这两个世界文化影响力最广的市场作为切入口。2017 年喜马拉雅 FM App 在日本上线，迈出了国际化的第一步。在美国，喜马拉雅与一些播客平台的主播建立合作，通过这些博主的 Vlog、Ins、YouTube 等平台的传播推广、积累用户。海外用户有着与国内用户相同的高质量内容和使用场景方面的需求，但内容题材可能因国家而异。把中国文化精准翻译出来，同时符合当地人的语言文化习惯，对音频平台来说是比较大的挑战。

总体而言，随着技术的革新，内容生态的不断完善，市场环境的改变，以及我国巨大的资源红利，音频媒体行业在我国的发展前景仍然是十分可观的。"耳朵经济"的兴起，不仅仅是媒介的回归，更意味着人们对"听觉文化"的追求更进一步，也更加注重媒介与人的情感联系，喜马拉雅在音频行业的探索与发展，也势必会为将来更多音频产品、音频行业的发展提供借鉴，探索新的发展思路。

县级融媒体中心专论

第二十四章 浙江省温岭市融媒体中心舆论引导能力建设研究报告

徐勇兵　王军波[①]

　　1953年,温岭县建立城镇有线广播站。1978年10月,温岭县建立广播事业管理局,1984年4月更名为温岭县广播电视局。1998年5月,温岭人民广播电台、温岭电视台、温岭有线电视台"三台合一",更名为温岭广播电视台。

　　1956年5月,《温岭报》创刊发行,1995年2月复刊;2000年12月,经国家新闻出版总署批准,《温岭报》编入国内统一刊号公开发行,更名为《温岭日报》;2004年1月加盟浙江日报报业集团,成为台州市唯一有公开刊号的县市报。2021年8月,《温岭日报》回归地方管办。

　　1958年7月,县广播站编播组和温岭日报社合署办公。2019年10月,温岭日报社和温岭广播电视台合并,成立温岭市融媒体中心(温岭市传媒集团)。

第一节　温岭市融媒体中心基本情况

一、平台建设

　　温岭市融媒体中心(传媒集团)实行"一套人马,两块牌子"运营。市融媒体中心为市委、市政府直属公益二类事业单位;传媒集团为市政府直属正科级国企,归口市委宣传部管理。至2023年8月有员工498人,其中事业人员

[①] 徐勇兵,浙江省温岭市融媒体中心主任;王军波,浙江省温岭市融媒体中心记者。

207 人、企业人员 291 人。有新媒体、电视、报刊、广播等 12 个主传播平台。

其中，新媒体包含 2 个自有平台（掌上温岭 App、温岭新闻网站），3 个微信公众号（温岭发布、掌上温岭、曙光狮）；1 个微博（掌上温岭），3 个其他第三方平台号（抖音号"东海好望角"、微信视频号"温岭发布"、微信视频号"曙光狮"），新媒体粉丝超过 260 万。电视开设 14 档新闻和专题节目，日播时长 18 小时。《温岭日报》为对开四版大报，每周工作日出刊，日发行量 3.9 万份。广播 FM103.6 日直播时长 8 小时。

二、职能职责

（1）贯彻执行党和国家在新闻宣传方面的路线、方针、政策，提高新闻舆论传播力、引导力、影响力、公信力。

（2）围绕市委、市政府中心工作和社会民生，开展全市重大宣传报道和舆论引导；加强对外新闻宣传，提高温岭知名度、美誉度。

（3）实施国家有关广播电视、报纸、新媒体技术政策和标准；做好传播媒介的科技升级，抓好新技术新产业的引进、开发和应用，增强综合发展能力。

（4）负责全市新闻媒体从业人员思想建设、组织建设和职业道德建设；开展业务培训，推进宣传争先创优，提升专业人员队伍整体素质。

（5）完成上级交办的其他任务。

第二节　融媒体中心发展亮点

近年来，温岭市融媒体中心锚定"打造全国一流县域治理现代化服务平台"目标，推进机构改革、内容重塑、产业转型三大改革，努力建设"先锋融媒、创新融媒、智慧融媒、品牌融媒、活力融媒"。

一、体制机制

出台市融媒体中心（传媒集团）改革发展方案，实行事企并轨，按照三线管理模式推进架构调整升级：管委会承担综合事务，编委会承担新闻业务，经委会承担经营业务，为媒体融合发展奠定坚实基础。

领导班子按两正五副配置 7 人，党委书记、主任兼任集团董事长，党委副书记、总编辑兼任集团总经理，集团另外配置 5 名副科级副总经理。传媒集团按社会效益和经济效益 7:3 比例考核，充分保证集团经营、资金使用、人员招聘的自主权。成立 5 家子公司（温岭广电网络有限公司、温岭传媒发展有限公司、温岭市大数据发展有限公司、台州市萌狮创意文化有限公司、温岭市演出有限公司）。

二、内容生产

坚持以内容生产流程重构为引领，围绕中心工作，强化移动导向，树立进位意识，推动主力军全面挺进主战场。

一是以预算改革统筹宣传资源。2021 年起，温岭市将分散于 68 个市属部门（街道）的宣传经费，统一整合到融媒体中心执行，极大推动了新闻传播和舆论引导"一盘棋"，加快了媒体内容生产的"供给侧改革"。二是以专班运行倒逼新闻转型。设置内容、运营、保障三大中心 12 个专班，专班总监竞选上岗，专班成员双向聘任。专班独立考核，强化创优、外宣和新媒体导向。报纸电视减版提质，加强全员转型步伐。三是以指数考核倒逼移动转型。建成 4800 多平方米的新闻生产指挥制作枢纽，打造以"掌上温岭"App 为基础、多端协同的全媒体传播矩阵。引入媒体融合指数评价体系，在考核上突出作品在新媒体端首发、传播在新媒体端进行、绩效在新媒体端评价。

成立首年获浙江新闻奖一等奖，次年获长三角广播电视媒体融合优秀案例（县融共 2 个）。连续三年获浙江广电新媒体新闻协作特等奖，2022 年以新媒体协同全省第一的成绩被评为全省融合传播协作县级先进集体特等奖，2022 年温岭媒体融合指数位列全省各县市第二名。

三、经营管理

锻造"新闻＋政务服务商务"引擎，推动事业与产业深度融合。2021 年集团营收 2.02 亿元，2022 年 2.36 亿元，居全国前列。

一方面打造传媒服务金名片。近两年主办、承办大型活动100多场次，如网络正能量一江山论坛、全国第三届工业母机论坛、首届岭商大会、首届西瓜节、首届温岭街旅游文化节等，连续多年策划举办中国童鞋产业高峰论坛，助力区域品牌发展；借助大型音乐节获全市最大户外草坪运营权。

另一方面转型智慧城市主力军。做强数据，转型视频项目，布设18000多路监控，成为全市最大的监控专网服务运营商。做优平台，建成智慧城市数字驾驶舱，入选国家融合发展重点实验室案例库。集成贯通，成立大数据发展公司，在全国首创数字化项目统筹建设管理改革，建设服务群众的平台型媒体。

四、人才激励

一是打通用人渠道。事业员工与企业员工混岗使用，企业员工可以担任中心中层，可提拔为集团副总对标市级国企薪酬。二是优化干部队伍结构。中层干部平均年龄下降4岁，每两年重新竞聘上岗。三是推行薪酬改革。新闻线考核向新媒体、原创稿件、高质量稿件高度倾斜；经营线根据经营额、利润等指标量化考核，优劳优得。四是重塑考核机制。推进事业单位企业化改革，新招聘事业人员薪酬与业绩挂钩，试用期绩效考核合格后方可录用。事业人员锁定身份，月奖、年终奖与企业人员同等考核。五是加强人才培育。成立以来引进全媒体采编、大数据、文创等方面优质人才70多名，全面提升队伍业务能力和综合素质。

五、媒体技术

中心拥有较强技术保障和研发能力。开发"村社传播通"数改应用，探索分众化精准传播路径。以"掌上温岭"App为主平台建立多维度用户标签库，根据宣传需求精准匹配目标用户，启动三级督阅提升触达率，实现政策精准到户、助力基层减负。注册用户70万，信息阅读率和闭环处置率达90%以上。该应用是唯一根据县级融媒传播改革打造的重大应用，获评全省数字化改革最佳应用、省改革突破提名奖、省智慧广电创新大赛金奖。省委宣传部确定温岭为"舆论引导在线"重大改革正面宣传唯一试点城市。员工获2021年度"全国广播电视行业技术能手"称号，为浙江省唯一，被省广电局通报表扬。

六、政务服务

2021年在全国首创宣传经费预算改革，市属部门（街道）3000多万宣传经费统一整合到融媒体中心执行，推动"整合资金、创新载体、集成宣传"。2022年在全国首创数字化项目统筹建设管理改革，由融媒体中心统筹执行全市信息化项目。上述赋能不仅实现了融媒品牌全面提升，更突破了媒体转型的资源性体制性瓶颈，为"新闻枢纽"向"信息枢纽"转变、强化政务服务打下重要基础。投入近千万打造温岭市基层智治综合系统、集成网格智治中心、风险管控应用、隐患清零应用等6大场景。对上与省级重大应用贯通，承接台州市感知预警数据库；对下将治理触角延伸到镇村级驾驶舱，实现由分散建设向共建共享的模式转变，深度介入基层社会治理。

七、民生服务

强化"社区信息枢纽"定位，将客户端打造成为触达群众、引导群众、服务群众的综合入口。汇集高频刚需服务，打造千人千面模式，变"被动服务"为"主动精准服务"。在"浙里办"上线"阳光温岭"模块，实现民生服务掌上"一站式"办理，满足群众需求。创新打造"一村一屏"电视公共服务平台，电视、手机、PC端三屏互动，涵盖公告发布、政策解读、意见征询等内容，成为村民知情、参与、监督村级管理的载体。2023年8月，国家广电总局将温岭市确定为全国智慧广电乡村工程试点，全省仅三地入选。

第三节　温岭市融媒体中心舆论引导实证研究

一、解读党的理论路线方针政策及上级各级党委政府精神

坚决贯彻执行和解读宣传党的理论路线方针政策不动摇，守正创新，让党的创新理论"飞入寻常百姓家"。

一是立足创新表达，强化精品打造。温岭是中国大陆新世纪曙光首照地。

建党100周年之际正是融合第一年，中心充分发挥媒体融合优势，以重大主题报道为大练兵、大提升，精心组织策划"曙光行"大型融媒体新闻行动。推出以革命人物为主题的原创系列广播剧《曙光丰碑》，以革命故事为主题的系列视频专题《先驱足迹》，以革命老区为主题的系列回访报道《重访老区》，以温岭红色党史发展历程和温岭经济社会发展脉络为主题的长篇政论专题片《云霞曙色》。人、事、地、史四种维度相互交织，让党员和群众获得了思想的洗礼，提振精神。作品获长三角广播电视媒体融合优秀案例。

二是探索IP传播，强化全媒思维。着力打造创意新、沉浸感强、互动性高的新媒体产品。曙光狮是温岭融媒主创的"城市吉祥物"和"网络正能量"IP，以新媒体平台为阵地，不断推出动漫作品，成为省内外知名的网络形象，是中国第三届百名网络正能量榜样，2019年度、2023年度中国网络正能量—江山论坛吉祥物。在中宣部召开的基层工作加强年大会上作经验介绍。作品多次登上人民日报公众号、学习强国全国平台、中国军网、共青团中央等官方平台。曙光狮形象代言温岭童鞋走进动车，打造自有教育品牌，与区域产业互相赋能、同频共进。

三是紧扣时代脉搏，强化贴地践行。2021年建立新闻采编人员"基层党支部联系点"制度，积极践行走基层抓活鱼、问初心提活力的理念。比如2021年"曙光行"《重访老区》系列，选择5名记者重返他们建党90周年时走访报道的6个革命老区。"5人、6地、10年"，有情怀有故事，在App上该系列每篇阅读量都超过10万+。又如，2022年"这十年·勇争先"专题，在宏观主题之下，将报道的落脚点落在跑线记者的"线"上，让记者从幕后到台前，精选交通、产业、城市建设、环境变革等十年发展成色最足的十二个领域。这组报道能取得成功，得益于记者联系基层（部门）制度的施行与强化，让记者成为该条线最熟悉、最专业的人员。

二、讲述本地老百姓生产生活故事

践行以人民为中心的价值取向，积极探索"新闻+政务+服务"的工作路径，讲好百姓故事，服务好群众生活。

一是锻造帮办名牌，践行新闻为民。"新闻为民小虎队"（前身为温岭日报"新闻为民小虎队"）是年轻主力记者组成的新闻为民团队，成立十多年来，成员从"80 后"、"85 后"到"95 后",与时更新,初心不变。2022 年初,因物流不畅原因,松门一养殖塘塘内小海鲜滞销。"小虎队"记者联合志愿者线下义卖,两天内卖出 1.4 万余斤蛏子。"小虎队"还创下了"爱心电影院""独唱团""绿丝带助考""暖心定制""为你读报""爱心 1 号键"等公益品牌。为偏远山区送电影的"爱心电影院"已走过 5 年半,累计放映 476 场,观影人数近 27000。

二是立足社区一线,提供分众服务。围绕"一老一少",分别在电视、广播和新媒体同步开设《温岭记忆——老骥说》系列访谈、《曙光狮》儿童节目。新温岭人也是宣传关注的特别人群。温岭民营经济发达,共有 50 多万新温岭人,以湖北宣恩、贵州纳雍、安徽临泉、河南太康、云南镇雄、四川内江东兴区等地人数最多。2021 年春节,新温岭人响应防疫号召留在温岭过大年。温岭融媒体中心联合上述六家县级融媒体中心,在正月初一开展大型新闻直播连线活动,跟着主播对话家乡"云拜年"。远隔千里,情牵一线,通过两地融媒的镜头,让留守新温岭人和老家家人来了一场"零"距离、面对面的线上拜年。直播得到了新华网客户端转发和点赞,累计观看人次 68 万+,获得点赞数 17 万+。

三是关注民生痛点,创新舆论监督。2022 年,配合全国文明城市创建,推出全媒体特别报道《向里五十米》,将监督镜头从高楼大厦转向老百姓身边的背街小巷,每期选择一条街巷,直击脏乱差,传达群众热盼。中心与文明城市创建办紧密协同,推动节目"问实"到"落实"。节目连续播出 50 多期,起到了"把镜头当榔头,把笔杆当扫帚"的特殊作用,"向里五十米,创建看这里"成为创建工作响亮口号。2023 年起,《文明黑点》《隐患直击》等曝光类专题片,每月在市委常委扩大会播出,督促相关责任单位立行立改,体现了攻坚社会治理难题的效果。

三、重大危机事件干预

区域重大危机事件中,中心第一时间主动、正面、权威发声,扛大梁、得锻炼、显担当,在舆论漩涡里发挥了定海神针的作用。

一是突发事件舆情引导。2020 年 6 月 13 日,沈海高速温岭段发生槽罐车爆炸事故,引发全国关注。温岭市融媒体中心第一时间启动重大突发舆情一级应急响应。一方面在市委宣传部的统一部署下，参与做好上级媒体对接与信息统筹工作；另一方面，大频度推送权威发布，高密度监测舆情社情，大力度开展舆论引导，大强度进行打谣辟谣。事故发生24小时内，"温岭发布"微信公众号推送9条微信。采编主力第一批进入现场，根据救援进程和事情处置进展推送了现场搜救图集、直升机转运伤员、争分夺秒抢救生命、平民英雄等系列报道，48小时内连续推送12条相关微信，总阅读量超60万，从不同维度向社会公开事故情况，引导正面舆论。网络舆情引导受到中央网信办肯定，被媒体评价为"教科书式"的舆情应对。

二是公共卫生事件常态引导。战疫期间，温岭融媒创新图文、H5、MV、连环画、短视频、直播等形态讲好战"疫"故事，疏解公众情绪紧张。在突发、热点问题上迅速反应，单条微信阅读量达百万+。首批援鄂医护人员回浙的短视频，单篇全网最高点击量1231万，单条最高点赞量百万。首批130艘渔船解疫出海报道，在"中国蓝新闻"阅读量143万，创全省"蓝媒号"抗疫稿件阅读量之最。市疾控中心主任陪护女儿为主题的短视频系列《范主任护羊记》，深入浅出，首期视频号阅读量22万，创下"温岭融媒"视频号最高纪录，网友留言"居家出阳必追"。2021年，结合曙光狮IP形象策划出版健康科普亲子读本《健康保卫战》，是国内较早以战疫为主题的系列漫画作品。助力复工复产阶段推出"千企万岗云招聘"和"暖春行动直播带货"，策划"战疫发布"直播15期，为经济社会回暖助力。

三是探索技术赋能。2022年底战疫进入新阶段，在App端开设"阳了怎么办"互助公益平台，借助村社传播通等应用重点推出两项服务。一是组织医卫专家志愿者，提供即时在线咨询，减少线下医疗资源拥堵；二是开设药品互通互助，缓解用药紧张。上线1个月，"你问我答"医卫专家咨询平台共回复各类提问上千条；"药品共享"社区成功对接130余例，爱心商家捐赠价值1900余万元抗疫物资，联合志愿者为独居老人之类特殊群体送药上门1800余户。

四是提供舆情指导。温岭一度是各类舆情高发多发地，温岭融媒体中心参加了所有重大舆情的引导工作。作为温岭市委党校的客座教师，温岭融媒体中心主要领导连续十多年每年为中青班、市管干部班开设《舆情引导与媒体沟通课》，并结合温岭案例开展实战演习。课程被评为台州市干部教育培训名师名课。

四、外宣传播强化本区域公众认同形成凝聚力向心力

作为县域重点外宣的主力军，温岭融媒体中心找准着力点，在策划中提炼亮点，在新媒体中做大声量，讲好温岭故事，传播好温岭声音。

一是结合产业特色，服务区域发展。定期召开外宣选题会，围绕市委市政府中心工作，分主题邀请相关部门、镇街召开重点宣传碰头会，精心选题、靠前策划。温岭是全国第一家股份合作制企业诞生地、民营经济先发地。中心坚持策划带外宣、外宣带内宣，推出重点报道。其中《四十余项产品在全国细分市场占有率第一 温岭企业"长尾"里面找蓝海》在《浙江日报》头版头条刊发。《全国首笔"质量贷"落地温岭》获浙江新闻奖。围绕企业招工一类需求推出的《新年新 up 来浙上班吧！》《全省农业春耕备耕暨科技下乡活动》等直播，借助省级平台的优势，放大了宣传效果，也服务了温岭经济社会发展。

二是紧扣先行示范，擦亮共富窗口。高质量发展建设共同富裕示范区是中央赋予浙江的光荣使命。中心找准共富典型，积极向上推介温岭故事、温岭人物。吉园果蔬专业合作社负责人辛宏权退伍24年不改军人本色，"追着太阳种西瓜"，闯出一条致富路，温岭融媒同省级媒体远至甘肃等地跟踪报道，上下联动放大传播效应，多人次被评为全国、省道德模范，全国脱贫攻坚先进集体、省优秀共产党员。通过举办大型融媒行动，沉浸式讲述东西部协作携手共建故事。2023年5月，温岭融媒联合浙江卫、四川观察、浙江之声、阆中市融媒体中心共同推出"山呼海应 心手相牵"大型直播，央视新闻、人民日报等央媒平台直播分发，全网观看量超500万，一个半小时带货16万元。

三是主动设置议题，推介最美温岭。作为网络正能量一江山论坛活动之一，2023年8月，50多名网络大咖齐聚温岭石塘，循迹溯源，为碧海怀抱、风光秀丽的"东海好望角"集体打Call，引爆互联网。结合采风活动，在微博策划发起#温岭好哇噻#话题，两天内话题全网触达量超1亿，12日更是登上微博同城热搜榜第一，话题互动量1.5万余次，吸引40余位网络大V参与话题讨论。其中，"老爸评测"、@孤烟暮蝉在抖音、微博平台全程直播采风活动，观看人数破10万，点赞超百万。1200多名网友发布#温岭好哇噻#话题帖文近5000条，让更多人发现温岭美食美景。2023年8月底，温岭又借势启动了"在这里，点亮温岭"大型网络外宣活动。

第四节　融媒体中心舆论引导的问题与不足

一是媒体改革进入深水区，体制机制改革创新不够充分，人员绩效和薪酬制度还未真正打破体制界限。一线骨干力量尤其是适应全媒体生产传播的复合型、创新型人才和年轻后备力量不够，与媒体深度融合和现代传播发展的需求有差距。

二是在牢牢把握舆论引导的主动权、话语权和领导权上仍需创新形式。围绕中心工作策划展开出彩出圈的作品不多。议程设置能力要加强，一些报道群众的关注度、接受度不高；"挺进主战场"仍在路上，不少作品缺少与新媒体语境匹配的"网感"，作品引导力、影响力仍需提升。

三是对标全国先进单位，自有客户端的建设有待进一步加强。由于较多政务服务功能端口集中在"浙里办"平台，"掌上温岭"App提供用户本地化服务不够多，作用发挥有待加强。"两微一端"等平台用户黏性还不强，"有流量没留量"的问题仍未根本上破解。

四是推进媒体深度融合，需要在技术、人力等方面继续追加大量投入，有限的财政保障难以完全覆盖运行成本。而在媒体自身，由于传统广电、广告等业务断崖式下滑，新媒体板块尚难独撑大局，新运营模式仍在探索，使得后续发展缺乏有效的资金保障。

第五节　提高融媒体中心舆论引导能力的路径与方法

一、提高政治站位，融入基层治理大局

引导群众、服务群众，是中央交给县级融媒体中心的光荣使命。媒体融合正从内部资源整合走向政务资源、社会资源的大融合。县级融媒体中心要做好顶层设计，加快推动区域资源整合，强化数据技术赋能，深融接轨社会治理赛

道，在升级"媒体平台"的同时积极搭建"治理平台"，寓舆论引导于社会治理，在服务治理中体现引导能力。

二、推进机制创新，激发干事成事热情

根据媒体融合的新业态优化考核管理办法，在工作中大力倡导以业绩论英雄的氛围，完善对内公平、对外有竞争力的绩效考核体系，业绩与奖惩紧密挂钩。尤其要深化引才留才工作机制，选、用、育、留、升全链发力，以薪留人、以情留人、以事业留人，让有为者有位，通畅上升渠道。

三、坚持内容创新，推动"主战场"战斗力

适应移动化传媒的时代特征，加快新闻舆论工作的新媒体转型。内容上强化"说人话、切热点、有态度"的浙江经验，形式上探索短视频和直播等突破口，让内容生产出彩出圈，让党的创新理论飞入寻常百姓家。

四、强化用户思维，做强民生服务枢纽

要紧扣"社区信息枢纽"这一县融的最大特色、最大优势，充分整合政务、服务、商务资源，聚焦本地市场和百姓需求，打造区域内的新闻、信息和服务枢纽，增强用户黏合度，再建引导群众、服务群众的渠道新优势。

五、优化多元发展，壮大媒体产业经营

媒体融合，不仅拓展了舆论引导的主渠道，也开辟了产业发展的新赛道。紧扣特色产业、文旅开发，延长服务链，推动文化建设、区域经济与媒体发展同频共振；深化数字赋能，加强"智慧融媒"建设，探索基于新媒体的技术赋能和产业经营新模式，联动和反哺舆论阵地建设。

第二十五章　江西省吉安市吉州区融媒体中心舆论引导能力建设研究报告

罗家源[1]

县级融媒体，是我国四级媒体体制的基层媒体、传播体系"神经末梢"，在主流舆论阵地上起着"最后一公里"的作用。2018年8月，习近平总书记在全国宣传思想工作会议上强调，要扎实抓好县级融媒体中心建设，更好引导群众、服务群众。自挂牌成立以来，江西省吉安市吉州区融媒体中心坚持"要资金不如要政策"理念，立足实际，顺势而为，充分发挥全媒体传播体系优势，深度运用"新闻+政务+服务+商务"，争取并用活用好多种政策，不断增强自身"造血"功能，有力推动了自身融合改革之后的转型升级，探索出了一条可复制的县级融媒体中心可持续、高质量发展之路。

第一节　吉安市吉州区融媒体中心的前世今生

发展至今，吉州区融媒体中心前后经历四个阶段。

第一阶段：推进数字化转型。2000年8月撤市设区之后，原吉安市有线电视台新闻采编播人员组建吉州区新闻中心，主要负责制作以《吉安新闻》为依托的吉州时段新闻；同时组建吉州通讯编辑部，负责编辑以《井冈山报》为依托的吉州版面新闻。2010年，抢抓新兴媒体崛起的机遇，进行全面升级，基本实现了采编设备数字化，并打造了多功能虚拟演播厅。

---

[1] 罗家源，江西省吉安市吉州区融媒体中心主任。

第二阶段：构建融媒体矩阵。2013年1月，区委机关报《吉州》报创刊；2014年10月，在全市县级电视台中率先开通首个新闻微信公众号——"微吉州"；2015年8月，门户网站"江西吉州网"正式上线运行，初步构建了报纸、电视、网站、新媒体相互联动的融媒体矩阵。

第三阶段：探索市场化运营。2015年12月，为破解新兴媒体发展中体制、人员和资金的瓶颈制约，探索成立下属国有企业——吉安市吉州区天祥文化传媒有限公司，实行市场化运作，为全区新闻事业提供支持。

第四阶段：实现全媒体融合。2018年11月，借助融媒体改革的"春风"，整合区新闻办、区新闻中心、区委新闻报道中心、吉州通讯编辑部等区属新闻宣传机构，成立吉州区融媒体中心，为区委、区政府直属公益一类全额拨款正科级事业单位，归口区委宣传部管理。

中心现有人员43人（在编21人，聘用22人），下设办公室、总编室、新闻采访室、编辑制作室、新媒体室、运营发展室6个科室，拥有新媒体、电视、报刊等16个传播平台。其中，新媒体包含政务和民生2个品牌（"微吉州""吉小融"），微信、视频号、微博、今日头条、抖音的公众号各2个，另有2个自有平台（"云吉州"客户端、"江西吉州网"），新媒体粉丝总计100余万。

第二节　吉安市吉州区融媒体中心发展亮点

近年来，吉州区融媒体中心锚定"新闻+政务服务商务"的发展定位，坚持导向为魂、移动为先、内容为王、创新为要，推动媒体融合向纵深发展。中心荣获第20届"全国青年文明号"，多次获得省级"青年文明号""江西省报业优秀单位""赣鄱云十佳县级融媒体中心"等荣誉；江西省县级融媒体中心考核中，连续多年位居全省第一方阵，2022年考核评估列全省第一。

一、坚持体制创新，激发中心可持续发展原动力

体制机制创新是县级融媒体中心建设的一个重要内容，也是推动县级融媒体中心发展的重要保障。如何创新体制机制，激发发展活力，是吉州区融媒体

中心一直思考的重要课题。

一是"中心+公司"双轨运行。按照采编与经营分离原则，在全省较早成立天祥文化传媒公司，中心根据公益性、服务性要求，主要负责新闻宣传、公共服务等主责主业，公司按照"企业化管理、市场化运营"理念，主要负责活动举办、产业经营等商务商业，二者互为依托、互相成就，实现中心和公司"一盘棋"管理、互融互促发展。目前该模式已稳定运行8年，取得较好成效。

二是"输血+造血"同步发力。多数县（市、区）经济、财力、市场、资源有限，县级融媒体中心单纯依靠财政保障或自主经营都不可行。中心坚持"财政保运转、自主求发展"理念，争取区政府出台《关于支持区融媒体中心持续发展的若干措施》，在人、财、物、资源尤其是政策方面予以大力支持。区财政明确每年安排一定专项资金，用于保障中心正常运转和支持新闻媒体事业发展，预算原则上不降低，解除了中心发展后顾之忧。同时，明确政府性文化、广告、活动等业务优先由公司承接，并支持开展艺术培训、教育培训、智慧政务、数字乡村建设、农村电商等多元化、跨界化发展，延长产业链条，增强产业经营能力。

三是"编内+编外"一体考评。打破身份界限，对在编人员绩效工资进行二次分配。按照多劳多得、优绩优酬原则，制定在编人员、聘用人员绩效管理办法，全员推行量化评分管理和ABCD档次评绩效，实行"周统计、月评比、年表彰"，建立了科学有效、公平公正的绩效考核奖惩机制。探索建立首席制、领衔制、项目经理制等制度，提高优秀人才薪资待遇，拓宽、畅通人才晋升渠道，并实施中层干部竞聘上岗、工作人员双向选择，给足施展才华的舞台，有效激发了干部职工干事创业、争先创优的积极性。

二、注重内容创优，夯实中心可持续发展支撑力

无论新技术如何发展，媒体形态如何变化，权威、原创、优质的内容，永远是县级融媒体最核心的竞争力。吉州区融媒体中心始终坚持"移动优先、内容为王"理念，不断创新传播方式，全维度讲好吉州故事。

一是突出"移动"做强平台。明确传统媒体与新媒体功能定位，以电视、报纸传统传播渠道为基础，以手机客户端、微信、抖音、微博等新媒体平台为发展重点，构建多媒一体、主次分明、无缝衔接的全媒体传媒矩阵。"云吉州"App

汇集新闻资讯、政务矩阵、便民服务、智慧城市、直播视听等功能于一体，成为本地最具影响力的客户端；旗下江西吉州网、微信公众号、微博、视频号、头条号、抖音号等各平台全方位出击，成为江西省县级头部大号。在2022年江西省县级融媒体中心考核中，"云吉州"客户端排名全省第一，"微吉州"微信号排名全省第二，"微吉州"抖音号排名全省第一方阵，新媒体总粉丝数超过100万，是全区人口数的近3倍。

二是围绕"融合"再造流程。按照"一体策划、一次采集，多种生成、多元发布"理念，成立总编辑牵头的融媒策划委员会，每周定期调度，统筹策划、采写、编辑、发行、发布、播出等各环节，以全媒体运营的理念再造内容生产流程，实现人力资源和新闻资源的高度融合。强化媒体资源整合，全区各部门单位的政务信息集中到区融媒体中心媒体平台发布，实行"一个出口、统一发声"。2022年，刊发各类原创作品6000余个，200余个优质产品刊登在中央主流媒体网站、客户端，连续7次在省融媒体中心双月赛中获奖。中央"四报一台"上稿97条，总积分列全市第二；省"一报一台"上稿550条，列全市第一。

三是聚焦"民生"做优服务。按照"更好引导群众、服务群众"的要求，积极拓展政务服务、公共服务功能，着力打造成为民办事的服务平台。强化"新闻+政务"功能，引导全区各镇街和主要职能部门全面入驻"云吉州"客户端，让群众一端在手即可及时查阅各行各业的权威信息；利用客户端、微信等新媒体平台，集成各类政务服务，并联合相关职能部门开发网上党建、干部培训等特色功能，着力打造指尖上的政务服务中心，目前已集成30余项服务。强化"新闻+服务"功能，整合市政服务、医疗教育、文化旅游等便民服务，为群众提供全方位的生活信息服务，上线了江西首个智慧政协平台、首个县级疫苗预约平台，目前正在开发12343便民、文旅场馆预约等线上服务平台。

三、强化技术赋能，提升中心可持续发展竞争力

技术是县级融媒体中心建设的命脉。吉州区融媒体中心积极拥抱，利用新技术的变革，使其更好为中心建设服务，为新闻宣传服务，为经营创收服务，为事业发展服务。

一是管理信息化。依托全省融媒体中心"中央厨房"和"赣鄱云"平台，打造集生产传播分析、智能生产、能力服务、舆情分析、智能机器人五大功能

于一体的线上指挥调度平台。同时，结合自身实际，聚焦选题策划、发稿、审核、聊天分享等功能，建设了涵盖电视、报纸、新媒体等全平台的吉州信息共享平台。三大平台互相补充、相互完善，改变了传统"报、网、端、微"各自为政的局面，实现了内容生产和管理一体化、信息化，建立了全媒体传播格局。

二是表达立体化。当前以5G为代表的技术变革重构了媒介格局和传承形态，万物互联、万物皆媒的趋势越来越明显，内容和技术相互驱动、高度融合。中心积极探索"5G+"新技术，充分利用图解、短视频、慢直播、H5、VR等各种新形式、新应用，实现内容产品从可读到可视、从静态到动态、从一维到多维升级融合。推出了"钓源古村""螺子山"等特色景点的慢直播，通过现代信息技术手段，将吉州美景联动直播，让大家实时、多角度云赏吉州，累计50万人次观看，广大粉丝纷纷"种草"吉州。创新开展720° VR虚拟展厅、区"两会"5G+VR直播、各类执法直播、H5解读党代会、大数据解读两会等，给受众带来了新体验。

三是采编智能化。利用最新人工智能AI技术，植入媒体生产流程，工作效率大为提升。引入AI虚拟主播，降低了生产成本；引入AI虚拟演播间，让演播间无处不在；引入智能媒资，对新闻素材进行自动分类，高效率、高智能生产全媒体产品。同时，在智能写稿、视频和图片制作、审稿校稿等方面，探索使用新华智云、讯飞星火、百度文心一言等新一代AI大数据模型，大大提升了新闻采编效率。

四、探索多元经营，增强中心可持续发展生命力

吉州区财政底子薄、经济基础弱，"等靠要"难以跟上时代发展需要。吉州区融媒体中心始终秉持"要资金不如要政策"理念，精准自我定位，立足自身特点，积极争取区委、区政府大力支持，依托中心资源和公司市场化优势，坚持走功能化、品牌化、项目化运营的路子，以主责主业的影响力推动市场化运营，以市场化运营的成果反哺主责主业，实现双向赋能的良性循环。

一是开展功能化合作，做大做强基础业务。遵循"你正需要，我正好有"的思路，整合融合全区党政部门信息资源，个性化定制融媒产品，在实现合作共赢的同时，不断提升官媒影响力、公信力。通过积极开展代运营政务新媒体、活动组织、视频制作等业务，现已与区级大多数部门单位达成了长期合作关系，

每年利润收入近300万元。2022年，联合推出相关职能部门开设《健康吉州》《"营"在吉州》《一分钟课堂》等20余个专栏，联合举办"红色故事我来讲"演讲比赛、广场舞大赛、"最美医师"评选、爱国卫生月有奖竞答等线上活动30余场，既提升了影响力，又获得了经济效益。

二是提供专业化服务，探索开展新兴业务。紧密对接乡村振兴发展需要，中心联动多方资源，开展"直播+特色农产品采购+电商"服务模式，使直播流量转化为助农致富能量。联合相关部门开展文旅直播带货、"红五月快乐消费季"等活动，带动本地农特产品销售，活动直播全网点击量超过10万+，实现了口碑和经营双丰收，逐渐形成直播品牌。同时，联合相关职能部门，先后开发上线疫苗预约、智慧政协、企业招工、消费券报名抢券等平台，既提升了媒体服务能力，又实现了经营创收。

三是开辟项目化产业，拓展延伸多元业务。立足中心人才、资源、技术优势，以产业合作为突破口，推动产业经营模式向广告栏目、线下活动、文化产业服务等多元化产业链发展转型。区政府以文件形式，明确区级层面掌握的户外广告资源、老旧小区改造文化类工程，优先交由下属传媒公司运作。目前公司先后承接参与了老旧小区改造文化类工程、站所文化提升、新建小学新校区校园文化、城市儿童友好空间、应急主题公园等项目，带来了经营的爆炸式增长，仅2022年的老旧小区改造文化类工程就收入400万元。

五、加强队伍建设，提高中心可持续发展战斗力

吉州区融媒体中心成立之处，面临人员老化、人才不足的窘境。为此，中心坚持对外招引与对内培育并举、"走出去"与"请进来"并重，每年投入100多万元用于设备更新和人员招引，及时地"输血、换血"，有效激发了队伍活力。

一是引入"新鲜血液"，实现队伍年轻化。顺应新兴媒体发展需要，充分发挥下属天祥传媒公司在招才引才方面的优势，针对性挖人才、招人才，尤其是争取政策支持，打通人才引进"绿色通道"，引进并留住精品创作、设计制作等各类急需人才20人，形成了一支年轻、专业、精干的融媒队伍。目前，有在岗人员43人，其中80后占比超90%，90后占比70%；有4名90后担任科室负责人。

二是实行"内外兼修"，实现队伍专业化。向外，积极沟通汇报争取支持，

打通跟班学习的通道，每年选派有潜力的一线骨干到中央广播电视总台央视江西总站、江西日报社、江西广播电视台等上级媒体跟班学习提升，及时补齐专业人才短板；向内，在积极开展融媒微课堂、师徒结对子、老带新等工作的基础上，组建由青年业务骨干、岗位能手担任队长的青年突击队，带领大家在业务中多岗位、多技能学习锻炼，增强工作技能，打通业务断点，提高协作效率。

三是拓展"编外力量"，实现队伍综合化。建立直达村（社区）和学校的通讯员队伍，实行通讯员"上挂"跟班学习，融媒体中心编辑记者"下派"蹲点等机制，既拓展了融媒队伍的"编外力量"，又加强了编辑记者与基层一线的联系沟通，有效提升融媒队伍把握宣传报道服务方向、策划宣传报道重点和精品的能力。同时，加大产教融合力度，与当地高校职校合作打造新闻实训基地，不断为人才队伍"补血充电"，锻造了一支专业、精干的复合型全媒体人才队伍。

第三节 吉安市吉州区融媒体中心舆论引导实证研究

中心坚持以习近平总书记关于新闻舆论工作的重要论述为指导，认真贯彻落实中央、省、市的决策部署，牢牢占据舆论引导、思想引领、文化传承、服务人民的传播制高点。

一、解读党的理论路线方针政策及上级各党委政府精神

1. 政治引领提升解读能力

积极采取大众喜闻乐见的传播方式，对方针政策内容进行呈现，确保群众能够深入理解方针政策。其中，针对党的二十大，开设了8个专栏。《喜迎二十大》专栏以当地人大、政协委员说变化的形式让居民感受吉州的日新月异；《喜迎二十大 奋进新征程》以短视频展播，充分挖掘基层人物的事迹和变化；《二十大报告@你》专栏以主播出镜微课堂的形式，对二十大精神进行解读；《我与国旗合个影》与学校联合开展活动，展现孩子们的爱国情怀。

2. 创新表达强化精品打造

中心始终注重创新融媒体验，提高媒体融合创新力、内容表现力、渠道影响力。例如，2021年7月1日，习近平总书记在庆祝中国共产党成立100周年大会上发表重要讲话，中心立即将总书记"七一"重要讲话精神生动形象打造成歌曲、专题片、短视频、H5、VR等融媒产品，向不同学习对象精准推送传播，切实增强学习实效。比如，开设互动式理论学习栏目——《习近平总书记"七一"重要讲话知识快问快答》，在全区掀起你追我赶比理论知识的学习热潮；又如，利用吉安城革命历史陈列馆等宣传阵地打造的720°VR虚拟展厅，让参观者足不出户就能了解红色革命故事，学习参观者达到5万余人次。

3. 紧盯时事打造共振爆款

中心在弘扬主旋律的正能量作品创造中，力求使其与城市发展的脉搏相呼应，与社会发展的宏观背景和时代精神相呼应，让正能量作品中的主旋律更加振奋人心、铿锵有力。例如，在2022年的疫情期间，聚焦各行业党员干部群众冲锋一线的事迹，通过小人物、小故事实现以小见大、以情共鸣，先后制作《吉州人平凡的一天》系列等数十条视频，全网总播放量1200万+。又如，2023年贵州村BA爆火后，紧抓流量风口，对我区白塘街道的村BA比赛进行全程直播，并制作相关视频，群众反响较好。再如，聚焦天价彩礼热点，推出了《"礼"轻情重》情景短视频，获得江西省第五期双月赛一等奖。

二、讲述本地老百姓生产生活故事

1. 关注民生热点，践行新闻为民

一方面，坚持政府所需，积极履行服务群众的社会责任。2024春节之后，中心记者了解到群众返工需求，立即录制6期系列招工短视频，以编导主持人走进企业的方式，为求职者实地了解就业环境、待遇，并开发上线找工云平台，为群众打开求职窗口。另一方面，坚持群众所盼，积极开展活动带动，引导全民参与。2022年先后举办"家庭酷跑大会""农民趣味运动会""我爱井冈强国有我"等直播活动，线上观看或参与群众总计160余万人次。

2. 解决民生痛点，打造便民品牌

中心依托"云吉州"上的"网络问政"和"新闻爆料"功能，推出"小编帮你办"栏目，每周定期将群众反映的问题和建议收集汇总成台账，由小编、记者进行全程帮办和持续跟踪督办。现已办结1000余个群众反映的突出问题，组织专题报道60余期，该项工作受到省党史学习教育领导小组和广大群众称赞好评。同时，践行媒体社会责任，例如，2023年5月记者到乡下采访时了解到有20万斤土豆滞销，第一时间宣传推广销售，推出了《紧急助力！20万斤土豆盼买家》这条图文视频推送，较短时间内销售一空。

3. 参与社会治理，疏通民生堵点

中心充分发挥媒体监督和问政作用，积极参与治理体系和治理能力现代化建设。尤其是2018年，吉安开始发动全城创建全国文明城市，吉州区作为主城区，是创建的主战场。中心先后开辟文明"红黑榜"、城乡环境"曝光台"等栏目，记者跟随区文明办全天候进行巡视检查，对不文明行为、环境"脏乱差"问题进行曝光，助推吉安成功创建第六届全国文明城市。同时，联合相关职能部门开展食品安全执法等直播，形成强大的舆论监督氛围。

三、重大危机事件干预

1. 负面舆情的预防能力全面提升

2022年吉州区遇到百年一遇的旱灾，持续高温导致全区晚稻干旱，农田缺水灌溉成难题。当时网上出现一些负面舆情，了解情况后，中心迅速组织力量推出系列抗旱救灾的宣传报道，吉州全力抗旱为农田解渴被江西新闻频道《整点新闻》、江西卫视《江西新闻联播》、江西新闻频道《新闻夜航》连续报道，《邻村"借水"记》获全省融媒体优秀原创作品双月赛二等奖。2023年4月，强降雨致吉州区内涝，网上出现不力舆情，中心迅速派出记者跟拍各部门紧急排涝抢险，并将其制作成小视频，全网点击量破10万+。

2. 危机时刻的引导能力全面提升

在重大危机事件中中心坚持党媒姓党的原则，第一时间权威发声，舆论引导效果显著。2022年疫情防控期间，中心所有干部职工迅速集结，在办公室吃住办公，全天候挖掘暖心故事、发布权威信息、传达上级精神、宣传防疫动态、普及科学知识，先后推出抗疫故事专题、《在"疫"线闪光》等系列视频。其中，《要解封啦！好消息来啦》科普短视频，播放量破510万；《公民防疫基本行为准则。这12点要牢记！》《吉州区社会面清零啦！这些仍要注意！》等数十条短视频，播放量超过1000万。

3. 技术赋能的帮扶能力全面提升

在疫情的最严重时期，中心充分利用所属新媒体平台，及时开发上线各类服务，为群众解决急难愁盼问题。发起了"同心战'疫'吉安加油"视频征集、"童心战'疫''绘'聚力量"绘画作品展等云接力活动，共收到视频、绘画作品投稿 4200 余幅，全网传播量突破 1000 万，营造了全社会参与疫情防控的浓厚氛围。在口罩最紧缺的时期，利用媒体渠道联系企业捐助了一批口罩，并通过"微吉州"微信公众号平台进行了在线预约领取；在新冠疫苗接种的最高峰时期，及时联系开发团队在"云吉州"客户端开发上线了全省首个疫苗预约县级平台，高峰期一天的访问量超 10 万人。

四、外宣传播强化本区域公众认同形成凝聚力向心力

1. 聚焦红色传承加强宣传推广

吉州是红色名城、革命老区，蕴含丰富的红色资源和厚重的红色文化，传承推广红色文化是中心的光荣使命。近年来，中心联合推出"小编带你游红色景点""听主播讲党史故事""图文讲述红色历史"等 10 余个特色专栏，"二十大报告@你·学习微课堂"全集被学习强国采用；归纳成集《梁一清的故事》《一件文物的故事》等系列红色情景微视频，斩获全省多项讲红色故事类优秀短视频奖。每年联合区教体局举办"红色故事我来讲"演讲比赛、"小小讲解员"等线上线下活动，已赛促学，总参与达 30 万人次。

2. 聚焦庐陵文化加强宣传推广

吉州历史文化悠久，是古代著名的"江南望郡"和"文章节义之邦"。为进一步将古庐陵文化实现千古记忆与传承，中心先后策划推出"这里是吉州""物话庐陵"等专栏，多次获得江西双月赛二等奖。拍摄制作《吉祥安泰话地名——吉州篇》《福地吉州》等系列精品融媒作品，宣传推介吉州庐陵文化丰厚底蕴。《品味吉州》栏目，拍摄记录了省级非物质遗产《吉安酱饼》《端午五"子"》等一系列吉州特色美食，登上学习强国总平台，全网点击量破百万。重点宣传了古村文化，围绕钓源古村这个文化 IP，制作 MV 和短视频上百个，开展十余场直播，被人民日报、经济日报、新华社、央视新闻、光明日报等央媒多次报道。

3. 聚焦时代发展加强宣传推广

发展是永恒的主题,讲好新时代吉州故事尤为重要。围绕中心工作和本土特色,聚焦全域旅游、城市功能与品质提升、全面深化改革等方面,制作了系列主题突出又优质原创的融媒产品,多角度呈现吉州发展变化、社会民生,中央、省级主流媒体上稿常年位居全省第一方阵。近年来,先后有原创短视频《跟着萌娃一起打疫苗》、微电影《破局》、歌曲《一路有你》等数百个产品刊登在中央主流媒体网站,《青春之歌,时代之音》《稻田里的蜘蛛侠》等30余个精品作品在全国、全省各类比赛中获奖,《零工驿站 才企相聚》《规矩》等数十个作品登上学习强国总平台。

第四节 融媒体中心可持续发展面临的问题与困境

一、在舆论引导能力方面还有不足

当前,吉州区仍有不少单位拥有多个微博号和微信公众号,但由于专业管理人员缺乏、信息审核机制不够健全、用户留言管理不足等因素,导致平台运行乏力、内容不精,大部分平台的粉丝数或用户数很少,活跃度不够,难以有效发挥舆论引导作用,也弱化了区融媒体中心官方主流媒体的影响力。

二、在生存发展能力方面面临挑战

一方面,中心面临着竞争更加激烈的市场环境,特别是近两年的新冠肺炎疫情,严重阻碍了部分线下活动的正常开展,影响了中心有序运营和产业创收。另一方面,中心还面临着来自市级、省级媒体的资源竞争,互联网企业、自媒体也在加快抢占市场、争夺资源,大大增加了中心的产业拓展和创收难度。

三、在平台拓展能力方面限制较大

吉州区融媒体中心的"云吉州"客户端是在省级"赣鄱云"统筹之下建设

的，在生产和运营方面受到一定限制，要想满足差异化功能需求，需要向省级平台提出开发申请，自主性不够，且面临研发等待时间较长、费用成本高等情况。同时，随着近年来中央、省级媒体合作运营的触角不断向下延伸，市级融媒体中心的改革成立，生存发展空间一再受到挤压。

四、在人才和技术支撑能力仍显薄弱

吉州区融媒体中心新闻采编、技术保障、经营管理等人才仍较少，全媒体记者、高端技术人才和产业营销人才等高层次人才更为紧缺，甚至出现有项目无人才支持的窘境。此外，还存在技术支撑力量不足、技术保障体系不完善等问题，在对大数据、人工智能、AR 等高新技术的运用上仍停留在低级层面。

第五节　提高融媒体中心可持续发展能力的路径与方法

县级融媒体中心建设是新时代基层宣传思想文化建设的战略工程，需要重构体制机制，建设全功能平台，强化用户连接和服务，拓展产业运营和增强自我造血能力。

一、坚持规划"科学化"与策划"一体化"有机融合

媒体融合并不是一个简单的"合并"。中心将立足本地实际，科学统一规划融媒体中心各平台建设，从横向、纵向两个角度考量平台的延伸与发展，推动传统平台与新媒体中心的融合发展，并加强与上级媒体平台和基层各部门单位宣传平台的融合。同时，主动适应新时代新形势新技术，充分发挥新媒体平台优势，不断丰富信息发布和新闻宣传报道的传播渠道，不断创新丰富传播形式，不断增强自身竞争力。

二、坚持传播"平台化"与功能"多元化"互促互进

融媒体平台传播从"管状到网状"的场景塑造，为实现功能多元化提供了

平台支撑。中心将充分利用传播"平台化"的优势和特点，加快信息沟通、数据共享、意见反馈，着力打破"数据孤岛"。同时，整合多种资源和力量，进一步推动多元主体共同参与基层社会治理工作，更好参与现代化进程和基层社会治理创新，不断提升融媒体平台的引导力、传播力、公信力、影响力。

三、坚持生产"云上化"与运营"生态化"良性互动

"云上化"生产的特点就是广域覆盖、互联互通、共建共享、集约化生产。中心将积极开展定制实现差异化生产，让多边用户和价值单元互动，产生信息共享和增值。同时，在运营中做到生态化发展，实现内容产品和服务的多样化扩展，构建参与者之间互惠互利、同生共存的新生态圈。推动三者之间良性互动，为"新闻＋政务＋服务＋商务"的发展创造了更多可能。

吉州区融媒体中心在不断借鉴先进经验做法、先进发展模式的基础上，立足本地实际和自身实际，在实现"一体策划、一次采集、多种生成、多元发布"的基础上，灵活运用"新闻＋政务＋服务＋商务"，不断增强自我造血能力，不断提升生产新闻精品、引导群众、服务群众功能，高质高效赋能基层社会治理创新，彰显党媒新担当，展现党媒新作为。

第二十六章 浙江省长兴县融媒体中心舆论引导能力建设研究报告

王晓伟[①]

长兴县融媒体中心于 2011 年由长兴广播电视台、长兴宣传信息中心、县委报道组、"中国长兴"政府门户网站（新闻版块）跨媒体整合而成，是全国首家县域全媒体传媒集团。

第一节 融媒体中心基本情况

自组建以来，中心主动求变、勇于改革，坚持走媒体融合之路，从全媒体到融媒体，并向智媒体发展，不断提升基层媒体舆论引导能力，为全省乃至全国县级媒体深度融合改革提供了宝贵的实践样本。

措施有力，成效凸显。2015 年，中心被国家广电总局列为向全国推广的 17 个典型案例之一，是全国县域媒体中唯一获此殊荣的单位；2018 年，中宣部在长兴召开县级融媒体中心建设现场推进会，推广融合创新"长兴模式"；2021 年，入选中记协第十届常务理事单位，是全国市县媒体唯一入选单位，党委书记、董事长黄时兵当选理事会常务理事，并受到习近平总书记接见；2022 年，中心荣获长三角广播电视媒体融合先导单位；2023 年，中心获评国家广电总局媒体融合先导单位。

目前，中心旗下拥有电视、广播、网站、两微一端及平台号等媒体平台，

[①] 王晓伟，长兴县融媒体中心总编辑。

其中移动端用户超 600 万。新闻作品累计获国家级奖项 34 件；获省级政府奖、新闻奖 203 件（含一等奖 45 件），获奖数量和质量均列全国县级媒体前茅。对外宣传连续 12 年荣获省级广播、电视、新媒体协作特等奖，央视央广用稿排名连续 12 年居全省市县台前三。

13 年来，中心先后发布 4 个县融建设市级地方标准，发布浙江省首个纳入国家级试点的县级融媒体社会责任报告；牵头组建长三角县融协作平台，与全国 60 余家市县媒体达成项目合作。切实发挥出助力全国县融建设的样板作用，坚定不移地朝着打造全国一流的现代化智慧型区域互联网信息服务供应商目标奋进。

第二节 融媒体中心发展亮点

一、重塑体制机制，助力再生传媒

县级融媒体中心建设是一项系统工程。长兴县融媒体中心是"事业单位企业化运作"融合模式的引领者，在深化文化体制改革、推动县融建设发展方面作出了有益探索。

中心组建后，实行党委会领导下的事业法人治理结构，构建责权利清晰的领导体系；以移动端优先为前提建立全媒体联动机制，大力培育复合型媒体人才；实施"薪酬改革+人事改革"双轨驱动机制，消弭人员身份差距。连续 12 年获得县级机关部门综合考评一等奖。

2022 年，中心刀刃向内发出"传媒十问"，设立"五大目标"，启动媒体融合二次改革、二次创业。探索建立按一类国企运作的新体系，以制度、人才、技术、内容、产能为切入口，全面实施事业单位改革、融媒机构重组、薪酬体系再造、营销模式创新、公司主业优化等重大举措，顶层设计赋能传递了强大信心，催生体制机制更灵活、人力队伍更年轻、业务创新更有力、经营发展更有序的新态势。

二、聚合优势内容，发力品质传媒

任何时代媒体都应坚守优质内容为本。自组建以来，中心聚合优势内容，发力融合传播。每年策划推出重大主题报道40多个，制作专题片100多部，举办大型活动300多场，开展各类直播600多场，创作融媒产品1000余个，原创精品全网阅读量过千万400多条，过亿20多条。

在重大主题上，把握新的传播格局和生态，探索主题报道新路径，去除厚重严肃、政治性强、宣传味浓的固化印象，创新表达方式，让宣传新闻化、新闻故事化、故事细节化。比如，2023年新年伊始，长兴提出开展"六创六比六看"行动，激励全县上下全方位投身"在湖州看见美丽中国"实干争先主题实践。中心特别策划系列报道《比拼》，改变过去传统解说的报道模式，以记者为第一视角，用短视频讲述的方式，亲历乡镇（街道/园区）、产业、企业之间的比拼故事，让报道主题更集中，细节更具体，内容更饱满。再比如，"八八战略"实施20周年，中心以寻找习近平总书记在长兴的足迹为主题，策划推出10集系列短视频《足迹》。通过"动画+寻访"的模式，甩掉传统成就式报道冗长、枯燥的槽点，突出新媒体的"短平快"，让报道更活泼、更深刻，传播更广泛。

在融媒产品上，强化"产品思维"，依托"世相""智行""973声音社"等融媒工作室，推出一批视角新颖、鲜活生动、技术创新、传播力强的作品。其中，短视频《何以长兴》县长专访突破时政新闻报道准则，运用真人秀手法进行拍摄，引发强烈共鸣。"采访编辑圈"公众号以《真用心，时政报道的典范！》进行了全片转载分享；微广播剧《星火燎原》、微纪录片《无名的你》讲述英雄故事追寻信仰力量；系列短视频《早餐长兴》连推五季，获新华社"最佳视觉奖"。抗疫短视频系列《人间》，第一集在掌心长兴视频号首发上线，点击量迅速超10万，评论超3000条，并被省委宣传部、省委网信办、省委组织部列入传播目录。融媒精品层出不穷，涌现出《工业的力量》《了不起的企业家》《摆脱贫困》《我们的村干部》《老兵无悔》《跨越五千公里的爱》等优品佳作。2023年中心又围绕主题主线策划了专题片《羊倌新传》，以小见大，传递新时代青年奋斗力量。推出融媒作品《呱呱叫的土特产》，做好"土特产"文章。

在大型活动上，找准"社会效益"和"经济效益"的最佳契合点，做精有"靶向"的活动策划，朝着定制化、系列化、区域化的方向发展。比如，自2000年起启动"乡村梦想秀"项目计划，在对农创作上集中发力，助力乡村振兴。相继策划推出对农活动"乡村厕所变形记""进击吧！乡村造梦师""加油，乡村合伙人""集合吧，乡村开放麦""耕耘吧，返乡青年"等，多次荣获浙江省广播电视对农活动一等奖。开设栏目《乡村节节高》《走乡村》，均获浙江省广播电视对农栏目一等奖。去年起，中心连续策划少儿系列活动《重生吧古道》，以游中学、学中游的体验增进乡土文化的传承和保护，2023年度荣获国家广电总局少儿节目扶持作品。

积极应用区域联动策略，变"单兵作战"为"整体协作"，形成区域联盟、县域同盟"同频共振"的传播合力。牵头联合110家县级融媒体中心开展"长三角一体化国家战略网络文化宣传季"活动；联合全省38家县融单位策划发起"山海1+1接力大连麦"异地新闻直播行动；联手全国20家省级学习强国平台及百家县融号共同推出大型生态主题融媒直播活动"我家门前有条河"，强化各地区交往交流交融，共同讲好中国发展好故事。

在对外传播上，打破业务部门壁垒，集中精力唱响本土好声音，并积极向中央级、省级主流媒体推送本地优秀新闻作品，深化正能量传播。2023年3月，央视大型文化节目《典籍里的中国》栏目组在水口大唐贡茶院取景拍摄，中心配合摄制并策划推出六集微纪录片《茶经里的紫笋茶》，展现长兴紫笋茶的文化内涵；4月，CCTV-4中文国际频道清明节特别节目《传奇中国节·清明》走进长兴，向全国观众直播长兴《紫笋茶香传千年》，进一步弘扬长兴优秀传统文化。同步中心借势出海，发挥传播效力。策划推出系列海外版短视频《非遗里的长兴》，展现极具民间特色的端午、七夕等传统文化节日。用国际化叙事视角推出融媒作品《边走边看——老外眼中的乡土中国》，以外籍友人探访方式，反映时代变迁。另外，《共享农机俏，老李带货忙》《苗二代的花木情》等广播稿件在美国洛杉矶鹰龙传媒洛城双语台刊播；《"双碳"目标 中国在行动》《感受数字司法》等稿件在《人民日报》海外版刊播，大大提升了国际形象，增强了国际传播力。

三、创新经营模式，拓展产业传媒

中心积极探索"融媒+"产业发展体系，经营创收结构从以广告营销为主转变为以智慧信息产业、文创产业和数字网络产业构成的多元结构，有效激发经营创收的澎湃动力，增强自身"造血"能力，经营总收入连续13年实现稳步增长，2022年总营收3.21亿元。

创新"媒体+"经营模式。深化"市场导向、精益运营、价值增长"的核心经营理念，做大做强传统经营项目，通过"媒体+产业""媒体+会展""媒体+文创""媒体+活动"等多元模式，推进"融媒+"项目培育，谋划一批、成熟一批、推广一批，放大项目效应，激发产业效能。

拓宽"区域+"合作渠道。依托全国广播电视媒体融合先导单位的优势，拓展县外合作项目；创办融媒学院，实现融合经验成果输出，累计举办培训班100余场，参与培训5000余人。

试水"掌心+"文创产品。主动跨界培育特色项目、特色产品，"掌心"绿豆糕、"掌心"月饼、"品茗三绝"伴手礼等"掌心系"文创产品成功破圈，其中，"掌心"月饼，以长兴方言和长兴八大古桥为灵感元素，好评如潮。

打造"数字+"智慧产业。壮大数智型经营的智慧信息产业平台，超前布局数字化赛道，自主投资建成长兴县云数据中心，开发城乡一体化信息平台，推动数据从"资源"向"资产"转变。启用数智大厦，建成数字化改革成果展厅，招引32家数字经济产业项目及高精尖人才团队入驻，主导数字文化产业园区建设和运营，致力打造数字产业集群已成功申报湖州市第五批重点文化产业园区。至2020年底，智慧信息产业创收过亿，占比达40%，基本实现动能转换。

发展"5G+"全新业态。优化全域化经营的有线电视网络平台，做实4K业务、双向业务、大带宽业务及5G移动终端业务，推进智能类产品和网络支撑、技术服务的紧密融合，发展智慧家庭终端项目。

四、坚持引培并举，锻造铁军传媒

媒体深度融合，归根到底是人的融合。中心进一步创新用人机制和激励机制，实施"内强外引"工程，着力打造一支忠诚党的新闻事业、政治过硬、本领高强、求实创新、能打胜仗的融媒铁军。

树立正确的选人用人导向，健全干部选拔任用、考核评价、监督管理和保障激励机制。建立年轻干部后备队伍，"85后"干部占比36.5%，保证人才梯队建设的持续性。推行"管理+首席"双轨运行，举办"创新创业大赛"，设立"传媒嘉奖令"，先后孵化10多个融媒体工作室。致力打造"和"文化、"廉"文化、"家"文化，组建16个俱乐部，形成独具传媒特色的文化氛围。比如，2023年夏天为员工开办了迈思传二代暑托班，真正想员工所想，解决员工后顾之忧。企业文化建设也为提升员工幸福感、为留住和激励员工发挥了积极的作用。

面向全国引进高端专业技术人才，并将高层次人才纳入《长兴县名师名家培养行动目录》，累计获评国家级、省市级人才11人。连续八年开展"红日初升"储备人才、"万物生长"融媒人才、"潜龙腾渊"技术人才和"生财有道"经营人才养成计划，其中"万物生长"获评浙江省2016—2017年度媒体融合创新案例。

五、强化技术引领，赋能技术传媒

当前，新技术越来越成为媒体竞争力的关键因素，成为媒体融合发展的重要支撑。长兴融媒积极引入人工智能、虚拟和增强现实、5G技术等，并创新应用于媒体多个领域。

搭建融媒技术平台。量身定制"融媒眼"智慧系统，从技术层面提供业务支撑，实现日常报道、重大事件、突发新闻的统一指挥、统一调度、内外场协作，构建全新媒体融合发展生态。该系统获评国家广电总局媒体融合成长项目；自主研发运营集"新闻+政务+服务+商务"于一体的"掌心长兴"客户端，目前已迭代至5.0版本，总下载量超180万，注册用户44万。

加快技术应用落实。组建"数智"团队，累计落地300余个项目，研发30余款数字化产品，获得25项软件著作权，覆盖人工智能、人机交互、数据治理、云计算和智能识别等数字经济的核心领域。深度整合新型信息传播技术，推出AI虚拟主播，在新媒体创作中充分融入水墨动画、互动游戏、VR航拍、5G技术、4K高清等最新技术和表现手法；自主实现演播室九路多屏且同步云端的联动直播；研发易直播设备获国家专利。

六、拓展服务模式，优化应用传媒

随着媒体融合的纵深推进，越来越多的融媒体中心重视各层级的互动、合作，探索开展多种形态政务服务。长兴融媒积极对接政府政策、资源，深化与党委政府的合作机制。

组建智库报道组，精心打磨《浙北新观察》《国庆勿忘老虎团》《千年贡茶的沉与浮》《寻踪浙江"旧石器"》等 100 余篇媒体智库报告，多篇被《浙江宣传》录用。同时，在内参报道方面进行有益尝试，推出《内部参阅》，为长兴经济社会发展热点、难点提供智库支撑和决策参考。

建设城市大脑。抢占先机建设云数据中心，开发城乡一体化信息平台，已有 25 个部门的 28 套系统搬迁入云，54 个部委办局的 2.8 亿条数据纳入编目，实现了部门间数据实时交互、共建共享，加强了与省、市公共数据平台对接，为推进长兴新型智慧城市建设奠定坚实基础。编制智慧长兴规划，建设"1 个核心平台 +5 个协同平台"，构建长兴智慧城市建设框架。

搭建治理网络。承建"雪亮工程"，为全县安装 32000 余路监控，覆盖全县所有村（居）社区，建成县域智能视频网。深度参与长兴数字化改革工作，承接长兴县吕山乡"乡村大脑""未来社区""智慧法院"、长兴县党员分类管理、长兴县社会矛盾纠纷调处中心信息化改造等系列基层治理智慧项目。

七、树立媒体社会责任，打造公益传媒

强化服务属性，发挥"媒体+"的宣传优势。长兴融媒进一步，突出"媒体为民"理念，切实为老百姓提供帮助。

强化社区服务。将媒体融合与民生服务有效对接，掌心长兴客户端社区版块通过用户激励、话题策划、关系维护等方式，坚持引导用户发帖和互动，每年策划各类话题超 50 余个。如，"夸夸我的老师""中秋成语接龙大会""晒晒我的娃""国庆回老家，喜看新变化""长兴美食我来推"等话题，单个话题最高阅读量达 60 万。

打造指尖服务。建设多元、立体、精准、高效的服务体系，依托移动端建设包含文明诚信码、犬联网、"解纷码"、"开店宝"、"趣友"、"指尖"、

"掌心商城"、"掌心外卖"等本地应用场景共 60 多项民生服务。其中指尖饭卡利用"平台＋食堂＋商家"的运营模式，创新了数字消费模式；"文明诚信码"应用实现全县 16 个乡镇街道 265 个村社区 60 余万本地户籍人口全覆盖，让居民从被动管理到主动自治，入选为省政府"观星台"优秀应用和全国走好网上群众路线典型案例。

彰显媒体责任。持续打造"温暖""最美""送给亲人""帮扶在行动"等媒体公益品牌，建立百万公益基金，受益人次超 20 万。"送给亲人"累计慰问一线防疫人员超 8000 人，送出爱心商品价值 80 多万元，获评浙江省新闻奖社会活动奖和浙江省网络视听年度优秀公益项目。《帮扶在行动》以"掌心长兴"商城、"长兴鲜"线上平台为主渠道，结合主播、电商达人直播带货，多形式助农帮扶，累计销售本地农产品 200 多吨，总金额 1500 多万元。

第三节　融媒体中心舆论引导实证研究

一、准确传递中央声音，凝聚思想共识

长兴融媒坚持党的领导，贯彻党性原则，把党的理论路线方针政策和重大决策部署分析好、宣传好、阐释好、落实好。

策划推出全媒体党史党建理论宣讲品牌融媒走亲，一方面，坚持线上线下多轮驱动，依托宣传领域的优势，在全国率先创新探索"融媒走亲"线下宣讲活动，相继走进四川木里、甘肃民勤、吉林白山、浙江庆元等地，把长兴的好经验、好做法带到长兴结对帮扶地区，共同探索建设共同富裕新路子。另一方面，整合传统讲课与新媒体传播优势，根据不同受众之间的差异化订制宣讲菜单，推动党的创新理论、惠民政策、科普知识和实用技术等"飞入寻常百姓家"，打通基层理论宣讲的"最后一公里"。累计线下受益群众近 3000 人次，同时吸引 30 余批次近千人来长考察，总浏览量突破 1000 万，受益人群超 100 万人次。荣获浙江省理论宣讲先进集体、浙江省首届志愿服务先进典型最佳志愿服务项目。

二、讲好长兴故事，传递百姓心声

以百姓诉求为主旨，以解决百姓冷暖痛痒、喜怒哀乐为己任，长兴融媒体全力打造具有地方特色风格的本土民生栏目《小彤热线》。通过融媒矩阵，关注环境、教育、医疗、就业等和百姓密切相关的领域，畅通百姓热线，倾听百姓心声，架设起普通群众与政府部门之间的沟通桥梁，弘扬社会正气，全面融入并服务于广大百姓的日常生活。如，在报道中，结合劳动节、青年节等，排摸梳理代表人物，有全国五一劳动者奖章获得者，有清理下水道的疏通工，更有民宿管家、乐当农民的"兰二代"农田飞手这些新职业年轻人，记录平凡人的不平凡小事，以小屏带大屏的方式更全面地展示本地居民的生产生活情况。

发挥媒体舆论监督作用。积极与政府乡镇部门合力，加大了对《直击一线》舆论监督报道的力度，改变以往媒体只发声，对一些存在的问题仅仅流于表面现象的曝光，对于后续整改推进难度大的问题，积极联合各部门报道反馈，构建闭环报道机制，尽量做到件件有回音。如《浙北商业广场地下停车场臭气熏天》《公共水潭被填　影响村民使用》《消防通道被堵　安全隐患引发居民担忧》等内容在持续跟踪后，引起了相关部门和街道的极大重视，第一时间进行整改。

三、及时发出权威声音，正确引导舆论导向

长兴融媒在重大危机事件中及时响亮发声，引导舆论向正确的方向发展，避免危机事件导致的危害性扩大。如，针对本地"停水事件"引发的舆论热潮，第一时间开设《直击全城停水》网络专栏，及时有效疏导舆情，当日客户端日活 26 万 +。

搭建求助平台，累计接收求助信息 500 余条，有效回复率达 100%，开辟"捉谣记"版块，加强信息公开，及时辟谣止谣，用事实说话，用数字说话，全力稳定人心。针对推发的各种新闻信息，中心按流程进行认真研判、细心审核、精准把控，严格执行"三级审核"制度，确保推发的信息精准无误。

第四节　融媒体中心舆论引导面临的问题与困境

媒体融合上半场，长兴融媒不断落实和深化媒体融合步伐，取得了显著成效。媒体深度融合下半场，中心也面临着挑战与困难，亟待解决。

一、人才队伍依然薄弱

新时代对县级融媒体中心人员提出更高要求，但是县级融媒体中心受地域、福利待遇等因素的制约，依然面临着人才队伍薄弱，内部人员流失较为严重，难以吸引高学历人才的问题，特别是新媒体运用所需要的复合型、创新型人才储备不足。

二、融媒效能发挥不够

受技术水平的制约，目前媒体运营仍处于探索发展时间，县级融媒体中心未能有效整合区域有限公共资源，可管可控的高频应用服务场景仍然偏少，未真正实现区域基层治理一盘棋，区域社会治理效益还未全部释放。

第五节　提高融媒体中心舆论引导能力的路径与方法

作为基层网络传播的重要载体，县级融媒体中心是做好党的新闻舆论工作的重要依托，也是连接群众、服务群众的"最后一公里"。长兴融媒充分发挥县级融媒体中心贴近基层、更接地气的优势，结合本地实际，从政治引领、技术赋能、机制优化等方面入手，重塑新闻舆论宣传"四力"，提高舆论引导能力。

一、政治引领，夯实宣传主阵地

坚持正确舆论导向，牢牢把握意识形态。在围绕中心、服务大局的同时，面向基层，服务群众，通过深入实际、深入生活、深入群众来创新内容、创新形式、创新手段，打造有角度、有温度、有深度的优秀报道。以主题报道提升卓越视野，旗帜鲜明地传播权威新闻；以大型活动聚焦人气，并为用户打造高沉浸感、高互动性的极致活动体验；以融媒产品营造"年轻态""青春范"，在 00 后用户中树立起新的文化标杆；以舆论监督聚焦基层社情民意，及时反映群众意愿呼声，切实提高新闻宣传质量，不断提升舆论引导能力。

二、技术赋能，构建传播新样态

把重兵集结在移动新媒体平台，着力个性化生产、强化可视化呈现、优化互动化传播。运用数字技术赋能打通客户端及媒体矩阵平台，做强做大事件直播、活动直播、公益直播、连麦直播、慢直播等"引流＋传播"新模式，与媒体同行共建共享，努力形成一个体现社会责任和价值取向的内容生态。与此同时，不断推动客户端升级迭代，整合内容发布平台，深度实现"新闻＋政务＋服务"模式，提升媒体传播力、引导力、影响力、公信力。

三、机制优化，打造队伍新形象

持续深化体制机制改革，大力培育复合型媒体人才。组织专场融媒体招聘会，与互联网创新企业、高校合作等方式，引进高端业务人才。持续开展"红日初升"储备人才、"万物生长"融媒人才、"潜龙腾渊"技术人才和"生财有道"经营人才养成计划，健全干部选拔任用、考核评价、监督管理和保障激励机制，多样化、全方位促进人才自我完善，打造一支在融媒体时代拥有全媒体素养的"新闻尖兵"。

第二十七章　深圳市龙岗区融媒集团舆论引导能力建设研究报告

周　玮[①]

龙岗区新闻中心是在原龙岗日报社基础上成立的区属事业单位，《深圳侨报》现为龙岗区委区政府机关报。其前身《龙岗日报》于1994年创刊，2003年底在全国县市报刊整顿中停刊。2004年开始，龙岗区委区政府与深圳市侨办、深圳市海外交流协会商定合办《深圳侨报》（有正规发行刊号），作为龙岗区委区政府机关报和深圳市侨办机关报。

1997年，龙岗区委区政府创办了龙岗电视台，属全额拨款事业单位；2006年整合各街道广播电视站，成立龙岗广电中心，转为自收自支事业单位，实行企业化管理；2012年，实行台网分离改革，更名为"深圳广播电影电视集团龙岗广播电视中心"，将有线电视传输网络（天隆公司）划入深圳广电集团控股的天威视讯股份有限公司，同时成立"深圳市东部传媒股份有限公司"，实行"两块牌子、一套人马"企业化运作管理。

龙岗区委区政府对原龙岗区新闻中心（深圳侨报）、广电中心（东部传媒公司）进行优化整合，组建龙岗区融媒集团，2021年4月23日正式揭牌运作，是全国首创、深圳市唯一的纯国企模式县区级融媒体。

---

① 周玮，深圳市龙岗区融媒集团总经理。

第一节　深圳市龙岗区融媒集团基本情况

一、平台建设

目前，深圳市龙岗区融媒集团定位为龙岗区直国有文化企业，是首创和唯一的纯国企模式县（区）级融媒体，现由区委宣传部业务归口管理，接受区国资局监督管理，把社会效益放在首位，兼顾经济效益。

集团设党委会、董事会、监事会，并根据业务特点设行政管理委员会、编辑出版委员会、经营管理委员会、技术支撑委员会四条业务线。内设办公室、纪检监察审计部、人力资源部、财务部、总编办等12个一级部门，以及7个二级部门、2个工作室，独资、控股企业4家。集团员工369人，其中，35岁以下员工占比超过50%。

龙岗区融媒集团是深圳市平台要素最齐全的区融，建成了"1+2+7+N"（1个App+2个微信号+7个传统媒体平台+N个头部平台端口）全媒体矩阵共38个平台，培育出龙岗融媒App、深圳龙岗发布微信、掌上龙岗微信三个200万粉丝级"大V"，全平台粉丝量近1000万。其中"深圳龙岗发布"粉丝量达300万+，稳居全国县区融微信百强榜发布类第一；"掌上龙岗"粉丝量达200万+，挺进全国县级媒体微信号百强榜前三；"龙岗融媒"App总下载量超280万+，获评全国县融中心"优秀管理与平台奖"。传统端自办《深圳侨报》，是龙岗区委区政府和深圳市侨办机关报，自办电视频道5个、广播频率1个（FM99.1），自建户外LED屏、市民阅报栏、智能阅报栏等，全国驻深记协融媒创新基地落户，融媒创新实验室、融媒学院全面支撑创新创意发展。

二、职能职责

坚持党管媒体原则，坚持正确舆论导向，履行宣传文化责任和社会公益责任，深度拓展"融媒+政务+服务"经营模式，不断提升新闻生产和服务质量，促进融媒可持续发展。

第二节　深圳市龙岗区融媒集团发展亮点

一、体制机制方面

龙岗区融媒集团利用企业化改革契机实施"瘦身计划"，将所有人员、平台、架构、流程全部"推倒重来"。一是精简组织架构。两度重建组织架构，整合采编力量打通所有平台、人员，形成新闻生产一体化的融合生态。二是统一身份管理。分流在编人员 33 人，除少部分项目化劳务派遣人员外，全员定性为合同制员工，统一身份、统一管理、同工同酬。三是优化要素配置。减少报纸版面，缩减电视节目时长，关停并转一批关注度和点击量低的新媒体账号，将优势力量和人、财、物资源转移到移动端，集中力量做优做强移动新媒体平台。四是集中向下放权。引入华为经验，以贡献论英雄、以业绩论英雄，在集团党委的领导和监管下，将 70% 的绩效考核分配权、评优评先权和日常管理权交给各部门，确保薪酬绩效的二次分配充分向一线倾斜，最大程度激发员工积极性。2023 年以来已有中国社科院、浙江传媒学院、深圳大学等一批院校专家以及来自全国各地融媒体共 90 多批，共 150 多家单位前到龙岗区融媒集团考察交流，"龙岗模式"改革经验和发展成效被多个国家级刊物刊发，得到了学界、业界及全国媒体同行的高度认可和赞扬。

二、内容生产方面

一是移动优先打造"传媒旗舰"。瞄准移动互联网，建成了"1+2+7+N"（1 个 App+2 个微信号 +7 个传统媒体平台 +N 个头部平台端口）全媒体矩阵共 38 个平台，培育出龙岗融媒 App、深圳龙岗发布微信、掌上龙岗微信三个百万粉丝级"大 V"，全平台粉丝量近 1000 万，2022 年总阅读量超 6 亿次，单单 10 万 + 爆款推文就有 500 多条。其中，龙岗融媒 App 下载量超 280 万，获评全国县融中心"优秀管理与平台奖"；深圳龙岗发布粉丝量达 300 万，稳居全国县区融微信百强榜发布类第一；掌上龙岗粉丝量突破 200 万，"杀入"

全国县区级媒体微信号百强榜前三。同时，把编辑记者真正"赶上"移动互联网，目前80%的采编人员在围绕着小屏转，新媒体、传统媒体人员配比、考核占比都实现了"八二开"。二是创意至上追求内容为王。每年投入300万元，重奖好创意好作品，采编人员铆足了劲，动起来、做爆款、冲大奖。打破部门壁垒，组建龙岗融媒创新实验室，成立海报特攻队、龙叨叨特攻队、视频特攻队等9支特攻队，各团队"八仙过海、各显神通"，创作出《新编防疫四大名著》《抗疫群侠传》《国色深圳》等一大批刷爆深圳人朋友圈的优质作品。三是拓宽渠道内宣外宣"两手硬"。"上接天线"，争取央媒驻深记协创新基地落户龙岗融媒，与新华社新媒体中心、央视深圳站等建立紧密联系，2022年上送央媒重点新闻作品50多条，实现巨大突破，2023年以来已上送50条，尤其是2023年"9·7"深圳特大暴雨期间，十几条即时报道被央视播发。特别值得一提的是，上送央视的"龙岭模式"报道被黄坤明同志批示，极大提升了龙岗区的知名度和美誉度。"下接地气"，组建街道融媒分中心，新闻触角下沉街道社区，形成全区舆宣一盘棋。"外接洋气"，2023年下半年，成功开设脸书"深圳龙岗"号，同时借助《深圳侨报》加强与海外华文媒体合作，让龙岗与世界零距离。

三、人才激励方面

一是破除"大锅饭式"薪酬制度桎梏。立足打造区属国企华为模式，全面改革薪酬绩效考评制度，在全员身份统一、实行薪酬总额控制的基础上，形成"基础工资+绩效工资+绩效奖励"薪酬结构，其中基础工资仅占3成，绩效工资和绩效奖励占比高达7成，基础工资部分学习借鉴华为模式，根据工作岗位、工作年限和实际贡献分为12个职级共计35个薪级档次，使每名员工都看得到向上发展空间。建立覆盖全员的KPI考核体系，以KPI考核结果为依据衡量个人工作任务和完成质量，同部门、同岗位员工因工作业绩和贡献差别，收入差距可达近5倍，真正做到以岗定薪、按绩取酬，彻底解决"干多干少一个样"的问题，为能干事干成事的人提供更有竞争力的薪酬，从而吸引人才、留住人才。在2022年实施的优化改革中，进一步加大正向激励力度，突出增量绩效奖励，鼓励员工稳存量、做增量。二是破除人事制度限制。把"人才立媒"战略落到实处，面向全国招聘采、编、播、管人才，在部门组建和选人用人上实行双向选择,逐个层级进行选聘、竞聘,两年一届,通过竞争上岗的方式,把最优秀的人放在最合适的岗位,把业绩水平不达标的人放入"人员交流站"待岗或退出。出台《龙岗区融媒集团干部能上能下、能进能出实施办法》《龙岗区融媒集团"传帮带"培养机制实施方案》等制度,做到干部职工能上能下、能进能出。实施业务"首席"评选制度,分级设置"首席"评选条件,同样是两年一评,打通人才"双轨"提升通道。打造创新型、学习型、奋斗型组织,开展多种形式的素质提升工作,邀请国内"顶级天团大咖"到龙岗授课培训。此外,每年举办全员读书月活动,实施业务人员轮岗交流,开展师徒结对子,组织一线采编人员基本功大赛等,不断提升队伍综合素质。三是高度重视企业文化建设。建立以"尊重、创新、奋斗、奉献"为核心的价值体系,坚持把关心好、照顾好员工当作职责使命,积极打造员工友好型空间,定期开展企业文化课和读书月、红五月、健身月、员工集团生日会及各类社团活动,营造人人都能参与、人人价值彰显的和谐氛围,不断提升员工归属感和凝聚力。

四、媒体技术方面

龙岗区融媒集团新技术应用主要运用于融媒体新闻生产平台系统、新媒体直播演播室系统、智能媒资系统、4K超高清播出系统。一是融媒体新闻生产平台系统。该系统实现资源融合、内容融合、指挥调度、发布融合等作用,进一步高效、精准、及时、全方位、多渠道做好新闻报道,积极推进龙岗区宣传工作,当好区委区政府的"喉舌"。二是新媒体直播演播室系统建设。该系统实现集团新媒体综合节目演播室实况录制、现场直播全面高清化。该高清演播室系统和融媒体新闻生产平台联动,集合众多互动信息手段整合实时资讯接入、大屏包装、在线包装、虚拟现实图文包装系统、多点触控等多种技术与一体,可以实现领导的重要讲话、新闻播报、民生访谈、政策法规的发布宣传、气象预报发布、现场视频连线等各类节目的录制及现场直播功能,提高演播室节目制作的时效性和互动能力。三是媒体资产管理系统建设。该系统实现龙岗区融媒集团大量原始素材和珍贵资料的集中存储,统一进行数字化、信息化、正规化管理,并可实现大数据共享,为龙岗区宣传文化创新发展,打造东部文体高地,建设智慧龙岗添砖加瓦。四是4K超高清电视播出系统。4K超高清播出和监控项目建设总体规划为实现自办三个频道的 4K 高清、高清、标清同播，包括总控系统、播出分控系统、智能全流程监控系统、显示监看系统以及配套设施集成、调试、培训等内容。系统采用可靠、科学、先进的技术，满足各频道节目上载、播出等功能需求，适应今后 5—7 年的节目制作、播出发展规划，能够满足信号调度、高标清节目同步播出等方面的应用，并确保系统在今后相当长的一段时间内留有扩充的余地。

五、政务服务方面

在全国媒体 70% 下滑的形势下，龙岗区融媒集团对准中央要求，大力布局"新闻＋政务服务商务"，开拓影视制作、教育事业、刊物印刷、文创手信、生活服务、物业运维等服务，形成全平台立体化融媒体经营格局，2022 年，集团总营收 1.6 亿（不含网络），净利润增长 20%。2023 年上半年，集团经营总收入同比增长 43%，切实减轻财政"输血"负担。一是打好"融媒＋"战略牌。接连开辟教育培训、魅力文创、融媒影业、创意印刷等全新赛道，培育新的增长点乃至增长极。比如，"融媒＋教育"，少（幼）儿刊物不仅在龙岗区数百所小学、幼儿园发行，还破圈发行到广州、青岛、惠州等地，每年创造经济效益 1000 万元；"融媒＋影视"，2022 年实现创收 950 万元，还助力辖区企业获得数千万元融资；"融媒＋代运营"爆发式增长，21 个项目合同总额达 1100 多万元。与此同时，深耕"区—街道—社区"三级政务服务网络，接连拿下多个合作大项目，最高一单跨年度合同总额超过 800 万元。二是打好新技术应用牌。积极融合政府资源和媒体优势，探索构建集"新闻＋政务服务商务"功能于一体的移动综合服务门户。联合龙岗区政数局搭建"智慧城区融媒分中心中控平台"，主动融入智慧城市建设，获评全国媒体融合技术应用优秀案例奖。三是打好采编经营双向赋能牌。提出"人人都是经营者"的理念，经营部门挂图作战赛龙夺锦，采编部门积极配合捆绑考核，形成"双向奔赴"的良好势头。大力提倡把采编好创意转化成经营产品，更要把经营项目做成好的新闻作品，真正把媒体的内容优势转化为经营优势。

六、民生服务方面

一是打造综合服务平台，推动"龙岗融媒"App从新闻宣传向公共服务领域拓展，打造集新闻发布、党务政务公开、理论宣讲、舆论监督、便民服务、教育培训、交流互动等于一体的新型综合服务平台，为群众提供以政务服务为核心的多样化服务。二是搭建"智慧城区融媒分中心中控平台"，为区融媒集团"龙岗民声"栏目提供了丰富的新闻线索，记者根据"诉求热点"进行跟踪采访，反映基层民生期盼，跟进部门处置，最终实现解决群众"急难愁盼"，用融媒手段深度参与城市基层治理，是深入推进县区级媒体融合参与赋能基层治理的创新实践成果之一。2023年以来，聚焦市民反映的包括交通出行、噪音扰民、教育医疗等方面的疑难问题，先后推出《龙岗民声|湿地公园遭遇"如厕难"？相关部门"马上办"》《龙岗民声|红绿灯被绿化树遮挡 司机通过全靠"估"？》《西路施工围挡成"路障" 市民盼望快"解围"》《嶂背地铁站竟成最"背"地铁站 市民狂吐槽》《一天路上有六个未启用公交站》《堵塞交通扰乱秩序，3号线地铁口"黑摩的"该管管了！》等监督类和服务性咨询报道。据统计，通过记者采访、部门跟进等形式，协调包括政府部门在内的社会各界予以协调解决的诉求共计上百余条。三是做好"媒体+公益"，2022年末至2023年初，疫情防控进入新阶段，防疫物资供应紧张。抗原试剂作为新冠病毒快速检测的方式，在疫情防控过程中起着重要的作用，却"一支难求"。龙岗融媒集团联合爱心企业，推出"抗原试剂预约"公益活动，免费向市民发放20000支抗原试剂，与广大市民共建防疫屏障。活动吸引54.6万余人参与，龙岗融媒集团执行团队充分利用融媒矩阵优势，在龙岗融媒App和掌上龙岗微信公众号中积极进行全方位、多角度、立体式宣传，并为粉丝答疑解惑、进行防疫科普，共推出抗原试剂使用方法答疑、用户采访、快递消杀提醒等内容14篇，视频产品2条，活动程序1个，推文总阅读量160万+。此次活动彰显了龙岗区融媒集团作为区属国企和新闻媒体的社会责任和担当。

第三节　深圳市龙岗区融媒集团舆论引导实证研究

一、解读党的理论路线方针政策及上级各级党委政府精神

龙岗区融媒集团始终坚持以习近平新时代中国特色社会主义思想为指引，深入贯彻落实党的二十大精神，始终牢记党的新闻舆论工作的职责和使命，宣传党中央决策部署，宣传党的创新理论和社会主义核心价值观，宣传省委市委决策部署和区委区政府工作安排，牢牢把握意识形态领导权和社会舆论话语权，确保始终在政治立场、政治方向、政治原则、政治道路上同以习近平同志为核心的党中央保持高度一致。一是强化党媒属性，旗帜鲜明讲政治，以一流的精神状态更好肩负起新时代新使命。坚持不懈用习近平新时代中国特色社会主义思想武装头脑、指导实践、推动工作，深入学习宣传贯彻党的二十大精神，在全面学习、全面把握、全面落实上下功夫，坚持党管媒体、党管意识形态，坚持政治家办融媒，带头做旗帜鲜明讲政治的"第一方阵"，提高政治判断力、政治领悟力、政治执行力，更加坚定自觉地把"两个确立""两个维护"贯穿融入到工作的全过程、各领域，不断巩固团结奋斗的共同思想基础。二是拓宽视域视野，融入时势大局，以一流的工作标准开创融媒事业发展新格局。适应百年变局和严峻复杂的斗争形势，坚持和加强党的全面领导，坚持深化改革创新，认真学习贯彻省、市、区宣传思想文化工作会议精神，树立"一盘棋"思想，主动融入大局、融入产业、融入基层，把自身打造成一流的舆论引领者、超级链接器、创意联合体、人才聚集地，使龙岗融媒成为全区高质量发展的重要组成和重要支撑。紧紧围绕区委区政府中心工作，聚焦打造创新龙岗、东部中心、产业高地、幸福家园的宏伟目标，把镜头对准团结奋斗的美好时代，精心组织强信心系列主题宣传，多角度为"一芯两核多支点"区域发展战略"鼓与呼"，持续向外唱响"龙岗好声音"，讲述"龙岗好故事"。三是聚焦中心大局，做强主责主业，以一流的工作业绩在新征程上再立新功。深入实施习近平新时代中国特色社会主义思想传播工程，扎实推进新思想"首页首屏头版头条

工程",全面营造全社会学习贯彻落实习近平新时代中国特色社会主义思想的浓厚氛围,进一步增强"四个意识"、坚定"四个自信"、做到"两个维护"。严格对标对表,准确规范转载有关党的二十大报告的权威稿件及系列二十大报告解读阐释报道,开设"党的二十大特别报道""学习宣传贯彻党的二十大精神"等专版,坚持从不同层面和不同角度集中、系统宣传和推介龙岗区全面贯彻落实党的二十大精神的创新做法和实际行动,扎实推动党的二十大精神在龙岗落地生根、见行见效。其中,日均转载、原创党的二十大稿件20余条,日均全网阅读量50万左右。

二、讲述本地老百姓生产生活故事

龙岗区融媒集团始终坚持以人民为中心、以正面宣传为主的工作导向,充分发挥本土优势,多角度、多形式报道本地老百姓的生产生活,围绕社会主义核心价值观鲜活呈现好故事、好人物、好画面。一是紧盯产业聚集,助力高质量发展。策划推出"迎新年开新局 高质量发展看龙岗"等系列报道,深入企业、园区,从创新集聚、智慧赋能、文化助力、焕新升级、共建共享等方面切入,从不同角度阐述龙岗发展的多样性和高质量。相关报道被央媒选用:2023年1月2日,央视13套"新闻直播间"播发了《广东深圳 加快产业集聚 助力建筑业高质量发展》,播出时长1分28秒,报道了龙岗区建筑产业生态智谷总部基地项目开工建设,依托头部央企为引领集聚上下游产业,全力打造未来建筑企业集聚等六大中心。2023年2月3日,央视13套(新闻频道)"朝闻天下"播发了《广东深圳 人勤春来早 实干谋发展 新春新气象 基础设施建设忙》,播出时长52秒,报道了龙岗区宝龙生物药创新发展先导区一期项目开工建设,强化补齐产业等领域的基础设施短板,提升发展动能。2023年2月15日,央视1套(综合频道)"晚间新闻"播发了《活力中国·新春加速度》组稿,其中播发了《深圳龙岗 推进产业数字化 提升高端制造发展能级》,时长38秒,报道了龙岗区一家企业在政府推出的智能制造转型计划政策的扶持下,开展生产线数字化改造,生产效率提升了50%。二是聚焦基层治理,增强新闻舆论影响力。龙岗区融媒集团充分发挥在推动基层治理进步及改善群众生活方面发挥应有的作用,推出"深化推广'龙岭模式'提升党建引领基层治理效能"等报道策划,聚焦基层治理的痛点、难点,对基层创造的行之有效的治理理念、方式、手段进行多角度、全方位的深入报道，鼓励全区各基层组织学习先进，以新时代新担当新作为，为打造"创新龙岗、东部中心、产业高地、幸福家园"增添一份力量。2023年7月2日，央视1套（综合频道）"焦点访谈"播发了《党建引领 赋能社区治理》组稿，其中0:43—7:23播发了《龙岭社区》部分，播出时长6分40秒，报道了龙岭社区社会基层治理的成功案例。三是深耕本土，创作有温度、带情感的新闻内容。龙岗区融媒集团作为县区级融媒体，深耕龙岗本土，深入挖掘龙岗暖心事，传播龙岗好声音，展现龙岗人的温暖良善！龙岗好故事、好人物、好声音通过央媒、省媒平台的转发连连刷屏。7月14日，人民日报微信公众号头条推出《"我要先保住她的命"！女子病危却执意出院，医生急了……》，报道了北京中医药大学深圳医院（龙岗）脊柱骨科主任医师张旭桥联系爱心人士，为吴女士诊治血栓的感人事迹。该推文中的文字（部分）和视频由龙岗融媒记者采写、拍摄。被"学习强国"全国平台选用的稿件为采编中心原创视频《陈剑华："硬核画家"造飞机火"出圈"》，入选首页推荐"看人物"的"身边的感动"和"百灵"的"炫"栏目，浏览量2.6万。原创视频《广东深圳：河道巡查员救起轻生男子》（浏览量6.4万+）。"学习强国"全国平台"百灵"首页的"推荐"，《广东深圳龙岗区：2023年老年人免费体检开始》被全国平台选用。

三、重大危机事件干预

龙岗区融媒集团坚持在重大事件和突发事件中第一时间发声，及时准确报道信息，提供公共信息服务。比如2023年"9·7深圳暴雨"期间，龙岗区融媒集团迅速行动进入"战时状态"，采编人员24小时轮值，充分发挥融媒体传播优势，运用全媒体手段、聚合多平台力量，第一时间发布暴雨预警、应急救援、防灾知识、交通恢复等动态权威信息。记者深入第一现场采访，回应群众关切，三天共发布相关报道540篇，全网总阅读量约9000万，全方位、多角度展现了龙岗区应急处置能力和城区治理水平，为龙岗打赢特大暴雨防汛阻击战提供了强大的舆论支撑和精神动力，在关键时刻彰显了主流媒体的责任和担当。

1. 快速反应，应急处置及时到位

9月7日晚，受台风"海葵"残留云系影响，龙岗降下特大暴雨，千钧一发的时刻，龙岗区融媒集团迅速行动，第一时间启动新闻舆宣24小时应急机制，20多名记者在保证自身安全的情况下赴一线龙岗中心城内涝区域采访，20多名新媒体编辑24小时值班，滚动推送应急联动，滚动发布、更新各类预警、防灾、救援信息，为广大市民群众提供应急抗灾行动指引，为区委区政府应急决策提供信息参考。

2. 全面覆盖，形成立体宣传声势

一是满足受众多样化需求，多维度传播便民信息。两组文图直播《持续关注｜……》和《滚动更新｜……》共发布动态文图＋视频新闻100多条，全方位、多角度报道了全区上下众志成城、守望相助，经过全网转发及重点关注后，总阅读量破150万＋；原创视频《"激流勇进"情况缓解 奥林华府小区地库排水直击》《龙岗河水位下降 市民沿河出行仍需注意》等及时回应市民关注热点；多组海报产品传播便民信息和防灾知识，其中《海报｜致敬！暴雨中的"逆行者"》阅读量14万＋。二是各平台联动宣传，构筑舆论引导阵地。创新宣传载体和传播方式，利用"两微一端一抖"新媒体矩阵、广播、电视、报纸等多平台进行多端分发和传播，构筑起多形态、广覆盖的舆论引导阵地。深圳龙岗发布和掌上龙岗微信公众号、视频号、抖音号，龙岗融媒App等各新媒体平台三天共发布相关报道443篇，全网总阅读量8561.2万。龙岗频道和东部频道24小时不间断滚动播出暴雨预警信息，提醒市民注意防范。龙岗广播FM99.1及时播出暴雨提示及路面交通恢复等相关报道。

3. 创新形式，积极回应民生关切

一是视频直播凌晨直击现场。面对极端特大暴雨，记者迎难而上，于9月8日凌晨冒着风雨驾车出动，开展手机视频直播"直击龙岗应急现场"，重点对交通情况进行沉浸式直播，为市民呈现雨势趋小后龙岗中心城各主干道抢险、应急实况。直播从凌晨12点持续到凌晨3点，观看次数3.4万＋，点赞次数3万＋，评论数1396条。二是市民求助迅速予以救援。7日晚，市民林女士带着一岁孩子被困在万科广场，在掌上龙岗微信公众号留言求助，融媒记者多方联系，和社区工作人员一同前往救援，推出原创新闻短视频《深圳暴雨，一女士和一岁孩子被困商场，在掌上龙岗官微留言求助》，及时回应公众关切，体现了主流媒体的责任和担当。

4. 借势发力，提升龙岗正面形象

在上级部门的统筹指导和全体采编人员的努力下，"9·7深圳暴雨"新闻报道中，龙岗区融媒集团涌现出一批破圈产品，多条新闻素材被新闻联播及其他央视频道选用，信息发布的及时性、有效性等受到各级领导认可和市民网友点赞。一是央视多栏目关注。《新闻联播》《朝闻天下》《第一时间》《新闻直播间》等央视各频道分别汇编龙岗融媒多条暴雨报道素材，体现了龙岗区积极应对暴雨、党员干部冲锋在前的现场场景，其中，《新闻联播》汇编报道不同地区的雨情，特地点出了龙岗中心城区紧急救援的情况，彰显了"龙岗担当"和"龙岗作为"，展现了龙岗区的应急处置能力和城区治理水平。二是及时发布获得好评。滚动整合式推文信息发布的及时性、服务性等受到区主要领导和区分管领导的表扬和点赞；系列推文得到市区各部门及广大市民的好评。三是涌现一批爆款产品。微信公众号10万+推文达11篇，视频号总播放量达1100万+，抖音号总播放量达6500万+。其中，掌上龙岗视频号编辑结合热点创作的视频《深圳龙岗暴雨！外卖小哥坚持雨中送餐》播放量615万，创下单条播放量历史新高；掌上龙岗抖音号视频《深圳龙岗暴雨！外卖小哥坚持雨中送餐》播放量5000万+。

四、外宣传播强化本区域公众认同形成凝聚力向心力

龙岗区融媒集团为加强外宣工作，专门设立外宣办，全面树立高质量发展意识、科学谋划高质量发展目标，系统谋划外宣工作，努力做到"走出去，引进来"，坚持"主攻大平台、多上稿、上好稿"的原则，举全平台之力，真抓实干快干巧干，全力对外唱响龙岗好声音和龙岗融媒传播最强音。2022年上送央媒刊播50余条，创造历史最佳；2023年以来，上送央媒刊播逾50条。一是上接天线，借势借力传播龙岗好政策。龙岗区对央媒报道特别重视，区委宣传部与央视等媒体有着深度合作，龙岗区融媒集团凭借这个"上接天线"的便利积极参与对接，由外宣专员负责与央视相关人员联系，了解他们的报道安排和需求，组织采编中心记者具体落实，进行采访拍摄提供素材刊播。2023年8月，经与央视深圳站深度沟通，特派一名资深记者跟班学习，积极对接央视选题策划方向，结合龙岗区的基层实际工作，找企业找部门深入采访，全面展示龙岗区赋能产业高质量发展的生动实践。二是主动出击，凝心聚力报道龙岗好典型。龙岗区融媒集团积极发挥主观能动性，通过各种渠道与央媒建立联系，打通上送渠道对接做好服务，为在央媒主流媒体上讲述龙岗好典型方面发挥了积极作用。尤其是在主题宣传方面，2022年在抗疫这个大背景下，协调采编共同推出

多款爆款产品，受到央媒主动转发；2023年以来，围绕高质量发展，通过报道基层社区故事等展现龙岗党建引领赋能社区治理的生动实践。2022年一季度推出的《龙岗新娘穿着嫁衣测核酸，网友：全城祝福！》，全网阅读量达6000万+，得到了深圳市委常委、宣传部部长张玲和龙岗区委书记张礼卫等领导的多重点赞。《我叫中国人！》等"三部曲"连上央媒，全网阅读量上亿，成为了一次较为成功的现象级传播。2023年央视《焦点访谈》报道了龙岗区龙岭社区党委解决居民急难愁盼问题，播出时长达6分多钟，展现龙岗区坚持党建引领持续创新基层社会治理，形成了独具特色的基层社会治理"龙岭模式"。三是贴地飞行，动心动情报道龙岗好形象。龙岗区融媒集团可以说是"贴地飞行"最接地气的媒体，采编人员触角深入到街道及社区一线，新闻报道"脚沾泥土、身带露珠"，通过"正能量"产生"大流量"，受到央媒推送。2022年持续向央媒上送正能量"暖新闻"，新华社微博、央视新闻App等平台推送转发了《深圳女铁骑：你在水中跋涉的身影真美！》《有个孕妇在我车上快生了，我必须闯红灯》等新闻25条。2023年，《外卖小哥被压车底 众人抬车救出》《司机突发疾病 交警化身代驾送医》先后被新华社微博转发，并建立相关话题展开热议，被国内300多家媒体和机构微博转发，全网阅读量分别达到3000万+、3500万+。"抬车救人"一事还被第二十届关爱行动选为全市十大"感动瞬间"之一。

第四节　深圳市龙岗区融媒集团舆论引导面临的问题与困境

龙岗区融媒集团在内容生产传播、技术研发应用以及多元化经营方面仍面临一定困境，主要体现在：一是内容创新创优存在一定短板，在打造重量级奖项和标杆性精品上还需持续发力。团队在跨平台运营方面，尤其对于小红书、B站等年轻用户聚集的社会化平台经验积累不够，形成新媒体内容集群效应还需进一步提升。二是技术应用与自主研发能力有待提高。由于缺乏专业技术研发人才梯队，对于平台收集的用户数据未能进行系统分析、归纳、整理，目前难以实现深层次开发和应用，从而难以实现可持续的精准经营创收，匹配更多的商业场景，技术研发能力破题应是下一阶段着力发力点。三是平台资源亟待全面盘活，产业项目孵化尚不成熟。集团拥有广播电视报纸网络等各类传播资源，传播资源全链条整合需进一步优化。此外，客户服务系统化、中长远规划待深耕，新媒体爆款力作变现能力欠佳以及财政收缩对经营创收业务的直接冲击，都使得龙岗区融媒集团在深度融合阶段面临着愈发严峻的挑战。

第五节　提高融媒体中心舆论引导能力的路径与方法

一、以机制为保障，强化融媒传播效能

在媒体深度融合实践中，县区级融媒体中心要着力建设更高品质、更多主题、更多形式的内容生态体系，在推进内容生产与传播融合转型的过程中，实现主流价值在传播广度、深度和厚度上的全方位拓展与延伸。为进一步提升融媒体内容生产水平，弥补内容精品不足的短板，龙岗区融媒集团坚持以先进机制为保障，激发采编人员创新动力，挖掘内容生产创优潜能，不断强化融媒体传播的精品输出和效能效果。

具体路径上，要建立一体化统筹协调机制，聚合广播、电视、新媒体平台以及跨平台账号等全平台资源，同频共振、集中发力，持续打造新媒体精品爆款内容，以及时领先的发布时效、覆盖全网的传播矩阵、见解独到的锐评解读，放大融合传播的矩阵效应；优化内容评价机制，鼓励融媒体内容创新创优的同时，增加对流量变现能力的考核，进一步提升融媒体爆款产品的社会价值和商业价值；探索建立融媒体工作室孵化机制，为工作室提供经费支持、监测评估、资源对接、商业变现等服务，打造培育原创融媒体品牌；创新 UGC、PUGC 等内容生产机制，争取在用户内容聚合、社交化、互动化等业务上有所突破，引导用户参与内容共创共享，推动主流媒体话语走向年轻态、生动化表达；丰富"请进来""走出去"等用人机制，建立一支政治坚定、业务精湛、作风优良的融媒体复合型人才队伍，积极地、持续地、有力地创作出更多集聚温度、深度、厚度的精品内容，为内容供给侧改革筑牢根基。

二、以技术为先导，放大融媒资源优势

2019年1月，习近平在人民日报社主持中共中央政治局集体学习时指出，"探索将人工智能运用在新闻采集、生产、分发、接收、反馈中"。走向数字化、智能化成为当前县级融媒体的重要发展趋势，智能技术逐渐嵌入内容生产、传播分发、管理经营等全流程全链条，不断强化激发县区级融媒体中心作为新闻舆论战地、综合服务平台、社会信息枢纽的属性与功能。为更好地适应多元化发展需求，充分提高内容、传播、经营等各要素运转效率，龙岗区融媒集团将尽快解决技术应用和研发的短板，强化技术驱动，推动融媒智能化升级。

技术创新是媒体融合转型的底座，首先积极探索新技术、新应用、新业态、新模式赋能融媒体内容生产，持续推进播出频道4K改造，提升内容端智能化水平。其次要引入新技术强化融媒体客户端实用性，在凸显功能性基础上强化其美观性与交互性，优化用户使用体验，从而提高新闻舆论传播力、引导力、影响力、公信力，推动融媒体服务走向便捷化、人性化、个性化。第三，应尝试通过新技术手段，获取、分析、理解用户偏好，深挖用户价值，同时以客户数据分析为根本，提升对存量客户的管理维护，建立媒体与用户、客户之间的强关系链，推动媒体内容供给侧、经营侧、研发侧等多领域走向智能化。此外，在提升集团技术研发水平的同时，要加强与智能技术厂商合作，引入更多实用型智能业务功能，保证技术与信息的适配度与贴合度，进一步拓展融媒应用场景。

三、以创新为动力，升级融媒产业生态

龙岗区融媒集团将继续以多元化发展为方向，着力构建品牌产业链，打造优质产业集群，丰富融媒产业生态，加速产业升级变现，精准推进集团经营业务走向高质量发展。首先，针对产业项目产出，各经营部门结合街道、职能部门、各行各业的专有特性，自行组建多元化产品库，形成真正有效的项目产出机制，多形式商讨可以产业化或规模化的大项目，集团聚合优势力量加以推进，打造精准主打项目，形成突破效应。如教育事业部着力转变以刊物为主的单一经营结构，积极探索实现"融媒+教育+刊物+培训"的发展模式。其次，针

对产业项目运营，要始终以客户需求为导向，根据不同行业、不同组织定制项目解决方案。所有项目实行泛合作人制，由各经营部门定期收集经营人员的项目创意，梳理归纳后入库实施，全面挖掘经营创收需求点。项目运营过程中，可跨部门、跨平台成立项目虚拟团队，由贡献项目创意的经营人员担任负责人，团队组成人员由项目负责人自行协调配备。对在泛合作人制中表现突出的人员在年终考核提拔方面时予以加分奖励。另外，针对资本支撑方面，要创新媒体投融资政策，推进县级融媒体与区域产业的协同发展，以产品服务多元化、技术应用多元化、经营产业多元化助力媒体产业效能提升，增强自我造血机能，同时必须严格确保政府、媒体对内容生产与传播等核心业务的绝对主导权和控制权，严防非公有资本操控和影响舆论，避免多元化经营冲散县级融媒体中心作为基层主流媒体平台的专业性呈现。

四、以平台为支撑，赋能基层社会治理

当前，县区级融媒体中心以5G、大数据、云计算、人工智能等新技术推动媒体智能化转型，全方位打造数字化、精细化、开放化的智慧服务平台，融入数字乡村、智慧城市建设进程，推动成为基层治理现代化的核心支撑系统。龙岗区融媒集团在发力多元经营的同时，更注重对融媒体平台的智慧升级和功能拓展，探索"融媒+"赋能基层社会治理的新模式、新理念、新路径。一方面，要不断强化党媒属性，以内容传播为根本，创新主流话语表达方式，壮大基层主流舆论，凝聚基层社会共识，做好基层的信息传播者、舆论监督者、思想领航者，为基层社会治理和精神文明建设营造良好的舆论环境。另一方面，要立足经济社会发展全局，跳出媒体做融合。以数据要素为融媒体平台的底层支撑，强化跨界协同联动，建立融媒体中心与政府机构、企业、社会组织、用户之间的深度链接，转型成为当地的公共服务提供商、商务合作提供商、大数据服务提供商，聚拢区域数据资源实现共享、互动，为地区提供多元服务，为用户对接商务资源，为政府提供智库参考，推动地区治理体系和治理能力现代化。

第二十八章　四川省仪陇县融媒体中心舆论引导能力建设研究报告

田　越[①]

1936年（民国25年），仪陇县在金城镇金城公园建起"仪陇县广播收音站"；1950年4月21日成立了"仪陇县收音站"，站址设在县文化馆内；1951年6月更名为"仪陇县文化馆收音站"；1952年1月更名为"中共仪陇县委收音站"，移驻县委机关，收音人员列入县委编制。

1956年，成立"仪陇县广播站"，播音室和机房设在"万寿宫"戏楼；1969年4月改名为"仪陇县革命委员会毛泽东思想宣传站"；1972年8月恢复为"仪陇县广播站"；1973年更名为"仪陇县人民广播站"；1977年4月29日，仪陇县革委会21号文件批准成立"仪陇县广播事业管理局"，"仪陇县人民广播站"名称保留，一套班子，两块牌子，局站合一。

1983年12月改名为"仪陇县广播电视局"，简称"广电局"，与"广播站"合署办公；1988年9月15日，成立"仪陇有线电视台"，局台站合一；1994年4月9日，成立"仪陇县人民广播电台"，广播电台、有线电视台不使用正式台标，不挂牌，不启用印章，"两台"为全民事业单位，由县广电局全面负责管理。

1997年机构改革中，仪陇县广播电视局定为行政序列局，内设人秘、社会管理、宣传3个职能股；2001年12月县党政机关改革，保留仪陇县广播电视局，职能不变，内设人秘股和社会管理股；2003年，仪陇县广播电台、仪陇县有线电视台设置总编室、新闻部、专题文艺部、播出部等4个中层机构。

2012年10月24日，仪陇县广播电视台正式挂牌成立，仪陇新闻网改版上线，局、台、网（广电网络公司）正式分离。2019年12月31日，仪陇县融媒

[①] 田越，四川省仪陇县融媒体中心主任。

体中心正式挂牌，保留仪陇县广播电视台牌子。2023年2月28日，加挂仪陇县互联网信息中心牌子。

第一节　仪陇县融媒体中心基本情况

一、目标理念

2016年2月19日，习近平总书记在党的新闻舆论工作座谈会上提出了"新闻舆论48字方针"，强调党和政府主办的媒体是党和政府的宣传阵地，必须姓党。2018年8月21日，习近平总书记在全国宣传思想工作会议上指出，新形势下宣传思想工作的使命任务是：举旗帜、聚民心、育新人、兴文化、展形象，提出要扎实抓好县级融媒体中心建设，更好引导群众、服务群众，从国家战略层面提出了县级融媒体建设的发展方向。2019年，中办、国办又明确了县级融媒体中心的"三大定位"——主流舆论阵地、综合服务平台、社区信息枢纽。为此，仪陇县融媒体中心确立了"两满意"——让党委政府满意、让人民群众满意；"两提高"——提高仪陇融媒影响力、公信力，提高干部职工幸福感、归属感；建设全省一流县级融媒体中心的工作目标。

二、平台建设

仪陇县融媒体中心整合仪陇县广播电视台、仪陇新闻网和县委报道组等职能，是县委直属正科级事业单位，挂仪陇县广播电视台、仪陇县互联网信息中心牌子，归口县委宣传部领导和管理，内设办公室（党建办）、总编室（指挥调度中心）、采访部、编辑部、播发部、影视文艺部、工程技术部、财务部、经营部等9个部室和1个下属国有企业（四川龙翔文化旅游开发有限公司）。

中心现有职工98人，其中在编职工43人，人事部门认可的编外用工25人，自主招聘用工30人。配备了主任、总编辑正科级干部2名，副主任、副总编辑、总工程师和工会主席副科级干部4名。人才队伍呈现年龄结构年轻化、学历结构知识化、专业结构高端化等特点，35岁以下青年干部62人，占比63%；本科学历人员 72 人，占比 73%；中高级职称人才 15 人，占比 15%。

中心拥有"两台一网一报、两微一端一播"（新闻综合 YLTV、FM98.7、仪陇新闻网、仪陇手机报；微信众号、微博、智慧仪陇 App、应急广播）8 个融媒传播平台，并入驻了央视频、学习强国、今日头条、抖音、快手等众多第三方平台，全媒体传播矩阵已初步建成。目前，全平台注册总用户超 180 万，后台总访问量超 50 亿次。

三、职能职责

（1）贯彻落实党的新闻宣传方针政策，宣传党的理论、路线和国家的有关法律法规，为全县经济社会发展提供舆论支持。

（2）围绕县委、县政府中心工作，积极开展内外宣传，传递本地权威政经资讯，对中央和省、市媒体形成有益补充。

（3）利用互联网前沿技术，推动传统媒体与新兴媒体融合发展。

（4）对接县级各类服务平台，创新基层社区化沟通服务模式，负责开拓互联网综合信息服务功能。

（5）负责本地信息监看监测，分级预警，通过线下线上结合，积极稳妥有效处置应对。

（6）负责农村广播、城市公园广播、无线数字地面基站和应急广播平台的建设与管理，负责相关节目内容的生产和播发。

（7）负责职责范围内的安全生产、职业健康、应急管理和生态环境保护工作。

（8）履行法律、法规、规章规定的其他职责，完成县委和县政府交办的其他任务。

第二节　仪陇县融媒体中心发展亮点

一、体制机制方面

1. 在政策扶持上实行一体化保障

为保障长远、有序和健康发展，仪陇对县融媒体中心的用工制度、工资分配方案、财政投入方式进行了明确。一是用工制度。实行编内工和编外工相结合，根据岗位设置实行双向选择、全员竞争上岗。二是工资分配。按照"按劳分配，多劳多得"的原则考核发放。三是财政投入。按照"财政定额补助、收入打捆使用、大型设备一事一议，确保正常运转"的总体思路运行。此外，鼓励融媒体中心采取公开竞争的方式，积极参与智慧政务、智慧城市、智慧旅游等建设项目和庆典、会展等文化经济活动，并将全县单立柱、LED显示屏、公交站台和街道路牌广告等户外广告平台资源统一交融媒体中心管理使用，增加造血功能。

2. 在绩效管理上实行分众化考核

仪陇县融媒体中心每月对领导班子、班子成员、各部室、中层干部、全体职工等五个层面进行综合测评和绩效考核，最大限度地激励和调动干部职工的工作积极性、主动性。对一线采、编、播工作人员实行稿分制考核量化，成立了节目评审组，对自制节目进行评审，对每条新闻和每期专题节目的主题、画面、文稿、播音、制作等进行质量量化评定，再由编委会值班主任、副主任进行综合评定，最后由总编室统计公示。对非一线宣传工作岗位按照工作性质、责任轻重、难易程度和所需资格条件等按A、B、C、D四个等级进行定等，进行相应绩效考核，全中心上下从工作出勤、目标任务、工作绩效等方面实行了全员量化、分岗定酬、动态考核，形成了用制度管人管事管过程、用绩效评待遇的良好管理机制。

3. 在对外宣传上实行专项化激励

为健全全媒体人才的激励机制，充分激发人才队伍的活力和创造力，实现人尽其才、才尽其用、用当其时。仪陇县融媒体中心在外宣管理考核中，针对部门的职能职责，分类确定了月度外宣任务，由部门负责人具体负责，分管领导对部门进行指导、策划、协调和督促，随时调整外宣工作思路。明确一线采编人员每月外宣任务，做到精心策划，用心采访，及时沟通，及时向中、省媒体上传稿件。同时设立专项基金用于外宣产品、创优作品、优秀节目绩效考核。

二、内容生产方面

1. 组建专门机构，精心策划选题

中心组建了以总编辑为主任、副总编辑为副主任的宣传工作编辑委员会

（编委会），专门负责全中心的宣传策划管理，并由一名专职编委负责外宣和创优工作。编委会定期召开宣传策划会，分析工作得失，研判报道方向，策划重点内容，组织对全县重点工程、重大项目、重要活动的宣传报道，分配各类专题片、汇报片、宣传片的摄制任务。编委会下设外宣报道组，由全中心骨干记者、编导、主持人组成，承担重大外宣任务，对接上级广播电视行业部门和中省市媒体的用稿要求，积极组织稿件，及时上报。

2. 再造采编流程，实行梯度报道

对采编组织架构、产品制作流程、组织指挥体系进行全方位改造，实现"一次采集、N次加工、梯次生成、多元发布"。打破部门界限，将技术与内容、文字与图片视频、PC端与移动端融为一体，按照产品属性梯次排列。一是抓住新闻的"时效性"，采访记者通过"图片＋简短文字"的形式在新媒体进行第一次快捷推送；二是抓住新闻的"视听感"，采编人员对素材进行编辑，通过电视和电台第二次日常宣传；三是抓住新闻的"传播面"，后期再次对稿件进行挖掘、创作、提炼，进行第三次深度报道，实现从可读到可视、从静态到动态、从单一媒体到多媒体的多元传播。

3. 扩大优质产能，提升传播效果

成立"景瑞军工作室"和"精品工作室"，密切关注中央的决策部署，研读中省市最新出台的各项政策文件，强调决策部署、政策文件在仪陇落实落地情况，选取相关亮点工作，总结好经验好成果，策划制作专题片、汇报片、宣传片，并上报中省市主流媒体平台。策划推出的短视频《老乡有点忙》，荣获2022年四川、云南、广西三省区联合举办的广播电视公益广告大赛视频类二等扶持作品奖，获扶持资金1万元；《鸭蛋变金蛋》入选2022年度广播电视优秀主题作品，获扶持资金3万元；另有《千亩荒山变果园"十里"果香》等20余个优秀作品在中省市主流媒体获奖。

三、经营管理方面

2013年1月成立了仪陇县龙翔广播电视文化传媒有限公司，主要从事电视电台广告、影视摄制、婚庆服务。随着经营管理水平和软硬件设施设备的不断提升，同时结合业务发展及企业升级转型需要，2019年9月更名为四川龙翔文化旅游开发有限公司，公司下设办公室、业务部、制作部、活动部4个部室，现有职工55人，其中大学本科学历占比约为50%，是一个专业化程度较高的本土文化类企业。

四川龙翔文化旅游开发有限公司与仪陇县融媒体中心经营部按照"两块牌子一套人马"的方式合并管理运行，统一经营传统广告、大型活动、联办节目、庆典展会等项目，重点培养了形象包装设计、政务服务商务、媒体运营管理三大精英团队，积极参与并承办各级各类活动。

近年来，成功举办了"集体婚礼""房交会""小记者夏令营""少儿才艺大赛""诗词大赛"等丰富多彩的活动。先后与县级各部门、企事业单位联合开办了《巴蜀故事》《健康仪陇》《科普天地》《仪陇关注》等一大批群众喜闻乐见的栏目。重点利用人才俱乐部和视频摄制组的专业优势，拍摄了微电影、脱贫攻坚迎国检、省检及创天府旅游名县等大型宣传片、汇报片，联合县检察院拍摄的预防青少年犯罪公益广告片获得了国家级二等奖。

四、人才激励方面

1. 成立人才俱乐部汇精英

打通中心内部的部门界限，打破不同单位的门槛界限，把融媒体中心的骨干记者、领军人才、帅乡英才、拔尖人才、引进人才组织起来，成立了仪陇县融媒体中心人才俱乐部。与县委组织部协作，吸纳全县各部门的优秀人才加入俱乐部，放手让他们开展学习培训、交流联谊活动，成功举办南充市高端人才联谊会。营造出尊重人才、关爱人才的良好环境，为引进人才搭起了"桥"、让优秀人才找到了"家"。

2. 内请外派强化业务培训

自2013年以来，仪陇县融媒体中心先后选派骨干记者、后期制作、播音主持等30余人次到四川电视台、南充电视台挂职锻炼，每年从人才俱乐部和业务骨干中选派50多人次参加省内外业务培训；邀请中央电视台高级采编、传媒大学教授、媒体知名记者、理论学术权威等到单位授课，把宣传队伍锻造成策划能手、外宣高手、编导强手、网络"枪手"；分别与四川师范大学、西华师范大学、四川传媒学院等高校建立人才培训、实习基地等战略合作关系，利用双休日、节假日到高校进修培训；定期举办现场练兵、业务讲座、作品评析、交流采风等专业活动，打造一支政治坚定、本领过硬、业务精良、业绩突出的精英人才队伍。

3.梯次吸纳人才防止断层

自2014年以来，我中心得到县委的大力支持，解绑了单位人员使用、绩效分配、财政投入三大机制，确定了"专业化运作，差异化培养，复合型发展"的人才培养思路，给予了选人用人自主权。我中心每年都要从全国高校招聘优秀毕业生、选用优秀实习生10余人，试用后择优录用，签订用工合同。同时，通过人事部门招录优秀人才，保证了单位人才年龄不断层、岗位不断档、业务不断链，新人不断成长为骨干，骨干不断成长为英才。

五、媒体技术方面

2017年，仪陇县广播电视台在全市率先同省外技术公司合作，开发搭建"仪陇手机台"App，发布本土各类信息、提供各类咨询服务。2019年12月，仪陇县融媒体中心挂牌成立，"仪陇手机台"App更名为"智慧仪陇"App，并开发部分商务服务功能。2021年，仪陇县融媒体中心整合"广播、电视、报纸、网站、客户端、微博微信"等现有平台，自主投资开发"智慧仪陇"融媒体平台，打造实现"平台搭建自主化、内容生产社会化、服务对象精准化、网络治理联动化、自身建设科学化"的网上综合服务平台。2021年7月，"智慧仪陇"融媒体平台正式上线，建立一站式"新闻+政务服务商务"传播体系，实现多端同步、互融互通、自动收录，为县内1100多家行政机关、企事业单位、商家、社会团体提供精准个性化信息服务。截止目前，"智慧仪陇"平台注册用户超82万、总访问量超50亿、App下载量超60万，已成为本土最大流量平台、新闻资讯平台、舆情蓄水平台、官方辟谣平台、智慧赋能平台和社会交友平台。

六、政务服务方面

1.搭建安全自主服务平台

一是技术有优势。培养自己的技术团队，平台所有后台管理、程序开发、系统升级、信息编审均自主开发，杜绝出现"卡脖子"现象。二是数据很安全。平台核心技术牢牢掌握在自己手中，实现平台自主化、移动化、多元化，所有源代码和数据存储在自己的服务器上，数据安全可管可控。三是平台全融合。

打通平台之间的数据接口，通过一站式"新闻+政务服务商务"方案，让各类咨询在"TV+PC+App+H5+小程序"多端同步，并自动同步收录到今日头条、百度等入驻平台。

2. 引导群众参与社会治理

开通"仪陇号"，实现类似头条号、公众号、抖音号功能，全县所有党委部门、政府机构、企事业单位、民间组织、社会团体均已入驻；发展1300余名全媒体通讯员入驻平台，融媒平台社会生产月均达2000余条。专业力量打造精品，社会力量自主生产，打造了一个活跃、高效、快速、优质的内容生态。2022年，在"7·10"仪陇暴雨来袭时，全县通讯员队伍第一时间拍摄并上传灾情视频资料，央视多个频道在一天内进行7次报道，其中6次报道来源于由通讯员提供的素材。

3. 提供丰富多样政务服务

"智慧仪陇"融媒体平台可实现医院挂号、话费充值、电影购票、违章查询、水电缴费、相亲交友、租房售房、消费黄页和线上支付等功能，为群众提供便捷化、多样化服务；设置多元数据接口，接入应急广播系统、智慧城乡治理中心应急综合调度系统、水务局山洪灾害预警系统等信息系统；整合城乡网格、交通道路、重点监测、应急救援等实时数据，实现跨地区、跨部门、跨行业远程统一协调机制，全媒体平台发布农村医保缴纳、农业农技知识、农业灾害防治、森林防火、灾害预警、地灾防控、抢险避险等信息。

七、民生服务方面

1. "媒体+资讯"信息服务快捷

不断打造优质的原创内容，7×24小时全天候更新内容，用速度抢占先机，用高质量留住用户，县域内重大突发事件8分钟之内必须发布，传统媒体的信息智慧仪陇App先发，实现"两台一网一报、两微一端一播"八大宣传平台深度融合互通。今年以来发布各类资讯1.6万条次，超8000条内容点击量过万。

2. "媒体+便民"生活服务全面

智慧仪陇App接入便民服务20余种，打通了水、电、气、交通、气象等与群众生活息息相关的生活便民信息发布、推送，受众可以通过手机看电视、听广播、逛论坛，还可以进行路况查询、违章查询、快递查询等，集"媒体+便民"的模式，深受群众的关注和好评。

3. "媒体+问政"民生服务可信

把智慧仪陇App打造为本地网络"蓄水池",将电视《民生视界》、电台《阳光问政》和《仪陇生活帮》等栏目有机融合,在智慧仪陇App开设了《掌上问政》专区专栏,搭建了一个移动端媒体监督平台,督促各相关部门为百姓解难题、办实事,引导群众通过网络渠道反映诉求、建言献策、互动交流,群众诉求都能及时得到回复。

第三节 仪陇县融媒体中心舆论引导实证研究

一、解读党的理论路线方针政策及上级各级党委政府精神

近年来,仪陇县融媒体中心充分发挥主流媒体作用,注重统筹策划、加强执行跟踪,着力在典型报道、深度报道、重点报道上发力,全方位、多形式、深层次,宣传报道全县党员干部群众学习宣传贯彻党的理论路线方针政策及各级党委政府精神的生动实践和创新举措,采取群众喜闻乐见的方式,真正把宣传报道做活、做深、做透、做出彩。

如在2021年度的"党史学习教育"主题教育活动中,研究制定了《仪陇县融媒体中心党史学习教育宣传报道方案》,宣传开展党史学习教育的重大意义、目标原则、学习重点、重要活动、经验做法和党史学习教育中涌现出的先进典型、感人故事等。通过《仪陇新闻》刊播了党史学习教育相关稿件70余条。于4月1日在仪陇新闻网和智慧仪陇App开设了"仪陇党史学习教育"专栏,该专栏共包含五大版块,分别为"重要精神""理论阐释""学习动态""基层实践""红色仪陇",同时根据工作开展需要,在仪陇新闻网的"仪陇党史学习教育"专栏增设了"光辉历程"和"党史书架"板块,累计刊发党史学习教育相关稿件近500条次。以"张思德:为人民服务的模范战士"等为题的7条党史学习教育相关稿件在中央电视台刊发。以"祭英烈 铭党史——到英烈故里 聆听他们的故事"等为题的27条党史学习教育相关稿件在四川电视台刊发。以"朱德同志故居纪念馆:传承红色文化 党史教育正当时"等为题的42条党史学习教育相关稿件在南充电视台刊发。

二、讲本地老百姓生产生活故事

以"倾听民声、反映民情、维护民利"为主题，开设了《阳光问政》栏目。围绕"10件大事"、乡村振兴、便民利民等突出问题，采取电视、广播、网络直播形式问作风、问效能、问管理、问服务，把问题摆在台面上，让干部红红脸、出出汗，推动解决实际问题。

如2022年《阳光问政》围绕"政务公开""聚焦干部作风""村务服务村务公开""解决民生诉求""民工讨薪及土地挂钩""占道经营、农村用电安全及养老院围墙破损""医保、社保、就业"等主题，共呈现出7期可圈可点的节目内容，后期回访事件处理率达100%。构建起了全覆盖问题收集网络体系，共收集、解决问题300余个。每一期节目都始终坚守用事实作为依据，到实地调查的方式，将人民的利益放在首位，如嘉欣路五福超市门前人行道上存在机动车行驶问题；汉巴南铁路沿线征地拆迁标准的问题；高速公路规划、国省干线规划、农村公路规划问题；群众要求水务公司公开水质报告的问题；群众对低保政策等相关惠民政策不清楚的问题等，节目播出反响良好。

三、重大危机事件干预

在"智慧仪陇"融媒体平台开通了"社区""圈子""爆料"等板块，打造成为群众有话可说、有话想说、有话愿说的一线阵地。通过纪委监委、网信办等相关职能部门协调联动，加大对本地信息监看监测，建立负面舆情分级预警机制，采取清单式处理，第一时间把信息传递到有关单位。发挥全民通讯员、应急广播群、网络大V、意见领袖等作用，广泛收集社会各层面意见建议，准确识别源头，加强研判分析，快速冷却舆情。

如2023年5月18日，县综合行政执法局在南充市公共资源交易网仪陇分网发布《仪陇县城区停车泊位特许经营权拍卖公告》。5月22日15时34分，微信公众号——仪陇房产网发布《仪陇县城区停车泊位特许经营权拍卖公告》。公告称，"为改善仪陇县静态交通环境秩序，遏制城区停车乱象，提高城区停车位资源利用率，规范城区机动车停放管理工作，根据《基础设施和公用事业特许经营管理办法》（国家发改委第 25 号令）经仪陇县人民政府批准，仪陇县综合行政执法局拟对县城辖区内停车泊位特许经营权进行公开拍卖"。截至 5 月 26 日 10 时，相关事件信息共计 462 条（含转发），分布在客户端 300 条、微博 71 条、视频 62 条、微信 19 条、网站 7 条、论坛 3 条。红星新闻、成都商报、澎湃号等主流媒体以《起拍价 2.12 亿元！四川仪陇将拍卖县城 9963 个停车位 25 年特许经营权》为题参与相关报道。网民主要观点：①吐槽公共资源成为企业敛财工具；②称拍卖车位映射出地方财政危机；③呼吁向淄博学习免费停车，营造良好营商环境；④调侃"红绿灯""斑马线""违章摄像头"等也可拍卖。舆情发生后，我们第一时间成立舆情专项应对工作组，召开专题舆情会商研判会，任务精准到点，责任落实到人。采用"2+N"值班新模式，加大网络舆情监测力度，借助第三方舆情服务机构提供舆情技术支撑，加密关注相关舆情的媒体动向和评论风向。同时，组织网评力量进行正面评论，抢占第一落点，冲刷负面言论热度，对网民发布的谣言进行举报处理，把该说的说到位，让该热的热起来，该冷的冷下去，达到了"春风化雨、润物无声"的效果。

四、外宣传播强化本区域公众认同形成凝聚力向心力

瞄准主攻方向，紧盯宣传高地，链接舆论前沿，挖掘仪陇故事，打造精品力作，坚持融媒体发展理念，加强与上级主流媒体沟通衔接，聚焦中省市县重大会议、重要活动、重点工作和社会热点，积极开展重大主题宣传。

2022 年度在央视上稿 28 条（其中《新闻联播》4 条），央广网上稿 16 条、央视网上稿 18 条、央视频上稿 34 条；四川电视台上稿 166 条；南充电视台上稿 228 条，外宣总条数在南充市九县（市区）中连续位列第一。2022 年度各新媒体平台（学习强国、微信公众号、微信视频号、抖音、快手、今日头条、南充见、121 平台）共发布新闻资讯 1 万余条。抖音平台粉丝近 50 万，全年播放量过五千万的 1 条，过千万的 4 条，五百万级 8 条，百万级 100 余条。

第四节　融媒体中心舆论引导面临的问题与困境

一、专业技术人员缺乏

虽然近两年引进了一批专业人才，但整体来看，现有干部职工在文化层次、专业能力、知识水平等方面依然参差不齐，特殊岗位的优秀技术人才招引难、留住难的问题没有得到根本解决。

二、硬件建设投入不足

建设运行经费主要由财政保障，功能用房建设标准不高、设施设备老旧过时等问题较为突出，难以跟上现阶段融媒体快速发展趋势，与主流媒体平台硬件配备要求相比存在较大差距。

三、信息资源整合困难

以"网络舆情监控"为主的基本业务模块需要大量的数据支撑，上述数据资源包括但不限于其他职能部门相对封闭的各种宣传平台，实现数据互通、资源共享存在较大难度。

第五节　提高融媒体中心舆论引导能力的路径与方法

一、抓理论创新，促思想铸魂，提升政治修养和业务素养

一是理论学习常态化。深入学习党的二十大精神，持续推进理论学习制度化、规范化，让读原文、学原著、悟原理形成常态，着力推动学习由"广"向"深"转变，深刻领会精神实质、核心要义、实践要求，真正做到学思践悟，学懂弄通，

以学促知，以知促行，不断增强政治敏锐性和政治鉴别力。二是理论素养系统化。系统学习习近平总书记关于新闻宣传、意识形态、党风廉政等方面的重要论述，学习习近平总书记在全国各地视察的重要指示精神及中央和省、市、县有关会议和文件精神，掌握新观点、新论断、新思想、新战略、新要求，做政治上的明白人、纪律上的清醒人、作风上的实在人。三是理论水平专业化。在创新学习方式上下功夫，通过线上学习和线下学习相结合、个人自学和集中研学相结合的形式开展学习教育，用科学理论武装头脑，提升理论专业水平，真正做开口能讲、提笔能写、问策能答、遇事能断的"四能"干部。

二、抓内容策划，促精品生产，提升内宣质量和外宣质效

一是策划要精细。坚持团结鼓劲、正面宣传为主，精心策划主题宣传、形势宣传、政策宣传、成就宣传、典型宣传，着力改善社会心理预期，提振发展信心；根据中省市县党委宣传部的安排，持续开展各类主题采访活动，明确工作重点和着力点，扎扎实实推进各方面工作；围绕制造强县、共同富裕、基层治理、县域经济等主题持续开展蹲点采访，反映热火朝天、干事创业的场景。二是产品要精致。大力实施精品创作工程，坚持精益求精、优中选优，用项目化、系统化方式推进创作生产，努力推出一批思想精深、艺术精湛、制作精良的作品；大力推进党委政府"头条工程"，平实务实、精准精确、高质高效，把党的二十大精神宣传引向深入，为全面建设社会主义现代化国家开好局起好步提供强大舆论支持；积极参加中广联、省广播电视学会及融媒体专委会组织的比赛（评选）活动，冲刺项目奖项、争取资金扶持。三是传播要精准。坚持把创新发展理念贯穿到新闻工作的各方面，充分发挥中心平台全方位、多层次、多声部的精准宣传矩阵作用，把握舆论引导的时度效，站在群众的立场，不讲空话套话，不讲过头话，坚决杜绝"低级红""高级黑"，时时处处维护仪陇对外良好形象。

三、抓系统思维，促平台优化，提升办事能力和服务水平

一是狠抓媒体深度融合。推动传播方式、舆论格局、形态发展深刻变革，主动拥抱技术，科学运用技术，多层次培育"源媒体"账号，增加用户数量，

拓展平台影响，刷新爆款IP符号，采取"原创稿件+外宣源头+下宣推送"手段，打造中省媒体积极传播、市民网友主动分享的"源媒体"产品。二是深化两个中心融合。强化"大宣传"理念，树立"一盘棋"思想，推进县级融媒体中心与新时代文明实践中心融合发展，通过平台、队伍、信息、机制、功能融合，进一步盘活资源、优化配置、激发活力。坚持互联网思维，立足基层实际，创新管理体制机制，着力打造成为全省一流的基层舆论阵地、综合服务平台、社区信息枢纽、精神文化家园。三是推进数字工程融合。积极对接全省文化数字化重点工作，力争在加强全媒体传播体系建设上，谋划一批适合县级融媒体发展的大数据、5G、云计算、人工智能、区块链、超高清等新技术运用的项目；大力推进全链条、全方位、全领域创新，打造充满创新、浑身创意、满目希望的新媒体新平台，充分发挥全屏传播联盟作用，奋力实现"满屏皆精品"的大好局面。

四、抓队伍建设，促人才培养，提升创新活力和内在潜力

一是旗帜鲜明讲政治。新闻宣传工作是政治工作，必须把党的政治建设摆在第一位，把讲政治作为第一要求，把忠诚可靠作为第一标准；始终坚持党管宣传、党管意识形态、党管媒体的原则，把牢正确的政治方向、舆论导向、价值取向；严明政治纪律和政治规矩，严明党的宣传纪律，严肃党内政治生活，建立健全党的各项制度，抓好干部队伍管理与监督。二是孜孜以求练本领。主动适应媒体格局、舆论生态、传播形态深刻变局，勇于在常规中寻求新的突破点，推动内容、形式、方法、手段等全方位创新。认真落实干部队伍培训计划，大兴学习之风、开展"四力"提升、举办业务培训，着力把学习与实践结合起来，把强队伍与强工作结合起来，不断提升干部个人能力与履职本领。三是持之以恒强队伍。抓好主责主业，把好责任关、守好责任田，真正做到政治过硬、本领高强、求实创新、能打胜仗。强化人才培育，持续做好重大人才工程的遴选推荐工作，加大青年后备干部人才和融合跨界人才培养力度，推动人才队伍不断壮大、素质不断提升、结构不断优化。大力弘扬敢于担当、勇于负责、苦干实干的作风，不折不扣落实安排的每一项工作任务，让组织放心、群众满意。

五、抓经营管理，促事业发展，提升运营水平和造血功能

一是强化"全中心一盘棋"。经营创收是事关全中心的发展，建立"全中心经营工作一盘棋"的机制，营造"全体经营人拧成一股绳"的氛围。结合重要节点，开发持续性创收项目，开展各类线上线下活动，通过活动发掘市场、培育市场、抢占市场，从而扩大平台影响力；持续发展VR、AR、MR等技术，尽快实现流量变现。二是深化"大屏小屏联动"。电视大屏有着最强大的爆发力，移动端小屏则更为精准和灵活，大小屏优势互补，联动融合传播，能激发出更大能量。升级"融媒体传播服务方案"，整合电视、广播、新媒体资源，为客户提供媒体传播的一站式解决方案，才能得到企业客户的高度认可。三是拓展"向用户要效益"。在互联网时代，一切读者、观众、听众、网友，都是用户，立足用户需求、用户思维、用户习惯融合服务功能，逐步扩大服务功能的数量和种类，在为群众提供优质服务的同时，增强融媒体平台的用户黏性，提高受众数量，实现经济效益和社会效益的最大化。

第二十九章　甘肃省兰州市城关区融媒体中心舆论引导能力建设研究报告

付芃瑞[①]

城关区认真贯彻落实中央、省、市关于加强县级融媒体中心建设的工作要求，将建设融媒体中心作为壮大主流舆论的重要突破口，牢固树立党媒阵地意识，积极探索多元发展之路，努力构建"集约发展、移动优先，立体多样、融合高效"的现代传播体系，不断提升新闻舆论传播力、引导力、影响力、公信力。

第一节　兰州市城关区融媒体中心基本情况

为认真贯彻落实中央和省市委关于加强县级融媒体中心建设的部署要求，加快推进城关区融媒体中心建设进程，城关区第一时间成立由区委区政府主要领导任组长，区委区政府分管领导任副组长，区委办、区政府办、区委宣传部、区发改局、区财政局等10个单位为成员的区融媒体中心建设领导小组，具体负责统筹协调中心阵地建设、设备购置、技术平台、人才招聘、资金争取等重大事项。区委区政府主要领导多次召开专题会议，研究安排区融媒体中心建设工作，明确要求将推动媒体深度融合发展工作纳入意识形态工作责任制考核的重要内容，保障了中心工作有序推进。

2019年3月26日，经区委机构编制委员会审核、区机构改革领导小组审议，报区委区政府批准，城关区融媒体中心正式成立。

[①] 付芃瑞，甘肃省兰州市城关区融媒体中心主任。

一、阵地建设情况

城关区融媒体中心为区政府直属正科级事业单位,业务归口区委宣传部管理,现有员工30人,其中在编人员11人、临聘人员19人。

中心内设办公室、财务室、总编室、采编组、运维技术室、新媒体室和网络直播等7个部门,设置有融媒体指挥大厅、新闻采编大厅、节目录播大厅、网络直播室、舆情监测中心等专业功能阵地,配备超高清非编系统、非线性音频工作站系统、导播切换全能机等高端技术设备。

二、平台建设情况

目前,我中心目前运营管理的客户端、网站和新媒体平台共有16个,具体包括:2个自持平台(观金城App、城关区政府门户网站);2个微信公众号(城关发布、城关区融媒体中心);1个官方微博(城关发布);1个今日头条号(城关发布);3个官方视频号(微信视频号"城关发布"、抖音号"城关发布"、快手号"今城观");4个中央级新媒体平台号(新华社、新华网、人民号、学习强国);2个省级新媒体平台号(新甘肃、视听甘肃)、1个市级新媒体平台号(小兰帮办)等。

三、职能职责

(1)负责城关区媒体宣传报道工作,贯彻落实党的新闻宣传方针政策,宣传党的理论、路线和方针政策,把握新闻基调,为全区经济社会发展提供舆论支持。围绕区委、区政府中心工作,积极开展媒体宣传,落实城关区新闻报道计划,及时发布城关相关宣传信息。

(2)负责整合城关属地报纸(内部资料性出版物)、广播电视台、党委报道组、新闻中心、政府发布及政府部门、乡镇街道的政务信息网站、"两微一端"等平台资源推进区内各类媒体平台建设。

(3)负责协调沟通相关媒体平台,开展城关区对外媒体宣传、交流。积极宣传城关区政治、经济、社会发展等方面的典型事例。利用融媒体平台,传播社会正能量,占据本地新闻舆论制高点,推进新型主流媒体建设进程。负责城关区媒体业务管理和对外通联工作，抓好全区媒体宣传阵地。协助配合上级媒体和新闻单位来区采访及其他工作，维护区内舆论安全。负责跟踪、收集、整理各媒体平台、门户网站涉及城关区的相关资讯及舆论信息，及时向区委宣传部反馈舆情。

（4）负责城关区内各类媒体平台监督管理及维护的技术辅助和支持保障。打造融媒体矩阵，利用好融媒体平台。

（5）负责城关区委区政府各类数字化宣传资料的制作及对外广告宣传。

（6）负责城关区人民政府网站中的新闻宣传、《城关要闻》的宣传、"专题专栏"的申请、"通知公告"审核发布和网站维护工作。

（7）完成城关区委、区政府和上级业务主管部门交办的其他任务。

第二节　兰州市城关区融媒体中心发展亮点

一、体制机制方面

一是优化内设机构建设。中心在融合多家媒体职能的基础上，进一步推进内设机构及职能再融合，将内设机构优化为7个（办公室、财务室、总编室、采编组、运维技术室、新媒体室、网络直播）；二是整合传播资源。中心以互联网思维优化资源配置，把更多优质内容、先进技术、专业人才向主阵地汇集、向移动端（"观金城"App）倾斜，同步整合区政府门户网站、城关发布"两微两号"（微信公众号、微博账号、头条号、抖音号）及街道部门新媒体等资源，形成了"融媒体统筹、新媒体首发、全媒体跟进"的运行模式；三是实现矩阵传播。初步构建了统一发声的新媒体集群和融合媒体传播矩阵，实现全区资讯的手机实时体验、微博微信发布、线上线下互动的移动融合传播格局，有效降低了中心各平台间运营的沟通协调成本，提升了采编播发的生产效率。

二、内容生产方面

一是着力打造"观金城"App。按照中央和省委关于县级融媒体中心"一县（区）一端"的建设要求，中心依托甘肃新媒体集团，研发建设集新闻、政务、服务于一体的"观金城"移动客户端，于2021年4月上线试运营，2022年4月改版正式投入运营。目前已开设"资讯城关""印象城关"等精彩栏目和"微党课""有声图书馆"等特色版块，设置"喜迎二十大""小巷总理说"等一批专题专栏，自2023年截至目前，已累计刊发信息7192条；围绕我区打造"七个新城关"工作，开设《城关一周要闻》《融媒记者跑城关》等专栏近50期；《小巷总理说》邀请全区各个社区（村）书记，讲述社区发展故事，目前已制作推出15个街道、44个社区；与区市场监管局合作推出《你点我查》专题专栏16期，对全区重点餐饮场所、生产经营单位等进行突击检查，促进行业自律，引导全民监督；推出"直击2023年高考""我在城关看'兰马'"等直播，实现主题直播报道的新媒体突破和创新性表达；全区25个街道、18个部门已入驻客户端，展示基层工作风采，第一时间发布政策动态、资讯解读等权威声音。二是媒体传播力不断提升。其一是对外宣传效果显著。截至目前，"观金城"客户端下载推广量近27万人，"城关发布"微信公众号累计粉丝量近10万人，"城关发布"微博累计粉丝量34.6万人，抖音累计粉丝量16.6万人，快手累计粉丝量10.5万人。各平台日均共计发稿300条以上，其中原创稿件近百条。2022年度中央重点新媒体报道甘肃情况报告中，城关区报道数量达3000条以上，位居全省第一。其二是媒体融合方面取得显著成绩，走在了全市、全省的前列。2023年，省委宣传部通过对全省86个县区客户端、微信发布、抖音、头条号、微博、快手等平台的发稿、阅读、粉丝、原创、互动等数据的采集和统计，发布了第一季度全省县级融媒体中心传播力总榜单，城关区融媒体中心位列全省86县区第17名，位居全市8个县区第一名，全区融媒体新闻宣传传播力、引导力、影响力得到有效提升；在新华社新闻信息中心、新华社县级融媒体研究中心联合发布的《全国县融中心2022年第四季度优秀案例和新媒体平台优秀作品》中，兰州市城关区融媒体中心作品荣获"全国县融中心抖音平台优秀作品"奖，也是兰州市唯一获此殊荣的融媒体中心；同时，城关区融媒体中心还荣获"2023年度第一季度全国县融媒体中心新媒体平台佳作奖"。三是规范运营其他平台。根据省、市对政务新媒体常态化监管要求，对全区各单位116个政务新媒体账号进行规范管理并日常监督运营情况，发现问题及时要求整改。规范制定《城关区门户网站通告、公告、公示、通知等信息发布审批流程》，进一步规范门户网站管理和信息发布审批流程。

三、人才激励方面

一是加强绩效考核。2022年，中心面向社会公开招聘工作人员22名，包括总编1名、副总编1名、全媒体记者6名、播音主持4名、视频制作人员6名、技术保障人员4名。招聘人员按照"同岗同责、同工同酬、优劳优酬"原则，实施阶梯档次工资和月度绩效考核，采取定量、定责、定人的工作措施，积极与对口单位对接采访、拍摄、剪辑、编辑和网络发布等业务，大幅提高新闻宣传工作效率和服务质量；二是提升专业素养。加大对编辑、新闻记者、主持人等一线采编播人员的政治理论和业务知识培训，积极开展"晨读一刻钟""新闻阅评""外派学习"等活动，联合新华社、新甘肃等机构开展线上专题培训，通过案例分析等方式，指导创作爆款作品，分享报道安全"把关"经验，努力促进业务骨干在新知识、新技术、新应用等方面能力素质快速提升；三是规范通联队伍管理。进一步夯实"区—街—社（村）"三级通联员队伍，组织全区通联员做好新闻线索挖掘、稿件撰写、评论转发等工作，提升业务能力，加强互联互通。对各街道、各部门通联员的投稿数、采用率、点赞量、转发量、评论量以及中央、省市新闻媒体采用情况进行综合排名和通报，通报结果纳入意识形态工作目标考核。质量较高的稿件将被优先推荐至学习强国平台、人民日报、新华社等省级以上主流媒体刊发。四是推动校内人才转型。充分发挥区融媒体中心实训基地作用，深化与各大高校对口专业学院合作，近两年中心分批次接收江苏师范大学、兰州文理学院等50名学生来中心实践学习，在培养适应媒体融合发展的新闻采编、网络研发、市场经营人才方面做积极探索。

四、媒体技术方面

一是打造集报道指挥、智能采编、传播分析、舆情监测、权威供稿、媒体监管六大功能于一体的线上指挥调度平台，按照"策—采—编—发—评"的运行流程，建立"一次采集、多元生成、多平台发布"的融媒体采编流程，推动形成资源共享、载体多样、渠道丰富的传播格局；二是"观金城"App与"新甘肃"平台对接，同时开通城关区融媒体中心微信公众号、开设街道部门统一订阅号，做到宣传任务的统筹谋划、媒体报道的内容聚合、全媒产品的多元分发和宣传效果的统一检测；三是积极与湖南广电智慧5G电台项目合作，顺利完成5G智慧电台设备的安装调试，推出"新说法""博闻天下""OK音乐"等19个节目，分35个时间段24小时不间断播出，有效扩大地方新闻的覆盖面，拓宽媒体发声渠道。

五、政务服务方面

一是理论宣传有突破。依托"观金城"客户端，全面开启理论学习"云"模式，将"有声图书馆"模块嵌入App，"馆内"设有精选、听书、期刊、图书和专题5个栏目，专题栏目中开设"四史教育"等多个子项目，收纳《中国共产党与中国理论》《为了理想》《火种》等书籍，方便广大党员干部和群众在乘车、排队等碎片时间充实党史知识、丰富精神世界。二是服务宣传有新招。针对小学生秋季新生入学工作，开设"探校"栏目，既是对各小学教学工作的一次对外展示，更方便家长直观深入的了解各小学环境设施、教学亮点等具体情况；为了大力宣传城关区在优化营商环境、助力经济复苏方面的工作，推出"探店"栏目，对辖区内美食、美景、娱乐、休闲等特色场所进行展示推介。

六、民生服务方面

为进一步整合打通辖区内各类传播媒体资源和为民服务业务端口，国网兰州供电公司城关分公司、兰州燃气化工集团天然气公司、兰州公路局等市级政务服务承办单位先后入驻"观金城"客户端，为群众提供供电、天然气等日常生活服务，实现便民服务"一端通用"，智慧生活触手可及。同时，将城关区小学入学网络申报系统嵌入到客户端，为广大家长和学生提供便捷有效的就学服务。

第三节　兰州市城关区融媒体中心舆论引导实证研究

一、解读党的理论路线方针政策及上级各级党委政府精神

作为意识形态工作和思想宣传工作的前沿阵地，城关区融媒体中心始终把中央、省、市、区最新方针政策和安排部署放在宣传第一位，及时向群众传递党的"好声音"。一是持续推进习近平新时代中国特色社会主义思想深入人心。始终把真信真学真用放在第一位，在学思践悟上下足功夫，努力把各级党员干部和群众的思想统一到习近平新时代中国特色社会主义思想上来，切实把武装头脑、指导实践、推动工作统一起来，持续增强"四个意识"、坚定"四个自信"、做到"两个维护"。二是持续宣传省、市、区重要决策部署。围绕省、市、区重要会议、重要文件精神等，开设专题专栏，从不同阶段、不同视觉、不同表达方式、不同渠道、营造强势舆论氛围；尤其是2023年全省"三抓三促"行动开展以来，我中心充分发挥视听特色和全媒体优势，开设"凝神谋发展 实干兴陇原——三抓三促进行时""三抓三促行动在城关"等专栏，转载省市主流媒体刊发的权威信息，展示全区上下一心一意谋发展、埋头苦干抓发展、全力以赴促发展的鲜明导向和浓厚氛围。三是服务大局。聚焦"兰州特色、城关表达、保持第一"总要求，推出"城关一周要闻""融媒记者跑城关"等专题专栏，开设"小巷总理说"栏目，邀请全区各个社区（村）书记，从基层党建、城市管理、文明创建、民生保障、民族团结等多个工作角度，讲述社区发展故事。及时将区委想"干什么"、融媒体中心应该"讲什么"和群众想"听什么"贯通起来，将工作话语体系和大众话语体系融通起来，将线上和线下联动起来，为传播城关声音、讲述城关故事发挥了主阵地作用。

二、讲述本地老百姓生产生活故事

作为县域媒体，城关区融媒体中心守土一方，充分凸显地域接近性，多角度、多形式报道本地老百姓的生产生活，围绕社会主义核心价值观鲜活呈现好故事、

好人物、好画面，切实发挥县级融媒体的教育、引导功能，真正做到公众在哪里，舆论引导就延伸到哪里。

一是加强典型宣传。2022年7月，正是全区疫情防控最吃劲的时候，一条来自城关区融媒体中心发布的视频消息《@北京，城关收到！您预订的鲜花已送达》，感动和激励了全区干部群众，官方抖音号"城关发布"播放量达11.5万。当时一位来自北京未署名的网友为疫情中的兰州订了10束鲜花，通过外卖小哥送到各卡口点，为防控一线的驻守干部、志愿者鼓劲加油，为辛苦疲惫的值守时光带来温暖。当此视频经媒体平台发布后，大家都在通过各种方式寻找这位爱心人士。该作品通过记者和采访对象深情的讲述，达到良好的视、听觉效果，让观众产生强烈的情感共鸣。

二是回应民生问题。为科学回应广大人民群众对食品安全的关切，充分发挥社会大众监督作用，切实维护消费者"舌尖上的安全"。兰州市城关区融媒体中心联合城关区市场监督管理局于2023年5月起共同推出《你点我检》系列专栏，对全区重点餐饮场所、农贸市场、生产经营单位等进行突击检查，不仅有利于执法摆脱单纯说教的刻板印象，拉近和民众的距离，同时促进行业自律、引导全民监督，让执法不再是冰冷的查处通报，让广大消费者的权益能够得到更好守护。截至目前，《你点我检》共推出18期，视频总点击量已超过8000万。

三、在重大危机事件和突发性事件中承担媒体职责，筑牢舆论宣传阵地

城关区融媒体中心在本区域的信息传播途径中，一直扮演着主导者角色，特别是在重大事件和突发事件中第一时间发声，及时准确报道信息，提供公共信息服务。

2022年疫情期间，中心通过快速反应、全力动员、权威发声，策划推出各类多个报道类型，第一时间传达省市县有关疫情防控的指示精神，把党委政府的周密部署和积极努力及时传达到民众中，第一时间播报城关区疫情形势及防控最新情况，及时辟谣不实消息，并发布最新权威信息。

同时，中心牢牢把握正确舆论导向，做好正面宣传，制作H5、短视频、海报等多种融媒产品，例如：《科普动起来》《警花说防疫》《律师说防疫》《主

播说防疫》《记录·疫夏》《融媒·纪录》等短视频和纪录片，不仅唱响了战"疫"主旋律，更有效引导广大居民科学防疫；《疫线故事》《战疫日记》《战疫镜头》《战疫群相》等将镜头和笔触对准疫情防控第一线，将一个个优秀的集体、鲜活的人物展现在人们面前，为打赢疫情防控攻坚战营造了良好的舆论氛围。

四、外宣传播强化本区域公众认同，形成凝聚力向心力

城关区融媒体中心在对外宣传上发力，进一步加强与中央、省、市级媒体联动，形成上下联动、相互借力的新格局，拓宽城关宣传影响力和传播力。先后与新华社甘肃分社、中央广播电视总台甘肃总站、甘肃日报、甘肃省广播电视总台、央媒联合会、兰州大学新闻学院、兰州文理学院新闻学院、今日头条等单位签订战略合作协议。其中与央视新闻新媒体合作，在小年夜当晚对大众巷新光夜市进行直播报道，并在央视《新闻联播》播出带领观众赏城关特色民俗、寻金城浓浓年味；与甘肃电视台合作紧紧围绕"七个新城关"建设，策划、采编、制作三期视频在《甘肃新闻》播出，成为省台单项宣传县域风貌的精品力作；联合新华社、新甘肃等机构开展线上专题培训，努力促进业务骨干在新知识、新技术、新应用等方面能力素质快速提升；与抖音合作策划推出"'走进七个新城关'主题宣传活动暨'在兰州发现新城关'抖音挑战赛"，借助全媒体矩阵传播吸引近万人参与，促进城关区政务、文化、旅游、商业深度融合，目前抖音话题"在兰州发现新城关"播放量已突破1亿。

第四节　兰州市城关区融媒体中心舆论引导面临的问题与困境

一是媒体平台影响力有待提升。目前中心高质量的品牌栏目还不多，各新媒体平台粉丝量增长不快，一些街道、部门对"观金城"客户端的推广应用重视不够，客户端下载增幅缓慢，距离全省对县级融媒体客户端下载量的目标任务还有差距，媒体传播的覆盖面和影响力需要进一步提升。

二是政务平台融合有待加强。当前，中心相关技术平台搭建工作仍处于发展阶段，"观金城"移动客户端尚未接入文化旅游服务推介、政务服务线上办理、医保社保办理查询等民生服务事项，特别是社保等部分系统涉及省市专网、专线，由区级层面统一进行平台、业务通道融合的难度较大。

三是培训交流力度有待加强。随着媒体融合发展的深入，对采编队伍的整体素质要求也越来越高。中心采编人员多为刚毕业参加工作的大学生，专业素养和采播能力还有所欠缺，不能从多元传播的角度把策划意图执行到位。

第五节 提高融媒体中心舆论引导能力的路径与方法

一是提升思想意识不动摇。充分了解新闻宣传工作的重要意义，深刻认识新形势下做好新闻宣传工作的重要性和必要性，不断增强责任感和使命感，及时将区委想"干什么"、融媒体中心应该"讲什么"和群众想"听什么"贯通起来，将工作话语体系和大众话语体系融通起来，将线上和线下联动起来，全力投身新闻舆论工作，持续为打造"七个新城关"建设凝聚意志力量和舆论支撑。

二是坚持人才交流不懈怠。积极对接中央在甘和省市媒体以及新闻院所，定期组织开展融媒体培训，指派业务骨干前往实地学习培训，通过培训、跨界合作推动人才向全媒体转型。继续加强与各大高校对口专业学院合作，接收相关专业大学生开展工作实践，培养适应媒体融合发展的新闻采编、网络研发、市场经营人才。

三是坚持引导群众不跑偏。坚持团结稳定鼓劲、正面宣传为主，坚定不移地唱响主旋律，把党和政府的声音传播好，把改革发展的主流展示好，把人民群众的心声反映好。宣传凡人善举，推动社会主义核心价值观在群众头脑中扎根，成为百姓日用而不觉的行为准则；不断增强凝聚力、向心力、创造力，激发全区人民共同奋斗的精神力量。

四是坚持服务群众不打烊。在做强做精新闻宣传的同时，充分利用媒体优势，围绕区委、区政府中心工作和重点工作，聚焦经济社会发展痛点、难点和堵点，收集社情民意，强化舆论监督，推动问题解决，当好民生问题"减压阀"；

积极拓展服务领域，深入推进"媒体+政务+服务"工作，着力打造区级综合服务平台，全面实现机构职能从单纯宣传型向综合服务型转变。

五是坚持创新为要不松劲。为把城关区融媒体中心建成"立足城关、辐射兰州、走向全国"的新型主流媒体，应在平台建设、宣传筹划、报道质效、活动打造等方面下功夫，坚持新闻宣传和特色活动"两条腿"走路，"扎实抓好县级融媒体中心建设，更好地引导群众、服务群众"，推动媒体融合向纵深发展。

六是坚持前沿思维不歇脚。目前，智能手机成为人们交流、沟通、分享的主要媒介和渠道，可以肯定，未来相当长一段时间这也必将是主要媒介，在AI的支撑下，信息传播的移动化、社交化、智能化特征更加明显，大势不可逆转，推动媒体融合向纵深发展，必须紧跟科学技术前沿，充分借助大数据、人工智能等最新科技成果，探索其在媒体传播各阶段、各领域的应用，才能找准融合转型的方向。

第三十章　甘肃省敦煌市融媒体中心舆论引导能力建设研究报告

薛　创　李国辉　边振虎[①]

敦煌，肩负着服务共建"一带一路"的国家使命、展示中华民族文化自信的时代责任和保护传承优秀传统文化的历史重任。讲好敦煌故事，传播敦煌声音，也是时代赋予敦煌媒体人的历史使命和责任担当。

近年来，敦煌市融媒体中心以习近平新时代中国特色社会主义思想为指导，深入学习贯彻党的二十大精神、习近平总书记视察甘肃和敦煌时的重要讲话精神，围绕"融"字找准发展方向，运用"合"字破解改革难题，全力构建网上网下一体、内宣外宣联动的主流舆论格局，传承莫高精神，弘扬敦煌文化，讲好敦煌故事，传播中国声音，不断增强新闻舆论传播力、引导力、影响力和公信力，探索出了县级融媒体中心建设发展的"敦煌模式"。

第一节　敦煌市融媒体中心基本情况

敦煌市融媒体中心是甘肃省最早上线运行新媒体党政客户端、率先实现采编播高清一体化、最早建成融媒体云平台的县级融媒体中心。2019年3月正式挂牌，现有六个内设部门，分别是党政办公室、融媒采编部、融创专题部、融媒广播部、技术播控部和媒体运营部。设置主任1名、副主任3名，现有职工72人。

---

① 薛创，中国新闻出版研究院助理研究员；李国辉，甘肃省敦煌市融媒体中心主任；边振虎，甘肃省敦煌市融媒体中心高级编辑。

2014年，原敦煌电视台、敦煌人民广播电台合并为敦煌广播电视台，打破媒体界限，整合人力资源，拉开了媒体融合大幕。2015年，率先建成甘肃省首家县级广电新媒体客户端"掌上敦煌"，实现敦煌广播电视节目的"三网三屏"融合。2016年率先在甘肃省实现采编播高清一体化，并联合27家城市广电媒体，首倡成立了世界文化和自然遗产城市中国广电媒体联盟。2017年率先在甘肃省县媒体中购置了8+2讯道大型高清转播车，建成全媒体高清演播室、广播数字化直播间和覆盖全市农村的"村村响"大喇叭。2018年率先在甘肃省建成"一中心五系统+掌上敦煌App+一套机制"为核心的融媒体平台，全面实施内部机制改革，全员开展竞岗双选，推行两级考核。2019年重构策采编审流程，深化内部机制改革，全面推进媒体深度融合发展。2020年迭代升级"掌上敦煌"客户端，拓展新媒体服务功能，建立"掌上敦煌"和"敦煌发布"等新媒体融媒矩阵。2021年深化拓展"新闻+政务服务商务"运行模式和"三位一体"数字乡村服务平台。2022年借船出海启幕国际传播，建立敦煌&人民网丝路融媒体工作室，入驻"三农"头条"振兴号"，与中新社甘肃分社开展国际传播战略合作。2023年以来，持续加强国际传播能力建设，与新华社合作共建敦煌文化国际传播中心，并于6月18日举办敦煌文化国际传播中心全球启幕暨敦煌城市品牌标识发布仪式，开通运营脸书、推特、优途、照片墙等海外社交账号，打造敦煌文化国际传播融媒矩阵和"人类敦煌 心向往之"国际传播品牌。

近三年来，敦煌市融媒体中心干部职工传承弘扬"坚守大漠、甘于奉献、勇于担当、开拓进取"的莫高精神，选送的百余条新闻、专题节目获得国家和省市奖励，每年向中央省级新媒体推发稿件一万多条。中心入选"网聚'政'能量 共筑同心圆——走好网上群众路线"典型案例，荣获全国"融媒先锋奖"和甘肃省电视新闻融合传播创新奖、电视新闻通联最佳协作奖；"敦煌发布"头条号荣获甘肃省"最具影响力政务头条号"奖；"掌上敦煌"App入列新华号"最具影响力榜单"。新华社《高管信息》特别关注栏目刊登《甘肃探索县级融媒体建设"敦煌模式"》，《中国新闻出版广电报》以《开启县级融媒体建设的"敦煌模式"》为题，对敦煌市融媒体中心建设工作进行了专题报道。

第二节 敦煌市融媒体中心发展亮点

一、纵深推进媒体融合发展，做大做强主流舆论阵地

在全国上下加快媒体融合发展的大潮中，敦煌市融媒体中心确定了"打造'中央厨房'、深化机制改革，建立绩效考核体系、重构策采编审流程，推动敦煌文化服务共建'一带一路'"的媒体融合发展思路，走出了一条"自主创新＋探索实践"的路子。中心坚持"媒体+"理念，着力构建融为一体、合而为一的全媒体传播格局，建成"一次采集、多元生成、多端发布"的融媒体生产架构和一套人马、一个出口、同一口径的三级审核编发体系，实现了广播、电视、"村村响"大喇叭和新媒体平台同声同调、同频共振。主平台"掌上敦煌"党政客户端历经三轮平台迁移、四次改造升级，目前已集纳43个部门乡镇微信公众号，链接6个党建政务网站，接入政务服务和便民服务等模块，入驻"三位一体"数字乡村平台，注册用户突破全市人口总数的50%，成为干部群众第一时间了解敦煌大事小情，查询政务民生事项的"掌中宝"。同时，中心坚持深耕本土，立足服务职能，深挖市场潜力，走"媒体+政务+服务+商务"的产业融合发展之路，通过引导商家入驻平台、线上线下直播带货，开展本地特色农产品、旅游文创产品、文旅研学产品等线上营销。举办"人大代表替你问"电视问政节目，开办"春风行动"系列直播带岗活动；搭建网络直播间，组织开展《"杏"有灵犀 思念"邮"你》等助农直播活动，帮助农户销售李广杏、紫胭桃等特色林果；邀请敦煌研究院和敦煌市文联专家学者解读敦煌文化，持续举办石窟文化、莫高精神、敦煌舞蹈、敦煌书法、敦煌诗词等网络直播活动。

截止到2023年底，敦煌融媒自有宣传平台14个，入驻央级、省市级主流媒体平台和自媒体平台17个，开通海外社交账号6个。综合各类宣传平台共37个，年发稿量9万条，浏览量10亿+，粉丝数230万。在2023年度甘肃省县级融媒体中心传播力榜单中排名第二。

二、刀刃向内深化机制改革，全员竞聘推进绩效考核

媒体融合实质上是机制改革，重点是流程再造，难点是观念转变。敦煌市融媒体中心勇于探索、大胆创新，积极推进内部机制改革，打破原有机构岗位和身份界限，科学设岗、因事用人，整合撤并部门，优化生产流程。按照"以岗定责、以岗定薪，人随岗走、薪随岗变，薪酬向一线岗位倾斜"的原则，将岗位划分为9个绩效工资类别，并将在编人员的绩效工资全部纳入动态考核，实行总额控制、奖优罚劣、同工同酬、多劳多得。同时，全面开展竞岗双选，推行两级考核，中层干部全部公开竞聘，先领任务，后当干部，部门主任与职工之间双向选择，实现优化组合，打造责、权、利高度集中的新闻团队。坚持问题导向，深化改革创新，采取团队化运作、项目制考核、企业化管理的方式，推行内部轮岗、晋级降级、末尾淘汰、平台包抓、节目评优、项目工作制和"金种子"培养计划，切实发挥绩效考核推进媒体融合的"指挥棒"作用。坚持开展"4+2"提升行动。每月组织新闻采编人员开展1次轮岗交流、1次专题学习、1次节目评优、1次点评研讨，每季度组织开展1次业务测试、1次平台考核，切实提升新闻采编队伍业务水平。制定推行《重点工作交办督查考核制度》，开展"早课半小时""夜间充电""月学季考"提升行动，着力提升新闻宣传质量水平。制定《新媒体平台传播力指标考核管理办法》，按照"月考核、季排名、年奖罚"的考核方式，推行平台包抓责任制，全员攻坚七大平台传播力。按照积分管理、动态考核、评聘分离、能上能下的原则，改革专业技术岗位评聘晋升工作，鼓励人尽其才、才尽其用。经过各项改革措施的推进落实，打破了"大锅饭"和"平均主义"，形成了"多劳多得、优绩优酬"的良好工作氛围。全体职工的工资待遇较中心成立前平均上涨30%，特别是一线采编人员，最高涨幅达50%，极大地调动了干部职工的积极性和创造性。

三、借船出海扩大对外宣传，守正创新讲好敦煌故事

近年来，敦煌市融媒体中心精心策划选题，联动上级媒体，借船出海，借力造势。围绕宣传弘扬敦煌文化，开设《牢记总书记嘱托》《敦煌文化进校园》《敦煌文化大讲堂》等特色栏目，制作刊播"传承敦煌文化 弘扬莫高精神""人

类敦煌 心向往之"等一系列敦煌文化音视频作品，持续讲好敦煌故事，传播敦煌声音，中央主流媒体上稿和新闻宣传领域节目评优一直在甘肃省名列前茅。2022年有50条电视新闻在央视多个频道播出，其中《新闻联播》播出11条，创历史新高，中央主流媒体上稿全省排名第二。2023年，中心与中央主流媒体加强战略合作，对外宣传工作的质量和数量大幅提升，"鸣沙山下骆驼红绿灯""月牙泉万人星空演唱会""人类敦煌 心向往之"等新闻话题火爆出圈。据统计，截止到12月底，中心上报央视播出新闻和直播连线节目80条，其中《新闻联播》播出12条，中央、省级新媒体平台发稿9000余条，外宣工作再创新高。同时，中心制订《鼓励创作优秀作品（成果）绩效管理暂行办法》，深化激励机制，鼓励创新创优。2023年度有19件作品获省级及以上奖项，其中：有1件作品获中国广播电视大奖广播文艺类提名荣誉，3件作品在全省新闻最高奖甘肃新闻奖评选中荣获一、二等奖，4件作品在全省科普短视频创作大赛上荣获金奖、银奖和优秀奖，综合成绩名列甘肃省前列。

四、敦煌文化国际传播中心全球启幕

围绕学习贯彻习近平总书记关于加强国际传播能力建设和敦煌研究院座谈时的重要讲话精神，敦煌市融媒体中心持续推进敦煌文化国际传播中心建设，打造"人类敦煌 心向往之"敦煌文化国际传播矩阵。在入驻人民号、新华社、新华号、央视频、新甘肃、视听甘肃等主流媒体和互联网平台的基础上，加强与中央主流媒体合作，与人民网合作建立丝路融媒体工作室，开设"人类敦煌 心向往之"专区专栏，入驻"三农"头条"振兴号"，与中新社甘肃分社签订国际传播战略合作协议，与新华社合作共建敦煌文化国际传播中心，并于2023年6月18日成功举办敦煌文化国际传播中心全球启幕暨"人类敦煌 心向往之"敦煌城市品牌标识发布仪式，上线"Dunhuang"Meta、Twitter等海外社交账号，敦煌文化国际传播中心(东京站)和新华社国际网红工作室敦煌调研基地同步揭牌授牌，敦煌文化国际传播中心成为全国第一个以文化为核心的城市国际传播中心。

五、世界遗产城市媒体联盟蓄势勃发

以世界遗产为纽带，敦煌市融媒体中心独辟蹊径，主动担当，于2014年

首倡发起，并于 2016 年联合成立了中国首个世界文化和自然遗产城市广电媒体联盟，与澳大利亚天和电视台、澳门广电股份公司以及河北承德、山东泰安、云南丽江、重庆大足、四川都江堰、安徽黄山等世界遗产地的 33 个城市广电媒体结盟合作、组团发展。联盟成立七年来，各成员媒体共同制定联盟章程、签署合作协议，发布敦煌宣言，共赴联盟年会，互播宣传节目，互推重大节会，联办广电春晚，开展采风创作和节目评选，在节目互换、人员往来、业务交流、宣传推广等方面开展了一系列务实有效的合作交流。各成员台将自主摄制的世界遗产点或城市宣传片，在各自主要媒体平台上互换播出；对各遗产地城市举办的文化旅游、民族风情、经贸洽谈等重大节会进行宣传推介；每年春节，各台选送独具地方民族和文化特色的节目，串编合成了六年的"让世界遗产走进生活"广电联盟春晚。特别是澳门广播电视股份有限公司还将各台提供自主版权的宣传片和相关节目葡语化，免费送到葡萄牙、巴西、安哥拉等八个葡语系国家播放，进一步增强了中国世界文化和自然遗产城市的国际传播力。

第三节 敦煌市融媒体中心舆论引导实证研究

一、解读党的理论路线方针政策及上级各级党委政府精神

敦煌市融媒体中心始终坚持以习近平新时代中国特色社会主义思想为指导，举旗帜、聚民心、育新人、兴文化、展形象。2022 年，以"奋进新征程 建功新时代"喜迎二十大主题宣传为统领，组织开展了"喜迎二十大 敦煌新作为""二十大时光""我们这十年""深入学习贯彻党的二十大精神""乡村振兴进行时"等主题宣传，全方位、立体化、多角度、高频次宣传党的二十大精神，全面报道全市各级各部门喜迎二十大和学习贯彻二十大精神的生动实践。今年以来，以学习宣传贯彻党的二十大精神为统领，全媒体先后开设了《学习贯彻二十大 踔厉奋发开新局》《凝神谋发展 实干兴敦煌——"三抓三促"行动进行时》《基层党组织书记谈落实》《创建全国文明城市》《深入贯彻落实习近平新时代中国特色社会主义思想主题教育》等 10 个主题栏目和《敦煌文化研学季》《大兴调查研究》《当好东道主 办好文博会》《聚焦数博会》等

32个阶段性栏目。通过新闻报道、报告解读等方式和新媒体图文、海报、长图、H5、短视频等形式，全面报道全市各级各部门贯彻落实习近平新时代中国特色社会主义思想的生动实践，展示全市广大党员干部群众凝神谋发展、实干兴敦煌的生动故事。

二、讲本地老百姓生产生活故事

敦煌市融媒体中心深入开展以"提升'四力'走基层"为主题的新闻采访报道活动，组织记者编辑深入乡镇社区、基层一线，来到田间地头、工地厂房，将镜头对准一线劳动者，聚焦群众生产生活。常年开设《社会报道》《每周关注》等民生栏目，策划推出"三八"系列报道《她最美》、"五一"特别节目《在路上》、"七一"典型报道《先锋引领党旗红》、全媒体vlgo《讲述春天的故事》以及《最美退役军人》《道德模范事迹展播》《新时代"敦煌好少年"事迹展播》等专题系列节目，采访报道了一批接地气、有温度、动人心的鲜活典型。特别是"我的家乡我的田"融媒连续报道助推乡村振兴。针对敦煌生态保护和农业发展中的瓶颈问题，2022年以来，敦煌市全面实施高标准农田和水肥一体化项目。敦煌融媒精心策划开设了贯穿全年全生产周期、融合全媒体平台的"我的家乡我的田"系列报道，统一栏目、统一标识，根据项目节点和建设进度设置栏目版块，从"谈田说地话增收"到"绿色畅想"、从"风吹麦浪"到"春华秋实"、从"党水北流话丰年"到"再续华章"，通过短视频、图文、专题、海报等多种形式，让老百姓和典型户现身说法，算清当前和长远账、投入和产出账，推进全市10万亩高标准农田建设顺利实施。

三、重大危机事件干预

敦煌市融媒体中心充分发挥舆论监督作用，先后开办《政风行风热线》《行风聚焦》《法治在线》等栏目，聚焦政风行风、优化营商环境、回应社会关切、化解基层矛盾，解决群众关心关注的难心事烦心事揪心事，打击损害群众利益的不正之风。常年开设"文明敦煌365""镜头下的不文明"等专栏，曝光各类不文明行为，大力宣传向上向善的文明新风和社会主义核心价值观；通过摄制《利字头上一把刀》《赌不起的人生》等警示教育片，以身边事教育身边人，警示引导广大干部职工和市民群众远离赌博传销、拒绝非法集资，通过双手和勤劳创造美好生活，努力营造崇德向善、遵纪守法的社会氛围。特别是与敦煌市人大常委会联合开办《人大代表替你问》媒体问政节目，以转作风促发展、促进司法公正、乡村振兴、全国文明城市创建、优化营商环境为主题，对27个政府部门开展6期媒体问政，提前征集问题线索，拍摄制作调查视频，人大代表围绕群众最关心、最直接、最要紧的问题现场质询，让人大代表和广大群众直接参与对政府行政行为的监督执行、重大事项的确立落实，搭建起"民有所呼、我有所应"的"直通车"，累计有10万选民参与，征求意见建议457件，梳理突出问题94件。

四、外宣传播强化本区域公众认同形成凝聚力向心力

敦煌文化具有传统意义上与生俱来、自带流量的对外传播力。敦煌市融媒体中心与中央主流媒体加强战略合作，打造"人类敦煌 心向往之"对外传播品牌。在第六届丝绸之路（敦煌）国际文化博览会宣传报道中，中心调整节目编排，集中采编力量，全媒体平台开设《当好东道主 办好文博会》专题专栏，策划摄制《敦煌欢迎您》《主播带你迎文博》《历届敦煌文博会精彩回顾》系列短视频和《世界遗产城市媒体联盟恭祝敦煌文博会圆满成功》等宣传片，会中开设"聚焦文博会""敦煌欢迎您""文博会观察""寄语文博会"等专栏，全平台、多角度、深层次报道文博会各项活动和亮点。同时围绕六大景区、四大演艺、三大场馆、文创会展、研学旅游、大敦煌文化旅游经济圈建设等亮点工作，提前采访备料，采制文博会选题60多个，完成11个重点主题宣传和系列短视频40个，并建立文博会素材资料库，向参会的135家、388名国内外记者提供。文博会期间国内外媒体共刊播报道9000多篇（条），全网累计阅读量超15.86亿次，央媒省媒报道和国际传播力度、热度空前，创下历史新高。围绕保护传承弘扬敦煌文化，敦煌市融媒体中心策划开设《牢记总书记嘱托》《人类敦煌 心向往之》和《敦煌文化进校园》等栏目，采编系列新闻节目，成系列、高频次的制作播发短视频，扩大对外宣传。在《敦煌文化进校园》系列报道中，采编创作的短视频《敦煌四中校服，行走的敦煌文化传播者》引爆网络，新华社、人民网、央视频、光明网等主流媒体和网络平台竞相转载报道。全网扩散2249条新闻，累计阅读量突破7000万次。《敦煌文化进校园》融媒系列

报道入选全国县融中心央地联动优秀案例和融合报道典型案例，荣获全国县融中心综合影响力典型事例。2023年，中心对外宣传工作的质量和数量大幅提升，"五一"小长假期间，中心与央视记者组成报道团队，敦煌文化旅游高频率、多栏目、大篇幅亮相央视荧屏，短短一周时间，央视各栏目共播发全媒体直播、新闻报道、短视频超30场（条），观看浏览量3000万。特别是策划摄制的短视频《红骆驼灯亮骆驼停，绿骆驼灯亮骆驼行》《火火火！敦煌为啥"火"出圈？》以独特的视角和风趣幽默的表现形式引发网络热评和广泛转载，"骆驼红绿灯"绕口令形成网络热点。中秋国庆假期期间，中心与央视合作，短短八天时间，在央视播发敦煌报道20条，其中新闻联播播出4条。《万人演唱会唱响鸣沙山》向观众展现了大漠之中万千灯光与月光、星光交相辉映，气氛热烈、唯美壮观的西北浪漫。

第四节　敦煌市融媒体中心舆论引导面临的问题与困境

一是现有编制和人员无法满足工作需要。近年来，省、市各级党委政府对扩大敦煌对外宣传、提升国际传播能力建设的要求越来越高，加上新媒体迅猛发展，中心管理运营的新媒体平台由2019年初的"两微一端"3个平台增加到了30多个，今年又开通6个海外社交账号，工作职能明显增多，工作量翻倍增加。但2014年敦煌电视台和敦煌广播电台两台合并时，核销编制14个，目前只有54个编制，一线新闻采编人员长期超负荷工作，加班熬夜已成为常态。中心原有编制数已远不能满足媒体融合事业发展需求，更难以承担敦煌文化国际传播的历史使命。

二是经费不足制约媒体稳定运行。近三年由于疫情影响，敦煌财力紧张，预算持续压减，中心现有临聘人员28人，工资及"五险"存在大额缺口，广电采编设备难以更新更换，升级改造尚且捉襟见肘，前沿技术更是望洋兴叹。

三是人才困境制约媒体创新发展。目前中心专业技术人员业务能力整体偏低，一线岗位领军人才匮乏，整体策划能力不强，创新意识不足，宣传方式单一，精品节目不多，人才工作面临诸多困境。首先是人才招引难。现行的招考政策类似考公务员，用人单位没有自主权，考的不是专业知识，考来的也不是专业人才。近两年中心考录了两批次 12 名大学生，虽然增加了新鲜血液，但依然需要长时间才能入门上手，骨干记者编辑依然是工作多年的临聘人员。其次是队伍不稳定。由于薪酬待遇低，工作任务重，并且经常性加班熬夜，一些正式的新闻采编人员下苦功考、报补习班学，就为考出这个单位；一些临聘人员在中心练就了本领、积累了经验后，就选择离开单位自主创业。仅 2023 年考公、调走和辞职的就达到 7 人。

第五节　提高融媒体中心舆论引导能力的路径与方法

"媒体融合关键在融为一体、合而为一。"敦煌市融媒体中心坚持以深化改革为基础、以互联网为平台、以信息技术为支撑、以新媒体化为方向、以融合创新为手段、以舆论引导为主责、以服务群众为宗旨，推进思维观念、内容生产、渠道平台、经营管理等方面的深度融合，用正能量赢得大流量，让好声音变成最强音。

一、坚持党媒姓党，紧紧依靠党委政府

敦煌市融媒体中心始终把党性原则作为一切工作的生命线，贯穿新闻舆论宣传和媒体融合发展全过程，坚持"传递真善美、弘扬正能量，讲好敦煌故事、传播中国声音"的融媒定位，积极争取市委市政府成立敦煌市推进媒体深度融合发展工作领导小组，出台《贯彻〈关于加快推进全省媒体深度融合发展的若干措施〉实施意见》，从建设国际传播中心、优化绩效考核办法、引进播音主持人才、组建文化传媒公司以及加强政策支持、经费保障和队伍建设等方面全方位推进媒体深度融合发展。

二、坚持改革为重，纵深推进媒体融合

敦煌市融媒体中心坚持以深化改革破解发展难题，重构策采编审工作流程，

建立集约高效的内容生产体系、全媒体传播链条，新闻选题统一策划、采编人员统一调度、各类媒体一体运营，全媒体宣传平台同声同调、同频共振；打破原来各自为阵、各守一方的媒体界线和部门壁垒，全面推行干部竞聘上岗和职工双向选择；打破绩效工资分配中的"大锅饭"和"平均主义"，按照总额控制、内部调控、奖优罚劣、二次分配的原则，实行层级管理，推行两级考核，将岗位工资与工作业绩和实际贡献挂钩，个人绩效薪酬与单位经营收入挂钩，同时每年年终考核后推行岗位晋升降级，每轮竞岗双选时实行落聘待岗和末尾淘汰，切实解决"干与不干一个样、干多干少一个样、干好干坏一个样"的问题。

三、坚持内容为王，做大做强主流舆论

敦煌市融媒体中心始终秉持传承弘扬敦煌文化的历史使命和责任担当，依托敦煌文化资源优势，开设特色栏目，创作专题节目，集中力量打造新闻精品和外宣品牌，加快推进传统媒体向新媒体的内容转化。综合运用短视频、微电影、公益广告、海报图片、现场直播等适应网络传播的多种形式拍摄制作融媒体产品，把正能量和大流量结合起来，讲好生动鲜活的"敦煌故事"。

四、坚持移动优先，树牢互联网思维

敦煌市融媒体中心坚持移动优先、原创为主，突出质量、沉淀流量的原则，将采编力量优先往移动端上集中，新闻产品率先在移动端上推送，量化新媒体任务指标，细化移动端考核细则，组建短视频工作室，成立传播力攻坚队，拓展海外传播渠道，制定新媒体平台考核办法，打造敦煌融媒宣传矩阵。同时，聚焦社会热点和群众关切，及时汇聚发布新闻资讯和便民信息，不遗余力地做产品、做活动、做用户，抢占网络宣传舆论阵地，不断增加新媒体平台的用户量、点击率和黏合度，以正能量汇聚大流量，以创新力提升传播力，以团队包抓推动平台运营，以内容创优提高互动指数，以绩效考核实现争先进位。

五、坚持全媒为本，持续扩大宣传"朋友圈"

敦煌市融媒体中心牢固树立大宣传的工作格局，在健全完善"三微一端三视频"等自有平台的基础上，积极入驻人民号、新华号、央视频、学习强国

等主流媒体平台，开通今日头条、抖音、快手等互联网平台和 Meta、Twitter、Youtube、Instagram 等海外社交平台，打造新时代敦煌融媒宣传矩阵。同时积极联系对接央级、省级主流媒体和"世遗联盟"、友好城市主流媒体，持续扩大国际传播融媒矩阵；积极争取项目资金，建成运行敦煌文化国际传播中心媒体工作室，借力央级媒体推进国际传播。

六、坚持人才为宝，打造全媒体人才队伍

全媒体时代，人才是根本。面对人才稀缺断档、流失严重等问题，敦煌市融媒体中心立足改造和提升现有人才队伍，通过请进来教、送出去学等方式，开展专业化培训、技能化提升；创新用人机制和激励机制，建立科学合理的考核评价体系，改革职称评聘晋升制度和薪酬分配办法，采取团队化管理、项目制运作和轮岗交流、晋级降级等方式，营造人尽其才、比学赶超、干事创业的工作环境；同时积极争取政策，加大策采编播、技术开发、产品运营等方面的全媒体人才引进力度，补齐媒体融合专业人才短板，切实增强媒体融合发展的整体水平。

第三十一章　新疆阿克苏市融媒体中心舆论引导能力建设研究报告

马彦峰[①]

2019年4月23日阿克苏市融媒体中心正式揭牌成立。随之,"阿克苏好地方"移动客户端全新上线,阿克苏市零距离微信公众号(维/汉语)、"阿克苏好地方"抖音号(维/汉语)等13个平台焕新改版,阿克苏市融媒体中心指挥调度中心等项目全新投运……阿克苏市媒体深度融合发展进入崭新篇章。

时至今日,四年已过,阿克苏市融媒体中心63名干部职工自觉承担起举旗帜、聚民心、育新人、兴文化、展形象的使命任务,在融合中守正创新,在改革中践行四力,各媒体平台以每天平均40多个原创融媒体产品、110多条信息的推送频次,传递党的声音,记录时代脉搏,回应群众关切,一篇篇"冒热气"的新闻报道,一个个"接地气"的融媒体产品,充分彰显阿克苏市融媒凝聚发展正能量,提振群众精气神的作用。

第一节　发展亮点

一、做强"融媒体+党建"品牌,凝聚发展合力

党的建设是我们党不断取得胜利的法宝,更是阿克苏市融媒体中心融合发展道路上的胜利法宝。在党建与业务的深度融合探索中,形成了"1+3+3"特

[①] 马彦峰,新疆阿克苏市融媒体中心书记。

色党建模式，即：打造一个"党媒服务在一线"党建品牌，抓实"党支部班子带头学、党小组突出学、业务骨干深入学"的三级学习制度，建强"'四力'过硬的采编队伍、重大主题采访的突击队伍、广泛参与的志愿服务队伍"三支队伍。实现了从"围绕业务抓党建、抓好党建促业务"到"党建就是业务、业务就是党建"的融合转变，干部队伍建设思路也从"将业务骨干发展为党员、将党员培养成业务骨干"转变为"业务骨干都是党员、党员必是业务骨干"的转变；鼓励采编人员向"会选题、会采访、会出镜、会标题、会写作、会互动、会直播、会经营"的"八会"全媒体人才标准看齐。以"党员带队＋骨干记者挑担＋年轻记者锻炼"的工作搭档模式，在重大主题采访活动中，深入田间地头、工厂车间，在街巷社区、农家土炕上拉家常、挖素材，不断锤炼脚力、眼力、脑力、笔力，采写了一大批让人民群众喜闻乐见，看得懂、愿意看的精品力作，用小故事反映大主题，用小切口呈现大图景。2021年，围绕中国共产党成立100周年，以党员干部、退伍老兵、快递小哥、环卫工人、农牧民群众等行业一线劳动者为对象，以分享自身成长经历，讲述身边发展变化，表达爱党爱国情怀为主题，拍摄、制作、发布100部"永远跟党走"系列短视频，全网播放量累计达3亿次。

二、壮大"融媒体＋通讯员"队伍，讲好感人故事

阿克苏市融媒体中心坚持贴近基层，延伸触角，重塑媒体影响力。一方面，大力实施"12345"工程（即：围绕市委、市政府中心工作"一条主线"，抓好新闻采访队伍和基层通讯员队伍"两支队伍"，建立奖励机制、激励机制、保障机制"三个机制"，覆盖党政机关、行业部门、社会通讯员和网民"四个层面"，落实集中培训、单独指导、视频示范、研讨交流、互帮互学"五种举措"）；制定《阿克苏市融媒体中心关于新闻通讯员队伍管理方案实施细则》，建立覆盖3乡3镇、5个街道、6个片区管委会、62个机关事业单位和企业及学校的280多人的基层通讯员队伍；开通全市新闻宣传通讯联络群，每日公布投稿及稿件采用情况，每周下发新闻要点，每月组织新闻稿件写作、图片摄影、视频拍摄、新媒体创作等方面的业务培训，推动通讯员队伍发展壮大。另一方面，巩固好线索报送、采访配合、新闻审稿等长效机制，集中向自治区及中央媒体平台推送优秀作品，对优秀稿件给予稿酬奖励，不仅增强了各部门、各单

位参与宣传的责任感，还充分调动通讯员积极性与投稿性。2022年6月以来，共有稿件、短视频、照片等形式的投稿6200多篇、共采用发布1000余篇，通讯员稿件占到融媒中心生产力的四分之一，保证了最及时、最鲜活、最有泥土气息的新闻来源。2023年2月初，阿克苏市融媒体中心通过新闻联席会，结合春季开学热点话题，向教育系统通讯员下发"开学第一课""中华优秀传统文化进校园""团结友爱温暖瞬间"等选题。选题下发后，全市各中小学校积极踊跃投稿，涌现出不少高质量作品，尤其是阿依库勒镇沙依力克小学老师手机拍摄投稿的视频被中心视频编辑敏锐发现，一名坐轮椅的少年由伙伴们推着一起追逐玩耍的感人画面经过二次剪辑创作，在"阿克苏好地方"客户端发布后，精准抓住受众情感共鸣，在全网形成破亿现象级传播。2023年3月10日，一外地女乘客在阿克苏市打车时因路途较近、行李繁多，担心出租车司机拒载，想多给司机乘车费，然而暖心的司机却拒收正常车费外的其他费用，并说："新疆儿子娃娃，不干这样的事。"这暖心的一幕，被车内的监控摄像头完整记录了下来，后经阿克苏市融媒体中心汉语短视频部编辑与该出租汽车公司通讯员沟通，决定不对监控视频内容进行修改，力求真实感人。《乘客欲多付款感谢司机被婉拒》一经发布，迅速登上本地热搜榜第一名，先后被人民日报、中国青年报、光明网、共青团中央、四川观察、石榴云、天山网、新浪、腾讯等中央级、省级媒体及国内各大知名网站转发，全网点击量突破1.6亿次。2023年1—6月，阿克苏市融媒体中心以"融媒体＋通讯员"方式制作发布各类融媒体产品300余个，其中《乘客欲多付款感谢司机被婉拒》《温暖一幕！男孩推着坐轮椅同学一起玩耍》《父亲骑马追消防员儿子投喂馕饼》等6部内容真实感人、节奏轻快、广受欢迎的爆款短视频脱颖而出，全网点击量纷纷突破亿次，赢得受众欢迎和青睐。

三、巩固"融媒体＋国有公司"模式，增强造血功能

在"互联网＋"时代背景下，阿克苏市融媒体中心转变思想观念，树立市场意识，探索并巩固"融媒体＋国有公司"经营管理模式，2023年1—6月经营创收300余万元，实现社会效益、经济效益双丰收。阿克苏好地方文化传媒有限公司积极拓展"融媒＋制作""融媒＋活动""融媒＋设计"等业务范围，以广播、电视、"两微一端"、抖音、快手等在内的全方位传播矩阵，为广告

创收提供强大的平台支撑，不断激活媒体广告增值服务；并探索"融媒+商务"新路，将大型活动的策划承办打造为产业拓张、经营增值的最强增长极，先后完成2023年阿克苏市"村歌嘹亮颂党恩"原创村歌大赛、2023年阿克苏市庆"七一"红歌大赛、喀拉塔勒镇绿洲村村晚等多场活动的主办、承办，不断巩固"融媒体＋国有公司"拓展经营创收、激发内生活力的新路子。

第二节 舆论引导实证研究

一、解读党的理论路线方针政策及上级各级党委政府精神

党的二十大召开以来，阿克苏市融媒体中心充分发挥媒体融合优势，通过开好专栏、做好精品、用好平台，全力做实学习宣传贯彻党的二十大精神新闻宣传工作，做到"宣"有方向、"传"有重点，推动党的二十大精神家喻户晓、深入人心，汇聚起奋进新征程、建功新时代的强大舆论氛围。在党的二十大召开前夕，抽调采编部门精兵强将，开展以"奋进新征程 建功新时代""我们这十年""非凡十年"等为主题的全媒体采访活动，由各部门负责人带队，深入工厂企业、基层社区、田间地头，以及重点单位、重要部门和先进人物家庭，用视频、图片、文字等方式，采写了一批展现新时代群众昂扬精神风貌和这十年取得的优异成绩，以及反映全市广大党员干部共同心声和热切期盼的稿件，引发热烈反响，为党的二十大胜利召开营造了良好舆论氛围。在党的二十大开幕当天，派出8名记者，深入机关、社区、乡村、企业，与党员干部和基层群众一起收听收看党的二十大开幕会，共度二十大时光。中心旗下广播、电视、"阿克苏好地方"客户端、"阿克苏好地方"抖音号全面做好开幕会直播，及时把大会声音传向阿克苏市大地，直播观看量达20万人次。记者撰写的《阿克苏市各族干部群众积极收看党的二十大开幕盛况》《反响丨心情澎湃 倍受鼓舞》等稿件，以及新媒体制作的《二十大时光》《热烈祝贺党的二十大胜利召开》等短视频，生动展现了阿克苏市儿女心向北京、关注盛会的拳拳之心。党的二十大胜利召开后，在广播电视、"两微一端"等9个媒体等平台陆续精心开设《全面深入学习宣传贯彻党的二十大精神》《微课堂》《深入学习宣传贯

彻党的二十大精神》《一日一课》《党的二十大精神宣讲进行时》《云宣讲》《二十大时光》《反响》等专栏8个，大力宣传党的二十大精神，宣传全市广大干部群众对党的二十大的热烈反响和积极评价，宣传各乡镇（街道）、各部门单位、各企业、各村（社区）学习贯彻党的二十大精神的具体举措和实际行动，引导广大党员干部群众坚定信心、同心同德、埋头苦干、奋勇前进。截至目前，各媒体平台发布学习宣传贯彻党的二十大精神相关稿件1100余篇，短视频400余部，扎实推动党的二十大精神深入群众、深入基层、深入人心。

二、讲本地老百姓生产生活故事

读者在哪里，受众在哪里，宣传报道的触角就要伸向哪里，宣传思想工作的着力点和落脚点就要放在哪里。为此，阿克苏市融媒体中心主动调转镜头、笔头，把大量笔墨和镜头对准基层，进一步巩固"走基层、践四力"活动成效，深入挖掘基层的故事素材，收集全市各族群众辛勤工作时从汗水、泪珠中折射出的光芒，选树典型，践行"典型引路法"，创新宣传内容、形式、载体，增强吸引力、感染力、影响力，激励各族干部群众绘就无愧于时代的生动画卷。对原《爱在阿克苏》栏目进行改版升级，打造专注于阿克苏市社会民生类综合性栏目，在党委、政府与群众之间搭建起一座便民沟通的桥梁，实现上联党委政府、下达社会公众，确保群众呼声能够及时得到回应和回馈，将矛盾化解在萌芽状态。栏目同步在电视、抖音、视频号、移动客户端发布，实现大小屏融合推广宣传阿克苏市本地群众吃穿住行、教育娱乐、就业劳动、交通出行、医疗卫生、社会保障、安全生产、文明风尚、民风民情、历史文化等内容，让阿克苏人更了解阿克苏，让更多人更关注阿克苏。2023年以来，已制作发布《爱在阿克苏》栏目49期。

同时，阿克苏市融媒体中心坚持创意策划先行，讲好感人故事。紧紧围绕热点、痛点、需求点、笑点、槽点、兴趣点和价值点等精心策划，通过小人物折射出大时代，生产出一大批引发受众共鸣的融媒体产品。《80岁新疆老兵向戍边英雄照片敬礼》短视频中的吴建伟老人1959年12月从湖南老家参军来到新疆，2002年还曾登上过昆仑山，五位戍边英雄的英勇事迹勾起了老人当年参军入伍的记忆。再敬一个军礼，不忘曾经是军人。该视频在阿克苏本地一炮打响后，通过石榴云、直播新疆、澎湃新闻、腾讯新闻、红星新闻等新媒体平台精准推广、借力传播，在短时间内迅速放大话题效应，全网总浏览量突破2亿次，感动无数网友。

三、重大危机事件干预

面对突如其来的新冠肺炎疫情，阿克苏市融媒体中心充分发挥自身融合传播优势，第一时间报道市委、市政府的决策部署、快速反应，最大限度地动员各方力量加入到战"疫"中来。聚焦全员核酸检测、志愿服务、物资保障、市场供应等宣传报道任务，以视频、动态信息、图文、海报等多种形式，大量运用微镜头式的报道，以一幕幕鲜活场景、一幅幅精彩画面、一个个感人故事凝聚力量、鼓舞士气，让各族群众足不出户就能听到党的声音，有效消除群众疑虑，坚定防"疫"必胜的社会信心。2022年，阿克苏市疫情防控宣传在中央、自治区、地区、市级主流媒体开展宣传报道5549篇，其中：中央级媒体上稿249篇，自治区级媒体上稿192篇，地区及市属媒体上稿5108篇。同时，开设"主播说疫情""我是共产党员 守护在你身边"新媒体专栏，围绕疫情防控措施、民生物资保供、抗疫一线故事等话题，制作发布110余部短视频作品，引导广大群众积极配合防控要求，共同守护防疫成果。

在党的二十大广播电视安全播出重要保障期间，阿克苏市融媒体中心严格落实意识形态和安全播出工作责任制，层层传导压力，明确职责，以严、细、深、实的工作作风，切实做好广播电视安全播出、网络安全和设施保护相关工作。一方面，对重要环节和重点部位进行全面的梳理，以通报典型案例为鉴，举一反三，加强隐患排查工作，建账销号，确保不留死角，不留盲区，把安全工作关口前移，把防范工作落到实处。同时，进一步细化各类应急预案，加强培训演练，完善人防、物防、技防措施，提升安全播出人员应急处置能力。另一方面，建立党的二十大安全播出保障机制，严格执行"三审制"和重播重审制度，确保不出现技术和导向性错误。特别是重要活动直播期间，中心主要领导靠前指挥、现场调度，带领二十余名干部职工加班加点，坚守节目制作、播出、传输、监测监管一线岗位，严格落实24小时值班值守制度和零报告制度，全面提升关键部位、关键环节、关键岗位值守保障力量和应急处置能力，以最高标准、最严要求、最实举措圆满完成党的二十大重要保障期安全播出保障任务。

外宣传播强化本区域公众认同形成凝聚力向心力。阿克苏市融媒体中心全力构建全方位、多层次、宽领域、立体化的"大宣传"格局。一方面，建立以主要领导亲自抓、新闻采访部牵头，编辑制作部、维/汉语短视频部相互配合，基层通讯员广泛参与的外宣队伍，实行"月—周—日"会工作机制，即每月复盘，每周召开选题碰头会，重要节点升级为每日选题会。采编人员集思广益，筛选出"好点子"和好选题，强化对外宣传的针对性。另一方面，传统媒体瞄准中央电视台和新疆电视台主要新闻栏目，主攻《新闻联播》《新闻直播间》《朝闻天下》《新疆新闻联播》《新闻午报》《新闻夜班车》等栏目，加大全市亮点工作、先进经验、先进典型的外宣力度。2023年，《元旦假期全国安全形势总体稳定》《打通"最后1公里"电商助力 跑出兴农"加速度"》《新疆阿克苏丨戈壁滩变身现代蔬菜产业基地》《在希望的田野上·三夏丨阿克苏小麦进入灌浆期 套种实现一地双收》等85条新闻稿件在中央电视台各栏目播发，《"新冬59"创新疆冬小麦晚播大面积连片单产纪录》《开足马力 各地项目建设加快推进》《织密航线网络 服务高质量发展》《鼓足干劲推动创新型新疆建设迈出更大步伐》等228条新闻稿件在新疆电视台各栏目播发。新媒体与人民网、中国日报网、中国新闻网、天山网等自治区级以上主流媒体主动对接，围绕重要时间节点和社会热点问题，策划推出一系列浓墨重彩的主题宣传报道与新媒体作品，以短视频、图片、H5等形式提升新闻传播效果。2023年，在自治区级以上各媒体刊（播）发新闻5099篇，其中，中央电视台、新华社、人民网、学习强国等国家级媒体发稿2988篇，新疆电视台、石榴云、天山网等自治区级媒体用稿2111篇，阿克苏市在外的影响力、知名度和美誉度不断扩大。

第三节　提高舆论引导能力的路径与方法

当前舆论引导面临的问题和困境有：舆论引导的针对性不够，未能针对不同阶层、不同年龄段、不同渠道终端的受众采取不同的方式，舆论引导的吸引力和感召力有待提高。

提高舆论引导能力的路径与方法有以下几点。

一是坚持党性原则。把学习贯彻党的创新理论作为思想武装的重中之重，深刻学习领会习近平总书记关于新闻舆论工作的重要论述，在学懂弄通的基础上，宣传好党的路线方针政策，讲好新时代"中国故事"。

二是坚持主动发声。要更好地发动群众配合党委政府开展工作，就必须首先向群众说明为什么开展这项工作、怎么做，讲清楚需要群众如何配合。要紧扣"需要群众了解的"和"群众希望了解的"两方面重点，用正面形象和声音占据宣传制高点，及时把党和政府的政策主张、处理问题的态度、解决问题的举措快速、完整地告知群众，引导群众划清是非界限、澄清模糊认识。

三是坚持传播创新。要把政策语言变得通俗易懂，把事例说教变得形象生动，让受众有所思、有所悟、有所得。内容要接地气，真实反映群众身边的情、百姓身边的事，敏锐把握人们的关注点、兴奋点，主动设置网络话题。形式要更灵活，通过富有时代气息的表达拉近与网民的距离，多用大白话、大实话解疑释惑，多用讲故事、谈心的方式阐明道理。地位要平等，建立平等对话的关系，实现从"广播式"向"互动式"的转变，做到"精准滴灌""靶向供给"。

四是坚持针对宣传。要洞察群众的思想动态，把工作做到群众心坎上。讲好党委政府想让群众知道的事，更要聚焦群众关心的社会热点、焦点、难点话题，及时引导释疑。特别是针对群众"送上门"的诉求，要变事后干预为事前预防，坚持化堵为疏、超前介入、快速处理。

第三十二章　新疆察布查尔县融媒体中心舆论引导能力建设研究报告

梅元富[①]

近年来，察布查尔县认真贯彻习近平总书记关于县级融媒体中心建设的指示精神，实施"四位一体"机制，高站位谋划、高起点推进、高标准落实，推动县级融媒体中心融汇融合融活融通。

第一节　融媒体中心基本情况

察布查尔县融媒体中心于2019年6月25日，在原广播电视台的基础上整合新媒体平台成立，察布查尔县融媒体中心拥有事业岗位编制40个，配备一正两副的领导班子，行政级别正科级。主要新媒体发布平台有微信公众号和视频号（察布查尔县零距离），App（察布查尔好地方），央视视频号，人民日报新媒体客户端视界号，抖音号（焦点新闻、察布查尔发布、七彩新疆、锡伯文化），传统媒体有一套广播综合频率99.5兆赫，1套综合电视频道和2个数字电视频道。2020年5月察布查尔县融媒体中心成立国有企业新疆七彩视界影视文化传媒有限责任公司。

[①] 梅元富，新疆察布查尔县融媒体中心书记。

第二节　融媒体中心发展亮点

一、"一揽子"规划，实现体系融汇

县委、政府高度重视县融媒体中心建设，成立由县委书记为组长的领导小组，主要领导亲自谋划研究，先后召开县委专题会议、常委会议，聚焦机构设置、运行机制等重点内容，"一揽子"制定顶层设计，推动"新媒＋纸媒"体系融汇。一是聚焦定位立机构。牢牢把握新闻宣传、舆论引领和媒体服务三大重点，以县广播电视台为基础，构建"1中枢（调度指挥中枢）+5中心（新闻信息采集中心、编辑中心、译制中心、技术安全保障中心、行政综合保障中心）+1企业（传媒有限公司）"机构体系，实现全媒体统筹、全方位管理。二是聚焦重点定制度。围绕"1+5+1"机构体系，打破原有新媒体、传统媒体"两张皮"的运行模式，建立健全总编室调度会、编前会、采前会等一系列运行机制，实现统筹策划、一体运行。三是聚焦难点强保障。立足于破立衔接的过渡期、窗口期，通过财政支持一批、项目争取一批、闲置资产出让一批的方式，筹资1950万元支持融媒体中心改革，实行"公益二类管理、公益一类保障"扶持措施，有效保障融媒体中心稳破稳立。

二、"一本账"整合，推动要素融合

坚持空间、业务、人员"三统筹"，着力推进媒体资源高效整合利用，推动单一广播电视向全媒体转型，简单相加向深度融合转变，各自为政向矩阵管理升级。一是空间上深度融合，通过利旧改造、争取项目资金的方式，改建县融媒体中心办公阵地，配套用地50亩、建筑面积5800平方米，高质量建成综合业务楼，行政办公楼，食宿楼，实现基础设施同建同用同管。二是业务上深度融合，依托"石榴云"融媒体技术平台，以"察布查尔好地方"App客户端为基础，整合1个微信公众号（察布查尔县零距离）、4个抖音号（"焦点新闻""察布查尔发布""七彩新疆""锡伯文化"）、2个广播频率（99.5MHZ、

97.5MHZ），2套电视节目（汉语频道、维吾尔语和锡伯语综合频道），1套锡伯文报采编播发平台，构建全媒体矩阵，实现一次采集、多元生成、全媒体发布。三是人员上深度融合，整合力量成立特种记者部，落实引进一批、培养一批、选调一批"三个一批"措施，实行"策划、导演、采编、传播"全方位培养计划，以新型人才激发和带动传统媒体记者思想融合、能力融合、行动融合。

三、"一张网"布局，促进传播融活

聚焦传播力、引导力、影响力、竞争力四大重点任务，探索推动服务模式重塑、新闻宣传再造、薪酬制度改革，努力建设全程媒体、全息媒体、全员媒体、全效媒体。一是服务模式重塑，健全一次采集、多种生成、全网发布运行机制，推动网络直播与电视直播同频共振，新媒体新闻与传统媒体深度融合，网络节目与传统节目融合互动，最大限度发挥新老媒体各自优势。融媒体中心成立以来，新媒体粉丝由万人级上升至百万人级，现象级融媒体产品"布云秀"短视频播放量达1亿次，稻田画"终南山"短视频播放量达到5000余万次，广播节目FM99.5收听率位居全疆第一[①]。二是新闻宣传再造，坚持"小平台、大视野"思维，摒弃传统的以地方新闻为主的狭隘思想，以展现中国形象、凝聚人心、鼓舞人心为主线，扩大新闻采集覆盖面、提升新闻内容敏锐性，不断提升新闻宣传引领力。截至目前，融媒体中心抖音平台粉丝总量达180万、发布短视频18400条，2023年1月被人民日报命名为乡村振兴传播基地，5月、8月、9月三次荣登人民日报视界客户端传播力榜首。三是薪酬制度改革，坚持把人作为融媒体发展的关键要素，探索实施县级融媒体薪酬改革制度改革，建立以岗定薪、以绩定薪的薪酬制度，实行"70%基础工资+30%绩效工资+绩效奖励"分配模式，落实"一把尺子"量人才、评业绩，推动"融媒体人"从"身份管理"向"岗位管理"转变，从"吃大锅饭"向"多劳多得、优劳多得"转变，融媒体活力明显增强。四是推动高质量发展，成立融媒体中心研究中心，组织融媒体中心研究生和高层次引进人才，研究和分析央媒优秀媒体产品、现象级媒体产品、国内媒体先进运营经验等，将研究成果转化和运用在融媒体，提升融媒体整体水平。

---

① 根据蜻蜓FM数据统计。

四、"一条线"推进，推动服务融通

牢牢扭住"引导群众、服务群众"这条主线，积极探索"新闻＋政务＋服务＋商务"发展模式，不断巩固舆论引导力、增强媒体服务力。一是夯实政务服务基础，围绕数字政务、数字城市管理、数字乡村等重点内容，着力推进大数据建设运用，依托"察布查尔好地方"App搭建政务服务平台，建设预留政务服务各项模块，目前已投入3000万元，开工建设4300平方米察布查尔县智慧城市指挥中心，2024年实现大数据、城市运管服、政策公布、政务咨询、简易手续办理、智慧商城、智慧影院、智慧旅游等基本功能。二是扩大商务服务业务，成立新媒体运营部，依托下属七彩传媒公司和文化用品公司，大力开发自媒体培育、广告设计制作、媒体产品定制、文化用品销售、广播电视技术服务、院线影院等产业，2022年实现创收800万元。三是拓展文旅服务功能，紧扣"吃在察布查尔、玩在察布查尔"文旅品牌，创新性增设本地美食服务推介、旅游景点攻略、特产电商销售等平台，拍摄锡伯奶茶、贝伦舞弓箭文化、戍边精神、艾德莱斯绸等少数民族风情和美食短片200余部，有力促进"文旅上网"、引客来察。

第三节　融媒体中心舆论引导实证研究

一、解读党的理论路线方针政策及上级各级党委政府精神

察布查尔县融媒体中心始终坚持学习、宣传、贯彻习近平新时代中国特色社会主义思想，坚持引导群众服务群众原则，始终将宣传党的理论路线方针政策作为首要任务。一是及时报道。密切关注党的重要理论文件、方针政策和上级党委政府的工作精神，在第一时间进行报道，确保干部群众能够及时了解相关信息。特别是对党的二十大精神和习近平总书记重要讲话、批示、指示精神的宣传报道，开辟了《声声入耳》《党的二十大精神解读》《习语金句》等宣传报道栏目11个，群众反响热烈。二是深入解读。针对中央重要方针政策背

后的深层意义和影响，进行深入解读，通过及时转发央媒相关专题报道、分析评论，采访相关领域行业专家人士解读等方式，帮助干部群众更好地理解政策的内涵和目标。组织专题活动，如座谈会、研讨会、讲座等，邀请专家学者和政策研究落实者进行解读，与干部群众进行互动交流，增强政策传达的针对性和实效性。三是多媒体传播。采用广播、电视、新媒体全媒体全程进行传播，通过文字、图片、视频、音频、H5、MG动画、长图等多媒体的方式呈现政策解读的内容。以便更好地满足不同群体的阅读需求。

二、讲好中国新疆察布查尔故事

始终坚持筑牢中华民族共同意识是党的民族工作和民族地区各项工作的主线。大力宣传民族团结先进典型、各行各业涌现出的优秀典范，中央民族政策在察布查尔县的生动实践等引导各族群众听党话、跟党走、感党恩。一是坚持手段创新，多形式展示中华优秀文化精髓。提高媒体队伍驾驭新媒体能力，通过图文、视频、海报、宣传片等新媒体手段，有效展现中华文明的魅力与活力，推动正能量，实现大流量。二是深入基层宣传，增强民族文化影响力、向心力。以弘扬中华优秀传统文化和过好中国节日为突破点，察布查尔县零距离和察布查尔好地方App策划开设"铸牢中华民族共同体意识""民族团结一家亲""民族团结进步教育月""网络中国节""二十四节气""年味·年俗""我们共同的节日""民族团结一家亲"等专栏。截至目前，已累计刊发图文信息298余条，浏览量达156000+。通过线上线下组织活动、网友互动，进一步让各族干部群众认识到中华文化是中华民族共同智慧的结晶、中华节日是中华民族共同的节日，铸牢中华民族共同体意识。三是数字赋能，聚合力量，拓展增收渠道，在促进共同富裕中加强巩固民族团结。围绕乡村旅游、农副产品等特色产业，由上海东方购物小屏直播团队与察布查尔县融媒体中心联合开展为期一周"大美新疆，乡村振兴——伊犁州旅游宣传暨特色农产品上海推介活动"，分别在白石峰观景台、逸海云景营地、如意稻田画及融媒体中心网络直播间开展4天7场共计15小时直播带货，推荐的新疆好物深受上海观众青睐，进一步拓宽了特色农产品推广、销售渠道，让各族群众在共享发展成果的获得感中铸牢中华民族共同体意识。四是在弘扬中华优秀传统文化上发力。2023年10月23日，由察布查尔县融媒体中心协办的《东归·西迁——再现习近平总书记"四个共同"

重要论述历史文化场景主题展》在宁夏银川北方民族大学开展。这次主题展览是察布查尔县融媒体中心落实中央民族工作会议精神，以铸牢中华民族共同体意识作为各项工作主线的重要举措，也是深入学习领会习近平新时代中国特色社会主义思想、坚决贯彻落实习近平文化思想的生动实践。作为党的宣传思想文化工作主阵地和传播的"最后一公里"，依托丰富的展品、各种史料、图片、视频等多样立体化语言，讲述锡伯族西迁经典历史故事，讲述察布查尔故事，把历史文化资源优势转化成发展优势，将习近平总书记论述的"四个共同"中的历史文化场景还原并呈现给广大群众，让中华民族追求团结统一的精神鼓舞更多人。

三、重大危机事件干预

面对世界百年未有之大变局，西方敌对势力故意炒作中国威胁论，混淆是非，企图阻碍中国特色社会主义经济社会发展，察布查尔县融媒体中心始终坚守高举旗帜、引领导向，围绕中心、服务大局，团结人民、鼓舞士气，成风化人、凝心聚力，澄清谬误、明辨是非，连接中外、沟通世界的责任和使命，积极组织专人拍摄反映察布查尔县经济社会发展，人民安居乐业，各项事业欣欣向荣的万人说新疆短片2000余个，用铁的事实反驳西方不实言论。

第四节　提高融媒体中心舆论引导能力的路径与方法

随着互联网信息传播渠道日益广泛，精细化和个性化传播手段也纷繁复杂，对媒体的宣传报道质量、人才和能力要求也愈来愈高，作为县级融媒体是引导和教育基层群众最直接最有效的宣传媒体。但由于察布查尔县级融媒体中心处于新疆边境县，人才匮乏，经济不发达，宣传报道经费紧缺、人才匮乏、编制数量不足以支撑多种民族语言传播和全媒体宣传报道等问题严重制约着边疆基层融媒体的发展和作用发挥。

解决边疆县级融媒体中心舆论引导能力最有效和直接的方法就是加大中央和地方专项资金支持、政策支持力度，增加专业人才所需的编制数量，提高融媒体中心工资待遇，为融媒体中心人才提供更多发展和晋升机会。特别是在边境县的融媒体中心承担着更为艰巨和特殊的宣传报道任务、多种民族语言传播的任务、全媒体宣传报道的任务，从加强和维护边境地区宣传报道、舆论引导和意识形态领域安全的实际和角度出发更需要在人员编制、专项经费和扶持政策上给予大力支持。

第三十三章　县级融媒体中心符号传播价值与路径研究

卢剑锋[①]

笔者在对县级融媒体中心调研过程中发现，县级融媒体中心要打造和传播县域品牌、弘扬县域文化、宣传好地方形象，要在中国 2800 多个县级融媒体中脱颖而出，就必须将县级融媒体传播与县域特色深度融合，而要做到这一点，应用符号传播，打造县域强符号是一个非常重要且有效的途径。其实有很多县级融媒体中心已经意识到了这一点。比如淳安县融媒体中心，它还有一个名字是千岛湖传媒集团，把县域最大的旅游资源作为强符号放在集团名字及旗下几乎所有媒体的名字中。比如"视界千岛湖"App、报纸《今日千岛湖》、广播"千岛湖之声"、千岛湖新闻网、千岛湖屏媒（户外大屏）等；为宣传本地农特产品，推出"千岛农品"区域公用品牌，将"千岛湖"这个符号发挥到了极致。再如，香河融媒体中心，它强调并倾力宣传"运河文化"，服务于大运河文化带建设。习总书记去安吉余村考察时提出了"绿水青山就是金山银山"，"两山理论发源地"成为安吉的符号。

第一节　县域符号的概念和内涵

一、概念和结构

随着对符号的关注越来越多，符号学研究扩展到各个领域。在传播学研究

[①] 卢剑锋，中国新闻出版研究院传媒研究所副研究员。

中，一些学者提出了城市文化符号的概念，旨在通过符号的视角解读能够代表城市文化个性、体现其内涵，并具有文化象征意义的事物。"县域符号"旨在从符号的视角探索反映县域生产生活各个方面信息的生产、流通的传播机制，县域符号是指代表特定县域的符号元素，包括物质符号、行为符号和精神符号。

第一，县域物质符号体现为可感知的有形物质，例如建筑、自然景观等。这些物质符号是县域的地理、历史和文化特征的具体表现。它们通过自身的形态和特征，向外界传达着县域的独特风貌和特色。通过在传播中展示这些物质符号，可以让人们直观地了解和感受到县域的地理环境、自然景观和建筑特色。

第二，县域行为符号体现在规章制度、行为规则、典礼仪式等方面的人文因素。这些行为符号是县域社会生活和文化传承的重要组成部分。例如，法律规章、政务会议、庆典仪式、民间习俗等都是体现县域行为符号的具体表现。通过传播这些行为符号，可以展示县域社会的秩序和文化传统，让人们了解和认同县域的行为准则和文化习俗。

第三，县域精神符号指的是县域发展过程中形成的价值观念和道德准则，例如代表县域的人物形象、艺术作品等。这些精神符号反映了县域社会的核心价值观和精神风貌。通过传播这些精神符号，可以展示县域的精神面貌和社会精神氛围，加深人们对县域的认同和情感共鸣。

二、内涵及运用

基于皮尔斯（C.S.Peirce）的"符号三元构成说"，在县级融媒体中心传播中县域符号由再现体（representamen）、对象（object）与解释项（interpretant）三者构成。再现体是指通过图像、影像和文创作品等形式呈现给观众的媒体内容；对象是指再现体所代表的实际存在的事物或场景；解释项是指符号所蕴含的意义和信息。以县级融媒体中心对自然景观的视频推广为例，县级融媒体中心对外展示的图像、影像以及文创作品为其符号"再现体"本身，而现实中的自然景观则为符号"对象"，景观所蕴含的地域文化底蕴和民俗民情则是符号的解释项。在县级融媒体中心对符号的传播过程中，重要的是要确保再现体、对象和解释项之间的协调和有效传达。

第二节 县级融媒体中心符号传播的价值和特征

符号具有两种基本功能，认知功能和传播功能。认知功能帮助人们进行理性思考，认知事物的本质；传播功能是在社会约定俗成的基础上，实现人与人之间的思想沟通和情感交流。符号本身没有含义，只有当用来描述世界的时候，意义才得以产生，须在语义明确并与解释者的理解相对应的时候，在一定的传播语境中，才能产生语用效果。因此，符号必须被传播，传播符号本身也是建构符号的过程。因此，作为县域主流媒体的县级融媒体中心是县域符号建构和传播过程的重要主体之一。

总的来说，县级融媒体中心符号传播的价值主要体现在以下几个方面。一是能够增强公众对县域的文化认同。县级融媒体中心通过使用本地化的语言和符号，反映和展示县域内的风土人情、历史文化、民生百态等，让公众产生浓重的归属感，增强对本地媒体和本地文化的认同。二是能够提升县域舆论引导和社会治理水平。县级融媒体中心通过使用正面积极的符号，反映和回应社会热点、民意诉求，调解和化解社会矛盾和风险，维护社会稳定和民生福祉，引导公众树立正确的世界观、人生观、价值观。三是通过符号塑造良好的县域形象和品牌。作为文化政治经济社会的表征和重要载体，符号蕴含着一个县的历史文化、传统习俗、民生民情的方方面面，体现了一个县域的精神风貌、地域文化和地区形象。符号建构起县域形象，一个包含着文化的形象，有效地挖掘和传播县域强符号，对于来让世界认识和记住县级融媒体中心、记住县域品牌，有着重要的作用。四是可以提升县级融媒体中心的传播效果。县级融媒体中心通过传播来建构符号，通过符号的建构和传播深入挖掘地方资源，引导群众、服务群众，实现基层舆论引导，推动乡村振兴、扶贫攻坚和社会治理，履行举旗帜、聚民心、育新人、兴文化、展形象的使命任务，不断提升自身传播效果。

县级融媒体中心通过各类议题的选取与传播，打造和提供更好地为基层受众喜闻乐见的特色的新闻产品和服务，其不同议题呈现出不同的符号学特征与意义。

一、县级融媒体中心县域物质符号传播特征

1. 地理风貌符号：地方形象的推广展示

每个地区的独特气候和地理特征塑造了当地人们独特的生活方式和习惯。这些地理符号承载着丰富的文化内涵，成为吸引旅游者的自然景观和历史文化遗产。为了将这些特色地方形象推广给更多人，县级融媒体中心利用抖音、快手等短视频平台，分享当地的风土民情和旅游景点等信息，力求抓住短视频内容的蓝海市场。河北正定县融媒体中心通过"游视界"平台举办了"红崖谷十二时辰""媒体+旅游活动"，以及"迎元旦、游古城"跟着主播逛正定"媒体+旅游活动"等，积极推动旅游业的发展。宜昌市夷陵区位于长江西陵峡两岸，素有"三峡门户""川鄂咽喉"之称。夷陵区融媒体中心充分利用地理资源，以融合之力打造峡江文化IP。在"上海的孩子看三峡"、上海开通"静安·夷陵号"旅游专列期间，夷陵融媒与上海电视台、静安区融媒体中心联动，全程跟踪展示，推出系列直播，展现夷陵独特的峡江文化和浓浓的对口支援情谊。江西吉州区融媒体中心创新推出了720°全景VR钓源·十里芳菲，对螺子山、钓源慢直播，其充分利用图解、直播、短视频等有效传达了当地的自然美景和人文历史，成功地将景区的魅力展示给了更广泛的受众，为树立独特的文化旅游品牌提供了助力。总之，这些地方形象的推广展示中，县级融媒体通过传播地理风貌符号，向外界展示了县域地区的独特魅力和文化底蕴。

2. 特色产品符号：地方风物的品牌营销

地方特产作为地理标志产品，与当地的人文风物、历史文化密切相关，具备其地域性所赋予的在文化内涵方面的独特卖点，成为本地文化的重要组成部分。作为最了解当地信息和本土人文的县级融媒体有着超强的接地气特性，在推广名特优产品方面发挥媒体优势，以电商为平台，打造农业农村产供销快车道，从而使本土特色文化品牌化，用品牌滋养媒体，用媒体反哺品牌本身。如云南腾冲市融媒体中心通过主播与农户直播带货，将栗树园腌菜、北海镇冬桃、新华乡猕猴桃、荷花镇砂糖橘、猴桥镇木瓜等特产推广到全国。每个地方特色农产品都是一个特定的传播符号，促进了受众对本地的了解和消费黏性。长兴融媒体中心与其他主流平台合作，同步直播龙山渚山村杨梅采摘现场，创造出"有长兴特色"的本土作品，取得了不俗的成绩。高州市融媒体中心对荔枝产

业的报道"广东喊全球人民吃荔枝"——《寻宝大唐荔乡》综艺节目，全方位向世界展示大唐荔乡的独特魅力。东乡区融媒体中心对东乡区传统产业"东乡豆腐"的报道推介，立足本地特色，塑造地方品牌。总之，地方特产不仅具备地域性的文化内涵，而且作为地理标志产品，与当地的人文风物和历史文化密切相关，成为本地文化的重要组成部分。

二、县级融媒体中心县域行为符号传播特征

1. 传统节日符号：中华文化的积淀与传承

我国的重要文化节日是中华文化的重要组成部分，这些节日中蕴藏的民风民俗、节日食物等，背后承载着中华文化的仪式表达与历史积淀。节日符号所体现的意义既代表了国人的文化传承，也展示出对未来的期许，由此成为展现地方文化的切入点。如长兴，是陈朝开国皇帝陈霸先的故乡，茶圣陆羽在此写就了旷世巨作《茶经》，明朝吴承恩在长兴为《西游记》写作积累了大量素材，元代赵孟頫誉长兴为"帝乡佛国"。长兴融媒体中心打造的"端午来了"大型融合式媒体直播，将传统节日端午与地方文化相结合，体现了其深厚的文化底蕴及当地民众的精神风貌和民风民俗。县级融媒体中心也注重利用生肖符号营造浓厚的节日氛围。2019年新年，福建漳浦融媒体中心的历史类谈话节目《金浦故事》推出12集"生肖金浦谈"系列，以天干地支知识与"鼠"元素主题开讲。更重要的是，漳浦俗语、漳浦历史故事被引入讲解，使受众在感受年味的同时，增加更多地方文化的认知和了解，借助节日生肖的符号，感受到体现深厚的地方文化底蕴。

2. 传统节目符号：地方魅力的表达与认同

布袋木偶戏、舞龙舞狮、皮影，"二月二龙抬头"传统戏会，从这些优秀的民间传统表演艺术中可以感受到我国传统非遗文化的魅力。这些文化符号在县级融媒体中心平台结合网络直播，成为继承和弘扬中华民族优秀传统文化，强化群众情感认同的重要策略。舞龙舞狮代表的是节日的激情和对美好生活的追求，阿克苏地区融媒体中心和沙雅县融媒体中心在2022年元宵节联合推出的舞龙舞狮直播，将这种意义通过网络直播的方式把节日氛围传达给各地受众。花灯代表着节日温暖的美好愿景，起到鼓舞人心、凝聚力量的作用。2020年元宵节晚上，丰台区融媒体中心策划"网上看花灯"公益行动，北京世界公园18

个自贡主题灯组、4万多盏地插灯花和南宫五洲植物乐园5000盏彩灯同时点亮。通过"丰台发布"快手号和"北京丰台"客户端把新春灯会搬上了网络，让市民坐在家里"云赏灯"，为响应号召在家过节的市民群众送上节日祝福。这场花灯盛宴的网络直播和短视频共吸引两千多万人次观看，点赞40余万，仅"元宵佳节，点万盏彩灯候春暖花开"一条短视频就获得1200多万次点播。同时，这些传统节目符号代表着节日的激情和美好愿景，能够激发人们的情感共鸣。如双流区融媒体中心深入到全区各镇街挖掘年味，对群众团聚、过年等丰富活动进行报道，对黄龙溪镇"火龙灯舞"（又称"烧火龙"）民俗进行挖掘，对群众烧火龙祈福、欢天喜过新年的热闹氛围进行报道。海淀区融媒体中心首届网络春晚，邀请中国国际电视台法语频道通过视频直播的形式，采访了国家京剧院、中央歌剧院、北京交响乐团、北方昆曲剧院艺术家，展示了舞狮、皮影戏等传统节目，在增强居民的归属感、获得感、幸福感的同时，让世界通过海淀感受到中国的魅力。

3. 周年符号：社会发展强心针

2018年是改革开放40周年，2019年是新中国成立70周年。周年庆成为县级融媒体中心展示国家社会发展成就，展示人民改革创新、团结奋斗的精神和行动，彰显中国特色社会主义制度优势的重要主题符号。庆祝周年活动通常包括特别报道、展览、音视频制作等多种形式。如《浏阳日报》以"浏阳改革启示录""浏行40年"为主题对改革开放40周年进行的特别报道，从2018年6到12月，共计40余个版面、12万余字，呈现出了一部恢宏磅礴的"浏阳改革开放编年史"，并出版《壮阔东方潮 奋进新时代》专刊。报道从敲响国有土地使用权拍卖的"三湘第一锣"、湖南省乡镇企业首次两个"买断"，到如今率先推行的"最多跑一次"改革，展现出浏阳强大的"改革基因"，创造出中国县域经济发展的"浏阳现象"。同时，县级融媒体中心组织制作音视频素材，如音频故事、城市印象视频等，生动地展示国家在特定时期的成就和风貌。如大兴区融媒体中心在中华人民共和国成立70周年之时，策划"我与祖国共成长音频故事""我与大兴国际机场的故事"等主题活动，精编祝福海报表白祖国，整合推出活动形象片主视频和70秒城市印象视频，推广大兴整体形象。周年符号展示了我国人民在党的领导下春风化雨，砥砺前行，实现了从站起来到富起来的伟大飞跃。

4. 科技符号：经济发展向心力

在政治经济议题中，最常见的符号便是科技。近年来，国家把科技创新摆在国家发展全局的核心位置，在科技方面取得了长足的进步，全球领先的移动互联网技术、大数据技术和市场活力为世界经济带来发展与机遇。县级融媒体中心在经济议题报道中诠释科教兴国战略、科技自立自强，把科技创新宣传作为重中之重。如海淀区融媒体中心，设置了经济科技新闻部，连同《中关村》杂志，专门报道海淀区科技创新和经济发展实践和成果；利用主办、承办的各项活动展示前沿技术成就，如自动驾驶、"城市大脑"等。中心还上线北京市首个区级"融媒+"线上发布平台"海淀融媒发布厅"。作为新型的移动式、可视化、多平台的全方位立体式发布厅，聚焦海淀区新政策、新项目、新科技、新产品、新经验，及时权威发布海淀区重要信息，满足政府、企业、基层需求。科技报道能够激发公众对科技的关注和热情，培养科技创新的支持者和忠实"粉丝"，推动科技成果的转化和应用。通过科技符号的运用，县级融媒体中心突出科技创新在经济发展中的重要作用，加强人们对科技创新的认知和认同。

三、县级融媒体中心县域精神符号传播特征

1. 领导人符号：党的方针政策的充分解读

强化舆论宣传，解读党的理论路线方针政策及各级党委政府精神，更好地引导群众，是县级融媒体中心建设的根本目标。围绕习近平新时代中国特色社会主义思想、党的路线方针政策和县委县政府各阶段的工作重点设置议题是县级融媒体中心工作的重中之重。有关习近平总书记的讲话精神和思想理论的报道成为阐释党的理论路线，引导广大干部群众感党恩、听党话、跟党走的着力点。尤溪融媒体中心在党的代表大会和各次全会后开设学习专栏，如《在习近平中国特色社会主义思想的指引下》，每天聚焦一个理论问题，摘录或引用主流媒体上的专家学者的学习指导，让党的理论触手可及，深入普通百姓家庭。如《爱学习》栏目，引导广大党员学习贯彻习近平新时代中国特色社会主义思想。项城融媒体中心将总书记的思想与老百姓的日常生活相结合，策划了"拍拍项城上空的云"活动，吸引数万人参与，并将这些素材制成节目在各平台播出。在节目的最后，总结总书记所说的"绿水青山就是金山银山"，让老百姓感受到

总书记所讲述的就是他们身边的事情。通过这种方式，将党委政府的政策和重点工作拆分为不同主题，策划不同选题，鼓励全民参与互动，从而将党委政府的工作部署传递到基层，凝聚人民的共识。大兴融媒体中心将传播党的声音作为首要政治任务，开设了多个栏目，如《向总书记报告》，用心制作品质高、格调优的作品。其中，《1059传习广播》成为全国首家每天滚动播出习近平总书记原声音频的节目。总之，县级融媒体中心通过领导人符号的使用，解读党的理论路线方针政策及各级党委政府精神，更好地引导群众，传递党的声音，凝聚共识，为维护党的团结统一、促进社会稳定和谐发挥着积极作用。

2. 个体符号：以小见大讲述百姓故事

以个体人物为符号，将个人命运与社会、国家发展联系起来，以小见大从低视角讲述社会故事，是社会议题的重要讲述方式。从个体符号所呈现的故事化讲述中，可以看到其背后隐含的社会意义。脱贫致富是一个重要社会议题，很多县级融媒体中心的报道通过讲述鲜活生动的个体故事来展现脱贫攻坚这一主题、见证时代进程中伟大的中国。如陆良县融媒体中心采写的《残疾夫妻深山战贫记》，讲述了陆良县板桥镇大桥村残疾小伙王先暗下决心立志脱贫，拄着拐杖的他和妻子，自力更生，在深山里种洋芋，2018年，他们净赚了3万多元钱，最后光荣脱贫"摘帽"，还被评为"最美家庭"。报道以记者亲见、亲闻、亲为的采访经历和故事，传递了人民决战决胜脱贫攻坚的决心和对美好生活的向往。普通人的故事往往看来平常却又令人感动，正是这些平凡而伟大的人，向社会源源不断地传递着正能量。县级融媒体中心将这些寻常又不寻常的个体故事，鲜活生动地讲述出来，通过小人物视角展开社会故事，小切口，大世界，让大家感知到社会暖心正能量的同时，看到社会发展为人们带来的希望。高州融媒体中心2021年的《来自台湾的他，扎根高州24年，建了个世外桃源》，讲述了1997年刚四十出头的台湾青年杨炽惠，从遥远的台湾屏东孤身来到高州长坡大石冲村，与村里签订了500亩山岭和100亩山塘的长年承包合同，自此便在这山旮旯里"安营扎寨"，成家立业，一待就是20多年直至现在。同样，《乡村振兴中的高州新农人：荔枝妈咪——梁永艳》讲述了"荔枝妈咪"梁永艳，一边照顾家庭，一边销售家乡农产品，在2013年便开始通过网络销售高州荔枝，把家乡荔枝卖到青海、吉林等地区。这些报道讲述了个人在农村振兴、脱贫致富过程中的故事。

3. 群体符号：侧面写照关注民生建设

群体符号在县级融媒体中心的运用是讲述社会议题的另一种重要方式。通过关注不同的社会群体，如老年群体、女性群体、农民群体等，可以从不同侧面反映出社会民生的真实情况，展示百姓生活，并映射出国家民生建设的成果和挑战。由于紧贴基层、直面广大人民群众，县级融媒体中心可以利用媒体优势，为人民群众提供直接的服务。如尤溪县融媒体中心一直关注民生建设，为帮助解决农产品滞销问题，在广播电视和微信平台上播出大量有关农民和农产品的信息，《丰收年遇滞销，果农10万斤柚子盼收购》《【暖心】尤溪果农产品滞销！他们买了数千斤……全城免费送！》，等等；还通过系列跟踪报道，在社会上营造了浓厚的扶贫助困、团结友爱的氛围。另外，浏阳融媒体中心对"爱心早餐活动"的发起与报道，不仅对环卫工人这一群体给予关怀，还在社会营造了奉献爱心的良好氛围，彰显了一座城市的情怀，为城市积累了更多丰厚的精神财富以及无形资产。同时，少数民族群体也成为县级融媒体中心在报道中的侧重点。贵溪市融媒体中心对当地极具特色的畲族文化风情从特色饮食、特色节日、特色活动、特色生活方式等各个角度采访报道，取得了良好的宣传效果。通过关注不同社会群体的生活状况和问题，群体符号的使用能够直观地反映出民生建设的成果和挑战。

4. 党员符号：优秀传统的继承弘扬

宣传为老百姓谋福利、为国家谋建设的好党员、好干部，能够彰显社会正气，实现媒体举旗帜、聚民心、育新人、兴文化、展形象的使命任务。在这里，对优秀的共产党员的描述体现了党员的先锋表率作用，是对社会正气的弘扬和正能量的凝聚，党员的符号成为县级融媒体中心弘扬社会主旋律的重要方式。2020年9月，广东高州融媒体中心推送和播出了曹江镇堂阁村抗美援朝老战士陈喜初保家卫国、不忘初心、勤奋务实又深藏功名的感人事迹，讲述了这名93岁的志愿兵轰轰烈烈战斗，勤勤恳恳工作，平平淡淡生活，作为一名普通共产党员忘我无私、淡泊名利、坚守初心的高尚品格。尤溪融媒体中心在党的代表大会和各次全会后的一段时间内都开设学习专栏，开设《党员说》栏目，让身边的先进典型走上讲台，介绍自己怎样在基层岗位做好示范引领作用。大兴融媒体中心在党史学习教育和建党100周年宣传中，开办了《百名党员讲初心》《红色记忆》《奋斗百年路》《我家的革命故事》等多形式传播党的光辉历史，弘扬党的优良传统，抖音、快手、头条、视频号、梯影等多平台传播，向网民渗透、向楼宇延伸，一个个爆款时政微话题，更快、更广、更生动地使党的声音植根于百姓心间。

5. 红色符号：党史教育入脑入心

红色是国旗的颜色，党旗的颜色，共产党人的颜色，是代表着激情、斗志、革命的颜色。红色符号一直用在党建工作的宣传教育中。如仁寿县融媒体中心《诵读红色经典》视频栏目；海淀区融媒体中心的"红色海淀"融合传播计划、红色香山新时代"赶考"计划。大兴区融媒体中心推出纪录片《平南记忆 红色大兴》挖掘了平南红色文化；在政务微博设置#我们一家都是党员#、#我的第二生日#、#北京红色印记#等互动话题，组织开展网上访谈，回应网民关切的话题；推出建党系列"红直播"活动六期，打造大兴区党史学习教育网红打卡地图，让踏寻"红色之旅"成为群众生活新风尚。这些围绕红色精神的党的宣传教育让人们在了解党史知识的同时感悟到信仰的力量。

四、县级融媒体中心县域符号叙事结构特征

叙事结构可以视为将故事的顺序和风格展现给观察者的一种框架结构，即叙事因素之间通过什么样的结构关系在系统中形成意义。符号叙事结构指的是符号之间按照一定的逻辑组成系统，从而形成叙事结构层面的意义，包括叙事视角、符号要素、符号之间的聚合关系等。县级融媒体中心传播的县域符号叙事结构，即将其信息产品作为一个完整的结构来从叙事视角分析其县域符号之间的构成关系。

1. 县域符号叙事的精英与大众视角

符号叙事视角是符号展示和叙述切入的角度。透过这一视角能够感知作者的思想感情和意见判断。不同视角下的同一叙事可能会呈现不同的特点，得出不同的结论和感受。"精英"在《辞海》中的定义为社会上具有卓越才能或身居上层地位并有影响作用的杰出人物，他们具有高度的社会评价和合法化的地位，散布于各行各业。精英通常是指社会中占有主导地位，并掌握社会政治、经济资源的一小部分人。大众是社会中占多数的群体，通常和基层性、草根性等相联系。在媒体传播过程中，符号叙事的精英与大众视角不断交流与渗透。作为基层舆论引导平台，精英与大众视角同时被运用到县级融媒体中心传播符

号叙事的过程中。在解读党的路线方针政策、开展党史党章学习的议题中，符号叙事的精英视角与大众视角的并用相得益彰。如双流区融媒体中心在电台常态化开设《党的理论飞入寻常百姓家》栏目，邀请专家学者、机关干部解读新思想。同时，双流区融媒体中心特别策划了全会精神专题党课，设置"主题领读""辅导百问""学习声音"三个版块，在"学习声音"板块则邀请全区各级党组织党员谈心得、讲体会，展示双流区党员干部"重塑荣光再出发"的新风貌、新作为。同时，符号叙事的大众视角被广泛运用到社会民生各个议题，玉门融媒体中心聚焦"凡人微事"真善美，在其百集系列纪实节目《玉门人·玉门事》，通过平凡人的视角，讲玉门人自己的故事。其开设的《民声问政》《百姓有话说》《随手拍》等融媒体互动监督栏目，用户可将手机拍摄的图片、视频、文字同步到平台，将信息传播与舆论监督、畅通诉求相结合。大兴区融媒体中心在国庆周年的报道特辑中，制作了短视频《阅兵夫妻同台受阅》，讲述了国庆60周年结缘、结婚的张强、高杨夫妻，同时在国庆70周年参加阅兵训练。通过平凡人的视角讲述主旋律的正能量故事。

通过精英与大众视角的并用，县级融媒体中心在传播县域符号叙事时能够更加全面地展示符号的含义和价值，这种叙事结构使得符号之间形成了一定的逻辑关系，提升了符号叙事的影响力和传播效果。通过精英与大众视角的并用，县级融媒体中心能够在传播中更全面地呈现符号的意义和故事的内涵，实现叙事结构层面的意义。精英视角从权威、专业的角度出发，对符号和故事进行深入剖析和解读，帮助受众深入理解符号背后的含义；大众视角则从广大受众的角度出发，关注他们的兴趣、需求和体验，增强符号和故事的感染力和影响力。这种并用的方式能够满足不同层次、不同兴趣和需求的受众，提升传播效果，促进社会共识。

2. 县域符号的隐喻与转喻

皮尔斯将符号分为指示符号、像似符号和象征符号。其中指示符号指的是时空上的比邻关系，像似符号指的是能指与所指事物的相似之处，象征符号指的是约定俗成的习惯。在这三类符号的形成与转化过程中，隐喻和转喻扮演着重要角色。俄国语言学家罗曼·雅各布森（Roman Jakobson）将二者视为两种传播意义的不同方式。其中隐喻指根据相似性赋予未知事物以新的意义，如长城隐喻中国。转喻则是用事物的部分来代表整体，如中国人代表中国。因此，隐喻与转喻体现了像似符号与指示符号的对立关系，而从这对立关系中符号的意义得以建构和传播。隐喻的含义达成基于事物之间的相似性，即人们对人、物和意义之间的习惯性联想，如县级融媒体中心传播符号中运用红色故事所代表的党的精神品格，儿童所代表着新一代的朝气和社会的希望。转喻是符号所指事物之间的逻辑延伸。通过具有代表性的方面来展现整体，是媒体经常运用的符号叙事表达方式。县级融媒体中心经常运用各类群体人物来反应社会民生。如尤溪融媒体中心的《天南地北尤溪人》、短纪录片《守摊人》、系列报道《凡人梦想》，贺兰融媒体中心的《巾帼风采录》，分宜融媒体中心的《天南地北分宜人》《分宜有爱·分宜好人》《铃商铃才》等节目。如"天南地北分宜人"主题宣传活动，通过宣传分宜人在外地创业的酸甜苦辣，侧面反映外地创业环境，推动分宜县创业环境的提升；通过讲述成功者的故事，触动和影响家乡的创业者走向成功；通过内外互动，引导分宜人在外创业成功者"凤还巢"，助力分宜经济社会发展。再如，"分宜有爱·分宜好人"主题宣传活动，挖掘分宜县的好人及大爱，并大力宣传，真正把榜样的力量转化为推动发展的生动实践。分宜县融媒体中心每年都会举办"分宜最美人物"评选及颁奖，积极传播正能量、分宜好声音，积极发挥促进老百姓向上向善的导向作用。

隐喻和转喻作为符号叙事的手段，可以帮助县级融媒体中心传达更深层次的信息和情感，增强叙事的吸引力和影响力，使受众更容易理解和共鸣。首先，隐喻和转喻可以丰富符号的含义和象征。通过将未知事物与已知事物相比较，隐喻赋予符号新的意义。例如，将红色故事隐喻为党的精神品格，可以激发人们对党的价值观的认同和情感共鸣。转喻则通过选择具有代表性的部分来代表整体，使符号更具象征性。例如，县级融媒体中心选择具有代表性的群体人物来展现整个社会的情况，从而引起观众的共鸣和关注。其次，隐喻和转喻可以提升叙事的吸引力和情感效果。隐喻通过创造意想不到的关联和类比，激发观众的好奇心和探索欲望。转喻则通过抽象的象征性表达方式，引发观众的思考和联想。这些手法能够吸引观众的注意力，增强叙事的吸引力和记忆性，使受众更加深入地参与到符号的解读和体验中。第三，隐喻和转喻可以增强叙事的影响力和传播效果。通过巧妙地运用隐喻和转喻，县级融媒体中心能够将复杂的信息转化为简洁、生动的符号叙事，提升信息的可理解性和可传达性。这样的叙事方式更容易引起观众的共鸣和情感投入，进而促使观众对叙事内容的接受和行动。

3. 县域符号的故事化叙述

符号意义的呈现需要故事化的结构表达。故事能够降低描述的复杂与抽象性，赋予符号更生动明确的意义呈现。县级融媒体中心通过图景式、话题式、故事式等作品，忆往昔、看变化、谈未来，对信息故事性的梳理和归纳能够使受众感受到传播者想要表达的文化和精神内涵，从而形成脉络清晰的思想体系，影响受众的思维方式。鲜活呈现好故事、好人物、好画面，切实发挥融媒体的教育、引导功能是县级融媒体中心传播的重心。贺兰融媒体中心通过讲故事进行典型宣传，深入挖掘全国"三八红旗手"脱贫攻坚"铁娘子"蔡霞、全国"十佳农民"蟹田米王赵建文、雄英村七旬老人魏耀华照顾九旬婆婆五十载、环卫工人季元新"完璧归赵"等先进人物的典型事迹，通过这些故事的描述营造积极进取、团结奋斗的浓厚氛围。为讲好地方故事，丰台区融媒体中心还进行了社区新闻发声人工作的创新实践，即动员和鼓励社区群众直接参与到基层宣传工作中来，主动发现身边有"温度"的人，生动讲述社区有"鲜度"的事，让更多的群众成为新时代传递正能量的"网红"，助力基层社会治理和社区文化建设。

故事化叙述能够将抽象和复杂的信息转化为具体、生动的故事情节，通过故事化叙述，县级融媒体中心能够更好地呈现符号的意义，使受众更容易理解和产生共鸣。首先，故事化叙述能够降低符号描述的复杂性和抽象性。通过构建一个具有情节和人物的故事，将符号的意义嵌入到故事情节之中，使符号的内涵更加明确和具体化。这样的叙述方式可以减少信息传递的障碍，让受众更轻松地理解和接受传播内容。其次，故事化叙述能够赋予符号更生动明确的意义呈现。通过图景式、话题式、故事式等形式的作品，县级融媒体中心可以通过具体的场景、人物和情节，展现符号所代表的文化和精神内涵。这样的叙述方式能够让受众更加直观地感受到传播者想要表达的信息，从而增强受众的情感共鸣和记忆效果。第三，故事化叙述还能够帮助县级融媒体中心建立脉络清晰的思维体系，影响受众的思维方式。通过对信息进行故事性的梳理和归纳，县级融媒体中心能够形成连贯的叙事结构，让受众更好地理解信息的逻辑和内在关联。这样的叙述方式有助于引导受众对于符号意义的思考和反思，从而产生更深层次的认知和行动。第四，故事化叙述能够发挥融媒体的教育和引导功能，切实塑造好故事、好人物和好画面。通过深入挖掘地方的典型事迹和先进人物，县级融媒体中心可以营造积极进取、团结奋斗的氛围，引导更多的群众参与到传递正能量的行动中来，推动基层社会治理和社区文化建设。

第三节 县级融媒体中心符号传播能力建设路径

如今，人们越来越清晰地意识到文化软实力的重要性，而借用在人们心目中长久留存的鲜明符号来塑造地区形象、获取文化认同与经济利益的双丰收无疑是一条新的县域发展特色之路。而在符号的塑造和传播过程中，离不开媒体的作用，在媒介产业化如此发达的今天，大众传播媒介这种全球通讯技术成为文化"符号化"的主要力量，媒体不仅能够塑造、生产新的符号，也可强化、传播符号的印象。一个社会共识强的县域符号的形成与传媒生产密切相关。县级融媒体中心是媒体融合的"最后一公里"，因此县域符号的塑造和传播是县级融媒体中心责任和使命的组成部分。县级融媒体中心也可以通过县域符号的塑造和传播，促进县域文化和经济的发展，推动乡村振兴和脱贫攻坚，促进社会治理能力的提升。

一、基本原则：以塑造和发掘强符号作为重要抓手

强符号，指的是现代符号传播中传播能力强、传播效果最好的一部分符号。强符号具有五个基本特征：一是强烈表现当代主流；二是传播力持久；三是社会利用率高；四是能指形式独特；五是所指意义具有唯一性和不变性。根据芬兰符号学家埃罗·塔拉斯蒂的强弱符号理论，意义完全或者多数依靠语境才能确定的符号属于"弱符号"，不依靠语境、能够独立表意的符号为"强符号"。面对蔚为壮观并且持续膨胀的社会符号系统，县级融媒体中心只有掌握了强符号才能实现强传播。强符号是进行县域形象和品牌传播的有效途径。强符号背后的县域代表文化是县域软实力的重要组成部分，代表着一个县的风土人情和

文化风貌，县级融媒体中心深度塑造、发掘和利用强符号传播，无疑会推动当地旅游业和县域特色产业的发展，传播县域独特文化和良好形象，从而为当地经济文化发展带来积极的促进作用；另一方面，县级融媒体中心采取的创新举措对于自身发展具有重要意义，能够进一步扩大自身影响力，实现社会效益和经济效益的双丰收。

《县级融媒体中心建设规范》中规定了县级融媒体中心有"为本地用户提供各类文化服务，主要开展文化新闻资讯报道、文化基础设施全方位展示和沉浸式体验、体育赛事资讯和服务、旅游信息服务、地域特色展现、演出活动支持等业务"的文化服务功能。因此，文化中介是县级媒体完成文化传承与生产的基本功能，是国家赋予县级媒体的职责。作为本县主流媒体的县级融媒体中心掌握着丰富的资源，理应成为这个框架的议题设置者和主动发力方，为散在的文化生产者参与强符号传播创造条件，提供平台，把控方向；通过全面参与县域文化传承、生产进程，深度介入文化生产结构，乃至嵌入县域文化创新的源头，为融合成共同生产主体打下基础。此外，县级融媒体中心参与乡村数字资源库建设，也为其参与乡村强符号文化的生产和传播提供了有利条件。随着各地数字乡村战略的推进，不少县级融媒体中心已经启动本县文化新闻、非遗数字影像、美丽乡村等数字资源库建设工程，经济发达县（区）融媒体中心还参与了智慧文博、乡村旅游等项目资源的开发和运用。随着县级融媒体中心技术和队伍水平的不断提升，其他相关数字资源的拍摄、编辑与存储将陆续开展。随着数字乡村发展行动计划的持续推进，国家还会在乡村政治文化、产业文化、商务文化等更多层面赋予县级融媒体中心文化生产功能，这些都为县级融媒体中心掌握县域符号资源、塑造和传播强符号，提供了充足的条件，打下了坚实的基础。

二、提炼强符号：积极参与县域强符号的生产、构建与挖掘

第一，县域定位清晰才能塑造强符号。要结合县域自身特色进行定位，发挥县域优势塑造个性鲜明的符号形象。在县域符号中也要凸显县域的文化、艺术，县域特有的景观和文化，等等；符号是县域气质和性格的体现，既要有时代的新鲜感，也要有历史的厚重感。县域符号是展示县域文化、县域性格、县域形象的重要载体，独特的县域符号塑造独特的县域形象，个性鲜明、文化底

蕴深厚的县域会给人留下深刻的印象。因此，县域符号的挖掘既要有形式美感，也要表达特定的文化内涵，要深入挖掘县域的地域文化、悠久历史、民风民俗、人文精神等人文历史资源。符号就是地方名片，打造良好的地方形象，首先要进行精准的定位，给地方名片定性，赋予其独特标识。媒体在传播地方文化时，对于地方形象要有精准清晰的认识，"名片"既要符合当地实情，又要具有一定的辨识度和特异性，凸显地方个性，使地方形象深入人心。

第二，强符号选择的原则。县域强符号，就是属于县域本身、根植于县域的地理或历史中，为全国人民所认同的，能够代表县域面貌、县域特色、县域价值以及县域发展的标识、建筑、历史人物、节日、民俗、理论、著作、自然或人文景观、特产资源、文化艺术历史人物、景观建筑、传统民俗、文学艺术、传统器物等。而能作为县域强符号的其实不多。一是符号要与本县的县域形象的核心定位相一致；二是强符号应具有突出的地域性或地域特色，蕴含深邃厚重的地域文化和民俗民风，彰显独特的地方性格。通过对这一县域强符号的编码和解码过程，能够打造本县域的文化品牌，形成全国乃至全世界对这个县域的身份认同；三是强符号要具有直观性，在传播中能基于形象客体以直观的感受，通过某一感官的感知和识别形成符号的能指，而后进一步探究符号背后的所指内容和文化意义；四是强符号应具有普适性，县级融媒体中心能够将其广泛的宣传和推广，让大家都能解读并体会到符号的深刻寓意。

第三，塑造和挖掘强符号。县级融媒体中心可以通过建构自然景观强符号，挖掘人文景观强符号，从商品符号、企业符号中提炼强符号，从重大事件、热点事件中提炼强符号，等等，丰富能指和所指。县级融媒体中心必须建构和传播县域强符号，建构"人无我有、人有我优"的强符号。

一是建构自然景观强符号——建构新的能指。淳安县融媒体中心一直都有符号传播和品牌战略的意识，最早成立县级融媒体中心的时候，就挂牌名字叫"千岛湖传媒集团"，将本地最大的旅游品牌放在融媒体中心的名字中，也将"千岛湖"三个字融入了整个融媒体矩阵的命名中，如报纸《今日千岛湖》、广播"千岛湖之声"、视界千岛湖App等，取得了很好的传播效果。淳安县融媒体中心把"千岛湖"这一自然景观强符号融入到县级融媒体的架构中，借助县域内最有影响力最有知名度的自然景观或资源优势来塑造自然景观强符号。

如果没有知名的旅游景点，也可以借助自身资源加以建构和打造。例如，山东省淄博市高青县蓑衣樊村，几年前还是一个贫困村，近年来，借助紧邻黄河的优势，种植黄河大米，发展生态水稻，发展乡村休闲游，并与附近打造的"中国慢城——天鹅湖温泉慢城"结合起来，为高青县和淄博地区的居民打造了一个周末休闲度假的好去处。"慢城、美丽乡村"这些符号就是在原有自然资源和优势的基础上建构出来的自然景观强符号。这也为当地县级融媒体中心建构强符号夯实了根基，提供了条件。

二是挖掘人文景观强符号——丰富所指。从县域内人文景观、从县域历史文化名人或典型人物中提炼代表县域文明和县域精神的强符号。很多县城都有着或多或少的人文历史资源，如名人故居、古城古村落、重大历史遗址等，只是这些符号尚未形成强符号和组合效应，这些文化旅游符号需要形成合力优势，打造人文历史文化的县域独特强符号，从而大力发展村落乡镇附近的文化旅游资源。比如，眉山东坡区东坡"读书台"带动的研学旅行、研究性出行、学习型旅行就是一个典型案例。眉山是著名的人文诗书之城、八百进士之乡，尤以苏东坡这张文化名片最为耀眼。东坡效应带动了东坡区、青神县、新津区等临近地区东坡读书台及相关景点成为国内省内研学旅行的主流目的地，也成为县级融媒体中心打造和传播的强符号之一。

三是从商品符号、企业符号中提炼强符号。也就是从县域特色产业和特色产品中提炼强符号，开发旅游纪念品和民间土特产品等强符号。2020 年年底，淳安县融媒体中心在旗下所有媒体推出千岛湖全域旅游的专栏节目，宣传淳安的旅游形象、推介特色旅游产品。淳安县拥有中药材、茶叶、山茶油、山核桃、笋干和番薯干等一大批农特产，为培育和打响"千岛湖品牌"，淳安县融媒体中心发挥主题报道方面的优势，与千岛农品专班主动沟通，拟定"千岛农品"短视频摄制计划，打造系列广电作品、融媒体作品，打造并大规模宣传"千岛农品"品牌，开展"品牌强农工程"，助力乡村振兴和共同富裕，不断提升"千岛农品"的品牌影响力，品牌效应和品牌美誉度也极大地提升了农特产品的附加值。安吉县融媒体中心积极传播本地特色产品强符号安吉白茶。在 2022 年安吉白茶开采报道中，中心派出多路记者采访，全方位报道，开设《春日问茶》《只为香如故》等专栏专题，积极向上级媒体供稿。关于安吉白茶采制，浙江之声发稿 31 条，单条 7 条；中国之声 14 条，其中《新闻和报纸摘要》头条 1 条，单条 7 条；浙江卫视 15 条，单条 4 条；央视 7 条，其中《新闻联播》1 条；新媒体方面，蓝媒头条8条，美丽浙江2条，学习强国湖州平台签发145条，整组安吉白茶开采报道有声有色，很好地提高了对外影响力。

四是从重大、热点事件中提炼和宣传有说服力的强符号。重大、热点事件是孕育强符号的最佳母体。诞生于重大、热点事件的强符号，借助于所意指的具体事件、话题、所指事物及社会影响，能够获得爆发式的传播力。如习近平总书记到安吉余村考察时提出了"绿水青山就是金山银山"，"两山"理论就成为安吉的强符号。为了传播这一强符号背后的深刻内涵和意义，将新闻舆论引导力延伸到基层，安吉融媒体中心在爱安吉新闻客户端开设"两山"号，统一管理各乡镇部门的政务微信公众号，形成上下贯通的新闻宣传体系。安吉县融媒体中心很善于从重大事件中宣传强符号。2018年，安吉黄杜村党员给习近平总书记写信，表示愿意捐赠1500万株"白叶一号"茶苗，帮助贫困地区百姓脱贫致富，习近平总书记作出重要指示强调，增强饮水思源、不忘党恩的意识，弘扬为党分忧、先富帮后富的精神，对于打赢脱贫攻坚战很有意义。2018年下半年，茶苗正式启运，捐往川湘黔三省五县，在这一重大事件报道中，安吉县融媒体中心迅速组建"一叶扶贫·千里传情"新闻报道组，集合报纸、电视、广播、新媒体等新老媒体记者跟车深入受捐地进行采访。采访新闻进行外宣报道，迅速在央媒省媒等推出，形成外宣声势，并且此后每年中心都组织原班人马到受捐地跟踪报道。安吉县融媒体中心在这一重大事件报道中既展现了两地百姓把好事办好的奋发精神，又极大地宣传了安吉白茶这一县域强符号。

五是要积极参与乡村文化强符号的生产与挖掘。

其一应聚焦地方节庆民俗活动等群众性文化活动。除县（区）、镇（乡）党委政府主办的大型文化工程、活动（含节庆文娱、体育等）外，探索建立以本域群众性文化活动为主线的常态化文化赛事组织、报道等形式的传播机制，保障乡村文化新闻全面、即时、有效的报道，寻找乡村强符号。

其二应走乡串户，记录、挖掘民间绝技，挖掘民间文化团体活动中的强符号，分享乡村民俗和非遗等特色文化。县级融媒体中心对民间文化团体的报道需主动挖掘和打造民间强符号，多从本土文化视角和乡民实际文化需求切入，增强本土受众的接受体验和文化价值认同。例如，一些民间文化团体兴盛的县，如河北吴桥县杂技、安徽埇桥区马戏等当地县级融媒体中心已经率先探索，将其打造成县域强符号。县级融媒体中心可以策划线上线下结合的节目或栏目，引导、召集本县文艺团体或传承人常年开展节目会演、展播、巡演等活动，扩大此类小众文化的影响力，挽救民间冷门绝技。有效引导本县民间文化团体的强符号发展方向，还可以激发本土群众生产新文化的积极性，逐步建立以县级融媒体为中心，以各乡镇组织的文艺团体、民间文化团体、文化传承人为核心，各村村民自发参与的可持续的乡村文化强符号生产框架，在县级融媒体中心文化服务功能实现的同时，还能够为民间特色文化推广、传承提供有效渠道。

其三是让乡村强符号的生产和传播模式多元化，尤其是鼓励强符号自传播。县级融媒体中心对乡村文化符号的生产和传播大致有三种形式：到县级融媒体中心演播、去乡村文化活动现场直播、村民或文化团体自传播。前两种是以县级媒体为中心的参与式乡村文化内容生产方式，第三种是以村民为中心的乡村文化自传播、自生产方式。从本质上讲，第三种更能体现乡村文化生产的本真性、原生态，是文化生产要义之所在，理应大力推广。

目前，越来越多的微信号、抖音号等自媒体平台凭借乡土特色文化内容的吸引力，成长为乡村文化生产、传播的主要阵地。与线下不同，自媒体平台是以趣缘为纽带建立的共享、共建的虚拟社区，以乡村物质、精神文化互动为内容直接链接关系用户，形成了兼具传统社群凝聚力与现代社群自由度的趣缘共同体。在乡村直播热的浪潮中涌现一批诸如"巧妇九妹""李子柒""张同学"之类的乡村文化生产视频号，县级融媒体中心对各类热门直播平台的加持，进一步活跃了乡村文化在趣缘场域的生产，让各地乡村文化走出乡村的地理空间成为国内外网民追踪的热点。

三、聚力内容传播：制定系统性传播策略，注重整体传播和全媒体传播

县域符号是地方政治、经济建设、社会风尚、文化生活等众多要素集中塑造的符号化展示，是地域变化和发展过程中经过主观和客观筛选后的凝练化表达，是人们对该地域总体印象和最突出特点的心理认同。挖掘和有效使用地域文化符号不仅能增强地域的辨识度和影响力，同时通过强化对其的认知也能加深地区群体的认同感。如今，面对越来越千篇一律的城市文化景观，独特的县域文化显得更具吸引力。

第一，符号传播是县域上下从政府一把手到各职能部门，到企事业单位、商家商户，到各类媒体，到普通民众共同参与、整体传播的系统性工程。县级融媒体中心的县域符号建构和传播策略必须上升为县域发展战略的一部分，成为一把手工程，获得政策支持。县级融媒体中心必须与县政府及相关职能部门通力合作，将符号建构和传播作为县域顶层设计和县级战略规划的一部分，发挥政府及其相关部门的主导作用，转变观念，提高行政领导干部的政治水平和媒介素养，增强其应对新闻媒体、运用好舆论工具的能力，自觉成为强符号和县域形象的宣传大使。

符号的塑造和传播，县政府要起到总体规划、政策扶持的核心作用，企业则发挥品牌营销、品牌运营的关键作用，县级融媒体中心则通过自身的媒体资源和渠道资源，为符号品牌传播和符号产业发展提供助力，并从宣传和传播中实现从理论梳理到文化内涵挖掘等一系列"软服务"，促进县域符号的塑造和传播，力争打造名副其实的强符号。

县级融媒体中心要将符号塑造和传播与日常生产流程和业务内容有机紧密融合，寻找到符号传播落地和价值最大化的路径。要对县域的各种资源各种要素有充分的认知，并对其加以整合提炼和分析，从而筛选出进行传播的主要符号元素，确定重点建构和传播的内容、目标，有选择地提取最有感染力的符号要素，并将选取的信息内容转化为易理解的强符号系统。筛选与提炼信息的过程是建立在政府和县级融媒体中心以及广大县域民众对县域资源价值的深刻理解之上，是建立在县域认同感和地方归属感之上。强符号的最终形成是在县政府、县级融媒体中心、相关产业链、受众之间的互动关系中逐渐筛选、建构和形成的。

第二，多平台多渠道、多形式多语态，构建全媒体的强符号传播格局。"多平台多渠道"是指县级融媒体中心统筹整合报刊、广播、电视、网站、"三微一端"等多种媒介资源以及积极联合其他平台，发布相关内容，有效传播县域强符号及其品牌。"多形式多语态"是指县级融媒体可以用视频、直播、音频、H5、漫画、文创产品等大众喜闻乐见的形式，丰富符号传播和宣传的形式。县级融媒体中心要利用全媒体传播矩阵为强符号的塑造和传播提供平台，既要发挥传统媒体的优势，对符号的文化价值与精神内涵做进一步地深度梳理与挖掘，用优秀的内容产品打造更具辨识度、更加深入人心的符号，让符号的文化精髓、价值观念、思想理念、人文精神更好地呈现出来，引发文化共鸣，增强文化自信，发挥其对当今社会的借鉴意义；同时也要创新传播方式，发挥好融媒传播的强大合力，有效提升融媒产品制作的精细度和传播的针对性、触达率，充分发挥互联网新媒体的作用，提升符号传播的效果。

一是要坚持移动优先的原则。在全媒体平台，尤其是移动端，围绕强符号进行内容生产与主题挖掘，提升公众知晓度，更加注重精准化地投放素材内容；平面媒体开辟专栏；在电视台电台各频道、频率滚动播出宣传片，在新闻频道、新闻频率等黄金时段及时发布相关新闻；在广播电台制作直播访谈节目。

二是通过新兴媒体进行话题营销与事件策划，提高网民参与度。与人民网、新华网等重点网站合作，通过开设专题网页、首页新闻推送、开辟讨论版等方式，做到把握核心、点面结合；县级融媒体中心可以在微博、微信、知乎、抖音、B站等互动平台设置话题，与报台同步发布符号传播系列微产品，通过图文、视频、游戏、H5等多媒体嵌入式推广，除了官方账号强力推送之外，发挥社交平台的优势，加强互动引导，激发二次传播效应，引导受众关注、转发和讨论，极大提升内容生产活力和传播活力，引导强势舆论。例如，合川区融媒体中心与新浪重庆、喜马拉雅听书平台共同打造了大型历史语言秀栏目《钓鱼城说》，成功塑造和传播了"钓鱼城"这一合川区的历史文化强符号。

三是跨区域跨媒体合作。县级融媒体中心可以借助"外力"，进而达到宣传地方强符号的效果。所谓外力，即借由"他人之口"来宣传或在政策支持下联合其他地区开展具有宣传属性的活动，积极与省属媒体、中央媒体联系合作宣传报道，通过其他媒体平台对活动的报道，增加本地强符号的曝光度，既能扩大传播范围，增加受众，又能提高信息的可信性，以此获得良好的传播效果。近年来，合川区积极联动周边成渝地区城市群以及三江流域城市，由合川区人民政府、重庆日报报业集团主办的"2020钓鱼城旅游文化节暨成渝双城旅游形象推广大使选拔大赛""2021年钓鱼城旅游文化节暨首届巴蜀青年艺术节"，两次旅游文化节自启幕到结束，川渝两地的各大主流媒体都进行了全面报道，全方位、多角度、立体化地展示了合川区"钓鱼城"这一强符号，在今日合川微信公众号、手机客户端、微博以及"新合川"抖音号等新媒体平台中，相关系列报道的阅读量和播放量飙升，成为跨区域合作宣传的典型。

四是打造网红，成为县域强符号宣传代言人。通过县级融媒体中心或其他媒体平台打造地方代言人来展示推广县域强符号。其一，公众对于地方形象信息的获取，新媒体平台传播链条中的意见领袖也发挥着至关重要的作用，县级融媒体中心可以与这些网络大V合作来宣传强符号。其二，很多县级融媒体中心已经有自己的 MCN 机构或者与 MCN 机构合作来打造网红主播，可作为强符号代言人。其三，也可以通过活动或比赛选拔人才。合川区融媒体中心在"2020钓鱼城旅游文化节暨成渝双城旅游形象推广大使选拔大赛"中，对入选的前三名选手进行全面宣传，着力培养其成为合川地方形象的代言人，推动巴山蜀水文旅品牌的打造、宣传和推广，有效助力传播合川的旅游文化。

四、多元营销推广：借事件、活动等宣传推广强符号品牌

建构和打造强符号是打造县域品牌影响力的重要路径之一。整合营销传播之父唐·舒尔茨认为品牌不仅是一套符号定位系统，更是能为买卖双方所识别并能够为双方带来价值的东西。在基于这种价值交换进行的社会活动中，符号互动论奠基者乔治·赫伯特·米德认为买卖双方是通过各种符号为中介进行互动，而且符号是互动的先决条件。鲍德里亚采用符号学方法对消费社会中的商品的符号化现象进行了分析，认为消费社会中的一切，包括人的感情、身体等都被整合为一种商品进行出售，因此，要成为消费的对象，物品必须成为符号。所以，县级融媒体中心在发挥推动乡村振兴、扶贫攻坚的经济功能时，也要注意发挥强符号的品牌塑造和营销作用。有效的传播需要借助有效的营销渠道，各部门联动，传播强符号拓展县域品牌，促进县域经济文化发展，助力实现乡村振兴。

首先，县政府和县级融媒体中心面向全国乃至全世界，通过旅游推介会、媒体推介会、投资贸易活动周、合作交流洽谈会、旅游节庆活动等举办各类特色活动，吸引全国乃至全世界各地的人来县旅游、交流、投资洽谈等，扩大品牌宣传力度和市场影响力。要抓住机遇做好申遗、评级等工作，进一步增加县域的象征符号资本，提高县域强符号的档次与文化内涵。

其次，主动构建媒介场景，围绕县域强符号进行大型事件营销传播。新的场景传播改变和丰富了符号的存在形式和符号表意功能。就如同一提起电影节，人们就会想到戛纳；提起泼水节，人们就会想到云南。县级融媒体中心可以围绕强符号且比较重大且有意义的事件，找准传播路径，进行良好的营销传播，

能得到很好的符号传播和品牌营销效果。如县级融媒体中心可以借县城举办大型文化活动、会议之机来策划主题报道，并将符号塑造和传播融入，构建良好县域文化形象，将本县特色符号传播到更广阔的范围，提高县域知名度，加大对县域品牌符号的宣传力度，发展文旅产业，增加商机，从而产生经济效益，甚至县级融媒体中心可以主导策划或参与大型事件的承办和组织。

一方面，县政府可以利用自身特色资源符号设计旅游节庆活动，或是举办系列对外文化传播活动，以强符号为中心设计主题和内容进行创意呈现，将其打造成为有文化内涵、有创意、有知名度的品牌活动，以推进县域旅游文化形象和品牌形象的传播，助力相关产业"走出去"或"引进来"，助力本县的企业、人才展开对外资源对接与合作交流，让企业和民众也参与到符号传播的活动中去，让符号传播活动的影响力更加持久。2023年6月底至7月初，环江毛南族自治县举办了分龙节暨世界自然遗产文化旅游节活动，集中展示了非遗项目和民俗文化。在各视频平台上，观众可以通过直播观看分龙节的龙舟公开赛、傩面之夜、民族传统体育展演、歌舞秀《艾南》等精彩节目。在直播平台，网友们纷纷表达对分龙节系列节目的赞叹，并将其与其他民族的节日作对比，直播场景和互动式的交流空间将不同场景的传播融合在一起。类似的活动还有很多，如贵州的平塘地质奇观旅游节、三都水族端节、中国苔茶之乡·首届石阡苔茶文化旅游节等。

另一方面，县级融媒体中心围绕县域符号和品牌活动主动策划，进行全媒体全方位的报道。一是应加大资金投入，制作品质精良的围绕县域强符号的活动宣传片、海报、文创产品、衍生产品甚至农特产品，要围绕强符号设计统一的品牌标志，将文化性和功能性相结合，将县域文化特征、县域人文精神、县域发展元素符号进行综合构建和塑造，用音视频等多种表现手法制作成精良的宣传片、广告片，在县电视台和其他合作电视台进行投放，选择性地在主流头部媒体上进行广告宣传；加强与多个省市媒体合作，联合制作专题电视节目。二是县级融媒体中心可以利用微博、微电影、短视频、报刊、杂志、广播、书籍、电影、旅游宣传册子等传播方式向目标市场投放强符号宣传片或活动信息，影响个体化强符号意识的形成。三是加强与大型门户网站和视频网站（如新浪、腾讯等）的合作；加强与社交网站（如抖音、快手、小红书、知乎等）的合作，不断优化和创新符号传播渠道及路径。县级融媒体中心应根据传播渠道特点进行渠道优化。例如，短视频、网商平台的符号传播应着力于强符号的视觉符号、味觉符号传播，而落地销售的商超硬广、城市户外广告、传统媒体新闻报道则着重于强符号的历史文化、品牌故事、生产标准等内容的推广，从而形成立体传播组合，实现快速突破。在社交媒体上，县级融媒体中心通过官方账号发布内容和视频对话题进行引导，在社交媒体中对大型事件和活动进行引导，形成独特的网络话题，从而促进县域强符号的传播。

五、全民参与：聚合个人叙事和官方叙事

县级融媒体中心应在自身平台和第三方平台上开拓民众传播渠道，塑造县域公共空间，政府主导，民众参与，争取更多官方主流舆论场与民间舆论场的互动，打造全民参与建构和传播强符号的平台和途径，更好地将县域强符号传播出去，提升传播效果。如今，人人都是自媒体，主流媒体和自媒体的合力能够让公众成为县域文化与县域精神的主要传播者，最终推动县域特色强符号的传播，推动县域文化和品牌的传播。"张同学""李子柒"等乡村网红不仅在全国火爆一时，甚至传播和推广到国外。李子柒的农村题材短视频受到国内外的普遍欢迎，其中有很多非遗传承技艺和中国乡土特色的符号融入其中。不仅如此，自媒体平台往往有一套民间话语体系，采用接地气有地域特色的叙事方式，内容更偏重于自身对周围事物的感性体验，带有强烈的主观色彩，通常采用第一人称的叙事角度，讲述县域内平凡人物的日常故事，以质朴纯粹的言语表达、简单粗糙的拍摄手法、不加修饰的生活片段呈现在大众眼前，其勾起的乡土情感和价值认同是很难撼动的。

对于县级融媒体中心来说，一是应设置线上公共论坛或社区平台等用户板块，鼓励用户生产内容上传内容，包括文字、图片和音视频等。县级融媒体中心应鼓励用户上传与强符号相关的内容，通过公众与政府、公众与公众之间的互动沟通，将民间有效话语正确地纳入县域强符号传播的总体规划中，可以扩展强符号的内涵和外延，使其更加立体化和深刻化。县级融媒体中心还可以定期举办线上线下有关强符号的传播作品评选活动，面向县内外市民征集作品，提高活动的参与性，从而扩大影响范围。

二是县级融媒体中心在强符号内容创作的实践过程中可以有针对性地吸纳和培养乡村网红，学习其个人创作表达和叙事的方式，同时利用乡村网红拥有

的粉丝群体，扩展县域影响力，通过电商直播、活动策划等渠道聚集人气，提升流量。

三是县级融媒体中心可以入驻微信视频号、快手、抖音、Bilibili、今日头条等新媒体音视频平台与短视频平台、新媒体平台、商业平台合作，推出强符号宣传品和相关节目，热议相关话题，变单向传播为互动引导。县级融媒体中心应把这些新媒体平台作为主流舆论宣传的重要阵地，既能吸引用户关注，又能撇开传统严肃的叙事风格，用生动新颖的表现手法塑造和传播县域符号和品牌。

四是掌握社交平台强符号内容运营的技巧。首先是抓住意见领袖，比如与知乎大V号、B站百大UP主、抖音知名博主等合作，共同生产县域强符号相关的短视频作品，并在社交平台联动转发，进行议程设置，制造热点话题引发关注和讨论，然后利用腰部账号参与头部账号话题互动，产生裂变式传播的效果；其次是利用明星效应吸引年轻用户，例如请明星代言强符号相关品牌；再次是通过弹幕引导舆论，统筹商业平台的力量推动符号传播。

六、用故事整合价值：符号"故事化传播"，讲好"人物故事"

符号是县域品牌的抽象标识，是表征县域历史与文化、传承与发展、性格与形象的重要符码和载体，县域强符号不仅能促进凝聚县域共识、增强文化认同，同时也可以获得软实力效果。建构符号和传播符号已经成为县域形象自塑的重要内容。总而言之，要积极挖掘、有效使用县域符号，利用好县域强符号资源，并将其转化为文化软实力。

一是要"故事化"传播，摒弃宣传化表达形式，故事里要有"人"。对县域符号的有效挖掘、构建、呈现和传播，要研究县域符号的建构规律和传播经验，而其中很重要的一条，用符号讲好历史文化故事，故事要围绕"人"来展开，讲好县域符号背后的"人物故事"。因为同样性质的符号区别于其他符号最重要的一点就是其背后的故事不同，引人入胜的故事才会带来印象深刻的符号。而故事要想吸引人、感染人、让人记忆深刻就要有"人"，得是"人的故事"，以"人的故事"连接不同地方的人，更容易让人形成共情和共鸣，才能口口相传，过目难忘。这种以人物故事为传播内容的方式，将县域符号以柔软、有趣的方式隐藏在故事情节中，让人能在"听故事"的时候随着人物角色一起去感受，更好地进行理解与接受，而不是被生硬地"投喂"文化符号与解释。另外，不同文化背景的人可以基于自己的理解，在故事中看到不同而又生动的县域形象。

二是用故事加强符号与县域整体文化和现代特色的内涵链接和价值整合。县域符号往往多样并不唯一，文化符号体系中的符号往往不是孤立存在的，需要相互联系的符号共同来解释其意义，如云锦这一文化符号，需要同宫廷文化、创新等精神文化相联系去传播。因此，县级融媒体中心在选择重点的强符号进行集中传播的同时，可用故事将不同的符号内涵整合起来，创建价值整合的符号域，保护改善县域符号生态系统。用故事将县域不同符号整合起来，将强符号与历史、人文、特产、非遗等文化与内涵进行链接，更能突出特色，更能体现县域独特文化底蕴，让全国乃至全世界都能更好地听见县域声音、了解县域文明，也是县域强符号生命力强弱的关键。在符号的深度挖掘上，需要对县域的历史文化多方位的深入观察，寻找县域历史文化资源差异化特征并将其具体化，需要协调强符号和弱符号的内涵和关系，尽可能协同传播，打造价值整合的效果。此外，要在原有社会人文、历史文化背景的基础上继续挖掘强符号故事的内涵，让故事更丰富、饱满，同时，也要从时代的角度对这个故事有新的发现，结合故事固有的特色讲出新意，挖掘符号的现代意义，或传统文化与现代精神的意义，展现一个当下有特色的县域形象。

三是通过"故事"强化隐性符号信息，充分发挥符号的隐喻性和转喻性，即强符号传播要能表达生活方式、生活理念、人文情怀或时代精神。对符号进行传播，不只是通过对画面的展示与讲故事，还需要进行深层次解读，即深度报道和相关的评论，深刻内涵不能丢。县级融媒体中心可以通过深度报道和发表评论诠释整个强符号体系的意义、内涵和外延，也是对县域文化的保存和传承。如千岛湖就是淳安，淳安就是千岛湖，但在对外形象宣传当中，二者的文化联系不能仅仅停留在地理标志的关联上，未来需要继续探索如何将强符号文化传播与县域的深层次文化相结合。例如，淳安的宣传片就是要以千岛湖为视觉符号名片，丰富视觉符号元素，为县域文化形象的对外推广提供助力；其次，可因地制宜地将淳安现有农产品、地方美食产品融入到千岛湖当中，甚至可在重要促销时间节点组合销售，同样能够实现丰富千岛湖符号元素与传播淳安文化符号元素的双重目的。通过文化形式上的链接，通过与淳安文化形成内涵链接，可以整体提升千岛湖这一强符号的文化竞争力。

七、品牌经济：把"符号故事"转化为"符号产业"和"符号品牌"，把文化软实力转化为经济硬实力

符号是文化的载体，是承载着一个地区或民族的文化内涵和特定意义的标识和记号。符号系统是县域文化软实力最具有代表性的层面，成为让其他地区和世界解读县域形象和价值理念的重要途径。同时，符号背后对接的文化资源和产业要素落地整合，是实现符号持久影响力的关键。县级融媒体中心应助推"符号产业化"和"运营持续化"，传播活动助力符号之后的文化与商业的结合，形成产业链，在实现经济利益的同时，也为传统文化的传承与创新提供智力支持、资金支持。例如，好莱坞的电影工业成功地把美国文化行销到全世界；根植于云南少数民族原汁原味的舞蹈"云南映像"在市场上既赢得口碑又获足票房。这些都通过展示符号文化寻找到了生存的市场空间，在经济与文化之间搭起了良性的生态链。所以，媒体传播要打通符号与商业利益的关键所在，用创新的符号传播方式，在市场上寻求符号的现代价值，是县级融媒体中心发展的新方向。

首先，提升符号故事和意义中的消费价值和交换价值。法国学者让·鲍德里亚（Jean Baudrillard）提出了消费社会的概念，认为在现代物质极大丰富、供过于求的时代，人们的消费已经超出了实际需求，变成了对符号化的物品和服务中所蕴含的"意义""感觉"和"意境"的消费，即由对"物质"的消费变成了对"精神（符号）"的消费。美国大众文化学者约翰·费斯克（John Fiske）将这种现象称作为"任何一种物质功能性资源，都会与符号文化性的资源相重叠"。大众在消费商品的使用功能的同时，也在消费商品的符号功能，这就是通常所说的"品牌效应"。将符号所涉及的商品和产业用符号IP来进行营销和宣传，强化代表县域形象的符号体系，使其更加丰富、具象和立体化，同时形成"符号产业"和"符号品牌"。特别是推动县域经济发展的重头戏——文旅产业，文旅产业因为文化的基础性作用和超强的融合能力，能够在乡村产业振兴、人才振兴、文化振兴、生态振兴、组织振兴中全面发展，能够为农村各类产业增势赋能，促进县域相关产业和经济文化的发展。如今的旅游俨然成为符号化的消费过程，旅游的生产、供给和体验，实质上是一个设计与呈现符

号、从建构符号到解读符号的过程，县级融媒体中心要把强符号融入文旅品牌传播中，用强符号来传达一种生活方式和情怀体验。美景美食传达的是生态养生、精致生活的理念，历史带给大家的是数千古风流人物还看今朝的豪迈，日渐消逝、传承困难的非物质文化遗产更给人带来探寻宝藏、罕见稀有的珍惜之情。这些触动人心、引发回忆、追溯情怀的东西才能让消费者对符号产生深刻的互动式记忆，会给人带来特别的体验，产生成就感，进而对旅游地产生好感。县级融媒体中心借助符号化生产、文化表征等手段，围绕县域文旅资源强符号打造栏目和内容，将意义传递给潜在的消费者。例如，平遥古城的宣传片和当地大型实景演出《又见平遥》就用镖局、票号等各种古城强符号传递了晋商以诚信走遍天下和山西人重情重义一诺千金的人文情怀，对后人的情怀激励不言而喻，成为平遥旅游的必选项目。这些符号的运用就极大提升了当地文化旅游的消费价值，县级融媒体中心可以对此进行大力宣传。

其次，要加强媒体创意，形成建构县域特色产业品牌的优秀节目和作品。人们通常并不是对符号本身直接作出反应，而是对符号背后的意义作出反应。品牌传播千篇一律的语言、声音、图片、视频等符号，很难在消费者脑海中形成深刻记忆，稍纵即逝的品牌记忆无法提高品牌知名度。因此，符号能指背后极具特色的意义、内涵和理念就非常重要，这是打动消费者的关键，促使消费者形成品牌记忆，实现重复营销。特色符号产业和符号品牌的呈现，需要通过创意来转化、来实现。符号本身就是 IP，就是一个好点子、好创意，而通过文化和旅游产业对这个 IP 及其背后的故事进行创新性转换，这又是一个创意，但还需要一系列具体的创意来实现。县级融媒体中心需要从符号和符号故事中衍生出的更具体的故事和创意，围绕强符号打造特色鲜明、构思巧妙的系列专题片或品牌栏目。比如，围绕县域农特产品或特色美食制作品牌栏目。同乡人关系是建立在以乡音、家乡美食等物质记忆基础之上的文化，常称之为"乡味"。许多县级融媒体中心开设有家乡话、家乡美食等栏目和节目，其中不少节目成为网络热播内容，不仅赢得乡亲的赞誉，还获取不少网民的青睐，形成了特色鲜明的县域品牌栏目，也成就了不少县域特色产业品牌，可谓一箭双雕。再比如，围绕特色景点、古镇古村落、非遗项目制作系列专题片或系列短视频栏目。浮梁县融媒体中心做了系列短视频《江西浮梁：瑶里六月》《江西浮梁：瑶里不远 只是千年》《江西浮梁：诗情画意里的瑶里古镇》《江西浮梁：瑶里云雾》

《江西浮梁：瑶里早春》《江西浮梁：初春的瑶里古镇》《江西浮梁：瑶里古镇》《江西浮梁：瑶里时光》来宣传本地重要的旅游资源符号"瑶里古镇"。《我家在浮梁》栏目将本地的旅游资源符号、饮食文化符号等做成短视频在县级融媒体矩阵传播，极大地提升了当地旅游热度。

县级融媒体中心也可以积极借助各种赛事、节庆活动、重大事件或热点事件等传播和推广符号产业和符号品牌，形成品牌营销效应。例如，浏阳县融媒体中心对浏阳烟花节的大型主题宣传，极大提升了浏阳烟花这一强符号在全国乃至世界的影响力。

"文化搭台、经济唱戏"，县域强符号的建构、传播到系统化商业化经贸洽谈、旅游宣传、招商引资、"引进来"和"走出去"等，需要政府、县级融媒体中心、企事业单位、公益性组织、商业性机构、文化艺术界等和公众的加大投入、积极参与。通过树立强符号相关品牌，推出县域品牌和特色产业，这是契合县域经济发展需求、实现乡村振兴的重要途径。县级融媒体中心通过成功的符号传播实践，会成为助力县域经济发展的宝贵资源，会成为县域现代化发展的重要推动力。

第三十四章　县级融媒体传播地方文化符号的一些思考

黄欣钰[①]

在国家相关政策的推进下，现在县级融媒体中心的发展非常迅速，县级融媒体的重新打造让传统的大众媒介搭上了互联网传播的"便车"。在地方文化的传播上，县级融媒体承担了宣传的责任，但有许多县级融媒体中心在矩阵平台的建设、宣传内容的传播过程中缺乏当地特色，导致模块与内容的"同质化"现象严重，使县级融媒体的影响力与传播力没有达到预期的效果。县级融媒体中心想要改变现状，根本在于结合当地的现实情况，转变相关体制机制，寻找本地文化的代表性产品，打造属于县级融媒体的本地符号，为自身的文化传播提供一个好的平台，该文章可为县级融媒体打造地方文化符号提供一些参考。

第一节　县级融媒体的当下困境

一、融合理念滞后，本地内容生产特色不足

县级融媒体中心的经验理念的滞后性是需要解决的首要问题，业界人士提出过县级融媒体合而不融的难题，以及很多融媒体中心虽然发展改革成果较为显著，但是部分流于表面形式；还有存在对于文化资源的利用率较低，很多地方特色文化尚未形成品牌效应的突出问题。县级融媒体本质上还是企事业单位，

---

① 黄欣钰，河北传媒学院2022级新闻传播专业硕士研究生。

虽然进行了改革，但是在工作内容上和传统的媒体没有太大的区别，且很多"老人"固步自封，并不愿意去学习新的社交媒体或者新型技术，导致整个融媒体中心的传播理念相对落后，无法实现跨界融合。在我国现行的媒介格局下，大部分县级融媒体对于内容生产没有很强的自主性，创新性不足，严重依赖上层单位的内容输出，在信息传播的过程中丧失自己本身的特色，同质化的内容自然难以在市场上立足。

二、产品制作理念尚未形成

从 2017 年以来，新媒体进入快速发展阶段，不断冲击传统媒体，这也是促使地方融媒体中心进行改革的重要原因。新媒体在文化传播上具有扩散速度快的优势，地方文化如果依靠老式传播模式，那么效果肯定大打折扣。由于缺乏新媒体制作的经验，许多地方融媒体还是按照以前的方式方法来进行新闻的创作，没有进行媒介的语义转换。县级融媒体因为其属于传统媒体的特性，所以在内容创作上还是略微受限，对于当地文化的宣传没有形成一种具体的产品理念。打造地方文化，就应该将地方文化当作一个产品去营销宣传，就像品牌一样，这从侧面也反映出县级融媒体对于新媒体的生产环境、传播特性、受众需求等方面理解还不到位。

三、平台功能有待完善，技术创新不足

大部分县级融媒体中心面临平台功能不完善、服务形式单一、技术支撑不足等问题。一方面，融媒体客户端功能不够全面，政务服务、公共服务、文化娱乐等功能相对较弱，缺少本土化服务产品，导致客户端总体下载量不高，粉丝活跃度低，难以真正发挥县级融媒体中心的综合服务性；另一方面，在新技术研发应用方面相对滞后，大多数融媒体中心在 5G、大数据、人工智能等新技术运用方面仍是空白，少数应用新技术的融媒体中心也只是开展 4G/5G 直播、无人机拍摄、大数据信息采集等基础业务，且多引入第三方技术团队主导运行，自主研发和应用能力较弱。内容方面，往往以传统内容嫁接新媒体传播方式，没有形成个性化的产品矩阵。同时，从现有的经费情况及技术人才情况来看，难以为新技术研发应用提供强有力支撑，致使融媒体中心在内容创新、平台建

设、智慧化服务、现代化管理等方面面临重重挑战。

第二节 符号学视域下的地方文化品牌

一、文化品牌的定义

品牌在国内还不是一个流行的概念，对于品牌的解读，更多的提法是牌子，人们对此更直观的理解就是广告，或者某个行业的顶尖者，而随着制度化和标准化在国内的逐步践行，各类企业对广告的需求也越来越具体化，对品牌整体化的需求也慢慢深入。随着品牌文化在综合国力中地位的提升，国家在2016年推出了"国家品牌计划"，充分运用品牌文化的导向、凝聚、激励、约束、辐射、推动、协调等功能不断推动国家产业的升级换代，内容是品牌的核心，文化品牌的经营包括设计、内容、核心主旨、内容的经营，将地方文化的核心理念通过媒介传递，是最便捷高效的形式。

二、文化品牌对于县级融媒体的意义

文化品牌的传播度可以代表县域文化的软实力，县级融媒体中心的品牌价值在于如何因地制宜，立足于当地民生，建设具有当地特色的融媒体矩阵，打造具有"用户思维"的媒体阵地。当前，依托地方文化能促进当地产业转型升级，促进地方经济社会发展，因此，文化建设尤其是文化品牌建设就成为当地政府的一项重要工作。地方文化品牌必须有地域性和创新性，具有当地文化特色，打造地方文化品牌，有利于树立良好的地方形象，促进文化发展，极大地提高市民参与经济建设的积极性，促进当地经济繁荣，还能够促进城市精神文明建设，培养更多人才。

三、地方文化品牌的价值和作用

通过符号学的理论支撑，寻找地方文化的品牌价值，可以从四个方面简单

谈谈对县域地方文化的好处。首先是有利于推动产业转型升级，打造品牌文化，可以有效带动第一、二、三产业的融合，优化产业体系；第二有利于弘扬传统文化和地方文化，县级融媒体扎根于地方文化，可以促进地方文化发展的创新性，同时，还可以带动当地民众对于本地的认同感提升；第三，有利于提升品牌形象，吸引各方资源；县域文化产业是县域文化软实力的重要支撑，也是县域文化品牌营销的主力军。将文化气质融入城市建设、产业发展、商业环境等方面，能够提升县域品牌的辨识度，有助于提升县域综合实力；第四，有利于实现共同富裕，文化产业的发展可以反哺第一、二产业的发展，还能促进与其他领域的融合，提供更多的就业机会，而且能促进民众对于美好生活的愿景。

第三节 县级融媒体有利于传播地方文化符号

县级融媒体作为一个信息分发的平台，随着其整体发展，逐渐演变成一个综合服务平台，在连接各个主体上，成为了关键的一环。比如福建尤溪县融媒体中心，从小切口推出了《640085警号重启》《山海遥望　同心抗疫》等一大批更具网感的千万级"爆款"产品；以小成本、大制作，打造了大量的宣传片、纪录片等影视作品，纪录片《守摊人》一共32集，每集讲述了一个传统手工艺或非遗项目，脚步从尤溪扩大到全省乃至全国各地；第一集就从蓑衣匠开始介绍，还有木雕、弹棉匠、灯笼匠、光饼匠等大大小小32种技术做法，旨在唤起尤溪人的儿时记忆，家乡情怀，从而促使这些尤溪民间手艺得到拯救、保护和传承。而这些优秀的文艺作品正是尤溪县融媒体中心所产出，通过这些作品我们可以了解到当地人文，且以短片的形式能够使人记忆深刻。在推进改革中，尤溪县融媒体中心的作品获得过第三十一届中国新闻奖，纪录片《守摊人》入选国家广电总局国产优秀纪录片和创新创优节目。正是自身素质能力过硬，才能通过这些文化产品，更好地将尤溪本地的文化传播出去。

比如在信息传递方面，重庆市巴南区界石"8·21"山火事件中，巴南区融媒体中心第一时间成立了几十人的全媒体采编小组，第一时间奔赴现场，为山火扑救指挥部提供部门技术支持，采用无人机拍摄火势，将现场第一时间的状况传回指挥室，也第一时间为公众提供详细的新闻信息，主动引导舆情，做好准确快捷的信息支撑。

在信息本土化方面，比如江苏邳州市融媒体中心始终坚持为人民服务的出发点，关注人民需求，融媒体中心不仅发挥好了社会桥梁的作用，在对于讲好中国故事和展现本地文化上也进行了更多表达和创新。内容上制作各种类型的节目，像现在网络发展过快，可能遗忘了一部分老人，融媒体开设了当地语言体系的栏目《有融有度》；问政节目《政风热线》，不仅是解读政策的好渠道，还是人民进行监督的另一通道，为百姓解决了3900多件实事。

第四节　县级融媒体塑造地方文化强符号的一些做法

一、讲好本地故事，打造融媒品牌

打造县级融媒体的地方文化品牌，需要解决核心产业发展方向的问题，在移动互联网时代，体验消费时代，我们具备了跟消费者进行多元化交流互动的条件，想要获取消费者的价值认同，就要挖掘本地文化，讲好本地品牌的故事，并进行有效传播。

福建尤溪县融媒体中心，通过建立融媒工作室，发挥骨干人员带头作用和创新能力，锻造精品内容生产"尖兵团"，成立"8分钟"纪录片、TEAM-X短视频、"金点子"创意策划、"鱿鱼"网络科技、"非凡"影像、"小熹的老家"等6个融媒工作室，形成专技传承机制。2018年以来，中心共承接上海、浙江、湖北、广东、云南等省市县100多个宣传片、纪录片、微电影的拍摄制作业务，每年创收达到1000余万元。

江苏邳州的特色是银杏，通过打造"银杏融媒"，构建报、网、台、两微一端等八位一体传播矩阵，"邳州银杏甲天下"客户端开设了许多便民利民的生活板块，还有"网上综合服务大厅"，并形成了自有的经营服务体系。

浙江长兴县建设具有本地特色的"融媒眼"平台，不仅整合策采编发流程，还实现县域统一宣传和对接"蓝媒号"，构建全新县级融媒生态系统，通过模块化、密集化、全媒体化推出各类重大主题报道以增强可读性和趣味性，同时制作《时代的答卷》等县域专题纪录片，传递长兴"好声音"。这些融媒体中心都形成了自身独有的融媒品牌，不仅能为自身提供新鲜"造血"能力，还能够有余力去"输血"，帮助其他县级融媒体中心构建自身队伍。

二、建立成熟的管理标准，探索多元经营

安吉融媒体中心在对于自身乡村的发展上，就形成了一套标准的管理体系，在探索新的发展模式之外，引入了新业态、新生产方式的加入。安吉将乡村振兴战略部署和互联网数字化电商转型，以"一村一特色品牌、一村一特色产业"为导向，探索互联网+，引领特色农业、生态产业发展。安吉将线上线下结合，扩宽增收渠道，走产业发展高质量路线；除此之外，安吉还开展了电商基地，和高校合作，让大学生进行暑期实习，既能让高校人才带来新鲜思想，又能够为大学生提供实践基地。安吉还推行了订单农业发展模式，形成了"公司+合作社（基地）+农户"的发展模式，这种发展模式能够为茶农找到长期客源，保证稳定收益。在发展茶叶的基础上，形成了一条全产业链的融合模式，生产茶叶饮料、茶类食品、茶类等精加工产品。还开设了休闲文旅、影视拍摄等产业，充分挖掘品牌价值，实现自营自收。

三、立足生态资源，做大生态经济

苏州的阳澄湖大闸蟹，是苏州市特产、中国国家地理标志产品。阳澄湖大闸蟹进入市场可以直接带动大闸蟹价格提升25%，流通环节的减少能够为农民增收，且能推动相关产业的发展，政府建立了度假村，风景区等一系列产业，实现产业的升级。

近些年来，安吉依托自身地理资源，坚持绿色生态发展，结合旅游业、农业，发展出了一条"绿色之路"。安吉有"中国竹乡"之称，安吉工业的发展，一直依托竹、茶两大传统产业，竹产业作为一、二、三产联动的富民产业，不仅生产竹类产品，如凉席、竹笋、家具等系列产品，带动全县农民平均增收7800元。而且，由于竹林茂密，环境洁净，由此衍生出的养殖产品——竹林鸡，也形成了稳定的可持续发展模式。安吉竹林鸡必须在安吉竹林下养足300天，并

且必须经过六大统一标准才能出栏。安吉竹林鸡一年出栏 300 万羽以上，总产值 3 亿元以上。此外安吉白茶也是安吉的著名品牌，安吉政府为了推广白茶品牌，采取了许多措施：首先规范茶农的生产经营，限制白茶种植范围，推广白茶的字母商标等，除此之外还举办白茶节，促使茶叶爱好者们的交流。这些生态产业的发展有效提高了当地农民收入，缩小了城乡收入差距，为农民提供了就业机会，支持了安吉美丽乡村建设。

四、善借数字技术，实现品牌升级

想要打造具有当地特色的文化品牌形象，则需要投入大量的人力物力，同时想要本土文化形象不同凡响，有时也需要借助外力。首先要创新营销机制，县级融媒体在对于品牌的对外宣传上，应该将当地品牌和市场深度结合。

安吉白茶采用了数字测绘全面把控底数，建成安吉白茶数字化管理体系，对全县的白茶实施监控管理；还建成了安吉白茶交易系统和云间数字茶园，是保护安吉茶园的 App。在这个 App 中，每个农户的茶园信息都能精准查找到，查找内容包括每户的产量，茶园地理信息；通过这些 App，外地客商也能够知道每户详细信息，各地客商能够更加放心地购买安吉白茶。软件的好处对于农户而言，更加方便她们预约摊位，了解自己的茶山在整个安吉哪个位置，查看是否是正宗的安吉白茶，对品牌也能够起保护作用。"一对一"设立茶园数字身份证（茶园证），实行"一园一证"管理。通过一张全县域 GIS 地图统一管理安吉白茶产区分布、茶园位置、茶园面积、所属主体、种植品种等。依托安吉白茶茶园测绘数据，将茶园面积和茶园主体进行关联，合理确定每户茶园的青叶和干茶总量，利用安吉白茶大数据交易平台，实现交易总量和资金的同步划转，达到总量控制目的。安吉对于数字化的构建非常具有借鉴意义，跟随时代浪潮发展，成为了第一批"吃螃蟹的人"。

五、立足本地文化，树立对外传播的新目标

21 世纪是一个信息的时代、网络的时代，要抓住这样一个大好的历史机遇，站在更高层面来看待文化的建设，看待文化产业的发展。"立足全国，面向本地"是美丽乡村发展的重要根本，"立足本地，面向世界"，则是对县级融媒体发

展的更高要求。县级融媒体中心不仅是国内基本的媒体传播单位，还是对外发展的坚实基础，好的县级融媒体的发展不仅可以为国内提供发展模板，还能为传播中华文化作出一份贡献，为全球文化的交流互鉴和民心相通提供了稳固的平台。我国国家传播的任务就是要让世界了解中国，打破西方媒体在宣传上对我们的偏见；同时，县域叙事的扩容也能够实现国际传播的语量升级，促成更多层次、更广泛领域的全球合作，增进国际友谊，传递人类和平发展事业的全球化理念，从而增强国外受众对于中国文化的感知力和理解力。

符号是文化传播和文化交往的重要的一环，打造好本地文化符号，能够让当地人民对于文化产生认同感、影响人们既有的文化观点、文化态度甚至是对城市的情感，同时也能够塑造人们内在的精神品质。在传播地方文化符号的时候，注重扩大地方文化的文化影响力。在运用符号这个层面上，一定要理解符号作为"城市人心理要素的构成，是城市历史、文化与价值理念的积淀"。

对于其他城市而言，示范性县级融媒体模式虽不能简单复制，但可借鉴。如何构建良好的营商环境、提升市民认同感，是树立城市形象、赢得发展契机的关键。其中，融媒体中心的作用就是利用好新媒体的功能打开自己县域的名声，将自身产品做到更加接地气，更加符合大众文化。对县级融媒体的地方文化符号的研究，有助于促进当地的发展和地域旅游文化的传承，结合当地的文化特色，保留传统文化的精髓和本真性，突出本身个性，让每一位民众都能感受到本地的文化和悠久的历史。

地域文化既是大众消费者的民族情感和集体记忆，更是当下社会价值和时代精神的体现。如何在经济全球化与信息时代，通过对民族地域文化传统和民族自信的弘扬来体现中国特色外宣话语；如何让地方文化产业在传统中革新、延续和再生，不仅是地方文化品牌的革新目标，更是时代赋予其的使命。

第三十五章　江西省鹰潭市贵溪市融媒体中心文化传播的实践与方向

张志军[①]

贵溪市融媒体中心是中宣部确立的全国首批57个县级媒体融合试点示范县（市）之一。2020年5月原贵溪市广播电视台、原贵溪市新闻中心、原贵溪市委宣传部直属融媒体中心正式合并成立贵溪市融媒体中心，为中共贵溪市委、贵溪市人民政府直属正科级事业单位。贵溪市融媒体中心现有员工70人，其中事业在编人员36人，聘用人员34人，在职党员24人。中心内设14个股室，本科学历32人。中心按照"一类保障、二类管理"模式运行，近几年财政年均拨款约1100万元。中心现有"两台三微一端一报"等宣传平台。经过近4年的融合发展，贵溪市融媒体中心取得了一定成绩。贵溪市融媒体中心在江西省及全国县级融媒体各项考核评估中，主要指标及排名长期位居全省前列和全国百强，中心先后多次在全国、全省媒体融合发展相关会议上作典型发言。

第一节　贵溪市融媒体中心能力建设亮点

一、深化改革创新有活力

1. 深化体制改革

贵溪市把深化融媒体中心建设改革纳入"一把手"工程，成立市委书记任

[①] 张志军，江西省鹰潭市贵溪市融媒体中心主任。

组长，市长任常务副组长，常委宣传部长、组织部长、常务副市长任副组长的领导小组，全力解决发展定位、机构设置、人事调整、财政投入等问题。一方面理顺了管理体制和机构，设立了贵溪市融媒体中心党组，配备了党组书记、主任一名和党组成员、副主任等六名的强有力班子；另一方面，贵溪市率先在江西省建立了以融媒体中心为领导主体的三中心一平台管理协调体制。市财政投资600多万元将新时代文明实践中心、党群服务中心、学习强国学习平台整合到市融媒体中心大楼进行"三中心一平台"一体化融合打造，切实让"三中心一平台"从服务群众的线下场所到线上服务智慧平台达到真正的融合，使政务服务群众线上线下合二为一、融为一体。

2. 深化机制创新

建立科学有序的运行机构。成立了以班子领导为核心的编委会，负责内容生产、产业经营、后勤服务三大板块的管理和业绩考核。按照"中心＋公司"模式，成立贵溪市心学文化融媒有限公司，在全省率先实行产业经营项目负责制，实现内容生产与产业经营两分开。建立高效可行的全员考核机制。出台了《全员绩效考核实施方案》和《中层干部聘任制实施方案》，全员纳入绩效考核，中层干部实行一年一聘制，能上能下，实现"人人有岗位，个个想争先"的用人氛围。建立激发活力的薪酬激励约束机制。破除原有的机关事业单位薪酬制度，实行阶梯薪酬制、部室积分绩效考核制、一线人员首席制、重大贡献重奖制等。按"责重薪高、多劳多得、高效高酬"的原则，建立以绩效考核为主的薪酬分配机制，业绩考核细化到每个部门、每个单元、每个岗位和每个人。

二、深挖资源融合有阵地

1. 新闻采访资源的融合

做加法，对新闻采编播资源进行融合整合，流程再造。成立了一体化的全媒体新闻采访部，现有全媒体采编记者23人，通过学习培训、优化组合，使人员、设备达到最优化、最大化的综合运用。

2. 传播平台技术设备资源的融合

做减法，坚持移动优先、内容为王、用户为王的原则进行传播渠道。平台进行融合整合，将原有的20多个传播平台整合为现有的两微（微信和微博号）、一端（客户端）、一抖（抖音号）、一头（头条号）、一广播（97.2频率电台）、一电视（新闻综合频道）、一报纸（《贵溪报》）等11个全媒体传播平台，集中资源、力量打造自有传播平台《掌上贵溪》App，在江西省率先将实时看电视、听广播、读报纸、兑积分及线上下单线下配送"生鲜荟"商城、网络问政等政务服务功能在客户端上线，使新旧媒体真正融合，使新闻+政务服务商务在客户端得到真实体现，提高了日活率和下载量，客户端现有用户20.3万，占总人口数的40%。让新兴技术为内容生产服务，为引导群众、服务群众提供支撑。近些年用于新技术设备设施更新投入超过1300多万元。

三、深耕优质内容有作为

1. 始终坚守"内容为王"的理念

不断拓展新闻信息服务的深度、广度、锐度、温度、力度，每年原创稿件及音、视频作品达10000件以上，客户端及其他11个平台总用户数（粉丝数）已超过160万，是总人口数的三倍多，以内容优势做强党媒阵地赢得发展优势。《贵溪报》微信公众号传播力一直处于全省县级头部位置，2023年阅读量突破1500万人次，同比增加了140.75%，粉丝数达30万之多。爆款作品不断，单条最高阅读量达78.65万次，阅读量超过1万的作品189件，传播影响力进入全国县级融媒体公众号百强榜，最高月度排名第12位；《贵溪发布》微博总阅读量突破900万人次，单条最高阅读量达92万次；《贵溪发布》抖音号总点击量高达4亿次，单条最高点击量达6000多万次，粉丝数从2020年8万多扩大到2024年的62多万，在全省排名一举进入前5名；《贵溪发布》视频号总点击量达4606万次，单条最高点击量达404.8万次；《掌上贵溪》客户端总用户数达20多万，总阅读量达1.3亿次，单条最高阅读量达106.9万次。主要体现在三个"突出"：第一，突出"快、全、深"三个"字"；第二，突出"权威、本土、服务"三个"特性"；第三，突出三个"转变"，即从单向传与受的关系向双向对话与互动的关系转变；从排浪式一体化传播策略向基于用户的特色化、个性化、定制化转变；从单一的PGC模式（专业生产内容）传播向UGC模式（用户生产内容）+PGC模式混合传播转变。

2. 外宣发稿稳中有升

外宣继续在鹰潭市区(市)中领跑。2023年完成中央级主流媒体上稿46篇，中央级新媒体45篇，省级主流媒体(一报两台)上稿265篇；完成学习强国158篇；

完成鹰潭市级媒体 645 篇。为讲好贵溪改革发展故事，扩大了影响，营造了浓厚的氛围。 围绕中心宣传有力。2023 年重点围绕贵溪市"紧盯一个目标、探索两个途径、打造三个基地、建设四个贵溪、力争五个前列"战略和打造"融入长三角、争当排头兵、建设新贵溪"目标，强化主题新闻报道，凝聚人心，鼓舞士气。在广播、电视、报纸和新媒体各平台，开设了"喜迎二十大，奋进新征程"、学习贯彻党的二十大精神、奋进"双一号工程"、重点项目建设、乡村振兴、抗旱保收、创建进行时、疫情防控、移风易俗、安全生产、网络中国节等 28 个专栏，营造氛围，鼓劲加油。

四、深拓运营服务有保障

1. 新闻＋政务

通过对《掌上贵溪》App 客户端功能完善升级，上线网络问政服务、AI 机器人服务、积分兑换服务、随手拍服务、3651890 热线服务、文明实践志愿服务、医疗社保水电缴费查询服务等功能，并自主研发移风易俗婚恋交友平台和基层社会治理网格管理平台，打造贵溪市综合智慧服务平台，拓展"新闻＋政务"服务，增强与群众交流互动，反映群众的呼声并解决群众的困难，全年通过网络问政等平台为群众解决难题 307 个。2021 年起，通过先试点后全面铺开的方式，在全市 21 个乡镇、街道和部分有党委的市直单位，挂牌成立融媒体中心分中心，开通《掌上贵溪》客户端分端，打通政务服务群众的"最后一公里"，基本实现了政务服务全覆盖。

2. 新闻＋服务

按照江西省委《关于推动全省党的基层阵地资源整合的试点方案》，投资 600 万元，作为市重点项目，将党群服务中心、新时代文明实践中心、学习强国学习平台整合到市融媒体中心办公大楼一起，进行融合整体打造，总面积超过 6000 平方米，设有志愿者综合服务、党群服务、国学讲堂、亲子阅读、电影放映、书画练习、群众娱乐等文明实践场所和 3651890 服务群众热线及《掌上贵溪》App 服务窗口。让群众既可以到中心现场参加文明实践活动，也可以足不出户就把自身服务需求传达到中心，中心对需求进行分类并将服务内容传派给志愿者或加盟的服务商家上门服务，真正做到群众点单、中心派单、志愿者接单，目前已服务群众 7 万余人次。实现了服务群众线上线下全覆盖。

3. 新闻＋商务

坚持"找市长，找市场"的理念，针对媒体运营资源产业化，作了一些有益的尝试。2018年11月注册成立贵溪市心学文化融合传媒有限公司，探索除媒体广告以外的媒体资源产业化市场化经营。一是活动营销。通过策划组织"百姓电视春晚""贵溪好声音歌手大赛""贵溪市农特产品年货节""贵溪千人相亲会"等进行活动营销。二是品牌营销。挖掘心学文化开发"贵溪养心茶"等系列文创产品进行品牌营销。三是项目营销。竞标承接"电商进农村示范县""中国好粮油"等政府宣传项目进行项目营销。四是服务营销。通过与社会资本合作打造线上下单线下配送"生鲜荟"电商超市服务和视频摄制、网络直播及软件小程序开发、网红培育、数字服务等进行服务营销。近几年，年均完成主营业务收入3000多万元，年均实现利润500多万元，探索出了一条企业化运营媒体资源进行产业化发展的新路子。实现新闻＋政务服务商务的全媒体运营产业链体系，进一步增强了经营创收能力，反哺新闻宣传主业，使融媒体中心建设实现良性循环。

第二节　贵溪市融媒体中心文化传播实践

2022年10月，习近平总书记在党的二十大报告中指出，坚持和发展马克思主义，必须同中华优秀传统文化相结合。我们要坚持马克思主义在意识形态领域指导地位的根本制度，坚持为人民服务、为社会主义服务，坚持百花齐放、百家争鸣，坚持创造性转化、创新性发展，以社会主义核心价值观为引领，发展社会主义先进文化，弘扬革命文化，传承中华优秀传统文化，满足人民日益增长的精神文化需求，巩固全党全国各族人民团结奋斗的共同思想基础，不断提升国家文化软实力和中华文化影响力。2023年6月，习近平总书记在文化传承发展座谈会上强调，在新的起点上继续推动文化繁荣、建设文化强国、建设中华民族现代文明，是我们在新时代新的文化使命。贵溪市融媒体中心近年来切实践行习近平总书记重要讲话精神，推出了很多创造性创新性的文化报道，旨在着力构建贵溪市文化体系，满足贵溪人民日益增长的精神文化需求，以富有贵溪特色的文化涵养当地人民，成为贵溪人民团结奋斗的精神源泉。

一、着力传播铜文化

铜是贵溪工业的底色，经过近40年的发展，已经形成了铜原料、铜冶炼、铜加工、铜贸易、铜研发、铜检测、铜文化、铜制品等"八位一体"的铜产业体系，生产的铜产品涵盖全球90%以上铜及铜合金牌号以及85%以上的铜加工材品种，是国内铜产业重要冶炼和加工基地。2023年1—9月，贵溪市规模以上铜企业达125家，实现营业收入1984亿元。贵溪市铜基新材料产业集群被工信部确定为2023年度小企业特色产业集群。贵溪铜及铜加工产业集群连续多年被评为五星级产业集群。可以说，铜是贵溪经济发展的生命线，铜产业发展水平直接影响着贵溪市经济发展的水平。贵溪市融媒体中心与中央广播电视总台合作，开展《"县"在出发》节目，利用央视客户端，对贵溪铜产业铜文化进行专题直播报道。直播总时长36分钟，全方位展示贵溪铜产业铜文化，特别是对贵溪铜錾刻国家级非物质文化遗产进行了专题介绍。央视新闻客户端观看人数达500多万，微博、抖音观看人数达1000多万，起到了良好的传播效果。

二、着力传播红色文化

贵溪是一个洒满革命烈士献血的红色故土，有着非常深厚的红色文化底蕴。结合主题教育，贵溪市融媒体中心组织策划挖掘贵溪本土红色文化，在贵溪发布、贵溪报、贵溪发布抖音等平台策划推出了30多条"红色故事我来讲"等系列宣传报道。通过文图、海报、短视频等多种形式，传播贵溪红色文化。同时在江西日报等省级主流媒体刊发相关贵溪红色文化稿件，传播贵溪红色文化。

三、着力传播民俗文化

2021年贵溪市樟坪畲族乡举办三月三乌饭节。贵溪市融媒体中心组织大型采访团前往报道。通过在掌上贵溪客户端、贵溪发布抖音等平台现场直播，收看人数达5万多。近年来，贵溪市融媒体中心还直播了贵溪市塔桥梨花节、贵溪婚俗改革零彩礼、贵溪民俗博物馆等民俗文化项目产业，取得了显著的传播效果，每场直播人均在线观看人数达2万多。每年的春节期间，贵溪市融媒体中心精心策划了《我们的年味》《网络中国节春节》等20多条反映贵溪传统节日的优秀作品，吸引了大量的读者，得到了他们的积极反馈，满足了广大受众对传统节日文化的汲取。

四、着力传播象山文化

贵溪市融媒体中心在贵溪报和掌上贵溪市客户端开辟《象山文学》专栏，用于传播贵溪象山文化。象山书院位于江西贵溪市，也叫"象山精舍"，为南宋四大书院之一。书院创始人为陆九渊，世人称他为"象山先生"，他的学说与当时"程朱理学"相抗衡，被后人称为"陆王心学"。因此，象山书院是中国哲学"心学"起源地。近年来，贵溪市举行心学之源暨象山书院建院830周年高端论坛，开设专家主旨演讲、文化参观指导、电视专题采访、国学专题报告。贵溪市融媒体中心全程直播，以图文、视频、直播等形式，全方位展示高端论坛的过程，提高了贵溪象山文化的影响力。同时在中央媒体、省级媒体刊发重磅文章，进一步扩大传播力。

五、着力传播地缘文化

贵溪物产丰富，以丘陵地带为主，辖区有江西阳际峰国家级自然保护区和青茅境国家4A级景区和白鹤湖嘻嘻哩景区。贵溪市融媒体中心常常深入保护区和景区开展宣传。在中央电视台和人民日报等国家级媒体多次刊发采用阳际峰和青茅境的相关报道，将贵溪的好山、好水介绍给全国人民，每年吸引全国10万多游客前来贵溪饱览山河大川和秀美风光。每年白鹤湖嘻嘻哩景区都会举办沙滩篝火节，贵溪市融媒体中心通过视频、文图、新媒体等形式，传播地缘文化，从而提高当地景区的人气和魅力，促进景区经济效益井喷式发展。

第三节　贵溪市文化体系建构传播的未来设想

一、要摸清文化家底，努力建构贵溪文化体系基础框架

贵溪自唐永泰元年（公元765年）建县，至今已有1200余年历史。全市

国土面积2480平方公里，60.04万人口（多为汉族江右民系），18个乡镇、3个街道办事处、7个林（垦殖、园艺）场。贵溪本地有其独特方言，俗称"贵溪话"。不过贵溪南乡和北乡有区别，这不仅体现在口音上，而且还体现在表达上，本市文化存在一定差异。

贵溪市的文化传播缺乏有效的整合和协调机制。目前，各个文化单位、机构之间存在着信息不畅通、资源不共享的问题，缺乏有效的沟通和合作机制。这导致了文化资源的浪费和低效利用，阻碍了文化体系的有序运行和健康发展。贵溪市的文化传播缺乏创新和多样性。目前，贵溪市的文化传播主要以传统传媒为主导，缺乏多元化的传播形式和内容，在满足人们文化需求的同时也限制了文化观念的更新和创新。贵溪市的文化体系传播还存在着资源配置不均衡的问题。目前，贵溪市的文化资源主要集中在城市中心区域，农村和偏远地区的文化资源相对匮乏。贵溪市的文化传播还存在着缺乏对目标受众需求的深入了解的问题。这导致了文化体系传播的盲目性和随意性，无法满足人们对多样化文化消费的需求。

针对以上问题和挑战，贵溪市融媒体中心需要采取一系列的措施来建构贵溪市的文化体系。首先，建立起一个有效的信息共享和协作机制，促进各个文化单位之间的合作交流，实现资源融通和优势互补。其次，推动文化体系传播的创新和多样性，积极引入新兴媒体技术和平台，加强文化内容的更新和创意的融入。另外，强化城乡文化资源的均衡配置，打破地域限制，使得边缘地区的居民也能够分享到丰富多彩的文化资源。此外，积极探索并满足目标受众的文化需求，不断调研和了解市民的文化消费需求，提供更加精准和个性化的文化服务。因此，贵溪市融媒体中心需要把自然、零散的文化特质，通过有组织有计划的行为，转化为自觉、系统的文化体系，融媒体中心因其传媒的天然优势，历史地成为区域（圈子或行业）文化体系的组织者和构建者。

二、融媒体中心要着力于贵溪文化强符号的挖掘与传播

对于贵溪市而言，重要的文化强符号包括：贵溪，是世界铜都（生产的铜产品涵盖全球90%以上铜及铜合金牌号以及85%以上的铜加工材品种，是国内铜产业重要冶炼和加工基地）；贵溪象山书院（象山书院，与长沙岳麓书院、金华丽泽书院、庐山白鹿洞书院为南宋著名的四大书院，其创始人为陆九渊，

世人称其为"象山先生",其学说与当时"程朱理学"相抗衡,被后人称为"陆王心学",因此,象山书院是中国哲学"心学"起源地);塘湾谷酒(从明朝开始,塘湾因水陆交通发达,是江西通往福建的重要商埠,往来商人在老街装卸货物休息时,塘湾谷酒成为抚慰客商疲惫身躯的良品;塘湾谷酒历经浸谷、蒸谷、摊晾拌料、制曲等14道工序,形成独特酿酒工艺,酿出的谷酒醇甜绵柔、唇齿留香);江西阳际峰国家级自然保护区(江西阳际峰国家级自然保护区有国家一级重点保护动物中华秋沙鸭,这个就是强符号,提起中华秋沙鸭,就能想起阳际峰)。贵溪市融媒体中心应聚焦这四个文化符号,通过多种形式的宣传报道,逐步丰富其能指形式,强化其所指意义,使其成为区内外人们熟知的文化强符号,从而有力传播贵溪区域形象,获得人们的肯定和好感,引进更多更优的区外资源促进贵溪经济社会发展。

三、融媒体中心要多力并举助推区域文化传播

首先,贵溪市融媒体中心需要加强对文化产业的发展支持。贵溪市作为一个具有丰富历史和文化底蕴的地方,拥有丰富的文化资源和潜力,但在文化产业方面还存在一定的短板。因此,在未来的建构中,贵溪市融媒体中心应该注重培育和支持文化产业,为其提供发展空间和创新机制,从而实现文化体系的全面发展。其次,贵溪市融媒体中心需要加强对传媒技术的应用和创新。随着科技的不断进步,传媒技术的发展也在不断提升。在未来的建构中,贵溪市融媒体中心应该紧跟潮流,积极引进和应用先进的传媒技术,例如虚拟现实、增强现实和人工智能等,结合贵溪市的文化特色,创新传播手段和方式,提高传播效果和吸引力,更好地传播贵溪市的文化形象和内涵。再次,贵溪市融媒体中心要在加强对传统文化的保护和传承上加大宣传力度。贵溪市作为一个历史悠久的地方,拥有丰富的传统文化资源。在未来的建构中,应该注重对传统文化的保护和传承,重视对传统文化的研究和挖掘,通过各种途径和方式,让传统文化得到更好的传播和普及,使更多的人了解和喜爱贵溪市的传统文化。最后,贵溪市融媒体中心还应该注重培养和发展文化人才。贵溪市融媒体中心应该培养更多优秀的文化人才(包括当地网红、名播名主持),提升他们的专业水平和素养。通过多方面的努力,塑造并传播有自己特色的贵溪文化体系,促进贵溪市民共识,凝心聚力,共同为贵溪经济社会发展作出贡献。

第三十六章 融媒体在区域文化传播中的历史责任与时代实践
——以夷陵区融媒体中心为例

刘建华 ①

媒体融合已有十个年头，县级融媒体中心建设也进入了第五个年头，在多年的融合实践中，涌现了很多成功的县级融媒体中心典型案例，如江西分宜融媒体中心、福建尤溪融媒体中心、浙江安吉融媒体中心、湖北夷陵融媒体中心等。县级融媒体中心已由最初两年的挂牌成立阶段进入较长时期的能力建设阶段。这个能力建设就是要通过体制机制、生产流程、经营管理、技术应用、人才培养、队伍激励、政策资源等方面的综合发力，形成符合本区域实际的全媒体生产与传播能力，真正建成主流舆论阵地、综合服务平台和社区信息枢纽，成为地方党委政府"治县理政"的平台和抓手，为中国式现代化实践服务，为中华民族伟大复兴中国梦目标助力。一方面，融媒体中心要紧紧围绕中央及各级党委政府的中心任务，通过解读好党的理论路线方针政策、讲好本地老百姓生产生活故事、做好重大危机事件干预和外宣传播等工作、发挥强大的舆论引导作用。另一方面，融媒体中心要高度重视传播本地文化工作，我们知道，中国社会主义道路的每一步开拓，都是基于中国国情和中国文化的实践探索，在全面推进中国式现代化的大潮中，马克思主义和中华优秀传统文化在进行紧密的结合，锻造出丰富的当代文化，形成新时代的中华民族现代文明，现代意义上的文化认同，必将为中国特色社会主义文化发展提供强大精神动力，为实现中华民族伟大复兴提供关键思想资源。为此，各级各类媒体务必高度重视对本区域本行业文化的传播，形成自己独特的文化体系，成为传媒产品生产传播取之不尽用

---

① 刘建华，中国新闻出版研究院传媒研究所执行所长、研究员、博士后。

之不竭的活力源泉，形成区域融媒体中心核心竞争力，打通传播"最后一公里"，紧紧黏附本区域传媒文化产品用户，与中央省市级媒体形成互补优势，真正成为不可替代的基层新型主流媒体。

第一节　夷陵融媒体中心基本情况

湖北宜昌市夷陵区融媒体中心于2019年3月正式挂牌成立，为夷陵区委直属正科级公益二类事业单位，归口区委宣传部领导，加挂宜昌市夷陵区广播电视台牌子，负责全区对内对外宣传工作，广播、电视、网络和移动端等全媒体融合发展。中心内设股室14个，核定事业编制71名。现有人员87人，其中本科学历52人、研究生学历12人。中心按照"一类保障、二类管理"模式运行，近几年财政年均拨款约1700万元。中心现有"两台一网两微一端"等宣传平台，开设有《夷陵新闻》及《天南地北夷陵人》《党旗在一线飘扬》《落到实处以"四个重大"为例》《夷陵好人》等数十个节目。

通过近5年的融合发展，夷陵区融媒体中心取得了一定成绩，基本建成主流舆论阵地、综合服务平台与社区信息枢纽。2019年，中心作为全省两个县市级代表之一向时任中宣部部长黄坤明做了汇报展示。2020年，全省广电媒体融合创新与发展研学班在夷陵举办，该年度中心活力指数排名位居全省103个县（市、区）榜首。2021年，中心创作的《媒旅新融合　云端见三峡》荣获2021年湖北省媒体融合创新案例评选活动内容创新最佳案例。2022年，中心荣获2021年度优秀城市融媒（区域融媒）综合影响力Top10，"云上夷陵"App荣获2021年度优秀城市融媒（客户端）综合传播力Top10，有两件作品分获第三十九届湖北新闻奖二、三等奖。2023年，中心荣获"2022年度长江云平台优秀运营单位"。

第二节　夷陵融媒体中心能力建设亮点

打通传播"最后一公里",建成新型主流媒体,成为地方党委政府"治区理政"的平台与抓手,最终要靠实力说话,夷陵区融媒体中心在能力建设方面主要有以下亮点。

一、健全体制机制,激发全员活力

融合发展的本质是需要构建新的组织机构,配备新的体制机制,适应新媒体技术背景下的媒体生产与传播要求,提供适合社会需求的传媒产品与服务。作为一种新的媒体组织机构,县级融媒体中心要根据区域内外现实条件,选择适合自身融合发展的体制机制,重构生产流程,形塑经营管理理念,激发全员活力,提供适销对路的产品与服务,切实发挥"治区理政"的作用。夷陵区融媒体中心建成了全媒体指挥系统,成立了融@新闻指挥中心,整合了区广播电视台、三峡夷陵网、"云上夷陵"App、"夷陵发布"微信公众号、"夷陵发布"视频号、"5210我爱夷陵"抖音号等融合传播平台。成立了小视频生产团队,按照扁平化、小团队模式建立了适应全媒体运行、具备融媒体特征的新型组织架构和管理体制。

与机构建设相匹配,夷陵融媒体中心牢牢进行内部管控,大力加强队伍建设,既夯实了保障能力,又提升了工作积极性。内部管控方面,一是强化安全播出。全天候开展安全检查,全面保障重要保障期、重大时间节点及广播电视节目的安全播出工作,实现节目播出无差错零事故。二是强化宣传管理。加强节目编审流程管理,实施节目差错责任追究,推进宣传管理规范高效。创新内容生产、平台服务和广告管理,推进精品创作。三是强化考核培养。推行积分制量化考核绩效管理。开展新闻质量提升月采编播业务集中培训,全年组织各类线上线下培训300多人次,全面强化采编人员"四力"教育。队伍建设方面,加强中心人才保障,开展教育培训,年均引进成熟型融媒体记者、编辑、全媒体技术人才 10 名左右，组织各类业务培训 100 余人次，组织送出去、跟班学习等形式全面提升采编人员"四力"，引导从业人员向全媒体记者、全媒编辑、全媒管理人才整体转型。设立科学合理的考评体系、薪酬分配制度、特殊人才激励手段，按照"一类保障、二类管理"原则，实行 2.5 倍绩效工资激励考核机制，逐年优化绩效工资考核方案，最大限度调动职工积极性，不断提升凝聚力和向心力。通过健全体制机制，基本实现调动指挥更畅、新闻质量更高、传播速度更快、宣传渠道更广、服务功能更强。

二、强化平台建设，锻造精品力作

加强与省市级媒体深度合作，全面优化"云上夷陵"App 和三峡夷陵网功能。通过强化新闻生产，举办线上线下活动、拓展服务功能等途径，打造拓展"1+5+3+X"全媒体传播矩阵，实现重大新闻、突发事件、重点报道移动端新媒体首发，提高在区域内的覆盖面、传播力和影响力，发挥"融多多"效应。务实探索新时代文明实践中心和融媒体中心"两心"人融、心融、事融、地融，多种生成、多元传播的"融多多"实践之路。与《看看新闻》合作，推出《追光 2022》慢直播，全网点击量突破 1 亿。2023 年上半年，"云上夷陵"App发稿 4800 条、51 条稿件阅读量过万，三峡夷陵网 3520 条，"夷陵发布"微信公众号 670 条，"魅力夷陵"微博 152 条。"夷陵发布"视频号、"5210 我爱夷陵"抖音号共发布视频 935 个，其中 50 万+视频 3 条，10 万+视频 37 条，抖音号粉丝增加至 15.8 万，30 多次上榜长江云营运周报，10 多个单项排名第一。

夷陵区融媒体中心聚焦区委区政府工作中心，持续强化重大主题宣传，不断创新内容生产，锻造一系列精品力作。精心打造的《云端三峡》大型山水线上直播栏目全网阅读量达 1.5 亿，开创全省县级融媒"媒体+旅游"先河，该案例入选中国新闻出版传媒集团组织评选的全国新闻出版深度融合发展创新案例和《全国广电媒体融合实战案例蓝皮书》。与上海东方卫视联合推出的《理想照耀中国｜许家冲村——大坝之畔建新村》阅读量达 1.94 亿，荣获第三十九届湖北新闻奖二等奖，新闻美术（公益广告）《聚焦党代会｜"2345"数说蓝图》荣获第三十九届湖北新闻奖三等奖。全年生成"报、刊、网、端、微、屏"等融媒体作品 27000 余件，其中报纸、书刊等线下作品 3000 余件，网站、客户端、双微平台、数字显示屏等线上作品 24000 余件。2023 年在中央广播电视总台采用稿件 32 条（其中《新闻联播》4 条），湖北广播电视台采用稿件 124 条（其中《湖北新闻》59 条），荆楚网采用评论文章 18 篇。

三、优化公共服务，强化融合外宣

积极探索、挖掘、整合省市区各类政务服务资源，推动"云上夷陵"App 功能建设，优化政务、民生服务大厅，实现"云上夷陵"App 与政府服务的互通互融，用户一次注册即可享受政府相关部门提供的户籍办理、资质认证、公积金服务、车辆违章查询等 100 项政务公共服务。搭建网络问政平台，强化政务公开功能，切实增强客户端平台"新闻＋政务服务商务"的综合服务能力。实现"两心"的线上融合，通过"云上夷陵"App，新时代文明实践版块实现线上点单、线下接单、精准服务。2022 年元旦，推出《追光 2022》慢直播，全网点击量突破 1 亿。4 月，"两心"联合发起"峡州本草夷陵传承"——送你一朵芍药花活动，活动宣传全网点击率突破 3000 万。推出"智慧农业"版块，持续发布优质农产品销售等信息。在移动、联通、电信网络接入夷陵广播电视节目信号，促进电视用户的大幅增长，实现了传统媒体与新媒体传播力、影响力的同步跃升。

通过全媒体联动，聚焦区委、区政府重要工作，聚焦夷陵好山好水、好人好事、好产好业，深入挖掘、突出亮点，讲好夷陵故事，传播夷陵声音。全媒体平台每月发布稿件 2500 条次以上，拓宽对外宣传渠道，每年在国家省市主要媒体发稿数量和质量居全市前列。2020 年 8 月上线的《云端三峡》大型山水实景直播，引得各大媒体持续聚焦并学习借鉴。《我宣誓》系列广播剧在全国 30 多家广播电台推出。《党旗在基层一线高高飘扬——强基固本基层党组织更加坚强有力》在央视《新闻联播》中播出，雾渡河猕猴桃九上央视。全面创新短视频生产，其中抖音破 10 万播放量的达到 23 条。百里荒滑翔伞邀请赛以网红沉浸式体验的形式，带网友领略夷陵的秀美山川，采用抖音"共创"形式进行宣传，成功拍摄制作共创视频 6 条次，《宜昌百里荒，弹射起飞》阅读量达 32.6 万。

第三节　夷陵融媒体中心文化传播实践

2022年10月，习近平总书记在党的二十大报告中指出，"坚持和发展马克思主义，必须同中华优秀传统文化相结合。……要推进文化自信自强，铸就社会主义文化新辉煌。增强文化自信，围绕举旗帜、聚民心、育新人、兴文化、展形象建设社会主义文化强国。……发展社会主义先进文化，弘扬革命文化，传承中华优秀传统文化，巩固全党全国各族人民团结奋斗的共同思想基础"[1]。2023年6月2日，习近平在文化传承发展座谈会上强调，"在新的起点上继续推动文化繁荣、建设文化强国、建设中华民族现代文明，是我们在新时代新的文化使命。……盛世修文，我们这个时代，国家繁荣、社会平安稳定，有传承民族文化的意愿和能力，要把这件大事办好。……'第二个结合'，是我们党对马克思主义中国化时代化历史经验的深刻总结，是对中华文明发展规律的深刻把握。……'结合'的结果是互相成就，造就了一个有机统一的新的文化生命体，让马克思主义成为中国的，中华优秀传统文化成为现代的，让经由'结合'而形成的新文化成为中国式现代化的文化形态"[2]。夷陵区融媒体中心近年来切实践行习近平总书记这些讲话精神，推出了很多创造性创新性的文化报道，旨在着力构建夷陵区文化体系，满足夷陵人民日益增长的精神文化需求，以富有夷陵特色的文化黏附当地人民，成为夷陵人民团结奋斗的共同思想基础。

一、着力传播红色文化

结合党史教育，夷陵区融媒体中心策划7场次"百炼成钢路，音乐颂党史"音乐党史课，将革命歌曲与党史教育有机融合，反响很好。策划"我宣誓"沙画和夷陵版画，《我宣誓》系列广播剧在全国30多家广播电台推出，对本土

---

[1] 习近平. 高举中国特色社会主义伟大旗帜为全面建设社会主义现代化国家而团结奋斗[M]. 北京：人民出版社，2022：18，42-43.

[2] 习近平出席文化传承发展座谈会并发表重要讲话[OL]. https：//www.gov.cn/yaowen/liebiao/202306/content_6884316.htm.

真实革命历史进行造像，再现血与火的革命岁月。作品以声音作为形式要件，以"我宣誓"为线索、符号和载体，在融合创作中实现"还原真相、正视历史、启迪现实"的创作初衷。作品全长 120 分钟，用直叩人心的诵读和对白，追忆革命岁月，传承红色文化。全国 100 多家广播、电视传统媒体滚动播出，网站、手机 App、视频号、微信、微博、抖音等"轰炸式"立体播发，"学习强国"、《中国艺术报》、《湖北日报》、湖北卫视、《三峡日报》等中央省市媒体推介，累计流量超千万，在夷陵和宜昌城区及周边县市区形成传播热点，做到了英雄故事家喻户晓、人人皆知。通过音乐党课和广播剧等融合传播，在全区营造了党史学习教育的浓厚氛围。

二、着力传播生态文化

2020 年，与三峡环坝旅游集团合作，由三峡环坝旅游集团出资，依托夷陵区融媒体中心"云上夷陵"App，共同打造《云端·三峡大剧院》，以直播、短视频等形式为游客打造沉浸式游玩体验，推进文旅融创深度合作。夷陵区融媒体中心为客户进行"高端定制"，策划现场直播，制作短视频 140 多条，超千万网民在线浏览互动。自 2020 年 8 月 8 日上线以来，三峡人家风景区平均每天游客数量超过 8000 人次，截至当年 12 月底累计接待游客 100 多万人次。2022 年 9 月 30 日，与相关媒体合作推出《江山多娇——探访国家文化公园·长江篇（下）》，行进式探访长江国家文化公园宜昌市夷陵区段黄陵庙、三峡大坝、许家冲村，忆往昔、看今朝。在游览过程中重点讲解了湖北省、宜昌市、夷陵区对长江文化的保护与传承。

三、着力传播民俗文化

2023 年 7 月 7 日，夷陵区融媒体中心与上海东方卫视等联合推出了《中国节令·小暑》直播，走进大学校园，与外国朋友们一起感受小暑节气文化，体验"小暑"和"末端阳"的奇妙结合，全国 30 多家媒体平台同步推送，累计流量超 500 万。2022 年、2023 年春节期间推出了《夷陵年味》《文化过年》系列视频，"夷陵发布"视频号与"5210 我爱夷陵"抖音号共推出短视频 85 条次，点击量逾 20 万。《夷陵年味》系列共推出 22 期，包含夷陵特色美食（抬格子、铁锅焖肥鸡、清炖天麻鸡、魔芋），夷陵年货节、特色民俗（高跷舞狮），天南地北大拜年，夷陵美景、夜景，新年心愿等，勾起了在外游子的浓浓乡愁。点击量最高的《夷陵年货节，启动》是1.4万。《文化过年》从除夕至初六一共七期，展现了夷陵版画、千花绣、剪纸等非遗文化。大年初三，百里荒滑雪场迎来客流小高峰，央视《晚间新闻》《新闻直播间》和国际频道5次进行了报道。春节期间的小视频，合力呈现出文化夷陵、文明夷陵、温情夷陵的良好形象。融媒专题《天南地北夷陵人》以在外逐梦的夷陵人为主角，通过电视访谈的方式，旨在记录和传播优秀夷陵儿女的故事，弘扬乡贤文化，目前已制作播出32集。《天南地北人夷陵人》让每一位受访者悉知家乡的日新月异，让每一名观众感受远离家乡的夷陵儿女带给夷陵这座城市的荣光，全媒体播发浏览量500万以上。

四、着力传播地缘文化

《飞阅夷陵》是宜昌市夷陵区融媒体中心探索融合传播，走出概念，守正创新，策划推出的短视频专栏。作品充分利用航拍视角，立体式、直观化呈现夷陵工业、农业、城市、民生、文旅的关键节点和重要成果，也是基层媒体追求节目形式创新与本土化的一次尝试。"飞"是高度，飞上去就看的更广、更高，就是用更高的高度去看更广的夷陵。"阅"是以目之所不能及的视角，更高、更广、更深的去看夷陵的重大项目建设，去看夷陵的人文风景，让广大群众通过精悍短小的视频，感受夷陵火热的发展气场，爱祖国、爱家乡之情油然而生。《飞阅夷陵》通过"5210我爱夷陵"抖音平台首发，再由"夷陵发布"视频号、"云上夷陵"客户端等平台多种传播，共推出近30期视频，总流量过百万。早在10年前，《夷陵边界行》摄制组沿着夷陵区的边界地域，实地走访采访了63个边界村，总行程逾5万公里，节目旨在把更多的目光聚焦边界村，尤其是很多从来不为人熟知的山区村，让更多人通过了解边界村转而关注、支持边界村的发展。节目获得全国新闻宣传传媒发展实践学术成果交流评析金奖和"湖北新闻奖"等荣誉。

五、着力传播艺术文化

多年来，夷陵区融媒体中心紧盯群众关注的热点，通过音乐和唯美的画面讲述夷陵故事，全方位展现夷陵的风土人情和好人好事。先后推出《流淌的三峡》《倾述》等融媒音乐 MV。在中华人民共和国成立 70 周年之际，先后制作了《今天是你的生日》《我和我的祖国》音乐 MV。《这是一个好地方》《请你走进我的家》作为区歌将夷陵美景尽情展现，广为传唱。推出了《深山里的烛光》《长江恋曲》《情满峡江》《香草幽兰》等共 20 多首音乐 MV，让夷陵精神、夷陵故事在优美的音乐声中广为传诵。2023 年 7 月 14 日至 15 日，夷陵区举行百里荒青燥音乐节，陈楚生、光良、动力火车等登台演出。区融媒体中心整合全中心力量，短视频、内外宣同时发力，取得了较好的宣传效果。"夷陵发布"视频号和"5210 我爱夷陵"抖音号累计推送短视频共计 66 条次，截至 16 日凌晨，抖音热榜及"#百里荒青燥音乐节"话题总流量 1003.5 万。中心充分挖掘粉丝力量，宣传百里荒 21 度夏天的避暑概念，《当音乐节遇上绝美晚霞》等极具现场感的视频火爆网络。2020 年初，为了引导广大市民安心宅家，区融媒体中心和区文联紧密联合，在"云上夷陵"App 开设了《文学艺术》专栏，当年编发夷陵文艺界人士的抗疫文章、评论、美术等作品 50 多件，之后持续开设该栏目，发挥弘扬夷陵文化、传播夷陵精神、讲好夷陵故事的积极作用。

六、着力传播饮食文化

夷陵区融媒体中心利用多平台，通过播发系列品牌产品研发新闻动态、品牌产品广告等形式，加强对稻花香酒品牌及企业文化的宣传，对稻花香主打品牌活力型、馫香型系列白酒的推广起到积极作用，助力稻花香品牌打造及科技成果应用。陆羽《茶经》里说，"山南，以峡州上"，夷陵自古以来就是中国优质茶产地之一，全区有茶园面积 23 万多亩，年产干茶 3.5 万多吨。中心加强宣传策划，加大茶叶产业发展宣传报道力度，有力助推"茶叶大区"向"茶叶强区"转变，打造全国知名"茶乡"品牌。中心深入挖掘茶旅文化，组建专门团队，对全区每届茶艺节、茶旅小镇等进行全媒体采访报道。中心大力宣传造势，传播夷陵雾渡河猕猴桃文化。雾渡河镇是世界公认的猕猴桃原产地，产品获国家"绿色食品"认证，"湖北夷陵雾渡河猕猴桃栽培系统"入选 2016 年全国农业文化遗产。2022 年 8 月底，夷陵区融媒体中心主动联系中央电视台湖北总站，提供相关线索和报料，邀请央视就猕猴桃种植、销售等内容进行采访，很好地传播了雾渡河猕猴桃文化。

第四节　夷陵文化传播的未来方略

地方文化传播与区域形象塑造是融媒体中心的一个极为重要的任务,未来,夷陵文化传播应从以下三方面着力。

首先,在传播理念上,融媒体中心应肩负构建区域文化体系的历史责任。文化体系是文化各要素相互连接的整合系统,是文化特质和文化复合体的组合,是核心思想与基本行为的集合,具有文化模式化、文化整合、界线保持和体系自律四种属性。美国地理学家 J.E. 斯潘塞等认为,文化的最小单元,即文化的某个项目,不论它是人的某一行为还是使用的某一工具,都是文化特质。文化体系是某个区域某个团体为自己的生存而设计,经过历史传承和沉淀形成的一种有明显辨识度的自给自足的体系。区域有自己的文化体系,民族有自己的文化体系,行业有自己的文化体系,不论是从空间时间而言,还是从人群或行业而言,都可以拥有属于自己的文化体系。当然,这些不同的文化体系具有相对性和历史性的,它们存在包含交错的关系。从民族层面而言,中华民族有自己的文化体系,美英日韩民族也有自己的文化体系,中华民族所属的 56 个民族,又有自己的文化体系;从空间而言,中国、法国、德国因为政治和地理空间的间隔,有各国的文化体系,在一国之内,各省各市各县由于地理空间的间隔,有各区域的文化体系;就行业而言,由于行业的生产本质和规律不同,电力行业、石化行业、教育行业有自己的文化体系;就人群而言,由于人口统计特征与兴趣爱好不同,也有丰富多元的文化体系(文化圈子)。文化是人类发展进步的支撑力量,文化自信是一个国家和民族发展中最基本、最深沉、最持久的力量,文化体系对于所属的圈子、民族和国家而言,发挥着塑造共同思想基础、鼓舞群体士气的作用,能够推动经济社会永续强劲发展。

夷陵区由于地理空间与历史习惯的原因,在拥有所属民族国家文化体系之外,也拥有专属于本区域的文化体系,夷陵区人们在这片土地上千百年来的核心思想与基本行为,构成了夷陵文化体系。这种夷陵文化是为这个区域生活和生产的人们所熟悉的,它就像血液一样浇灌每个人的思想与行为,使这个土地上生存的人们拥有大体一致的世界观、价值观与人生观，令这个土地上的人们因夷陵而彼此关照、相互帮助、共同进步；不论走到哪里，夷陵会成为他们的牵挂、乡愁和骄傲，自古以来经久弥坚的"老乡情"其实就是区域文化体系的生动写照。尽管区域文化的存在是毋庸置疑的，但区域文化体系却并不一定都是一种成熟的存在。有些地方的文化可能是成体系的，有些地方的文化可能是零散的自然状态，有些地方作为行政区域的历史不长，文化可能较为贫瘠，更谈不上文化体系了。因此，需要我们把自然、零散的文化特质，通过有组织有计划的行为，转化为自觉、系统的文化体系，融媒体中心因其传媒的天然优势，历史地成为区域（圈子或行业）文化体系的组织者和构建者。不论哪个级别哪个类型的媒体，都有自己的"一亩三分地"，如人民日报、光明日报是面向全国，江西日报、四川日报是面向全省，三峡融媒体中心、萍乡融媒体中心是面向全市，夷陵区融媒体中心、共青城市融媒体中心是面向全县（区）。这个全国、省、市、县都有不同于他国／省／市／县的区域文化，这就需要各自的媒体肩负起塑造区域文化体系的历史重任。媒体有充足的社会动员能力，能够整合各种人力、物力和财力，共同塑造一个区域的当代文化体系。如此顺延，一代代媒体及其从业者都在着力塑造当下的区域文化体系，百千年后，回头来看，该区域文化体系的内涵与外延将无比灿烂丰富，而且都各具特色，有着无法替代的文化主体地位。夷陵区拥有丰富灿烂的地方文化，在夷陵区融媒体中心的持续努力下，必将构建既有历史文化传承又有现代化风格的当代夷陵文化体系，塑造夷陵现代文明，为建设中华民族现代文明添砖加瓦。

其次，在传播对象上，融媒体中心应发挥鉴别区域文化强符号的时代作用。我们经常会对文化、符号、媒介这三个概念的关系产生困惑，主要原因在于这些概念有着十分亲密的包含或重叠关系。文化是人类一切生活方式的总和，即只要打上人类印记的东西，都可以称之为文化。符号的本质是一种代表关系，即以"此"代表"彼"，有作为意义的所指和作为形式的能指，这个能指是丰富多彩的，也就决定符号的多元性。媒介是信息的中介，是可以传达意义的人事物，按照现代的说法，一切皆媒介，自然世界和人文世界的各种元素都可以成为媒介。从时间顺序上而言，符号与媒介要早于文化，当人类还处在野蛮时期，风雨雷电声音动作都可以是符号，媒介借助符号来传达意义，符号本身也是一种媒介，文化则是随着人类文明的不断演进而理论化、体系化、符号化，精神

第三十六章　融媒体在区域文化传播中的历史责任与时代实践 | 县级融媒体中心专论 |

文化、物质文化、制度文化构建了人们生存发展的意义世界。随着物质产品的繁荣发展，有些物质品牌具有了文化意义，反映出某些价值观和生活方式，也就成为象征符号，人们消费物质产品不仅仅是生活需要，更重要的是精神需要，品牌产品的文化符号所指，能够表达和传递某种意义和信息，体现消费者的地位、身份、个性、品位、情趣和认同，在满足人的基本需要之外，体验社会表现和社会交流。在符号学看来，有声语言、文字、实物、衣饰、人物、事件等都可以是符号，一切人事物都具有指代功能，因此都可以是符号，自然世界和人类世界是符号化的世界。文化是媒介传播的重要内容，是传媒机构进行创意生产取之不尽用之不竭的活力源泉，媒介要通过文字、图片、数据、声音、影像、动漫等各种符号来承载信息、传播意义，因此，文化强符号自然成为传媒机构的宠儿，可以用最低的社会成本产生最优的社会福利，实现社会效益和经济效益的双丰收。

然而，"符号的价值不在于数量，而在于表情达意的鲜明性、突出性、代表性、巧妙性、智慧性，在于被强调、被改变甚至被颠覆的过程，只有在这个过程中，强符号才能产生并发挥作用。强符号是社会共同体的价值认同、主流意识、社会关系，包括媒介、组织、群体的主观推动等因素的共同结晶"[①]。当区域文化资源与品牌产品具有很强的传播力和影响力的时候，实际上就是代表这个区域古往今来人事物的文化强符号，这些文化强符号反映了区域当代主流意识形态，传播富有持久性，能指形式独特，被大众传媒和人们广泛使用，体现出较为稳定的价值认同。譬如长城、故宫、京剧、功夫、长江、黄山等就是中国著名的文化强符号，它们既有独特的呈现形式，又有通适的价值意义，可以为全世界人们所认可，有效传播了中国的良好形象，有利于可爱、可信、可敬的中国形象塑造。对于夷陵区而言，需要辨识、塑造和强化本地的文化强符号，融媒体中心恰逢其时地发挥了这一时代作用。物质品牌产品和历史文化资源都可以成为文化强符号的来源，包括儒家经典文化、历史名人、重大事件、自然风光、建筑服饰、物质产品、艺术歌舞、饮食等自然物质文化遗产和非物质文化遗产内容。对于夷陵区而言，重要的文化强符号包括：夷陵，一座来电的城市（指三峡大坝等大大小小的水电厂，是中国发电量最大的城市，号称世界水电之都）；

---

① 隋岩. 符号中国 [M]. 北京：中国人民大学出版社，2014：215.

桔都茶乡桃源酒城（夷陵柑橘产量位居全省前列，茶产业综合实力全省第一，是猕猴桃的发源地，稻花香酒厂所在地，这四种产品单论一项可能并不显眼，但四项合在一起发挥结构优势时，全国其他区县是不具备的，这就有了文化强符号的独特性与影响力）；世界飞行地宜昌百里荒（通过百里荒滑翔伞邀请赛等持续性的活动，把夷陵打造为世界飞行地品牌）；中国喜城（源自欧阳修的"水至此而夷，山至此而陵，人至此而喜"，探源夷陵历史文化和儒家文化，打造成快乐惬意的喜城文化）；云端三峡（以直播、短视频等形式为游客打造沉浸式游玩体验，推进文旅融创深度合作，了解三峡大坝景区文化）。夷陵区融媒体中心应聚焦这六个文化符号，通过多种形式的宣传报道，逐步丰富其能指形式，强化其所指意义，使其成为区内外人们熟知的文化强符号，从而有力传播夷陵区域形象，获得人们的肯定和好感，引进更多更优的区外资源促进夷陵经济社会发展。

最后，在传播手段上，融媒体中心要致力全媒体生产与传播的当下实践。县级融媒体中心是新型主流媒体的主力军，是党的宣传思想工作的重要抓手，这些中心的基本要求就是应该具备全媒体生产和传播能力，县级融媒体中心与中央省市级媒体共同为社会主义意识形态塑造与主流价值观传播发挥作用，合力为党和人民服务，构建网上网下一体、内宣外宣联动的主流舆论格局，建立以内容建设为根本、先进技术为支撑、创新管理为保障的全媒体传播体系，牢牢占据舆论引导、思想引领、文化传承、服务人民的传播制高点。

全媒体生产与传播既是一种生产能力又是一种传播手段，要求融媒体中心生产出多形态与多介质的传媒产品，实现线上线下综合传播。"所谓多形态主要指的是利用新媒体技术，对文字、图片、音频、视频等几种表达元素进行无极限地组合，满足不同圈子消费者的需求；所谓多介质主要指的是报刊、图书、广播电视、互联网、微信微博等不同介质的媒介形态。融媒中心作为一个新闻机构，深度融合的结果就像是太阳光一样，看起来是一种颜色，但实际上是由红、橙、黄、绿、蓝、靛、紫七种色光组成。在融媒体这个太阳光之中，涵括了文字、图片、音视频等不同形态和原子、电子、数字等不同介质的各种色光，这些多元媒体介质既是一个结构整体，又有各自独立存在，真正实现融媒体社会生产全过程的一体策划、一次采集、多种生成、多端发布。"[①] 当然，全媒体传播并不是指所有媒体机构所有时候对同一题材都得进行全媒体传播，全媒体传播只是一种理论要求和能力具备，要根据不同的报道题材和不同消费需求生产出或传统或新媒体或融合的传媒产品，以最低的社会成本实现最优的社会福利。对于夷陵区融媒体中心来说，在对六大文化强符号的梳理、挖掘与传播中，要根据他们的特质，从每个强符号独立的文化体系构建出发，对其历史源流、相关人物、类型文化、社会关系、实践影响等方面的文化特质进行深入描述与分析，用文字、图片、短视频、纪录片、影视等各种介质和形态的手段去表现其本质、规律、特征与价值意义，通过有计划的扎实推进，五年十年以后，各个符号所属的文化体系大厦必将建成。如此，"一座来电的城市""桔都茶乡桃源酒城""云端三峡"等夷陵文化强符号定将成型，届时，它们对于夷陵人民的意义将如同长城、故宫、长江等对于中国人民的意义。

[①] 刘建华.建成新型全媒体：中国传媒融合创新的六大机遇和入口[J].出版发行研究，2022（07）：38.

参考文献

[1] 习近平在文化传承发展座谈会上强调：担负起新的文化使命 努力建设中华民族现代文明[N].人民日报，2023-06-03（01）.

[2] 黄楚新，贺文文，任博文.激活与探索：我国西北五省区地市级广电媒体融合发展状况[J].传媒，2022（17）：26–30.

[3] 赵淑萍.新系统与新动能：我国地市级媒体融合发展的态势研究[J].现代出版，2021.

[4] 肖珺.元宇宙：虚实融合的传播生态探索[J].人民论坛，2022（07）：40-44.

[5] 唐宁，刘荃，高宪春.媒体融合概论[M].武汉：武汉大学出版社，2021：164.

[6] 陈欣妤，范以锦."新闻+政务服务商务"：做大做强主流媒体的运营模式[J].新闻论坛，2022（06）：15-18.

[7] 易沪江.传统媒体如何借"融"称势[J].记者摇篮，2019（12）：128-129.

[8] 张志安.致2023中国新媒体大会，媒体融合八个问答[EB/OL].2023-07-12，https://mp.weixin.qq.com/s/5cHLh9WgklXxIQBlr5np_A.

[9] 宋建武，黄淼，陈璐颖.中国媒体融合转型[M].北京：中国人民大学出版社，2022：30.

[10] 马逸尘.《读者》杂志四十年发展的经验和启示[J].发展，2021（07）：61-65.

[11] 2021国内外人文大众期刊数字阅读影响力TOP100发布[EB/OL].澎湃新闻，https://m.thepaper.cn/baijiahao_15185255.

[12] 马逸尘.《读者》杂志四十年发展的经验和启示[J].发展，2021（07）：61-65.

[13] 敖鹏. 传统杂志的数字化生存策略分析——以《智族 GQ》为例 [J]. 北京印刷学院学报, 2020, 28（02）: 6-10.DOI:10.19461/j.cnki.1004-8626.2020.02.004.

[14] 董有山. 读者出版集团数字出版的实践和体会 [J]. 传媒, 2013（01）: 60-61.

[15] 李霞. 以技术赋能内容, 打造融媒体平台——以《读者》杂志为例 [J]. 出版广角, 2021（17）: 51-54.

[16] 文化名人访谈丨以"红色引擎"驱动文化品牌——访读者出版集团董事长刘永升 [EB/OL]. 兰州日报, https://business.sohu.com/a/579915232_ 120948198.

[17] 求是网评论员: 让读书成为一种生活方式 [EB/OL]. 求是网, https://news.cctv.com/2023/04/23/ARTIQxSHJH8Dp8wQ4tm13d8q230423.shtml.

[18] 《党的建设》人物访谈丨让"读者"品牌散发耀眼的文化光芒——访读者出版集团党委书记、董事长刘永升 [EB/OL]. 党的建设杂志, https://mp.weixin.qq.com/s?__biz=MzUyODc4NTYwMQ==&mid=2247536470&idx=4&sn=0c0a991f486e853ba4292cad56576198&chksm=fa6906f8cd1e8feea20ce3b4168959d0234a3b6ede420bc1bf36a6f05b27cad61d4f25f95af3&scene=27.

[19] "敦煌书坊"融合出版平台启用 建学术专著等"电子档案" [EB/OL]. 青瞳视角, https://baijiahao.baidu.com/s?id=1717278322106649711&wfr=spider&for=pc.

[20] 伍连德. 医学杂志之关系 [J]. 中华医学杂志, 1915（01）.

[21] 魏均民. 《中华医学杂志》社有限责任公司以内容为核心 推动出版深度融合和高质量发展 [N]. 国际出版周报, 2022-6-13（05）.

[22] 中华医学期刊 App 宣传片 [EB/OL]. 中华医学杂志官网, https://zhyxzz.yiigle.com/video/1006353.htm.

[23] 邢梦莹,朱瑶,杨石华. 科学传播视域下的医学期刊知识服务——以《中华医学杂志》为例 [J]. 中国科技期刊研究, 2022（10）.

[24] 邢梦莹,朱瑶,杨石华. 科学传播视域下的医学期刊知识服务——以《中华医学杂志》为例 [J]. 中国科技期刊研究, 2022（10）.

[25] 王影, 何真, 王琼等. 基于抽印本的科技学术期刊宣传推广: 以《高压物理学报》为例 [J]. 编辑学报, 2020（02）.

[26] 培育世界一流科技期刊 四部门联合发文推动科技期刊改革发展 [EB/OL].中国政府网, https://www.gov.cn/xinwen/2019-08/16/content_5421699.htm.

[27] 刘冰,魏均民,金东等.提升集群期刊管理运营水平,赋能期刊高质量发展 [J].编辑学报,2022（08）.

[28] 刘冰,魏均民,金东等.提升集群期刊管理运营水平,赋能期刊高质量发展 [J].编辑学报,2022（08）.

[29] 孙寿山.以建强人才队伍为突破口推动出版深度融合发展 [J].科技与出版,2022（09）：6-11.

[30] 陈洁.全媒体传播体系下出版深度融合发展探究 [J].中国出版,2023（03）：5-11.

[31] 吕建生,赵玉山.服务大局与高质量发展——大学出版"十四五"展望[J].科技与出版,2021（01）：19-26.

[32] 蔡继辉.以高质量融合发展推动出版强国建设[J].出版广角,2023(04)：45-49.

[33] 李艳辉,胡苗.分级阅读标准引领下的产学研一体化探索——北京师范大学出版集团"少儿分级阅读标准"战略项目实践浅析[J].出版广角,2023,435（09）：44-48.

[34] 姜钰,季兴安.融合出版产品研发运营的关键问题探析——以"京师书法"为例 [J].科技与出版,2021,318（06）：51-56.

[35] 邓国超,李悦欣.守正创新融合发展 在构建全媒体传播体系新征程上大步向前——贵州日报报刊社推动媒体深度融合发展探索[J].中国记者,2022（01）：39.

[36] 李彪.主流媒体深度融合与传媒业高质量发展的价值逻辑与实践进路[J].编辑之友,2023（03）：26.

[37] 宋建武,黄淼,陈璐颖.中国媒体融合转型 [M].北京：中国人民大学出版社,2022：38-39.

[38] 新华通讯社课题组.学习习近平关于新闻舆论的重要论述 [M].北京：新华出版社,2022：135.

[39] 邓国超,李悦欣,文妮.奏响贵州奋进新征程铿锵旋律——贵州日报报刊社守正创新做好迎接党的二十大宣传报道[J].中国记者,2022（10）：21.

[40] 曾祥敏，刘日亮，杨丽萍.我国主流媒体深度融合发展进路[M].北京：人民日报出版社，2022：14.

[41] 闵捷.融媒时代主流媒体如何抢占舆论阵地[J].媒体融合新观察，2022（03）：57.

[42] 蒋海军.省级党媒集团打造新型主流媒体的战略——基于贵州日报当代融媒体集团探索的思考[J].青年记者，2021（08）：111.

[43] 林忠礼，尹海洋.锚定定位、深化改革、创新突破，打造一流互联网媒体企业——山东省互联网传媒集团国企改革实践与探索[J].青年记者，2022（13）：63-65.

[44] 汤代禄."齐鲁智慧媒体云"支撑媒体深度融合发展[J].中国传媒科技，2021（03）：14-17+39.

[45] 孙翔.重大主题报道中融媒产品的实践探索[J].全媒体探索，2022（03）：98-99.

[46] 王磊，樊思思.全媒体时代的移动新闻直播探索——大众网·海报新闻创新"直播＋新闻政务服务"新模式[J].全媒体探索，2021（05）：17-19.

[47] 王磊，樊思思，田连锋，满倩倩.建党百年主题报道《老井》的融合创新[J].全媒体探索，2022（03）：96-97.

[48] 颜兆祥，张萍.推进广电媒体融合的三个思维导向[J].传媒，2020（09）：71-74.

[49] 林忠礼.互联网传媒集团经营创新的路径及实践[J].新闻战线，2018（11）：50-53.

[50] 赵洪松，朱泽，苏争.构建一体化的深度融合体系：《极目新闻》的内容生产、机制创新探索[J].传播创新研究，2021（02）：34-46+229.

[51] 极目新闻.和1亿个你，一起拥抱新生活 极目新闻全媒体用户数跻身亿级俱乐部[EB/OL]. http://www.ctdsb.net/c1476_202301/1618015.html.

[52] 极目新闻.楚天都市报·极目新闻连续第十次入选亚洲品牌500强[EB/OL]. http://www.ctdsb.net/c1476_202309/1901513.html.

[53] 黄楚新，常湘萍.非凡十年：2012—2022年我国媒体融合发展与实践[J].中国传媒科技，2022（11）：7-10.

[54] 胡勇谋.合力联动，打造全媒体融合传播影响力——以《楚天都市报》

极目新闻高铁赏樱报道为例[J].新闻前哨，2021（06）：15-16.

[55] 赵亚光.全媒体记者的能力要求[J].视听界，2015（01）：66-68.

[56] 中国日报网.《2023中国网络视听发展研究报告》发布[EB/OL].2023-03-31，https://sc.chinadaily.com.cn/a/202303/31/WS642636cca3102ada8b2361f4.html.

[57] 王佳航，白映雪.后疫情、技术革新与数字调适——2023年传媒业内容生产创新展望[J].青年记者，2023（01）：24-26.

[58] 人民日报.习近平在党的新闻舆论工作座谈会上强调坚持正确方向创新方法手段 提高新闻舆论传播力引导力[N].2016-02-20（01）.

[59] 人民日报.习近平在党的新闻舆论工作座谈会上强调坚持正确方向创新方法手段 提高新闻舆论传播力引导力[N].2016-02-20（01）.

[60] 彭兰.社会化媒体：媒介融合的深层影响力量[J].江淮论坛，2015（1）：152-156+165.

[61] 雷璐荣.融媒体时代传媒人才能力培养的思考与实践[J].今传媒，2016（11）：9-11.

[62] 黄楚新，许可.新媒体蓝皮书：中国新媒体发展报告.13(2022)[M].北京：社会科学文献出版社，2022：47-65.

[63] 周逵.反向融合：中国大陆媒体融合逻辑的另一种诠释[J].新闻记者，2019，433（03）：45-51.DOI:10.16057/j.cnki.31-1171/g2.2019.03.012.

[64] 严三九.中国传统媒体与新兴媒体融合发展的现状、问题与创新路径[J].华东师范大学学报（哲学社会科学版），2018，50（01）：89-101+179.

[65] 胡正荣.传统媒体与新兴媒体融合的关键与路径[J].新闻与写作，2015，371（05）：22-26.

[66] 董紫薇，彦芳.5G来临："耳朵经济"的新形态与新发展[J].新闻战线，2019（24）：12-15.

[67] 东兴证券：喜马拉雅用户规模、用户画像、变现模式2021营收分析[R/OL]. https://www.sgpjbg.com/info/ 67ecdf01d5103a13ad86ee8e814de096.html.

[68] 胡正荣，李荃.深化融合变革，迎接智慧全媒体生态[J].传媒，2020（03）：9-11+13.

[69] 互联网周刊[DB/OL]. https://baijiahao.baidu.com/s?id=1708575317674933176&wfr=spider&for=pc.

[70] 资料来源：2021喜马拉雅招股书．

[71] 魏俊杰．音频类平台媒体的运营模式研究——以喜马拉雅FM为例[J]．西部广播电视，2023，44（07）：118-120．

[72] 孙开晗．UGC模式下移动音频产品的生产与传播分析——以喜马拉雅FM为例[J]．视听，2021（09）：180-181．

[73] 娄炜利，王雅婷．喜马拉雅App运营策略研究[J]．今传媒，2020，28(12)：129-132．

[74] 朱雅智．移动电台App的发展传播策略研究——以"喜马拉雅FM"为例[J]．传播与版权，2018（07）；106-107+110．

[75] 段思悦．"耳朵经济"时代声音流广告发展路径分析——以喜马拉雅App为例[J]．中国报业，2021（18）：46-47．

[76] 习近平．加快推动媒体融合发展 构建全媒体传播格局[J]．求是，2019（06）．

[77] 黄楚新，郭海威，黄佳蔚．以机制创新促进媒体深度融合[J]．传媒，2022（08）．

[78] 黄楚新，李一凡，陈伊高．2021年县级融媒体中心建设发展报告[J]．出版发行研究，2022（05）．

[79] 吴惠凡．城市文化传播的符号及策略[J]．新闻与写作，2017（11）：106-109．

[80] 夏征农（1989年）．辞海[M]．上海：上海辞书出版社，1989．

[81] 李彬．传播符号论[M]．北京：清华大学出版社，2012：57-58．

[82] 刘宏编．电视学（第2辑）[M]．中国传媒大学出版社．

[83] 隋岩．强符号的国际传播途径研究[J]．新闻与传播研究，2012（05）：13-14．

[84] Eero Tarasti．Existential Semiotics[M]．Bloomington: Indiana University Press，2000：7-8．

[85] 中共中央宣传部、国家广播电视总局．县级融媒体中心建设规范[R/OL]．人民网，http://media.people.com.cn/NMediaFile/2019/0115/MAIN201901151446000089255491969.pdf：5．

[86] （美）唐·舒尔茨，海蒂·舒尔茨．唐·舒尔茨．论品牌：整合营销之父[M]．

高增安，赵红译．北京：人民邮电出版社，2005．

[87]（美）乔治·H.米德．心灵、自我与社会[M]．赵月瑟译．上海：上海译文出版社，2005．

[88]尚·布希亚．物体系[M]．林志明译．上海：上海人民出版社，2001：223．

[89]王馨雅，刘小杏，薛梦宇．融媒体语境下地方特色文化品牌的传播与推广策略研究[J]．商展经济，2023，（10）：49-51．

[90]刘自新．县级融媒体建设困境与出路[J]．今传媒，2019，27（11）：90-92．

[91]韦翠红，刘倩，欧启妙．"国家品牌文化"背景下徽茶文化旅游品牌创建的研究——以安徽省黄山市为例[J]．品牌研究，2019，（10）：70-71．

[92]贾蓓，刘秋艳，郇安妮．品牌借势——县级融媒体中心品牌传播创新路径[J]．西部广播电视，2023，44（06）：212-214．

[93]加快发展具有地方特色的数字文化产业政策建议——基于宁波市数字文化产业的思考[J]．财经界，2023，（28）：27-29．

[94]阚清鸿．社会治理视角下的县级融媒体中心建设研究——以邳州"银杏融媒体"为例[D]．南京林业大学，2022．

[95]柴芳．县级融媒体中心建设现状、问题与前景分析[J]．新闻文化建设，2020，（15）：87-88．

[96]刘趁．浙江安吉：一片绿叶飘香世界[N]．农民日报，2023-02-07（07）．

[97]李静静．数字化技术赋能企业品牌管理的路径解析[J]．中国市场，2022，（22）：120-122．

[98]薛韦慧．城市符号：城市文化的承继与传播——以丝绸之路城市西安为例[J]．传媒论坛，2023，6（07）：16-18．

[99]闫春雨，张小平．敦煌旅游纪念品的设计与地域符号研究[J]．艺术科技，2017，30（03）：271．

[100]习近平．高举中国特色社会主义伟大旗帜 为全面建设社会主义现代化国家而团结奋斗[M]．北京：人民出版社，2022：18，42-43．

[101]习近平出席文化传承发展座谈会并发表重要讲话[OL]．中国政府网，https://www.gov.cn/yaowen/liebiao/202306/content_6884316.htm．

[102] 隋岩. 符号中国 [M]，北京：中国人民大学出版社，2014：215.

[103] 刘建华. 建成新型全媒体：中国传媒融合创新的六大机遇和入口 [J]. 中国出版，2022（07）：38.